中国高铁出版工程

高速铁路精密工程测量技术

任晓春 ◎ 著

西南交通大学出版社
·成 都·

图书在版编目（CIP）数据

高速铁路精密工程测量技术 / 任晓春著. —成都：西南交通大学出版社，2018.5（2023.8 重印）
ISBN 978-7-5643-6191-4

Ⅰ. ①高… Ⅱ. ①任… Ⅲ. ①高速铁路 – 精密工程测量 Ⅳ. ①U238

中国版本图书馆 CIP 数据核字（2018）第 108249 号

Gaosu Tielu Jingmi Gongcheng Celiang Jishu
高速铁路精密工程测量技术

任晓春 / 著

责任编辑 / 姜锡伟
封面设计 / SA 工作室

西南交通大学出版社出版发行
（四川省成都市二环路北一段 111 号西南交通大学创新大厦 21 楼　610031）
发行部电话：028-87600564　028-87600533
网址：http://www.xnjdcbs.com
印刷：四川煤田地质制图印务有限责任公司

成品尺寸　185 mm×260 mm
印张　17　　字数　415 千
版次　2018 年 5 月第 1 版　　印次　2023 年 8 月第 2 次

书号　ISBN 978-7-5643-6191-4
定价　86.00 元

图书如有印装质量问题　本社负责退换
版权所有　盗版必究　举报电话：028-87600562

前 言

随着我国经济的快速发展，时速大于 200 km 的高速铁路工程正在紧锣密鼓地建设中。高速铁路具有行车速度高、安全性和舒适性要求高等特点，因此，高速铁路不仅对线下工程的设计、施工提出了更严格的精度要求，还对线上工程的设计和施工提出了前所未有的高精度要求，即要求轨道必须具有很高的中长波平顺性。而我国既有的铁路工程测量技术方法对轨道工程的精度考虑较少，不适用于高速铁路的建设和维护，因此需要建立适用于高速铁路建设和运营维护的高速铁路精密工程测量体系。为此，原铁道部组织开展了一系列关于高速铁路工程测量技术的研究工作，包括工程控制网的设计、精度评定等，为我国高速铁路工程测量技术标准的形成奠定了基础。

作者及所在单位长期耕耘在我国高速铁路勘测设计一线，主持了国内多条高速铁路客运专线的工程测量工作，积累了丰富的实践经验和第一手资料。此外，作者还坚持思考、不断创新，主持或参与了多个重大科研项目。经过 30 多年的铁路工程测量经验积累，尤其是近 10 多年在高速铁路工程测量实践和科研工作中的思考和总结，作者对高速铁路工程测量问题有了更深刻的认识和理解。2015 年至今，作者主持了"高速铁路线路空间几何条件及状态的测量保证体系研究"项目的研究工作，通过该科研项目，我们课题组对高速铁路测量保证体系进行了再研究、再创新，取得了一些成果。

经过各铁路设计院、高校和科研院所等的共同努力，高速铁路工程测量技术正日趋完善和成熟，但仍存在一些问题，尤其是高速铁路运营期的工程测量工作，例如，运营期天窗时间短，如何高效地完成线上控制网的复测和轨道检测工作等。目前，我国高速铁路工程测量市场正逐步壮大，从业人员数量日趋庞大，但技术人员能力参差不齐。为保障我国高速铁路工程测量成果质量，提高我国高速铁路工程测量技术水平，故写作此书，一方面希望本书对各位同行的工作有所帮助，另一方面希望本书能激发各位同行的研究热情，助力解决我国高速铁路工程测量中存在的不足。

本书围绕高速铁路工程测量技术相关问题进行研究：第 1 章绪论，主要介绍了国外高速铁路的发展及国内高速铁路的发展和规划、我国高速铁路精密测量技术体系的形成及特点等；第 2 章高速铁路框架控制网（CP0）测量技术，主要介绍了 CP0 控制网的目的和作用、技术方法、技术设计、外业实施和数据处理等；第3章高速铁路基础平面控制网测量技术，主要介绍了CPⅠ控制网的目的和作用、测量方法、技术设计、外业实施和数据处理等；第4章高速铁路线路平面控制网测量技术，主要介绍了CPⅡ控制网的目的和作用、技术方法、技术设计、外业实施和数据处理等；第5章高速铁路轨道控制网测量技术，主要介绍了CPⅢ控制网的目的和作用、技术方法、技术设计、外业施测和数据处理等；第6章高速铁路线路水准基点控制网测量技术，主要介绍了线路水准基点控制网的目的和作业、技术方法、技术设计、外业施测和数据处理等；第7章双块式无砟轨道精调测量技术，主要介绍了双块式无砟轨道及其安装与精调方法；第8章板式无砟轨道精调测量技术，主要介绍了板式无砟轨道及其安装和精调测量、板式无砟轨道精调系统、数据处理和精调作业等；第9章长钢轨精密测量与精调技术，主要介绍了轨道平顺性、钢轨与扣件系统、钢轨精密测量与精调的基本原理、钢轨精调测量系统、钢轨精调作业、钢轨精调数据处理等。

  本书由任晓春著，全面负责全书的规划和统稿，参与本书编写工作的还有武瑞宏、周东卫、马洪磊、夏朝龙、徐小左、何金学、张齐勇、朱郭勤、许双安、邓川等同志。本书在编写过程中得到了中铁第一勘察设计院集团有限公司领导等的大力支持，在此表示诚挚的感谢！

  鉴于作者知识有限，书中难免会有不妥、不足之处，甚至还存在疏漏和错误，欢迎各位读者、同行、专家批评指正！

著 者

2018年3月于西安

目 录

第1章 绪 论 ... 1
1.1 高速铁路发展概况 ... 1
1.1.1 世界高速铁路发展简述 ... 1
1.1.2 我国高速铁路的发展与规划 ... 1
1.2 我国高速铁路精密测量技术体系的形成 ... 3
1.3 我国高速铁路精密工程测量技术体系的特点 ... 3
1.3.1 "三网合一"的测量体系 ... 4
1.3.2 建立框架控制网CP0 ... 4
1.3.3 高速铁路平面控制网的分级布设 ... 4
1.3.4 高斯投影变形小于1/100 000 ... 5
1.3.5 高速铁路高程控制网的分级布设 ... 5
1.3.6 CPⅢ自由测站边角交会网 ... 5
1.4 我国高速铁路精密工程测量的内容和目的 ... 5
1.4.1 高速铁路精密工程测量的内容 ... 5
1.4.2 高速铁路精密工程测量的目的 ... 6
1.5 我国高速铁路精密工程测量技术的发展趋势 ... 6
1.5.1 测量机器人的普及应用 ... 6
1.5.2 三维测量技术的发展应用 ... 6
1.5.3 传感器的发展和混合应用 ... 7
1.5.4 自动化变形监测 ... 7
1.5.5 移动测量技术 ... 7
1.5.6 精密工程测量的理论与方法 ... 7
1.6 本书结构 ... 7

第2章 高速铁路框架控制网（CP0）测量技术 ... 9
2.1 建立CP0控制网的目的和作用 ... 9
2.2 建立CP0控制网的技术方法 ... 10
2.2.1 "三网合一" ... 10
2.2.2 控制网基准 ... 12

2.2.3　网形布设 ·· 13
　　2.2.4　测量方法 ·· 14
　　2.2.5　测量精度 ·· 15
　　2.2.6　基线解算 ·· 15
2.3　建立 CP0 控制网的技术设计 ·· 27
　　2.3.1　技术设计书编写 ··· 27
　　2.3.2　控制网复测与维护 ·· 28
　　2.3.3　技术总结与上交材料 ··· 29
2.4　CP0 控制网的外业实施 ·· 29
　　2.4.1　点位选择 ·· 29
　　2.4.2　点位埋设 ·· 30
　　2.4.3　外业施测 ·· 31
2.5　CP0 控制网的数据处理 ·· 32
　　2.5.1　数据预处理 ··· 32
　　2.5.2　框架基准的统一与转换 ·· 32
　　2.5.3　长基线解算 ··· 33
　　2.5.4　基线网平差 ··· 36
　　2.5.5　精度评定 ·· 37
2.6　CP0 控制网长大基线解算的若干问题 ··· 37
　　2.6.1　GAMIT 软件常见的错误类型及其分析与处理 ··· 37
　　2.6.2　基线解算的质量评定与不合格基线的处理 ·· 38
2.7　CP0 控制网测量工程实践 ·· 40
　　2.7.1　工程概况 ·· 40
　　2.7.2　数据处理 ·· 41
　　2.7.3　处理结果 ·· 43

第 3 章　高速铁路基础平面控制网（CPⅠ）测量技术 ··· 44
3.1　建立 CPⅠ控制网的目的和作用 ·· 44
3.2　CPⅠ控制网的测量方法和设计 ··· 45
　　3.2.1　测量方法 ·· 45
　　3.2.2　基准设计 ·· 47
　　3.2.3　精度设计 ·· 47
　　3.2.4　布网原则与测量网形设计 ··· 48
　　3.2.5　基线解算 ·· 50
　　3.2.6　网平差 ·· 50
　　3.2.7　控制网复测与维护 ·· 52

3.2.8　技术设计书和技术总结编制……………………………………………52
3.3　CPⅠ控制网的外业实施………………………………………………………53
　　3.3.1　布点、选点……………………………………………………………53
　　3.3.2　点位埋设………………………………………………………………54
　　3.3.3　外业施测………………………………………………………………57
3.4　CPⅠ控制网的数据处理………………………………………………………60
　　3.4.1　数据预处理……………………………………………………………60
　　3.4.2　基线解算………………………………………………………………60
　　3.4.3　三维平差………………………………………………………………62
　　3.4.4　二维约束平差…………………………………………………………62
　　3.4.5　精度评定………………………………………………………………63
3.5　不利条件下CPⅠ控制网测量的若干问题……………………………………63
　　3.5.1　事前进行星历预报……………………………………………………63
　　3.5.2　选取合适的观测时段…………………………………………………63
　　3.5.3　采用合理的解算方法与模型…………………………………………64
　　3.5.4　采用GPS/BD（北斗）双系统接收机…………………………………64
3.6　CPⅠ控制网测量工程实践……………………………………………………64
　　3.6.1　数据传输………………………………………………………………64
　　3.6.2　格式转换………………………………………………………………64
　　3.6.3　基线解算………………………………………………………………65
　　3.6.4　网平差…………………………………………………………………68
　　3.6.5　坐标投影变换…………………………………………………………68

第4章　高速铁路线路平面控制网（CPⅡ）测量技术……………………………69
4.1　建立CPⅡ控制网的目的和作用………………………………………………69
4.2　建立CPⅡ控制网的技术方法…………………………………………………71
　　4.2.1　控制网的基准…………………………………………………………72
　　4.2.2　网形布设………………………………………………………………72
　　4.2.3　测量方法………………………………………………………………74
　　4.2.4　测量精度………………………………………………………………76
　　4.2.5　数据处理………………………………………………………………77
4.3　建立CPⅡ控制网的技术设计…………………………………………………78
　　4.3.1　技术设计书编写………………………………………………………78
　　4.3.2　控制网基准设计………………………………………………………79
　　4.3.3　控制网精度、密度设计………………………………………………79
　　4.3.4　控制网网形设计………………………………………………………79

4.3.5 控制网布网原则 ··· 80
4.3.6 控制网复测与维护 ··· 81
4.3.7 技术总结与上交材料 ··· 81
4.4 CPⅡ控制网的外业实施 ··· 82
4.4.1 点位选择 ·· 82
4.4.2 点位埋设 ·· 83
4.4.3 外业施测 ·· 83
4.5 CPⅡ控制网 GPS 数据处理 ·· 86
4.6 CPⅡ控制网导线数据处理 ·· 87
4.6.1 数据预处理 ·· 87
4.6.2 导线平差 ·· 88
4.6.3 精度评定 ·· 88
4.7 CPⅡ控制网测量工程实践 ·· 89
4.7.1 选点与埋石 ·· 89
4.7.2 控制网施测 ·· 90
4.7.3 数据处理 ·· 90

第 5 章 高速铁路轨道控制网（CPⅢ）测量技术 ···················· 92
5.1 建立 CPⅢ控制网的目的和作用 ··· 92
5.1.1 满足轨道的外部尺寸精度要求 ··· 92
5.1.2 满足轨道的内部几何尺寸精度要求 ································· 93
5.2 建立 CPⅢ控制网的技术方法 ··· 94
5.2.1 网形布设 ·· 94
5.2.2 测量方法 ·· 97
5.2.3 数据处理方法及精度 ··· 101
5.2.4 自由测站三角高程网测量方法 ······································· 104
5.3 建立 CPⅢ控制网的技术设计 ··· 109
5.3.1 控制网技术设计书编写 ··· 109
5.3.2 控制网复测与维护 ··· 110
5.3.3 技术总结与上交材料 ··· 111
5.4 CPⅢ控制网的外业施测 ·· 112
5.4.1 点位选择 ·· 112
5.4.2 点位埋设 ·· 114
5.4.3 CPⅢ平面外业施测 ·· 115
5.4.4 CPⅢ高程外业施测 ·· 118
5.4.5 不量仪器高、棱镜高中间设站三角高程测量外业施测 ········· 120

5.5　CPⅢ控制网的数据处理······121
5.5.1　数据预处理······121
5.5.2　数据精处理······122
5.5.3　相邻区段搭接······129
5.5.4　精度评定······136
5.6　CPⅢ控制网测量工程实践······137
5.6.1　案例一：无砟轨道CPⅢ控制网······137
5.6.2　案例二：CPⅢ自由测站三角高程网······137

第6章　高速铁路线路水准基点控制网测量技术······139
6.1　建立线路水准基点控制网的目的和作用······139
6.2　建立线路水准基点控制网的技术方法······139
6.2.1　控制网基准······139
6.2.2　网形布设······139
6.2.3　测量方法······139
6.2.4　测量精度······140
6.2.5　数据处理方法······141
6.3　建立线路水准基点控制网的技术设计······141
6.3.1　技术设计书编写······141
6.3.2　控制网网形设计······142
6.3.3　控制网布网原则······142
6.3.4　控制网复测与维护······142
6.3.5　技术总结与上交材料······143
6.4　线路水准基点控制网的外业施测······144
6.4.1　点位选择······144
6.4.2　点位埋设······144
6.4.3　外业施测······146
6.5　线路水准基点控制网的数据处理······147
6.5.1　数据预处理······147
6.5.2　水准平差模型······148
6.5.3　精度评定······148
6.6　线路水准基点控制网测量工程实践······149
6.6.1　控制网布设······149
6.6.2　施测准备工作······150
6.6.3　水准施测······152
6.6.4　网平差计算······152

第7章 双块式无砟轨道精调测量技术 154
7.1 双块式无砟轨道简介 154
7.1.1 CRTS I 型双块式无砟轨道的结构特点 154
7.1.2 CRTS I 型双块式无砟轨道的系统结构 154
7.1.3 CRTS I 型双块式无砟轨道的施工工艺 155
7.2 双块式无砟轨道的安装与精调测量 156
7.2.1 施工准备 156
7.2.2 测量放样 159
7.2.3 布设下层钢筋、组装轨排 159
7.2.4 轨道粗调 161
7.2.5 安装上层钢筋、综合接地 161
7.2.6 安装纵、横向模板 162
7.2.7 轨排的精调测量 163
7.3 双块式无砟轨道精调作业 164
7.3.1 准备工作 164
7.3.2 仪器与人员配置 169
7.3.3 轨排精调 170
7.4 双块式无砟轨道精调工程实践 171
7.4.1 人员分工 171
7.4.2 仪器架设与轨道测量仪组装 172
7.4.3 轨排精调具体操作流程 174
7.4.4 站间搭接、与已浇筑混凝土地段的搭接 185
7.4.5 换带区的精调测量 185
7.4.6 注意事项 185

第8章 板式无砟轨道精调测量技术 187
8.1 板式无砟轨道简介 187
8.1.1 板下填充层材料 187
8.1.2 板道限位方式 187
8.1.3 轨道弹性 188
8.1.4 轨道板预制实现空间曲线 188
8.2 板式无砟轨道的安装与精调测量 188
8.3 板式无砟轨道精调系统 190
8.3.1 精调系统的功能 190
8.3.2 精调系统的组成 190
8.3.3 精调系统参考基准 192

  8.3.4 精调标架······194
  8.3.5 精调软件实现······195
8.4 板式无砟轨道精调数据处理······197
8.5 板式无砟轨道精调作业······200
  8.5.1 内业数据准备······200
  8.5.2 设备检校与标定······200
  8.5.3 全站仪设站······202
  8.5.4 作业模式······202
  8.5.5 精调测量······203
8.6 CRTSⅢ板式无砟轨道精调工程实践······205
  8.6.1 轨道板布置计算对比······206
  8.6.2 断面计算数据对比······212
  8.6.3 整体坐标板文件对比······213
  8.6.4 局部坐标板文件对比······214
  8.6.5 数据对比分析说明······215
  8.6.6 路基支承层断面坐标对比······215
  8.6.7 桥梁底座板······216
  8.6.8 轨道板精调系统的应用······217

第9章 长钢轨精密测量与精调技术······223
9.1 轨道平顺性简介······223
9.2 钢轨与扣件系统······223
  9.2.1 钢 轨······223
  9.2.2 扣件系统······228
9.3 钢轨精密测量与精调的基本原理······232
  9.3.1 轨距测量······232
  9.3.2 水平（超高）测量······232
  9.3.3 轨向测量······233
  9.3.4 高低测量······235
  9.3.5 扭曲测量······236
  9.3.6 中线偏差······237
  9.3.7 高程偏差······237
9.4 钢轨精调测量系统······237
  9.4.1 工作原理······237
  9.4.2 常见轨道精调测量系统介绍······238
9.5 钢轨精调作业······241

  9.5.1 钢轨精调测量作业 ··· 241
  9.5.2 轨道工务调整技术 ··· 245
 9.6 钢轨精调数据处理 ·· 247
  9.6.1 轨道几何状态测量数据预处理 ·································· 247
  9.6.2 钢轨平顺性模拟精调 ·· 250
 9.7 钢轨精调工程实践 ·· 251
  9.7.1 施工组织及准备 ·· 251
  9.7.2 项目实施及质量控制 ·· 252
  9.7.3 项目质量验收 ··· 252
 9.8 钢轨精调新技术设备介绍 ··· 254
  9.8.1 钢轨精调新技术 ·· 254
  9.8.2 钢轨精调新设备 ·· 257

参考文献 ··· 259

第 1 章 绪 论

1.1 高速铁路发展概况

1.1.1 世界高速铁路发展简述

早在 1964 年至 1990 年期间,世界范围内便掀起了一次高速铁路建设浪潮,这次发展浪潮由世界上经济最发达的日本、法国、意大利和德国等共同推动。20 世纪 80 年代末至 90 年代中期,高速铁路发展进入了新阶段,以日本、法国和德国为代表,已建成高速铁路的国家开始了高速铁路网规划新阶段。1998 年 10 月在德国柏林召开的第三次世界高速铁路大会,将当前高速铁路的发展定为世界高速铁路发展的第三次高潮。这次高潮波及亚洲、北美洲、澳洲以及整个欧洲,形成了交通领域中铁路的一场复兴运动。

高速铁路在激烈的客运市场竞争中以其速度快、客运量大、能耗低、污染小、安全准时、全天候运行等突出的优势得到了人们的青睐,不但在其发祥地日、法、德等国家占据了城际干线地面交通的主导地位,在世界诸多经济发达国家和地区也迅速扩展,被称为夕阳产业的铁路运输业迎来了又一个春天。高速铁路之所以有如此快速的发展势头,根本原因是基于轮轨关系的高速技术充分发挥了既先进又实用的特点,特别是在中长距离交通中的独特优势。高速铁路作为现代化的交通运输方式,既是成熟的技术也是正在不断发展的技术,在 21 世纪将得到更快的发展,支撑高速行车的高新技术,也将更加完善、不断进步。高速铁路将向着速度更高、更安全、更舒适、更经济、更环保的方向发展。

1.1.2 我国高速铁路的发展与规划

1.1.2.1 我国高速铁路的发展

多年来,我国铁路运输不能适应国家经济持续快速发展的需求,成了制约国民经济快速发展的瓶颈。高速铁路速度快、运量大、能耗少、污染小、安全、舒适、占地少,20 世纪 90 年代初,我国铁路专家就提出,中国修建高速铁路势在必行。高速铁路是一系列高科技技术,包括了宇航、冶金、材料、电子、机械等高技术所形成的综合性的技术配套系统,需要做大量的准备工作。尽管面临很多困难,铁道部门的领导和专家学者仍然在中国必须发展高速铁路这一点上达成了共识,并付出了艰辛努力。

1994 年,完全依靠中国自己力量建成的广深准高速铁路开通;1995 年,沪宁线成功地进行了时速 170 km 的提速实验;1996 年 4 月 1 日,京广、京沪等线开行了"夕发朝至"的快速列车。秦沈客运专线是一条以客运为主的双线电气化快速铁路，1999 年 8 月 16 日全面开工，2003 年完工，同年开通运营，线路全长 405 km，开通伊始的列车速度即可达到 160 km/h，设计速度 200 km/h，基础设施预留提速至 250 km/h（甚至更高）的条件，能够适应旅客对乘车旅行快速、安全、舒适、方便和准时可靠的需求，可以大大提高铁路客运的竞争能力，从而使铁路客运步入良性循环的轨道。该线在全国路网中的地位非常重要：近期可以利用京秦线富余能力和已经形成的快速线路，形成北京至沈阳的快速通道；远期可以沟通京沪高速铁路和哈大铁路，构成我国东部地区铁路高速客运网。选择客运专线的模式，既解决了进出关运输能力的不足，又为后续建设我国铁路高速客运网迈出了坚实的一步，这是加强铁路自身发展、增强市场竞争力的需要。

1.1.2.2 我国高速铁路的规划

我国中东部地区人口密度大、城市布局集中、运载压力大，适合高速铁路规划建设营运。"九五"时期，针对铁路客运速度慢、运输能力严重不足等突出问题，我国先后进行了三次大提速。在此基础上，以高速铁路建设列入原铁道部《"十五"期间铁路提速规划（2001—2005）》为标志，我国高速铁路建设进入加速期。《"十五"规划》提出：初步建成以北京、上海、广州为中心，连接全国主要城市的全路快速客运网，客运专线旅客列车最高时速达到 200 km 及以上，实现高速铁路、部分繁忙干线客货分线。

《中长期铁路网规划》在 2004 年 1 月国务院常务会议讨论通过，这是国务院批准的第一个行业规划，也是截至 2020 年我国铁路建设的蓝图。正是 2004 年 1 月通过的这份纲领性文件，促使青藏铁路提前一年建成通车，指导全国铁路第六次大面积提速成功实施，让大秦铁路突破世界重载运量极限，更推动京津城际铁路开通运营，开辟了中国高速铁路的新纪元。

2008 年 10 月，国家发展和改革委员会批准了《中长期铁路网规划（2008 年调整）》，原《中长期铁路网规划》正式被新的《中长期铁路网规划（2008 年调整）》所取代。新规划将进一步扩大路网规模，完善布局结构，提高运输质量，体现了原规划快速扩充运输能力、迅速提高装备水平的要求。根据中国《中长期铁路网规划》方案，到 2020 年，我国铁路运营里程将达到 12 万千米。其中，新建高速铁路将达到 1.6 万千米，连接所有省会城市和 50 万人口以上城市，覆盖全国 90% 以上人口。运输能力满足国民经济和社会发展需要，主要技术装备达到或接近国际先进水平。

我国自实施《中长期铁路网规划》以来，通过借鉴国外高速铁路先进成熟技术，博采众长，坚持原始创新、集成创新和引进消化吸收再创新，立足于提高自主创新能力，在引进和掌握先进技术的基础上，统一搭建了我国高速铁路的技术平台，走出了一条铁路自主创新的成功之路，建成了一大批高质量、高水平的高速铁路客运专线，逐步形成了适合我国国情和路情、有自己特色的高速铁路自主技术体系。截至 2013 年年底，我国高速铁路营业里程 11 152 km，其中时速 300～350 km 线路 6 354 km，时速 200～250 km 线路 4 798 km。"四纵四横"主骨架中，京沪、京广、哈大、东南沿海、沪汉蓉、陇海郑宝段等线路已开通运营。另外通过建设京沈、商合杭、京张、南昌至赣州等客运专线，建成以京沪、京广、京哈、东南沿海、陇海、青太、沪昆、沪汉蓉为主骨架的"四纵四横"高速铁路网，同时配套建成贵广、合福等高铁延伸线，形成触角丰富、路网通达、运力强大的中国高速铁路网络。

1.2　我国高速铁路精密测量技术体系的形成

精密工程测量技术是决定高速铁路建设成败的核心技术之一，直接影响轨道几何平顺性与列车的运营安全。我国的高速铁路精密工程测量技术体系是伴随着我国铁路客运专线无砟轨道工程的建设而逐步建立和完善的。在高速铁路建设初期，我国缺乏针对高速铁路的系统性测量理论和实践技术经验，以至于高速铁路工程测量面临以下技术难题：

（1）缺乏适用于高速铁路勘测、施工、运营维护的完整性测量技术体系和标准规范。

（2）缺乏高速铁路工程控制网建网理论和数据处理技术，尤其是轨道控制网（CPⅢ）的建网和数据处理方法。

（3）缺乏适用于轨道板精调和轨道平顺性检测的精密测量装备。

（4）缺乏对线路几何稳定性长期监测与安全运营检测的技术方法。

为解决高速铁路建设面临的这些技术难题，我国各大院校、研究机构和铁路设计院等围绕"高速铁路精密工程测量成套技术"进行了长期的研究。在原铁道部的大力支持下，我国于2004年建立了遂渝线无砟轨道综合试验段精密工程测量控制网，开展无砟轨道铁路工程测量技术的研究。2006年，随着京津城际、武广、郑西客运专线无砟轨道铁路的全面开工建设，原有的铁路测量体系和技术标准已不能适应客运专线无砟轨道建设的要求。为适应客运专线无砟轨道建设的要求，我国根据铁建设函〔2005〕1026号《关于编制2006年铁路工程建设标准计划的通知》的要求，在原铁道部建设管理司和原铁道部经济规划院的主持下，完成了《客运专线无砟轨道铁路工程测量暂行规定》的编制工作，并于2006年10月16日正式颁布实施，从而初步形成了我国高速铁路精密工程测量的技术标准体系。

2008年，根据原铁道部经济规划院《关于委托编制2008年铁路工程建设标准及标准设计的函》（经规计财函〔2008〕8号）的要求，铁路设计院和西南交通大学等单位在《客运专线无砟轨道铁路工程测量暂行规定》的基础上，以积累的高速铁路工程测量科研成果为支撑，并认真总结了京津城际、武广、郑西、哈大、京沪、广深等高速铁路工程测量的实践经验，于2009年8月完成了《高速铁路工程测量规范》（TB 10601—2009）的编制工作，并于2009年12月1日正式颁布实施，从而形成了一套具有我国自主知识产权的高速铁路工程测量技术标准。

1.3　我国高速铁路精密工程测量技术体系的特点

随着我国高速铁路技术的不断发展，我国逐渐打破了国外高速铁路精密工程测量领域的技术垄断，形成了我国高速铁路精密工程测量的成套理论和技术体系，填补了国内高速铁路精密工程测量领域的技术空白，为我国的高速铁路建设提供了可靠的测量保证。

我国高速铁路精密测量技术体系主要具有以下特点：

1.3.1 "三网合一"的测量体系

高速铁路工程测量的平面、高程控制网根据施测阶段、施测目的及功能的不同可分为：勘测控制网、施工控制网、运营维护控制网。我们把高速铁路工程测量的这三个阶段的测量控制网简称为"三网"。

勘测控制网包括：CPⅠ控制网、CPⅡ控制网、二等水准基点控制网。

施工控制网包括：CPⅠ控制网、CPⅡ控制网、水准基点控制网和CPⅢ控制网。

运营维护控制网包括：CPⅡ控制网、水准基点控制网、CPⅢ控制网、加密维护基标。

为保证三阶段的测量控制网满足高速铁路勘测、施工、运营维护三个阶段的测量要求，在设计、施工和运营阶段构建和保持高速铁路轨道空间几何形位的一致性，满足高速铁路工程建设和运营管理的需要，三阶段的平面、高程控制网必须位于同一坐标系内。勘测控制网、施工控制网、运营维护控制网均采用CPⅠ为基础平面控制网，以二等水准基点网为基础高程控制网，简称为"三网合一"。

1.3.2 建立框架控制网CP0

高速铁路建立框架控制网CP0是在总结京津城际铁路和郑西、武广、哈大、京沪、石武高速铁路平面控制测量实践经验基础上提出的。由于高速铁路线路长、地区跨越幅度大且平面控制网沿高速铁路呈带状布设，为了控制带状控制网的横向摆动，沿线必须每隔一定间距联测高等级的平面控制点，但是由于沿线路国家高级控制点之间的兼容性差，基础平面控制网CPⅠ经国家点约束后使高精度的CPⅠ控制网发生扭曲，大大降低了CPⅠ控制点间的相对精度，个别地段经国家点约束后的CPⅠ控制点间甚至不能满足《高速铁路工程测量规范》的要求。这导致在CPⅠ测量数据处理时，不得不采用一点一方向的无约束平差方法，但这种平差方法给CPⅠ控制网复测带来不便。为此，在京津城际铁路、哈大、京沪、石武高速铁路平面控制测量中首先采用GPS精密定位测量方法建立高精度的框架控制网CP0，作为平面控制测量的起算基准。CP0不仅能提高了CPⅠ控制网的精度，也为平面控制网复测提供了可靠的基准。

1.3.3 高速铁路平面控制网的分级布设

高速铁路工程测量平面控制网应在框架控制网（CP0）的基础上分三级布设：第一级为基础平面控制网（CPⅠ），主要为勘测、施工、运营维护提供坐标基准；第二级为线路平面控制网（CPⅡ），主要为勘测和施工提供控制基准；第三级为轨道控制网（CPⅢ），主要为轨道铺设和运营维护提供控制基准。

高速铁路工程测量平面控制网之所以要在CP0的基础上分三级布设，是因为测量控制网的精度在满足线下工程施工控制测量要求的同时，还必须要满足轨道铺设的精度要求，使轨道与设计的目标值之差保持最小。轨道的铺设施工和线下工程（包括路基、桥梁、隧道、站台等）的施工放样，是通过各级测量控制网组成的测量系统来实现的。因此，为了保证轨道的空间位置（平面和高程）与线下工程相匹配、协调，必须按分级控制的原则建立测量控制网。

1.3.4　高斯投影变形小于 1/100 000

高速铁路采用的平面坐标系统应采用边长投影变形值不大于 10 mm/km 的工程独立坐标系。高速铁路工程测量精度要求高，施工中要求由坐标反算的边长值与现场实测值应保持一致，即尺度统一。然而，由于地球表面是凹凸不平的曲面，地面上的测量数据需要投影到施工平面上，而曲面上的几何图形投影到平面上时，不可避免地会产生变形。采用国家 3°带投影的坐标系统，投影带边缘的边长投影变形值可达 340 mm/km，这无疑会给无砟轨道的施工带来非常大的困难。高斯投影变形对工程施工的影响是系统性的，因此投影变形越小对工程施工越有利。为此，我国高速铁路通常采用任意中央子午线和任意投影面大地高的高斯投影方法来建立工程独立坐标系。

1.3.5　高速铁路高程控制网的分级布设

高速铁路工程测量高程控制网分二级布设：第一级线路水准基点控制网，为高速铁路工程勘测设计、施工提供高程基准；第二级轨道控制网（CPⅢ），为高速铁路轨道施工、维护提供高程基准。

1.3.6　CPⅢ自由测站边角交会网

CPⅢ控制网是铺轨加密基标和轨道精调的基准。为保证铺轨加密基标和轨道精调测量的精度，《高速铁路工程测量规范》规定其点间距为 50~70 m，网形采用自由测站边角交会网，每个 CPⅢ控制点有不少于 3 个自由测站点的距离、方向交会。自由测站边角交会网与常规导线网测量具有以下优势：

（1）点位分布均匀，有利于铺轨加密基标和轨道精调作业的精度控制。
（2）控制网多余观测量多，网形强度高且均匀对称，具有较高的可靠性和精度。
（3）相邻点间相对精度高，有利于控制轨道的平顺性。
（4）控制点采用强制对中标志，自由测站也不含对中误差，消除了点位对中误差对控制网精度的影响。

1.4　我国高速铁路精密工程测量的内容和目的

1.4.1　高速铁路精密工程测量的内容

高速铁路建设离不开精密工程测量，高速铁路精密工程测量贯穿于高速铁路工程勘测、设计、施工、竣工验收和运营维护的全过程，主要包括以下内容：
（1）高速铁路平面和高程控制测量。
（2）线下工程施工测量。

（3）轨道施工测量。
（4）运营维护测量。

1.4.2　高速铁路精密工程测量的目的

高速铁路精密工程测量的目的是通过建立各级平面和高程控制网，为高速铁路建设和运营维护提供测量保障，即在各级精密测量控制网的控制下，使线下工程能够按照设计线形准确施工，并保证铺设的轨道具有足够高的平顺性，以满足旅客列车的高速、安全、平稳运行要求。

高速铁路旅客列车行驶速度高（250～350 km/h），为了达到在高速行驶下，旅客列车的安全性和舒适性，高速铁路必须满足以下要求：① 线路严格按照设计的线形施工，即保持精确的几何线形参数；② 轨道必须具有非常高的平顺性，精度要保持在毫米级的范围以内。为了满足上述要求，应根据线下工程和轨道铺设的精度要求设计高速铁路的各级平面和高程控制网的测量精度。

1.5　我国高速铁路精密工程测量技术的发展趋势

目前，随着制造业、计算机、互联网等技术的发展，工程测量技术正快速向高精度、三维测量、大数据和多技术融合的方向发展。结合高速铁路技术的发展，我国高速铁路精密工程测量技术取得了很大的进步，目前，我国高速铁路精密工程测量技术的主要发展趋势如下：

1.5.1　测量机器人的普及应用

在传统测量工作中，人为因素（主要指整平和观测）是测量误差的一个重要误差源，一些困难地理环境下甚至无法完成人工测量工作。随着高智能化、自动化测量机器人的出现和广泛应用，测量机器人正逐步取代人工测量，在高速铁路工程测量（包括CPⅢ、洞内CPⅡ导线等）中得到了日趋广泛的应用。测量机器人不仅能降低测量外业工作强度，还能提高测量效率和观测数据质量。目前，利用测量机器人进行自由测站边角交会测量已成为高速铁路CPⅢ平面网的主要测量手段。大量实践结果表明，利用测量机器人进行自由测站测量具有效率高、精度高的优势。作者认为，测量机器人将得到越来越广泛的应用。

1.5.2　三维测量技术的发展应用

随着三维测量扫描仪、卫星导航定位系统（包括GPS、GLONASS、GALILEO、北斗等）及全站仪等技术装备的发展，以及三维测量数据处理技术的进步，传统的平面测量结果已逐渐无法满足要求，三维测量技术以理论更加严密、结果更加精确可靠的优势正逐步发展和应用。值得特别注意的是，激光测量技术能够进行动态实时跟踪测量和三维立体测量，通过高速激光扫描可得到大面积、高精度、高分辨率的表面三维坐标数据，具有快速高效、数字化、高自动化的特点，将在铁路工程测量中得到更广泛的应用。目前，传统的铁路测量技术已逐渐无法满足高速铁路线形测量、限界测量的要求，三维测量技术以其高精度、海量数据、可视化等优势，正逐步应用。

1.5.3 传感器的发展和混合应用

信息技术的发展衍生出了多种多样的传感器，这是测量技术的重要补充，促进了测量技术的自动化发展。传感器与全站仪、GNSS接收机等测量设备的混合应用能够消除各种测量设备的局限性和不足，充分发挥各自优势并提高精度和可靠性，极大地拓宽了传统工程测量的应用范围。传统铁路测量技术在高速铁路隧道、桥梁等的变形监测中具有局限性，采用多种传感器的混合监测方案得到了广泛认可。

1.5.4 自动化变形监测

高速铁路桥梁、隧道工程建成投入运营后经常需要进行变形监测，传统的人工测量已逐渐无法满足高频率、高精度的监测任务需要。采用多测量技术融合的自动化监测系统进行自动观测和数据处理已迫在眉睫。作者认为，自动化变形监测将成为高速铁路精密工程测量技术的又一个重要发展方向。

1.5.5 移动测量技术

目前，移动测量技术已成为测绘行业的前沿科技之一，已在很多工程中得到了应用，尤其是在数字城市建设中的应用已取得可喜成果。移动测量技术以其高效率、大数据的优势已成为测绘科学的一个重要研究方向。随着高速铁路对工程测量效率要求的不断提升，移动测量技术必将在高速铁路工程测量中得到愈加广泛的应用。

1.5.6 精密工程测量的理论与方法

随着大型、特大型精密工程对工程测量技术要求的不断提高，高精度施工控制网的优化设计、作业方法、数据处理与分析方法正日趋严密。随着测量平差理论方法的发展，工程测量数据处理已由简易平差发展到了严密平差阶段，测量数据处理正借鉴信号处理方法、工业测量数据处理方法、机器学习方法和云计算方法不断发展。目前，一些特高精度的工程测量提出了毫米级甚至亚毫米级的精度要求，为得到如此高精度的测量结果，一些更加先进、更加精细的数据处理方法必将在工程测量中得到应用和发展。

总体上，我国高速铁路精密工程测量技术正快速发展，控制网的高精度、内外业测量的自动化和一体化、三维测量技术与方法、多源定位技术融合、全站仪自由测站方法的应用与拓展、自动化变形监测、移动测量技术将成为我国高速铁路精密工程测量的发展方向。

1.6 本书结构

第1章 绪论

首先，介绍了世界和我国高速铁路的发展及规划；然后，介绍了我国高速铁路精密工程测量技术体系的形成；其次，介绍了我国高速铁路精密测量技术体系的特点；进而，介绍了我国高速铁路精密工程测量技术的内容和目的；最后，介绍了本书的结构。

第 2 章　高速铁路框架控制网（CP0）测量技术

首先，介绍了 CP0 控制网的目的和作用；然后，介绍了建立 CP0 控制网的技术方法；其次，介绍了建立 CP0 控制网的技术设计；进而，介绍了 CP0 控制网的外业实施和数据处理；最后，还介绍了 CP0 控制网长大基线解算的若干问题和 CP0 控制网测量的工程实践。

第 3 章　高速铁路框架控制网（CPⅠ）测量技术

首先，介绍了 CPⅠ控制网的目的和作用；然后，介绍了 CPⅠ控制网的测量方法和技术设计；其次，介绍了 CPⅠ控制网的外业实施；进而，介绍了 CPⅠ控制网的数据处理技术；最后，还介绍了不利条件下 CPⅠ控制网测量的若干问题及 CPⅠ控制网测量的工程实践。

第 4 章　高速铁路线路平面控制网（CPⅡ）测量技术

首先，介绍了 CPⅡ控制网的目的和作用；然后，介绍了建立 CPⅡ控制网的技术方法；其次，介绍了 CPⅡ控制网的技术设计；进而，介绍了 CPⅡ控制网的外业实施和数据处理技术（包括 GPS 网的数据处理和导线网的数据处理）；最后，介绍了 CPⅡ控制网（GPS 网）的测量工程实践。

第 5 章　高速铁路轨道控制网（CPⅢ）测量技术

首先，介绍了 CPⅢ控制网的目的和作用；然后，介绍了建立 CPⅢ控制网的技术方法；其次，介绍了 CPⅢ控制网的技术设计；进而，介绍了 CPⅢ控制网的外业施测及数据处理技术；最后，介绍了 CPⅢ控制网的测量工程实践。

第 6 章　高速铁路线路水准基点控制网测量技术

首先，介绍了线路水准基点控制网的目的和作用；然后，介绍了建立线路水准基点控制网的技术方法；其次，介绍了线路水准基点控制网的技术设计；进而，介绍了线路水准基点控制网的外业施测及数据处理技术；最后，介绍了线路水准基点控制网的测量工程实践。

第 7 章　双块式无砟轨道精调测量技术

首先，介绍了双块式无砟轨道；然后，介绍了双块式无砟轨道的安装与精调测量技术；其次，介绍了双块式无砟轨道精调作业方法；最后，介绍了双块式无砟轨道精调的工程实践。

第 8 章　板式无砟轨道精调测量技术

首先，介绍了板式无砟轨道；然后，介绍了板式无砟轨道的安装与精调测量技术；其次，介绍了板式无砟轨道精调系统和板式无砟轨道精调数据处理技术；最后，介绍了板式无砟轨道精调作业和 CRTSⅢ型板式无砟轨道精调工程实践。

第 9 章　长钢轨精密测量与精调技术

首先，介绍了轨道平顺性及钢轨与扣件系统；然后，介绍了钢轨精密测量与精调的基本原理及钢轨精调测量系统；其次，介绍了钢轨精调作业及数据处理技术；最后，介绍了钢轨精调工程实践和钢轨精调新技术设备。

第 2 章 高速铁路框架控制网（CP0）测量技术

在其高速铁路建设中，德国建立了单独的"德铁参考框架"DB_REF，它是一个现代化的、统一的平面和高程铁路坐标系。而在我国，铁路上从没有建立过专门的坐标基准，都是沿用的国家基准，在这方面，由于历史的原因，不同的坐标系统混合使用的情况比较严重。同时，在勘测设计、施工建设和运营维护过程中，也必须考虑控制网的复测及恢复问题，以保证等级控制网的稳定性、一致性、可恢复性。特别是到了运营维护阶段，CPⅢ轨道控制网的复测和维护，还要用到 CPⅠ基础平面控制网和 CPⅡ线路控制网，如其破坏严重，将使 CPⅢ轨道控制网的复测和养护失去基础，故有必要设立在勘测设计控制网、施工建设控制网及运营维护控制网"三网"之上的更高等级的少量的框架基准控制点，并与长期稳定的国家基准建立联系，作为复测与恢复及养护的最高等级的基准。因此，高速铁路采用卫星定位测量方法建立 CP0 框架控制网，作为全线（段）勘测设计、施工、运营维护各阶段的坐标基准。

2.1 建立 CP0 控制网的目的和作用

高速铁路线路长、地区跨越幅度大且平面控制网沿高速铁路呈带状布设。为了控制带状控制网的横向摆动，沿线必须每隔一定间距联测高等级的平面控制点。由于沿线国家高级控制点之间的兼容性差，基础平面控制网 CPⅠ经国家三角点约束后使高精度的 CPⅠ控制网发生扭曲，降低了 CPⅠ控制点间的相对精度，个别地段经国家点约束后的 CPⅠ控制点间甚至不能满足规范要求的 CPⅠ控制点相对中误差≤1/180 000 的精度指标，无法满足勘察设计、施工和运营维护各阶段的精度要求。这使得在测量中不得不采用一个点和一个方向的约束方式进行 CPⅠ控制网平差，但这种平差方式给 CPⅠ控制网复测带来不便。因此，为了提高 CPⅠ控制网的精度，并为平面控制网复测提供坐标基准，需建立适合我国高速铁路的坐标框架基准。

CPⅠ控制网长度与线路的长度成正比，上千千米带状控制网的布设、施测、数据处理以及施工和运营期间的复测任务艰巨。通过沿线建立少量的框架控制点，把全线分成若干个控制网，不仅使全线控制点的维护工作化简为重点维护少量的几个框架控制点，而且基础控制网可根据勘测的需要布设，不会因为线路走向改变或更改设计使原建的控制网报废。控制网复测时也不必等到全线控制网测量结束后才能进行整体平差。部分 CPⅠ控制点的损坏、丢失或位移，也可以通过框架控制点恢复至原来的基准。为此，我国在京津城际铁路、哈大、京沪、石武高速铁路平面控制测量中首先采用 GPS 精密定位测量方法建立高精度的 CP0 框架控制网,作为高速铁路平面控制测量的起算基准。这不仅可以克服国家高等级平面控制点稀少和分布不均等问题,还有效提高了 CPⅠ 控制网的精度,也为平面控制网复测提供了一套稳固的、高精度的起算基准,同时将勘察设计、施工建设及运营维护各阶段的平面控制基准进行了统一,实现了勘察设计、施工及运营维护的"三网合一"。

郑西客运专线建设过程中,由于全线未建立 CP0 框架控制网,在测量中不得不采用一个点和一个方向的约束方式进行 CPⅠ 控制网平差。GPS 网平差时以河南境内"范家坡"国家三角点为基准点,以"范家坡"→咸阳"大王庄"国家三角点为方位基准进行一点一方向约束平差,维持了 GPS 控制网内符合精度高的特点,保证了控制网相对位置的高精度,满足了高精度工程定位的要求,但这种平差方式给 CPⅠ 控制网复测带来了不便。为此,我们率先在哈大客运专线平面控制测量中采用 GPS 精密定位测量方法建立高精度的框架控制网 CP0,作为高速铁路平面控制测量的起算基准,为高速铁路建立高等级的平面控制基准,开展了积极的探索。

在哈大客专建设过程中,为了保证基础平面控制网(简称 CPⅠ)的精度,依据《客运专线无砟轨道铁路工程测量暂行规定》的要求,基础平面控制网施测时应与铁路沿线的国家高等级三角点(Ⅰ、Ⅱ等)或 GPS 点(A、B 级)联测并进行约束平差。但经过实地踏勘和了解,沿线既有 1954 北京坐标系和 1980 西安坐标系的国家三角点破坏严重,且现有的控制点点间距偏大、精度等级低、兼容性极差,特别是在省界接合部位的三角点,根本无法保证基础平面控制点对间的相对精度,进而无法保证按线路设计几何线形进行施工。当时 2000 国家大地坐标系尚未正式启用,无法收集成果,综合以上情况,经认真研究,我们认为有必要为哈大客运专线建立更高等级的专用平面控制网,即建立框架网。为了保证基础平面控制网的点位精度,我们参考国家《全球定位系统(GPS)测量规范》(GB/T 18314—2001)进行了哈大客运专线框架控制网 CP0 建设与维护技术方案设计,并严格按设计方案组织实施。

哈大客专框架控制网是我国首次在高速铁路长大干线精密控制测量中建立的 CP0 框架控制网,具有重要的意义。其主要意义在于首次将勘察、设计、施工及运营维护各阶段的平面控制基准进行了统一,实现了勘察设计、施工及运营维护的"三网合一",在高速铁路建设中开创了先例,并且也为后期的基础平面控制网复测提供了可靠的保证,后期多次进行的基础平面控制网复测也证实了框架网的可靠性和稳定性,同时也为后续研究和编制高速铁路行业规范提供了实践数据和参考资料,起到了指导性的作用。

2.2 建立 CP0 控制网的技术方法

2.2.1 "三网合一"

高速铁路轨道高速度、高舒适性、高安全性建设目标,使其必须具备高平顺性和高精度的几何线形参数,轨道工程施工工艺和精度要求高,精度要求保持在毫米级范围内。由于过去普速铁路建设的速度目标值较低,对轨道的线形和平顺性要求不高,传统的铁路工程测量在勘测、施工中没有要求建立一套适合于勘测、施工、运营维护的完整的控制测量系统。控制网测量的精度指标主要是根据满足线下土建工程的施工控制要求而制定的。轨道的铺设不是以控制网为基准按照设计的坐标定位，而是按照线下工程的施工现状采用相对定位进行铺设，这种铺轨方法由于测量误差的积累，往往造成轨道的几何参数与设计参数相差较大。高速铁路轨道线形和平顺性要求较高，轨道工程施工应按照设计的线形，采用绝对坐标进行线下工程施工和轨道工程的施工放样；运营维护应按竣工交付的线形进行维护管理。

因此，要求各级平面高程控制网精度必须同时满足线下工程施工、轨道施工定位和运营养护的要求，在设计、施工和运营阶段构建和保持高速铁路轨道空间几何形位的一致性，满足高速铁路工程建设和运营管理的需要，三个阶段的平面、高程控制测量必须采用统一的坐标高程系统和起算基准。即：勘测控制网、施工控制网、运营维护控制网均采用CP0为全线坐标框架基准、CPⅠ为基础平面控制网，以二等水准基点网为基础高程控制网，从而实现勘测控制网、施工控制网、运营维护网的坐标和高程系统统一、起算基准统一、测量精度协调统一，达到无砟轨道控制网"三网合一"的目标。"三网合一"的重要意义主要有：

（1）勘测控制网、施工控制网、运营维护控制网坐标和高程系统的统一。

在高速铁路的勘测设计、线下施工、轨道施工及运营维护的各阶段均采用坐标定位控制。因此，必须保证各阶段测量控制网坐标高程系统的统一，才能使高速铁路的勘测设计、线下工程施工、轨道施工工作顺利进行。如果勘测控制网与线下工程施工控制网坐标高程系统不统一，则无法按照设计的坐标、高程施工，线位偏离设计位置，可能造成高程净空限界不足；如果线下工程施工的控制基准与轨道施工的控制基准不一致，则无法按照设计要求进行轨道施工。我国高速铁路无砟轨道工程建设初期曾经出现过类似问题。

郑西客运专线建设过程中，前期测量工作于2003年开始进行，2003年12月底完成初测工作，2004年6月底完成定测工作，主要技术标准按照《京沪高速铁路测量暂行规定》（铁建设〔2003〕13号）要求执行，勘测阶段施测的平面控制网按C级网精度建立GPS首级控制网，在GPS C级控制网基础上进行后续初、定测工作，GPS网采用国家三角点进行约束，1°分带，高程投影面为350 m，满足《京沪高速铁路测量暂行规定》对投影变形25 mm/km的要求，高程控制网按三等水准测量的要求施测。2006年，郑西线全线开工建设，同年京津城际轨道交通项目及其他客运专线项目的施工已经暴露出测量控制网精度偏低、桩点密度不足以及桩点稳固性差等问题，已不同程度地影响到线下工程的施工质量，原勘测控制网的精度和边长投影变形值不能满足无砟轨道施工测量的要求及运营维护的需要。为此，原铁道部工程管理中心于2006年9月20日发布了TB533号电报《关于保证无砟轨道控制测量精度的通知》，2006年10月原铁道部发布了《客运专线无砟轨道铁路工程测量暂行规定》，郑西客运专线公司于2006年10月8日在郑州主持召开了郑西铁路客运专线无砟轨道控制测量方案研讨会，作出了郑西客运专线重建无砟轨道精密测量控制网的决定。2006年10月，中铁一院、中铁二院和中铁四院按照《客运专线无砟轨道铁路工程测量暂行规定》的要求，对在建的郑州至西安铁路客运专线进行了测量控制网的重建，建立了CPⅠ、CPⅡ平面控制网和二等水准高程应急网。对在建的客专测量平面控制网的重建原则，首先必须以现实工程为基础，尽可能地使已施工的大型构筑物，如大桥、隧道、桩-板结构路基和长大曲线，以原设计图纸和控制网为基准继续施工；对不可避免的更改设计，尽量安排在直线路基段，用以吸收测量误差和投影变形的系统误差；利用新建立的控制网对现有施工控制网和已建工程的线路中线（轴线）进行联测，并对现有的施工控制测量精度和已建工程进行评估，根据现状进行线路平面调整，完成线下工程施工，以满足铺设无砟轨道的要求。对已建线下工程评估过程采用新旧网相结合使用的办法，即对满足精度的旧控制网仍用其施工；对不满足精度要求的旧控制网则采用 CPⅠ、CPⅡ 平面施工控制网与施工切线联测，分别更改每个曲线的设计进行施工，待线下工程竣工后再统一贯通测量进行铺轨设计的方法。由于工程已开工，新旧两套坐标在精度和尺度上都存在较大的差异，只能通过单个曲线的坐标转换和线性拟合的方法来启用新网，给设计施工都造成了困难。

遂渝线无砟轨道试验段建设过程中，线下工程勘测设计和施工均采用 1954 北京坐标系 3° 带投影，边长投影变形值达 210 mm/km，导线测量按初测导线 1/6 000 的精度要求施测。原铁道部决定在该段进行铺设无砟轨道试验时，线下工程已基本完成，为了保证无砟轨道铺设安装的施工控制精度，原铁道部建立了高精度的 B 级 GPS 平面控制网和二等水准高程控制网作为轨道施工控制基准。由于线下工程平面控制网与无砟轨道平面控制网精度和投影尺度不一致，致使按无砟轨道高精度平面控制网测量的线路中线与原中线位置不一致，相差最大达 50 cm。为了不产生废弃工程，施工单位不得不反复调整线路平面设计，将线路横向平面位置误差调到路基段进行消化，这样才满足了无砟轨道试验段的铺设条件。遂渝线无砟轨道试验段的速度目标值为 200 km/h，当速度目标值为 250～350 km/h 时，线路均为桥隧相连，没有路基段消化误差，误差调整工作更困难。当误差调整消化不了时，就会造成局部工程报废。

（2）勘测控制网、施工控制网、运营维护控制网起算基准的统一。

高速铁路勘测控制网、施工控制网、运营维护控制网平面测量应以基础平面控制网 CPⅠ 为平面控制基准，高程测量应以二等水准基点为高程控制测量基准。

京津城际铁路建设中，由于线下工程施工以勘测的四等水准控制网为基准，铺轨时以二等水准基点为高程控制测量基准，线下工程施工高程基准与轨道施工高程基准不一致，造成了部分墩台顶部施工报废重新施工的情况。

"三网合一"是高速铁路采用坐标进行线路的勘测设计、工程施工以及运营维护管理的前提。在"三网合一"基础上，线路及其附属建筑物的里程和坐标一一对应，每一个里程只有一个唯一的坐标（x、y、h），使施工和营运维护能够严格按照设计的线形进行施工和养护，保证高速铁路轨道的平顺性，同时也为工务管理信息化和构建数字化铁路创造了条件。"三网合一"成了高速铁路工程测量技术体系的基础和核心。

2.2.2 控制网基准

CP0 作为高速铁路工程测量的框架控制网，是 CPⅠ 控制网的起算基准，其基线解算和网平差使用高精度长基线 GPS 解算软件，数据处理采用 IGS 精密星历轨道约束方法进行。采用 GPS 精密定位测量方法建立高精度的 CP0 框架控制网。

GPS 测量获得的是 GPS 基线向量，是 WGS-84 坐标系中的三维坐标差，而在实际工程建设中需要的是国家坐标系或工程独立坐标系的坐标。所以在 GPS 网技术设计时，必须明确 GPS 成果所采用的坐标系统和起算数据，即明确 GPS 网的基准。GPS 网的基准包括位置基准、方位基准和尺度基准。CP0 控制网采用 GPS 测量方式，其方位基准由 GPS 基线向量的方位作为方位基准；尺度基准由 2 个以上的起算点间的距离确定；位置基准由给定的起算点坐标确定。因此，CP0 网的基准设计，实质上主要是指确定网的位置基准问题。

（1）CP0 控制网通过与沿线国家 GPS A、B 级点进行联测统一纳入 CGCS2000 国家大地坐标系统，或与全球 IGS 参考站点联测统一纳入 ITRF 大地测量框架，建立基于 CGCS2000 或 ITRF 坐标系统基本椭球参数、满足边长投影变形值 ≤10 mm/km 的任意中央子午线和抵偿高程面的工程独立坐标系统。另外，为了便于铁路沿线征地使用以及地方规划使用，应联测若干个原有国家 1980 西安坐标系或 1954 北京坐标系或地方控制点，用以坐标转换。

（2）为保证 CP0 网进行约束平差后坐标精度的均匀性以及减少尺度比误差影响，对 GPS 网内重合的高等级国家 GPS 控制点，也应构成长边图形进行联测。

（3）无约束平差时作为起算点的 IGS 参考站的框架基准在 CP0 框架控制网初次建网时应采用目前发布的最新 ITRF 参考框架及其参考历元下的测站坐标，后续复测维护时还需将 IGS 参考点的框架基准转换到初次建网时所在的 ITRF 框架基准下。作为起算点的 IGS 参考站应优先选择数据质量较好的测站。根据计算经验，中国境内的 IGS 站 SHAO、BJFS、WUHN、URUM 站的数据质量较好一些，LHAS 和 KUNM 站的数据观测质量相对较差。

整体约束平差所采用的约束点应为 IGS 参考站或国家 A、B 级 GPS 点的 CGCS2000 国家大地坐标系的成果。

2.2.3 网形布设

2.2.3.1 布设间距

CP0 框架控制网是高速铁路工程测量的平面基准。经过近年来京津、哈大、京沪、石武客专 CP0 测量的实践总结，确定 CP0 点按平均 50 km 的间距进行布设。表 2-1 对京津、哈大、京沪、石武客专 CP0 控制网的点位布设间距进行了统计。

表 2-1 我国客专 CP0 控制网点位平均布设间距

线路名称	京津	哈大	京沪	石武
CP0 点位间距（km）	30	80	80	50

另外，CP0 作为 CPⅠ控制网施工建设和运营维护期间复测的起算基准，还应满足 CPⅠ复测时的点位精度需要，复测成果与原测成果的坐标较差也与 CP0 控制网的点间距有关。经统计分析，在 CPⅠ控制网复测自身测量满足 GPS 二等网精度要求时，哈大线复测成果 92% 满足 ±20 mm 要求，京沪线 98% 满足 ±20 mm 要求，京津、石武客专复测成果均能满足 ±20 mm 的要求。因此，根据以上各线的情况，综合考虑 CP0 控制网的选点、布网、野外测量调度协调等各方面因素，CP0 点按平均 50 km 的间距进行布设是合适的。

2.2.3.2 图形设计

CP0 作为高速铁路工程测量的平面基准，在初测前采用 GPS 测量方法建立，全线一次性布网，统一测量，整体平差。由于 CP0 控制测量精度要求高，CP0 控制网网形一般采用网连接式，以提高网的几何强度和可靠性，相邻同步图形之间至少有 3 个以上的公共点相连接，每个 CP0 控制点与相邻 CP0 连接数不得小于 3；IGS 参考站或国家 A、B 级 GPS 点与其相邻的 CP0 连接数不得小于 2。在接收机数量满足条件的情况下，全线可采用多台 GPS 接收机一次性同时段测量，当线路较长、点数较多时，也可以按照网连接式分区测量，分区解算，统一平差。

2.2.4 测量方法

CP0 控制网采用 GPS 静态相对定位测量的原理建立。

GPS 静态相对定位是通过用两台（或多台）接收机分别安置在一条（或多条）基线的两端，同步观测相同的 GPS 卫星，以确定基线端点的相对位置或基线向量。GPS 相对定位原理如图 2-1 所示。GPS 观测组成的网形如图 2-2 所示。

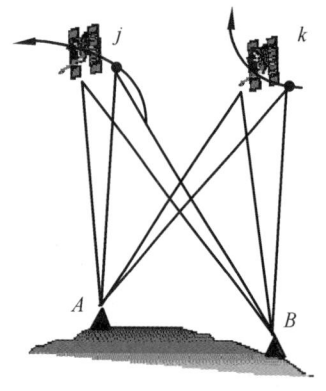

图 2-1 GPS 相对定位原理

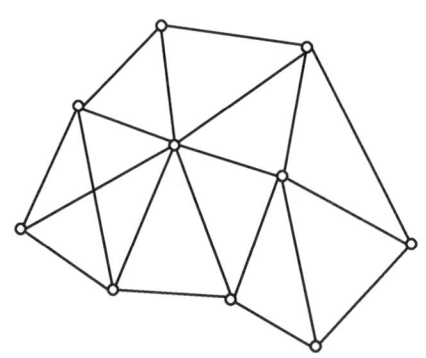

图 2-2 GPS 观测网形

GPS 基线解算时，一般通过卫星间和测站间对载波相位观测值进行两次差分组成双差观测值，一方面消去卫星钟、接收机钟的系统误差，另一方面削弱卫星轨道误差和大气折射对观测值的影响，未消去的残余误差通过基线向量解算时建立数学模型在进行最小二乘求解时一并求解，从而提高测量精度。基线解算完成后，即确定了本级网相邻控制点间的相对关系。通过联测上一级控制点，建立本级控制网与上一级控制网的相对关系。基线网平差时将上一级控制网的绝对坐标作为固定数据进行约束平差，即确定了本级网在基准空间中的绝对坐标。CP0 控制网以 IGS 参考站或国家 GPS A、B 级控制点作为约束点，进行控制网整体三维约束平差。经上级控制点约束平差后，即确定了 CP0 在工程独立坐标系中的绝对坐标，并评定其测量质量、精度和可靠性。

CP0 控制点沿线路走向每 50 km 左右布设一个点，在线路起点、终点或与其他线路衔接地段，至少有 1 个 CP0 控制点。当国家既有 GPS 控制点的精度和位置满足 CP0 控制网要求时，应将其作为高速铁路 CP0 控制点。CP0 控制点宜埋设在适合于 GPS 观测作业的地点，周围 200 m 范围内不得有强电磁干扰源或强电磁反射源，点位距离线路中线不宜大于 10 km。CP0 控制网应与 IGS 参考站或国家 A、B 级 GPS 点进行联测。全线联测的已知站点数不应少于 2 个，且在网中均匀分布。每个 CP0 控制点与相邻 CP0 连接数不得小于 3；IGS 参考站或国家 A、B 级 GPS 点与其相邻的 CP0 连接数不得小于 2。

2.2.5 测量精度

精度是衡量网的坐标参数估值受观测偶然误差影响程度的指标。网的精度设计是根据偶然误差传播规律，按照一定的精度设计方法，分析网中各未知点平差后预期能达到的精度。一般常用坐标的方差-协方差阵来分析，也常用误差椭圆（球）和相对误差椭圆（球）来描述坐标点的精度情况，或用点之间方位、距离和角度的标准差来定义。CP0 测量中，相邻点间基线长度的精度用式（2-1）来表示，CP0 网约束平差后的精度指标具体数值见表 2-2。

$$\delta = \sqrt{a^2 + (b \times d)^2} \qquad (2-1)$$

式中：δ 为标准差（mm）；a 为固定误差（mm）；b 为比例误差系数（mm/km）；d 为相邻点间的距离（km）。

表 2-2　CP0 控制网测量主要技术指标

等级	固定误差 a（mm）	比例误差系数 b（mm/km）	约束平差后最弱边边长相对中误差	相邻点的相对中误差（mm）
CP0	≤5	≤1	1/2 000 000	20

观测前，进行时段设计，避开少于 4 颗卫星的时间窗口，选择最佳时段，CP0 施测基本技术要求见表 2-3。

表 2-3　CP0 施测基本技术要求

	项　目	CP0
静态测量	卫星截止高度角（°）	≥15
	同时观测有效卫星数	≥4
	有效时段长度（min）	≥300
	观测时段数	4
	数据采样间隔（s）	30
	接收机类型	双频
	GDOP	≤6

2.2.6 基线解算

2.2.6.1 GAMIT 基线解算软件简介

CP0 框架控制网基线解算属于中长基线解算，基线解算时应采用高精度解算软件，国内一般采用 GAMIT 和 BERNESE 进行处理。虽然这两款软件均以双差相位观测值作为基本解算数据，但由于其采用的模型及数据处理方式等因素的不同，将造成基线解算结果的系统性差异。因此，施工建设和运营期间 CP0 控制网复测维护应采用与勘测设计期间相同的基线解算软件（最好是同一版本）进行处理。

由于 BERNESE 软件需要购买，国内用户较少；GAMIT 是开源软件，国内用户数量众多。

为了便于后续施工和运营期间框架基准的复测维护以及与其他铁路线路的衔接，建议CP0框架控制网基线解算统一使用GAMIT软件。

GAMIT软件由美国麻省理工学院（MIT）和斯克里普斯海洋研究所（SIO）联合开发，基于GPS双差观测模型，是一款主要用于大地测量的GPS定位和定轨数据处理软件包。GAMIT软件在数据处理时顾及了极移、闰秒、章动、频移和有关轨道的各种摄动改正等多种因素的影响，其代码由Fortran语言编写，具有处理结果准确、运算速度快、版本更新周期短以及在精度许可范围内自动化处理程度高等特点。它由多个功能不同并可独立运行的程序模块组成。利用GAMIT可以确定地面站的三维坐标和对空中飞行物进行定轨，在利用精密星历和高精度起算点的情况下，基线解的相对精度能够达到10^{-9}，解算短基线的精度优于1mm。该软件是世界上最优秀的GNSS定位和定轨软件之一，其发展主要经历了如下四个阶段：

（1）20世纪70年代末，美国麻省理工学院在研究GPS接收机时，就开始了GAMIT软件的编写工作，其初始代码来自1960—1970年行星星历解算及VLBI等相关软件。

（2）自1987年起，GAMIT软件被正式移植到基于Unix的操作系统平台上。

（3）1992年，IGS组织的建立促进了GAMIT软件自动化处理能力的提高。

（4）自20世纪90年代中期以来，GAMIT软件真正实现了对GPS数据的自动批处理。

GAMIT由多个功能不同并可独立运行的程序模块组成，GAMIT在数据处理阶段有5个核心模块，其结构如图2-3所示。

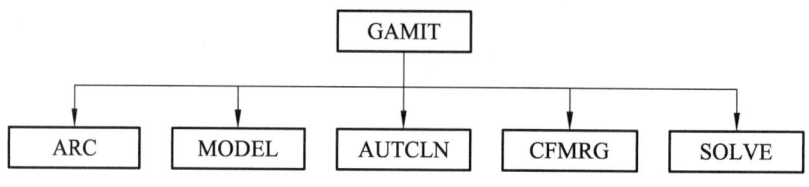

图2-3 GAMIT软件主要模块结构

其中：ARC为轨道积分模块，对卫星运动方程进行数值积分来确定卫星轨道；MODEL求偏导数并生成观测方程；AUTCLN自动修复周跳，周跳修复模块还包括SINCLN（单站自动修复周跳）、DBLCLN（双站自动修复周跳）、CVIEW（人工修复周跳）；CFMRG为SOLVE模块创建观测方式文件（M-file），定义和选择有关参数；SOLVE是利用双差观测值按最小二乘法求解各参数。

其他模块：MAKEXP为数据准备部分的驱动程序；MAKEJ生成卫星钟差文件；MAKEX将原始观测数据的格式（RINEX）转换成GAMIT所需的文件格式；BCTOT（NGSTOT）将星历格式（RINEX、SP3、SP1）转换成GAMIT所需的文件格式；FIXDRV为数据处理部分的驱动程序。

近年来，该软件在Thomas Herring教授、Robert King博士、Simon McClusky博士和有关专家共同努力下，在数据自动处理方面已做了较大的改进。该软件不仅可在基于工作站的Unix操作平台下运行，支持X-Windows，而且可以在基于计算机的Linux平台下运行，最大测站数和时段数由分析计算的环境决定。GAMIT软件的解算精度高，科研单位通过申请可免费获取，并开放源代码，使用者可根据需要进行源程序修改，相对Bernese、EPOS和GIPSY

来说,在国内应用更为广泛。我国 A、B 级 GPS 网的基线解算是采用该软件进行的。我国高速铁路框架控制网基线较长(50 km 以上),需要与其他铁路线的衔接,施工和运营期间框架基准需定期进行复测维护,因此,建议框架控制网统一采用 GAMIT 软件进行基线解算。

2.2.6.2 GAMIT 软件中的坐标参考系及其相互转换

GAMIT 软件中使用的坐标参考系较多,本章将对坐标参考系及其相互转换关系进行系统介绍,这对于了解 GAMIT 软件的计算方法以及对解算结果进行精度分析、合理利用 GNSS 数据处理结果具有重要意义。

GAMIT 软件采用的坐标参考系统为国际协议天球参考系(ICRS)和国际协议地球参考系(ITRS)。ICRS 的实现方式为国际天球参考框架(ICRF),它由全球空间均匀分布的 608 个具有精确 VLBI 位置坐标的河外射电源维持;ITRS 的实现方式为国际地球参考框架(ITRF),它由处于稳定板块内部的全球 IGS 站某一历元的坐标和坐标变化率维持。对于同一地心天球参考系或地球参考系,在使用时存在不同坐标形式间坐标转换的问题,如站心坐标系、球面坐标系、大地坐标系、NEU 坐标系以及空间直角坐标系之间的相互转换;对于不同天球和地球参考系内部或之间,则存在不同坐标系统之间的坐标变换问题。

(1)国际协议天球参考系和国际协议地球参考系。

① 协议天球和地球参考系的定义。

国际协议天球参考系(ICRS)往往用来描述天体和卫星运动,天体和卫星的星历通常都在此系统中表示,在 GAMIT 软件中采用数值积分方法解算卫星运动方程,称之为卫星轨道积分,如 ARC 轨道积分模块、YAWTAB 卫星偏航量计算模块等,此时一般采用 J2000 协议惯性坐标系。其定义是:以地球质心为坐标原点,选用 2000 年 1 月 1 日质心力学时(TDB)为标准历元,经过瞬时岁差和章动改正后的北天极和春分点分别确定 Z 轴和 X 轴,Y 轴与 Z 轴和 X 轴构成右手系。ICRS 和瞬时天球坐标系可以通过相应标准历元的岁差和章动改正进行相互转换。

国际协议地球参考系(ITRS)一般用于描述地球重力场和地球表面上点的空间位置,是一种与地球固连在一起、与地球同步运动的参考系。其定义是:以地球质心为坐标原点,Z 轴指向协议地极方向(CTP),X 轴指向格林尼治子午圈与协议地球赤道的交点,Y 轴与 Z 轴和 X 轴构成右手系。ITRS 与瞬时地球参考系可以通过极移改正进行相互转换。

国际地球自转服务组织(IERS)提供的地球定向参数 EOP 实现了国际天球参考框架(ICRF)与国际地球参考框架(ITRF)的永久性连接。

② 协议天球和地球参考系间的相互转换。

ICRS 和 ITRS 之间的转换需借助于瞬时真天球参考系与瞬时真地球参考系的坐标轴指向相同来实现。瞬时真天球参考系与协议天球参考系的差别在于地球自转岁差和章动引起的坐标轴指向不同,转换公式如下:

$$\begin{bmatrix} x \\ y \\ z \end{bmatrix}_{Tc} = \mathbf{NP} \begin{bmatrix} x \\ y \\ z \end{bmatrix}_{ICRS} \tag{2-2}$$

$$P = R_3(-90-Z_A)R_1(\theta_A)R_3(\xi_A) \qquad (2-3)$$

$$N = R_1(-\varepsilon-\Delta\varepsilon)R_3(-\Delta\psi)R_1(\varepsilon) \qquad (2-4)$$

式中：P 为岁差旋转矩阵；N 为章动旋转矩阵；Z_A、θ_A 和 ξ_A 为岁差参数；ε、$\Delta\varepsilon$、$\Delta\psi$ 分别为黄赤交角、交角章动和黄经章动。目前一般采用 IAU1976 年岁差常数和 1980 章动模型。

协议地球参考系与瞬时真地球参考系的差异是由极移引起的，将瞬时真地球参考系转换为协议地球参考系时，IERS 的惯例是先绕 x 轴反时针旋转 y_P，再绕 y 轴旋转 x_P，转换公式为：

$$\begin{bmatrix} x \\ y \\ z \end{bmatrix}_{ITRS} = M \begin{bmatrix} x \\ y \\ z \end{bmatrix}_{Tt} \qquad (2-5)$$

$$M = R_2(-x_P)R_1(-y_P) \qquad (2-6)$$

式中：M 为极移旋转矩阵。

因此，协议天球参考系与协议地球参考系的转换关系为：

$$\begin{bmatrix} x \\ y \\ z \end{bmatrix}_{ITRS} = MENP \begin{bmatrix} x \\ y \\ z \end{bmatrix}_{ICRS} \qquad (2-7)$$

$$E = R_3(GAST) \qquad (2-8)$$

式中：E 为地球自转矩阵；$GAST$ 为真春分点的格林尼治时角。

（2）ITRF 参考框架和 WGS84 坐标系。

国际协议地球参考框架（ITRF）是 ITRS 的具体实现，它由一系列固定于地球表面而且假定只做线性运动的大地点相对于某一参考历元的坐标及其坐标变化率所构成，是由 IERS 分析中心所属机构通过空间大地测量技术诸如 VLBI、LLR、SLR、GPS 和 DORIS 的观测资料综合处理分析后得到的一个动态地心坐标参考框架序列，以 IERS 年报和 IERS 技术备忘录的形式发布，目前 ITRF 已有 ITRF88～ITRF94、ITRF96、ITRF97、ITRF2000、ITRF2005 和 ITRF2008。ITRF 坐标和速度解由于各 IERS 分析中心分析方法的不断精化、观测和数据处理精度的不断提高，后续建立的 ITRF 框架之间的差别越来越小，目前达到的精度为毫米级。ITRF 框架的原点、定向、尺度均隐含在 IERS 所确定的基本站的直角坐标与速度场中。随着空间大地测量技术水平的提高和新观测手段的加入，ITRF 框架基准的定义也在不断改进，造成了框架之间的系统性差异。

① ITRF 框架相互变换。

ITRF 是一种动态地球参考框架，其定义是通过对框架的定向、原点、尺度和框架时间演变基准的明确定义来实现的。不同时期框架之间 4 个基准分量定义的不同，使得框架之间存在小的系统性差异，这些系统性差异可以用 7 个参数来表示（参数由 IERS 发布），不同框架之间可以通过坐标系之间的相似变换进行转换，转换公式为：

$$\begin{bmatrix} X \\ Y \\ Z \end{bmatrix}_{\text{ITRF}yy} = \begin{bmatrix} T_1 \\ T_2 \\ T_3 \end{bmatrix} + (1+D) \begin{bmatrix} 1 & -R_3 & R_2 \\ R_3 & 1 & -R_1 \\ -R_2 & R_1 & 1 \end{bmatrix} \begin{bmatrix} X \\ Y \\ Z \end{bmatrix}_{\text{ITRF}xx} \quad (2\text{-}9)$$

式中：T_1、T_2、T_3 为平移量；R_1、R_2、R_3 为旋转量；D 为尺度改正因子。此即为 ITRFxx 框架到 ITRFyy 框架的 7 个转换参数。任一参数 P 在指定时刻 t 的值等于基准历元的参数 $P(t_0)$ 加上基准历元 t_0 到转换历元的变化量，即有

$$P(t) = P(t_0) + \dot{P}(t - t_0) \quad (2\text{-}10)$$

这样利用式（2-9）和式（2-10）就可以完成不同参考框架到指定历元 t 的坐标转换。

假设现在需要将 ITRFxx 框架 t_1 历元下的基准点坐标 $X_{\text{ITRF}xx}^{t_1}$ 转换到 ITRFyy 框架 t_2 历元下的 $X_{\text{ITRF}yy}^{t_2}$，一般有两种方法：先转框架，后转历元，即首先将 ITRFxx 框架 t_1 历元的基准点坐标 $X_{\text{ITRF}xx}^{t_1}$ 转换到 ITRFyy 框架 t_1 历元下的坐标 $X_{\text{ITRF}yy}^{t_1}$，然后将 ITRFyy 框架 t_1 历元下的坐标 $X_{\text{ITRF}yy}^{t_1}$ 转换到 t_2 历元下的坐标 $X_{\text{ITRF}yy}^{t_2}$，即 $X_{\text{ITRF}xx}^{t_1} \rightarrow X_{\text{ITRF}yy}^{t_1} \rightarrow X_{\text{ITRF}yy}^{t_2}$；先转历元，后转框架，即首先将 ITRF$xx$ 框架 t_1 历元的基准点坐标 $X_{\text{ITRF}xx}^{t_1}$ 转换到 ITRFxx 框架 t_2 历元下的坐标 $X_{\text{ITRF}xx}^{t_2}$，然后将 ITRFxx 框架 t_2 历元下的坐标 $X_{\text{ITRF}xx}^{t_2}$ 转换到 t_2 历元下的坐标 $X_{\text{ITRF}yy}^{t_2}$，即 $X_{\text{ITRF}xx}^{t_1} \rightarrow X_{\text{ITRF}xx}^{t_2} \rightarrow X_{\text{ITRF}yy}^{t_2}$。对于没有直接提供转换参数的框架之间的转换，可采取分步转换的方法。以上两种方法所得的结果从理论上讲应该是一致的。

在同一框架下不同历元间转换时，如果已知基准点的速度为 $V_{\text{ITRF}xx}$，则基准点的坐标计算可按下式进行：

$$X_{\text{ITRF}xx}^{t_2} = X_{\text{ITRF}xx}^{t_1} + V_{\text{ITRF}xx}(t_2 - t_1) \quad (2\text{-}11)$$

以上讨论的是已知速度场的框架点间的转换关系，对于不知道速度场的非框架点来说，可以采用目前国际上推荐使用的 NNR-NUVEL-1A 板块运动模型进行近似计算。每个板块的角速度分量可从地球物理模型计算得到，因此测站的速度可表示为：

$$V_{\text{ITRF}yy} \approx \begin{bmatrix} 0 & -\Omega_Z & \Omega_Y \\ \Omega_Z & 0 & -\Omega_X \\ -\Omega_Y & \Omega_X & 0 \end{bmatrix}_{P_i} \begin{bmatrix} X \\ Y \\ Z \end{bmatrix}_{\text{ITRF}yy} \quad (2\text{-}12)$$

式中：P_i 为测站所处的板块；Ω 为以年为单位的角速度矢量（rad/a），绕每个板块极轴（由 Ω 定义）反时针旋转 $|\Omega|$ 量则变为正值。

② ITRF 框架与 IGS 变换。

GAMIT 高精度数据处理一般采用国际 GNSS 服务中心提供的 IGS 精密星历。IGS 精密星历选用的是 ITRF 参考框架，IGS 采用的 ITRF 框架情况如表 2-4 所示。ITRF97 框架之前 IGS 使用与 ITRF 相同的参考框架和参考历元；ITRF97 框架后，IGS 开始使用自己的 ITRF 实现，以保持一致性。IGS 实现的框架与 ITRF 的差异在 1 cm 精度范围内。

表 2-4 IGS 产品对应的 ITRF 框架

框 架	GPS 周	日 期
ITRF 92	0730～0781	1994年1月2日—1994年12月31日
ITRF 93	0782～0859	1995年1月1日—1996年6月29日
ITRF 94	0860～0947	1996年6月30日—1998年3月7日
ITRF 96	0948～1020	1998年3月8日—1999年7月31日
ITRF 97	1021～1064	1998年8月1日—2000年6月3日
IGS 97	1065～1142	1998年6月4日—2001年12月1日
IGS 00	1143～1252	2001年12月2日—2004年1月10日
IGS 00b	1253～1399	2004年1月11日—2006年10月4日
IGS 05	1400～	2006年10月5日至今

高精度 GNSS 测量基准的统一，包括基准点坐标基准统一和基线解算时卫星星历基准统一两方面的内容。假设某一 GNSS 测量中使用的 IGS 精密星历所在的参考框架为 ITRFxx，参考历元为 t_1；基准点所在的参考框架为 ITRFyy，参考历元为 t_0。采用"先转框架，后转历元"的方法将基准点所在参考框架和参考历元与 IGS 精密星历归化到同一参考框架和参考历元下，即 $X_{\text{ITRF}yy}^{t_0} \rightarrow X_{\text{ITRF}xx}^{t_0} \rightarrow X_{\text{ITRF}xx}^{t_1}$，此时再对归化后兼容性较好的基准点坐标施加强约束，这样建立的地心独立坐标系属于 IGS 精密星历所采用的 ITRF 参考框架，实现了测量基准的统一。

③ ITRF 框架与 WGS84 变换。

WGS84 坐标系属于协议地球参考系，是美国 GPS 广播星历和美国国防制图局 NGS 精密星历的参考基准，最初是基于 Transit 卫星多普勒数据建立的用于 GPS 广播星历的地球参考系，后来主要是基于 GPS 观测数据实现。其定义是：原点为地球质心，Z 轴指向 BIH1984.0 定义的协议地极 CTP 方向，X 轴指向 BIH1984.0 零子午面与 CTP 对应的赤道的交点，Y 轴与 Z 轴和 X 轴构成右手系。WGS84 参考框架是由一组全球分布的 GPS 跟踪站的坐标来具体实现的。WGS84 系统经过三次精化后，目前与 ITRF 框架的站坐标差异在 1 cm 以内，在厘米级精度内可认为二者是同一参考框架。一般来说，WGS84（1150GPS 周）实用上被认为等同于 ITRF2000；WGS84（873 GPS 周）实用上被认为等同于 ITRF94；WGS84（730 GPS 周）实用上被认为等同于 ITRF92。

（3）球面坐标系、站心地平坐标系、大地坐标系和空间直角坐标系。

① 球面坐标系与空间直角坐标系变换。

GAMIT 基线解算前需配置站坐标 L 文件，即输入各测站点的先验坐标，包括球面坐标（GAMIT 的传统格式）和指定历元下的空间直角坐标和速度场（GLOBK 的 apr 文件的格式）两种形式。利用 gapr_to_l 程序可将 GLOBK 的 apr 文件转换为指定历元的站坐标 L 文件，ITRF 框架坐标的 apr 文件可从 MIT 的 ftp 目录获得。ITRF 参考框架下的球坐标与空间直角坐标的转换公式如下：

$$\begin{bmatrix} X \\ Y \\ Z \end{bmatrix} = r \begin{bmatrix} \cos\delta\cos\alpha \\ \cos\delta\sin\alpha \\ \sin\delta \end{bmatrix} \Leftrightarrow \begin{bmatrix} \delta \\ \alpha \\ r \end{bmatrix} = \begin{bmatrix} \arctan\dfrac{Z}{\sqrt{X^2+Y^2}} \\ \arctan\dfrac{Y}{X} \\ \sqrt{X^2+Y^2+Z^2} \end{bmatrix} \qquad (2\text{-}13)$$

式中：δ 为地心纬度；α 为地心经度；r 为地心向径。

使用球面坐标系的优点是：球面坐标与空间直角坐标之间的转换简单，不需要像大地坐标那样进行迭代运算，地心经度与大地经度相同，地心纬度与大地纬度比较接近，而且地心向径的变化可以近似认为是大地高的变化。

② 站心地平坐标系与空间直角坐标系变换。

GAMIT 基线解算结果输出文件为基线约束解 Q 文件（详细基线解）和 O 文件（简略基线解）以及基线松弛解 H 文件，主要包括基线解算过程参数和基线结果及其精度信息。在 Q 文件和 O 文件中，基线解算结果各个分量及其方差-协方差阵是以空间直角坐标系和站心地平坐标系两种形式给出的。站心地平坐标系 P-NEU 定义为：以测站点 P 为原点，以 P 点的法线为 U 轴，指向天顶为正，以子午线方向为 N 轴，指北为正，E 轴垂直于 P 点的大地子午面，向东为正，构成一个左手参考系。ITRF 参考框架下的站心地平坐标系与空间直角坐标系的转换公式如下：

$$\begin{bmatrix} X \\ Y \\ Z \end{bmatrix} = \begin{bmatrix} -\sin B \cos L & -\sin L & \cos B \cos L \\ -\sin B \cos L & \cos L & \cos B \sin L \\ \cos B & 0 & \sin B \end{bmatrix} \begin{bmatrix} N \\ E \\ U \end{bmatrix} + \begin{bmatrix} X_P \\ Y_P \\ Z_P \end{bmatrix}$$

$$\Leftrightarrow \begin{bmatrix} N \\ E \\ U \end{bmatrix} = \begin{bmatrix} -\sin B \cos L & -\sin B \sin L & \cos B \\ -\sin L & \cos L & 0 \\ \cos B \cos L & \cos B \sin L & \sin B \end{bmatrix} \begin{bmatrix} X - X_P \\ Y - Y_P \\ Z - Z_P \end{bmatrix} \quad (2\text{-}14)$$

式中：L 为大地经度；B 为大地纬度。

需要说明的是，Q 文件和 O 文件中分别给出了 XYZ 和 NEU 形式基线分量的协方差阵，而 NEU 基线分量的中误差是由 XYZ 基线分量的协方差阵及其转换关系根据误差传播定律计算的。一般将站心地平坐标系中的基线 NEU 分量的误差作为基线水平方向和高程方向的误差，在基线较短时可以这样认为，基线较长时应考虑基线 NEU 分量的精度与测站点 NEU 分量的精度之间的差别。因此在分析测站水平和高程方向的误差时，如果基线较长，不能仅从 NEU 基线结果的精度来分析，而应以基线终点测站的站坐标精度为准。

③ 大地坐标系与空间直角坐标系变换。

大地坐标系用大地经度 L、大地纬度 B 和大地高 H 表示地面点点位，是整个椭球体上统一的坐标系，在 GNSS 测量和 GAMIT 数据处理中应用广泛。大地坐标系与空间直角坐标系的转换公式如下：

$$\begin{cases} X = (N+H)\cos B \cos L \\ Y = (N+H)\cos B \sin L \\ Z = [N(1-e^2)+H]\sin B \\ N = a/\sqrt{1-e^2\sin^2 B} \\ e = \sqrt{(a^2-b^2)/a^2} \end{cases} \Leftrightarrow \begin{cases} B = \arctan \dfrac{Z+Ne^2\sin B}{\sqrt{X^2+Y^2}} \\ L = \arctan \dfrac{Y}{X} \\ H = \dfrac{Z}{\sin B} - N(1-e^2) \end{cases} \quad (2\text{-}15)$$

式中：N 为卯酉圈曲率半径；e 为椭球第一偏心率；a、b 分别为椭球的长半轴和短半轴。

2.2.6.3 GAMIT 基线解算流程

GAMIT 由多个功能不同并可独立运行的程序模块组成，通过众多"表文件"来设置参数和基线解算策略。利用 GAMIT 软件进行 GPS 基线解算的基本流程分为三个部分：数据准备、基线处理和结果分析。下面将分别进行介绍。

（1）数据准备。

GAMIT 软件数据准备过程比较复杂，需要从 GPS 观测文件及星历文件、共用表文件、测站相关文件、数据处理过程控制文件等方面准备。

① 观测文件及星历文件准备。

观测文件包含 RINEX 格式观测 O 文件及导航 N 文件，星历文件通常指 IGS 精密星历。为了便于数据组织，将观测文件及星历文件按年积日存放于指定目录中。上述文件的下载地址为：

a. IGS 参考站的 RINEX 格式观测 O 文件，在 ftp://cddis.gsfc.nasa.gov/gps/data/daily/year/day/yyo 下载，"year""yy"和"day"用相应年份和年积日替换。

b. 广播星历 N 文件，在 ftp://cddis.gsfc.nasa.gov/gps/data/daily/year/day/yyn 下载 brdcdddf.yyn 文件，"year""yy"和"day"用相应年份和年积日替换，"ddd"用相应年积日替换。

c. IGS 精密星历综合文件，在 http://garner.ucsd.edu/pub/products/week 下载，"week"用 GPS 周替换。

② 共用表准备。

共用表格文件是指在多天多网数据处理中的共用文件，主要包含日月星历、章动、极移、地球自转等及其他一些参数设置文件。其中，日月星历、章动、极移、地球自转、跳秒需要依据处理日期随时更新。共用表主要文件介绍如下：

a. 系统自带的表文件主要包括：gdetic.dat（各种大地坐标系参数文件）、antmod.dat（天线相位中心参数文件）、svnav.dat（卫星天线相位中心误差改正表）、rcvant.dat（接收机及天线类型对照表）、hi.dat（接收机天线高的测量偏差统计表）、dcb.dat（码相关型接收机伪距改正参数统计表）、otl.grid（潮汐改正参数表）；svs_exclude.dat（需要剔除卫星列表）。上述表文件可从网站（http://garner.ucsd.edu/gamit/tables）下载。

b. 定期更新的表文件包括：luntab（月亮历表）、soltab（太阳历表）、nutabl（章动参数表）、ut1（地球自转参数表）、pole（极移参数表）、leap.sec（跳秒表）。其中，ut1、pole 表每周更新一次，luntab、soltab、nutabl、leap.sec 每年更新一次。上述表文件可从网站（http://garner.ucsd.edu/gamit/tables）下载。

c. 控制参数的表文件：sestbl（数据处理参数设置表）、sittbl（测站约束表）。

上述三类文件通常存放于共用文件目录，共用文件目录通常命名为 tab##（##——年份，如 2011 年则为 tab11），集中存放于与观测文件按年积日存放目录的同一级目录下，以便于管理。

③ 测站相关文件准备。

测站相关文件通常存放于共用文件目录中，包含测站概略坐标文件（lfile）、测站信息文件 station.info 及测站约束文件（sittbl）。测站概略坐标文件存放起算参考站及待估测站先验坐标及精度，通常参考站先验坐标可下载 ITRF 框架坐标（地址：htttp://itrf.ensg.ign.fr），待估测站先验坐标可由单点定位或导航解得到。

测站信息文件存放测站天线高、接收机代码、天线代码、天线高量测方式及观测时间范围等。

测站约束文件（sittbl）包含测站先验约束、对流层模型、对流层解算时段、计算截止高度角及拟合钟差多项式阶数等十多项参数设置。

④ 数据处理过程控制文件（sestbl）准备。

数据处理过程控制文件即 TABLE 目录下的 sestbl 文件，主要关注文件中以下内容：

a. 数据解算模式控制。

对 GAMIT 软件，利用设置"Type of Analysis"及"Choice of Experiment"参数值，可指定解算模式。其中"Type of Analysis"参数共有 6 种备选值分别表示参数解算迭代次数及自动剔除周跳迭代次数。而"Choice of Experiment"共有 3 种备选值分别表示求解形式即 Baseline（仅求基线解）、Relax（同时解算轨道及基线）和 Orbit（仅解算轨道）。

b. 涉及数据量选用的参数。

本类参数确定数据处理时可选的数据量，其中：参数"Choice of Observable"共有 6 种备选值，分别表示数据处理时采用的观测值为单频、双频、无电离层观测量及是否使用伪距观测量。参数"Elevation cutoff"指定数据处理时选用卫星的截止高度角。参数"Decimation Factor"及"Quick-predecimation factor"分别指定解算时数据筛选因子。

c. 使用的潮汐模型控制。

参数"Tide Model"确定数据处理时使用的潮汐改正，包含固体潮、极潮和海潮。

（2）基线处理。

① GAMIT 软件模块结构及各模块功能。

GAMIT 软件由多个功能模块构成，这些模块分别存放于/gamit 目录下的 14 个程序子目录、一个库文件目录及一个头文件目录中，各目录有其特定功能，依目录简要介绍如下：

/arc：轨道数值积分模块，依据初始根数产生标准轨道；

/cfmrg：数据融合模块，确定最终解算数据及参数组织方式；

/clean：人工周跳剔除模块；

/ctox：将二进制 C 文件转化为文本形式 X 文件；

/fixfrv：生成批处理文件；

/hi：天线高改正相关模块；

/makex：生成 X 文件；

/makexp：预处理程序，生成后续处理输入文件；

/model：生成 OMC 文件；

/orbits：一些特殊用途轨道分析模块集，如轨道比较、轨道转化等；

/solve：最小二乘解算模块；

/tform：一些坐标转化程序集；

/utils：一些常用数据分析工具集；

/lib：库文件；

/include：头文件。

② GAMIT 基线处理步骤。

第一步：建立数据处理目录，目录结构按 hada（项目名称）/doy（年积日）的形式建立；

第二步：将观测文件及星历文件、共用表文件、测站相关文件及过程控制文件复制到数据目录中；

第三步：运行 makexp 程序，生成输入文件；

第四步：运行 sh_sp3fit 脚本，生成轨道初始根数；

第五步：运行 sh_check_sess 脚本，检查卫星一致性；

第六步：运行 makej 程序，生成卫星钟差文件；

第七步：运行 sh_check_sess，检查卫星一致性；

第八步：运行 makex 程序，生成 X 文件；

第九步：运行 fixdrv 程序，生成批处理文件；

第十步：运行 fixdrv 生成的批处理文件，以 bhada7.bat 为例，运行 csh bhada7.bat。

图 2-4 是数据处理的详细流程数据流和命令流，其中最后一项批处理的具体流程细化为图 2-5。

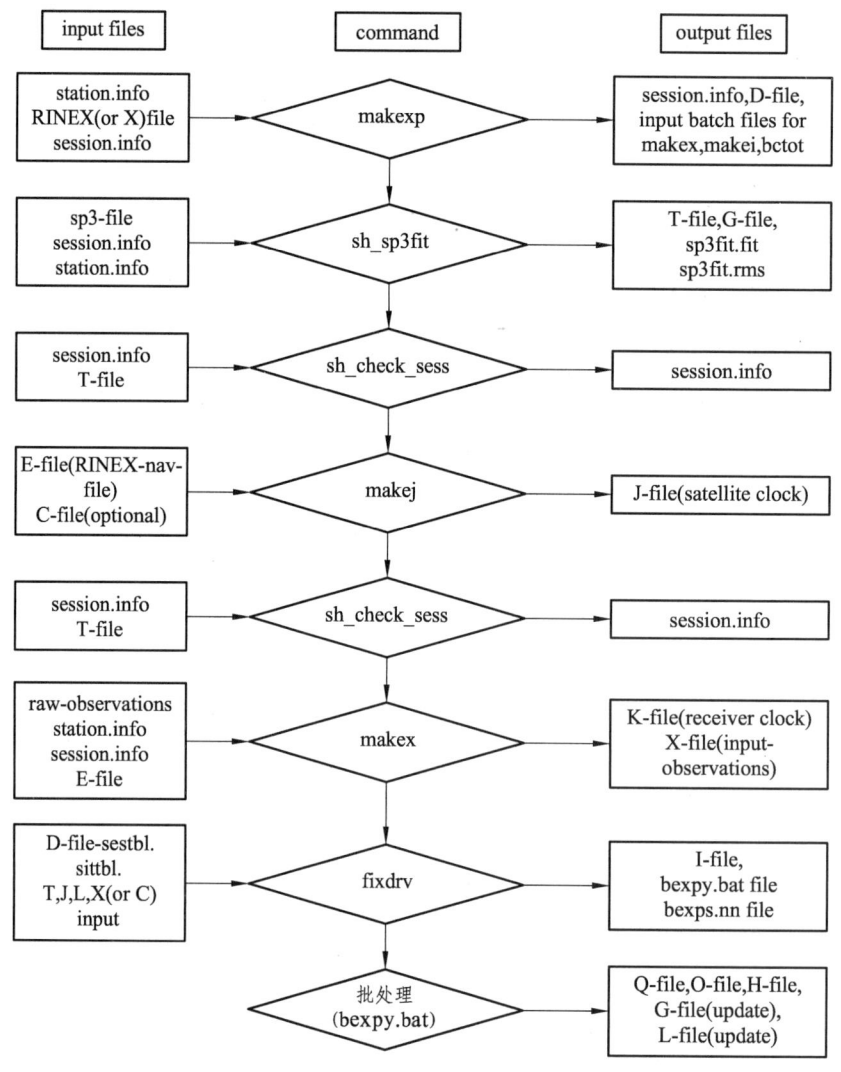

图 2-4　GAMIT 软件计算流程图

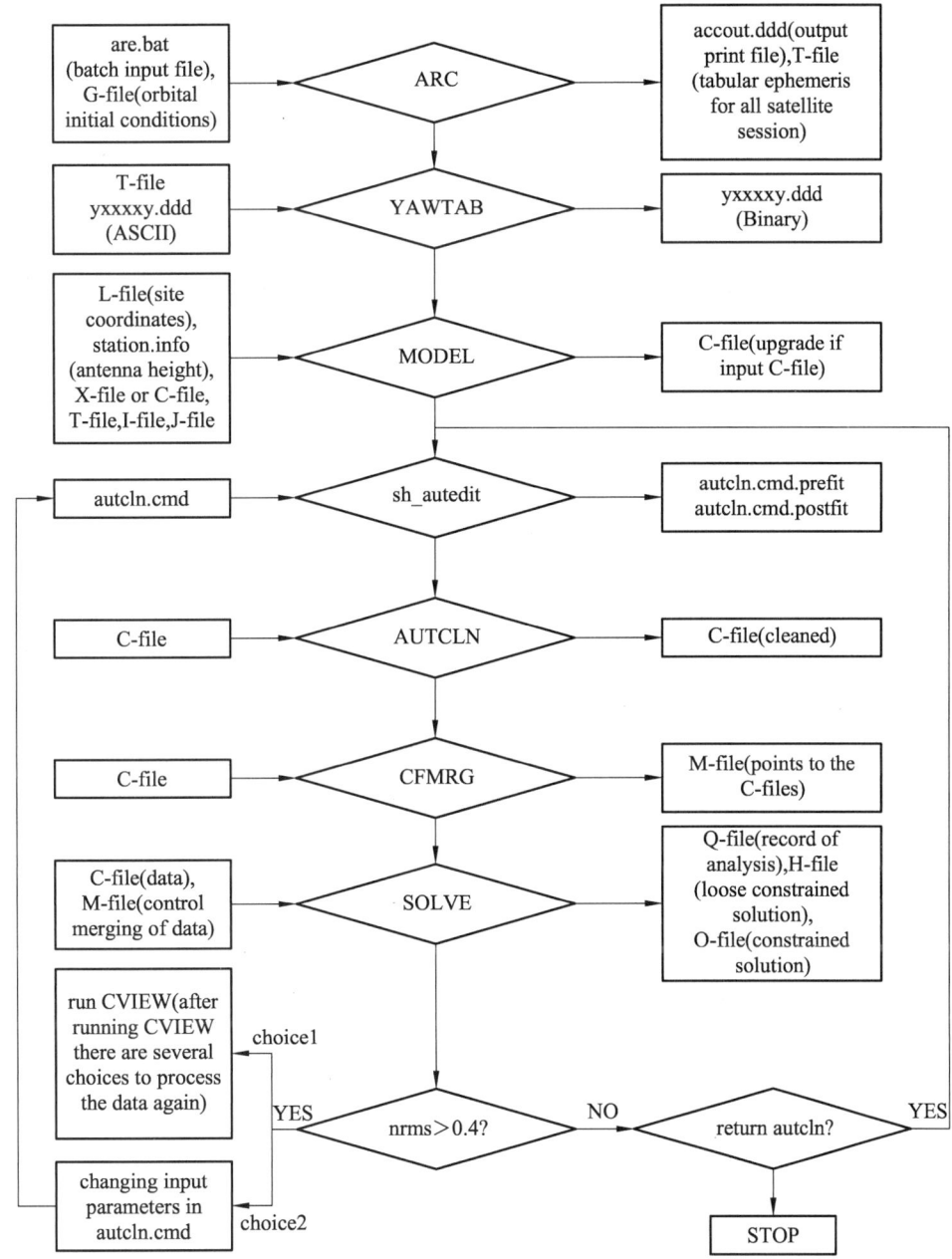

图 2-5 GAMIT 批处理模块 bexpy.bat 计算流程图

2.2.6.4 GAMIT 基线解算精度分析

GAMIT 基线解算完成后的结果文件主要有：H-file（基线的松弛解）、O-file（约束解）、Q-file（过程记录文件）。GAMIT 基线解算质量结果的评价标准如下：

（1）GAMIT 计算得到的单天解标准化均方差 post_nrms 是衡量单天解质量的重要指标之一。根据国内外数据处理经验，其值一般应小于 0.3，若 nrms 太大，则说明处理过程中周跳可能未得到完全修复。其计算公式如下：

$$NRMS = \left[(1/n) \cdot \sum_{i=1}^{n} (L_i - \bar{L})^2 / \sigma_i^2 \right]^{1/2} \quad (2\text{-}16)$$

（2）参数的改正量不能大于其约束量的 2 倍。

（3）当 Choice of Observable 为 l1_only 时，b111 计算的模糊度必须是整数。

（4）坐标结果的评价指标一般以坐标的重复性来作为衡量坐标解算结果的指标，以 X_{ij}、Y_{ij}、Z_{ij} 表示 j 点在 i 测段（$i=1,2,\cdots,n$ 为测段数）算得的坐标，则点坐标分量重复性为：

$$\begin{cases} \sigma_{Xj} = \sqrt{\dfrac{\sum_{i=1}^{n} P_{Xi}(X_{ij} - \bar{X}_j)^2}{\sum_{i=1}^{n} P_{Xi}}} \\ \sigma_{Yj} = \sqrt{\dfrac{\sum_{i=1}^{n} P_{Yi}(Y_{ij} - \bar{Y}_j)^2}{\sum_{i=1}^{n} P_{Yi}}} \\ \sigma_{Zj} = \sqrt{\dfrac{\sum_{i=1}^{n} P_{Zi}(Z_{ij} - \bar{Z}_j)^2}{\sum_{i=1}^{n} P_{Zi}}} \end{cases} \quad (2\text{-}17)$$

式中：σ_{Xj}、σ_{Yj}、σ_{Zj} 分别为点的坐标分量重复性；P_{Xi}、P_{Yi}、P_{Zi} 分别为 i 测段解得坐标分量的中误差平方倒数；$\bar{X}_j$、$\bar{Y}_j$、$\bar{Z}_j$ 分别为坐标分量加权平均值，可分别由下式求得：

$$\begin{cases} \bar{X}_j = \dfrac{\sum_{i=1}^{n} P_{Xi} X_{ij}}{\sum_{i=1}^{n} P_{Xi}} \\ \bar{Y}_j = \dfrac{\sum_{i=1}^{n} P_{Yi} Y_{ij}}{\sum_{i=1}^{n} P_{Yi}} \\ \bar{Z}_j = \dfrac{\sum_{i=1}^{n} P_{Zi} Z_{ij}}{\sum_{i=1}^{n} P_{Zi}} \end{cases} \quad (2\text{-}18)$$

（5）基线结果的评价指标：基线重复率是衡量数据处理质量的重要指标之一，软件解算长基线的相对精度能达到 10^{-9} 量级，解算短基线的精度能优于 1 mm。以下两式分别计算基线向量的重复性和相对重复性：

$$\begin{cases} R_L = \left[\dfrac{\dfrac{n}{n-1}\sum\limits_{i=1}^{n}\dfrac{(L_i-\overline{L})}{\sigma_i^2}}{\sum\limits_{i=1}^{n}\dfrac{1}{\sigma_i^2}} \right] \\ R_r = R_L/\overline{L} \\ \overline{L} = \left[\dfrac{\sum\limits_{i=1}^{n}\dfrac{L_i}{\sigma_i^2}}{\sum\limits_{i=1}^{n}\dfrac{1}{\sigma_i^2}} \right] \end{cases} \qquad (2\text{-}19)$$

式中：R_L 为基线向量（或边长）的重复性；R_r 为基线向量（或边长）的相对重复性；n 为同一观测时段基线数目；L_i 为第 i 时段的基线分量（或边长）；$\overline{L}$ 为同一观测时段基线分量（或边长）的加权平均值。

进一步以单时段解的基线重复性为观测值，用线性拟合方法求出基线重复率的常数部分 a 以及与边长成比例的系数部分 b：

$$R_k = a + bL_k \qquad (2\text{-}20)$$

2.3 建立 CP0 控制网的技术设计

2.3.1 技术设计书编写

技术设计书是 CP0 网设计成果的载体，是 CP0 测量的指导性文件，是 CP0 测量的关键技术文档。技术设计书主要应包括如下内容：

2.3.1.1 项目来源

该部分介绍项目的来源和性质，即项目由何单位、部门下达，属于何种性质的项目。

2.3.1.2 测区概况

该部分介绍测区的地理位置、行政区划、气候、人文、经济发展状况、交通条件、通信条件等。这些可为今后工程施测工作的开展提供必要的信息。

2.3.1.3 工程概述

该部分介绍工程的目的、作用、要求、设计等级、运行时速、技术标准、测量等级（精度）、完成时间、有无特殊要求等在进行技术设计、实际作业和数据处理中所必须了解的信息。

2.3.1.4 技术依据

该部分介绍工程所依据的测量规范、工程规范、行业标准及相关的技术要求等。

2.3.1.5 现有测绘成果

该部分介绍测区内及与测区相关地区的现有测绘成果的状况。

2.3.1.6 坐标高程系统

该部分介绍工程独立坐标系的建立方法、工程椭球参数、投影分带、各投影分带的抵偿面大地高及高程异常情况。

2.3.1.7 施测方案

该部分说明测量采用的仪器设备的精度等级及种类，全线联测的国家 GPS A、B 级点或 IGS 参考站名及联测方法，与原有国家 1980 西安坐标系或 1954 北京坐标系或地方控制点联测方法，CP0 构网形式，与相邻线路之间的衔接方法，施测方法，观测时段长度，外业观测 GPS 接收机参数设置要求、精度控制措施等。特殊桥梁及长大隧道等重点控制工程的控制点设置以及测量方法及其处理措施，要确保满足重点、难点工点的勘测设计、施工控制需要。

2.3.1.8 作业要求

该部分规定控制网布网、选点、埋石要求，外业观测时的具体操作规程、技术要求等。

2.3.1.9 观测质量控制

该部分规定外业观测的质量要求包括质量控制方法及各项限差要求等，如超限观测数据的剔除、补测、重测，外业观测质量分析（如观测过程中时段长度、GDOP、周跳、共视卫星数、卫星高度角、多路径效应等），与相邻线路之间精测网衔接测量要求，特殊工程及重点控制工程的观测方法及联测要求，不同坐标系统（如工程独立坐标系统）之间的坐标转换方法，外业成果资料的内容、格式、交付完整性，现场实测气象数据和仪器检定情况。

2.3.1.10 数据处理方案

详细的数据处理方案包括 GPS 观测数据质量检核、基线解算和平差计算所采用的数学模型和计算软件、质量检核方法、基线解算方法、平差方法、坐标系统、起算基准及投影、起算数据的选取、起算点兼容性检核、与相邻线路的衔接平差与检核、不同坐标系统（如工程独立坐标系统）之间的坐标转换方法及基线解算和网平差精度评定方法等。

2.3.1.11 提交成果要求

该部分规定提交成果的类型及形式。

2.3.2 控制网复测与维护

控制网的建设是一项系统性、持续性强的工作，需要在施工期间进行定期维护、复测。复测时采用的方法、使用的仪器和精度应按建网时相应等级的规定进行。一般来说，根据国内客专建设经验，在进行全线 CPⅢ 测设前，CP0 网应复测一次；工程静态验收前，应复测一次。特殊地区、地面沉降地区或施工期间出现异常的地段，适当增加复测次数。同时由于点位均在施工沿线，必须考虑丢桩、桩位移动等情况，根据具体情况进行不定期复测。

CP0 空间直角坐标复测成果转换为平面坐标后与原测成果的 x、y 坐标限差若不超过

±20 mm，则采用原测成果，认为 CP0 点位稳定。当 CP0 控制点复测成果超限时，CP0 原则上不进行成果更新，而是在 CP0 附近选择一个历次复测均稳定的 CPⅠ点作为 CP0 点，然后将此 CPⅠ点纳入 CP0 观测网络进行复测，若复测后该点的复测成果与原测成果 x、y 坐标限差不超过±20 mm，则采用此 CPⅠ原测成果作为新的 CP0 成果，以确保施工阶段控制网成果与勘测设计阶段成果的稳定性和一致性。

2.3.3 技术总结与上交材料

上交资料主要包括测量设计阶段、测量实施阶段和数据处理阶段的技术文档、管理文档、观测数据、计算资料以及成果报告等内容。

2.3.3.1 平面控制网建网与复测技术资料

（1）平面控制网测量作业指导书。
（2）平面控制网测量外业测量观测手簿及仪器检定证书。
（3）平面控制点点之记。
（4）平面控制网数据质量检核（同步环、异步环、重复基线检验报告）报告。
（5）平面控制网平差计算报告。
（6）平面控制网复测与原测成果对比分析表。
（7）平面控制网测量成果表。
（8）平面控制网联测示意图。
（9）平面控制网观测数据、计算工程项目、计算资料电子光盘。

2.3.3.2 技术报告

（1）控制网测量技术方案、生产组织方案、环境及职业健康安全工作策划书等。
（2）测绘单位与施测人员资质证书等。
（3）控制网测量成果报告。
（4）控制网测量技术工作总结报告。

2.4 CP0 控制网的外业实施

2.4.1 点位选择

（1）CP0 框架基站点一般设置于稳定性较好的建筑物的屋顶（图 2-6），也可采用国家 GPS A、B 级控制点的点位（图 2-7），采用强制对中观测墩的形式。有委托保管条件的地点，可以永久保存使用，以用于后续施工建设和运营维护期间能有效恢复工程控制网。

（2）根据在哈大客专的测量实践，CP0 点位选在距离线路 10 km 范围内，具有长期保存条件并满足 GPS 高精度观测条件的房顶，标志类型为具有强制对中标志的三脚架。三脚架顶面为直径 20 cm 不锈钢圆托盘，三脚架底面一般为 45 cm 等边三角形，高度视具体安装位置确定，标志规格见图 2-6。

（3）点位周围视野开阔，便于 GPS 卫星信号的接收，在地面高度角 15° 内不应有成片的障碍物。

图 2-6 强制对中三脚架   图 2-7 采用国家 GPS 控制点

（4）点位离大功率无线电发射源（电视台、电台、微波站等）的距离不小于 200 m，离高压输电线距离不得小于 50 m（10 kV 的高压线可放宽到 10 m）。

（5）点位附近不应有强烈干扰卫星信号接收的物体，尽量避开大面积水域或其他可能对卫星信号接收存在强烈干扰的物体或环境。必要时对所选点位进行卫星可见数、GDOP 值星历预报，并进行预观测计算分析多路径效应以及卫星信号接收噪声的量值大小，并以此作为 CP0 点位选择的依据。

（6）点位应选择在交通方便、利于安全作业的地方。

2.4.2 点位埋设

2.4.2.1 控制点标志

采用直径为 12～20 mm、长度为 20～30 mm 的不锈钢材料，下部采用普通倒 T 字形钢筋焊接而成，其顶部刻有 0.5 mm 深的十字分划丝，如图 2-8 所示。

2.4.2.2 建筑物顶部

建筑物顶上设置标石，标石应和建筑物顶面牢固连接。建筑物上 CP0 控制点埋石方法与规格如图 2-9 所示。

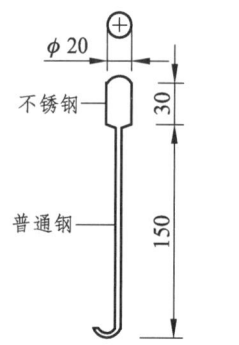 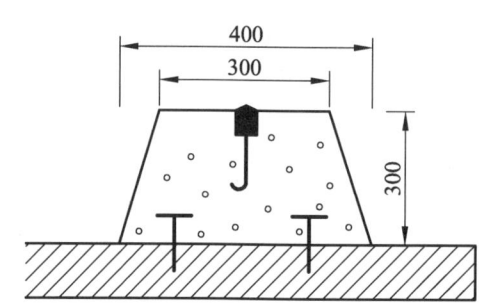

图 2-8 控制点标志（单位：mm）   图 2-9 建筑物 CP0 标石（单位：mm）

2.4.2.3 一般情况下埋桩

CP0 控制点标石采用混凝土预制桩。控制点采用预制桩的埋石方法与规格如图 2-10 所示，并需要做护井和盖板。

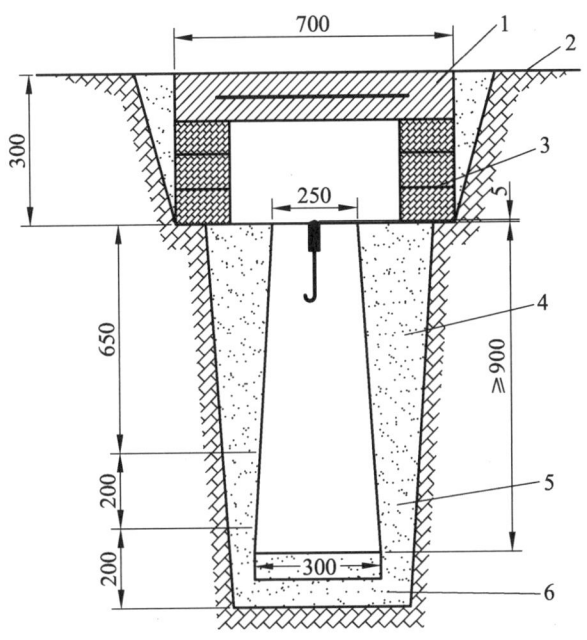

图 2-10　CP0 控制点标石埋设图（单位：mm）
1—盖；2—土面；3—砖；4—素土；5—冻土；6—贫混凝土

选点与埋石质量是保证测量精度的基础，必须对选点及埋石的质量进行严格控制，埋石的点位环境及埋石过程要求采用数码相机进行拍照，埋石完成后用手持 GPS 接收机施测概略经纬度并记录到点之记。点之记主要包括点号、线路里程、所在 1∶1 万图的图号、概略经纬度、所在地、交通情况、交通略图、点位略图，其中点位略图、交通示意图用 CAD 绘制。CAD 格式的点之记和埋桩过程照片作为正式成果上交，埋石过程的照片作为埋石质量控制的过程措施必须严格执行。

2.4.3　外业施测

（1）在哈大客专 CP0 测量实践中，由于当时无具体规范可循，国内 CP0 测量经验较少，点位布设间距介于国家 A、B 级点之间，参照《全球定位系统（GPS）测量规范》（GB/T 18314—2001）和京沪高速铁路 CP0 基站点的观测经验，确定哈大线 CP0 基站点观测时段长度为 24 h，观测 2 个时段。

因此，在参考国家标准《全球定位系统（GPS）测量规范》（GB/T 18314—2001）B 级 GPS 网规定的基础上，根据 CP0 测量精度的要求和总结近年来多条铁路 CP0 测量的作业实践，确定 CP0 观测的技术要求如下：观测时段数≥4，有效观测时段长度≥300 min，有效卫星的最短连续观测时间≥15 min，数据采样间隔为 30 s，卫星截止高度角为 15°。

（2）CP0 控制网应与国际 IGS 参考站或国家 CGCS2000 A、B 级 GPS 点进行联测；全线联测的高级站点数不应少于 2 个,且在网中均匀分布;从而将 CP0 控制网坐标基准归化到 ITRF 参考框架或 CGCS2000 国家大地坐标系中。

（3）每个 CP0 控制点与相邻的 CP0 连接数不得小于 3,IGS 参考站或国家 A、B 级 GPS 点与其相邻的 CP0 连接数不得小于 2,从而确保 CP0 控制网实现边联结,使每个控制点都有闭合环检核条件。

（4）观测时段分布宜昼夜均匀,夜间观测时段数不少于 1 个,夜间时段的观测适宜选在午夜到日出期间,此时电离层延迟的影响最小。每个观测时段不宜跨越北京时间早 8 点（即世界协调时 0 点）。

2.5 CP0 控制网的数据处理

2.5.1 数据预处理

外业观测结束后,应及时从全站仪或电子观测手簿中下载数据并进行数据处理,以便对外业数据的质量进行检核。检核的内容包括观测资料的完整性、合理性以及外业测量成果的质量,具体如下：

（1）对提交的轨道控制网测量成果资料进行检查,成果资料应内容完整、格式正确、文档整理整齐、规范,符合技术方案以及国家相关规范或业主的要求和满足测量使用的需要。

（2）外业测量作业使用的仪器数量、精度指标、作业方式是否合理,仪器是否在有效检定期内,测量仪器是否在作业期间进行了检校,测量技术指标能否达到规范要求。

（3）外业作业方法是否正确,外业观测记录、台账是否齐全,各项限差是否满足规范要求。

（4）超限观测数据的剔除、补测、重测是否合理。

（5）与相邻线路之间精测网衔接测量数据的精度是否满足要求。

（6）外业成果资料的内容、格式、交付完整性是否满足要求。

（7）以年积日为单位整理观测数据,并将原始观测数据转换为 Rinex 格式数据;检查点名一致性与正确性、接收机与天线型号的正确性、天线高的正确性及年积日的一致性;根据采用的天线类型和结构,在基线解算时由 GAMIT 软件自动计算天线相位中心位置,归算至标石标志面等是否正确。

（8）对起算基准、起始数据进行兼容性检验。

（9）对数据剔除的合理性进行检查。

2.5.2 框架基准的统一与转换

2.5.2.1 基线解算基准的统一

CP0 框架控制网的基准是由卫星星历和基准站坐标共同给出的,并且要求地面基准站坐标的框架及历元与卫星星历的框架及历元保持一致。因此,为了确定 CP0 框架控制网在严格基准下的地心坐标,并为了后期施工及运营期间对框架基准进行复测维护以保证其"三网合一"，有必要将 CP0 框架控制网纳入 ITRF 参考框架中，即在处理时应加上在 ITRF 参考框架中已知坐标的 IGS 参考站数据一起处理，并应统一地面基准站坐标与卫星星历的框架及历元。

ITRF97 框架之前，IGS 使用与 ITRF 相同的参考框架和参考历元；ITRF97 框架后，IGS 开始使用自己的 ITRF 实现，以保持一致性。目前，IGS 实现的框架与 ITRF 的差异在 1cm 精度范围内，IGS 与 ITRF 框架的不一致性影响可忽略不计。由于国际 IGS 参考站提供的站坐标和速度场总是年代越晚越精确，因此在 CP0 框架控制网基线解算时应采用目前发布的最新 ITRF 参考框架及其参考历元下的 IGS 参考站坐标，卫星星历采用 IGS 发布的精密星历。这样不仅实现了地面基准站坐标与卫星星历的框架及历元的统一，而且 IGS 基准站的站坐标精度较高、兼容性较好也确保了 GAMIT 解算的基线具有较高的精度和可靠性。

2.5.2.2 框架基准的确定

GAMIT 基线解算完成后，通过基线网平差即可确定 CP0 框架控制网的基准。CP0 框架控制网基准的确定按如下原则进行：

（1）若线路行经地区存在满足联测要求的国家 A、B 级 GPS 点，应优先选择 CGCS2000（参考框架 ITRF2000，参考历元 1997.0）作为框架基准。

（2）若线路行经地区不存在满足联测要求的国家 A、B 级 GPS 点，CP0 框架控制网勘测设计阶段建网时应选择目前发布的最新 ITRF 参考框架及其参考历元作为框架基准。

（3）施工建设和运营维护阶段复测时应采用与勘测设计阶段相同的框架基准。

2.5.2.3 框架基准的转换

CP0 框架控制网的基准通过将选定框架基准下的基准点作为强约束点进行基线网平差来确定。CP0 框架控制网若采用国家 A、B 级 GPS 点确定的 CGCS2000 框架基准，在基线网平差时需将联测的国家 A、B 级 GPS 点作为强约束点；CP0 框架控制网若采用 IGS 参考站确定的 ITRF 框架基准，在基线网平差时需将联测的 IGS 基准点作为强约束点；若 CP0 框架控制网采用的 ITRF 框架基准与本次联测的 IGS 基准点的 ITRF 框架基准不同，还需将 IGS 基准点的框架基准转换到 CP0 框架控制网采用的 ITRF 框架基准下，框架基准转换包括参考框架和参考历元的转换，转换采用最新参考框架及其相应参考历元和最新速度场参数反推早期参考框架及其相应参考历元下的已知测站坐标。

2.5.3 长基线解算

CP0 框架控制网进行基线解算时，基线解算策略至关重要。即使使用相同的软件，基线解算策略选择不恰当或几期基线解算采用的策略不同，也会带来较大的系统误差，如采用的卫星星历精度、电离层和对流层改正模型的选取方式、基准站坐标和卫星轨道的固定或松弛约束程度、力模型的选择、周跳修复的方法等，这些因素都将造成基线解在尺度和方向上的系统误差。下面将结合 CP0 框架控制网解算中的一些经验对基线解算策略进行阐述。

2.5.3.1 卫星星历误差对基线解算的要求

基线解算时应根据网尺度的大小、基线的长短来决定采用哪种星历。框架控制网中 CP0 框架点布设间距一般为 50～100 km，与 IGS 参考站或国家 A、B 级点联测的距离较远，基线较长（某些情况 > 1 000 km）。为了减少星历误差对基线解算的影响，解算过程中应采用 IGS 综合最终星历，考虑到最终星历的滞后时间为 11 d，当最终星历的滞后时间无法满足计算要求时，也可采用 IGR 快速星历代替。

此外，不同时期的星历和不同机构发布的星历，也存在一定的系统误差，同期或多期基线处理时应尽可能采用同一种类型的星历，最好采用多个机构共同融合计算发布的 IGS 综合星历；同时，在基线处理时也应顾及星历误差对基线的影响，在基线解算时应采用强约束高精度地面基准站坐标并同时松弛轨道的方案，将卫星轨道误差的影响降到最小。

2.5.3.2 对流层折射误差对基线解算的要求

对流层中的物质分布在时间和空间上具有较大的随机性，使得对流层折射延迟具有较大的随机性，即使经过模型改正后，由于改正模型的局限性（其中湿分量的改正精度只有 80%），未模型化的残差仍是影响基线解算高程精度的主要因素之一，在 CP0 框架控制网高精度定位中须加以顾及。

GAMIT 软件采用 PWL 分段线性法解决对流层折射延迟未模型化的残差。PWL 分段线性方法是随机过程的一种简化，通过每隔一定时间间隔（即窗口）引入一个天顶对流层湿延迟参数，在平差过程中与其他未知参数一并进行解算来消除对流层折射延迟未模型化残差的影响。窗口的选择（即决定每隔多长时间间隔附加一个天顶对流层湿延迟参数）是 PWL 分段线性法的关键所在。通过研究发现，每个测站每 4～6 h 时间间隔估计一个天顶对流层湿延迟参数效果较好，能较好地反映出对流层折射影响随时间变化的趋势，从而提高基线解的精度。

2.5.3.3 初始坐标误差对基线解算的要求

在 CP0 框架控制网基线解算过程中，需要将 IGS 参考站作为起算基准点，当起算基准点坐标出现误差或兼容性较差时，将导致整个 CP0 框架控制网基线向量解产生系统性的旋转和尺度变化。

通过研究发现，使用 GAMIT 软件进行 CP0 框架控制网解算时必须严格控制基准点坐标的误差，基准点点位坐标精度最好控制在 10 cm 之内；当基准点坐标误差达到 20 cm 时，各基线分量的解算结果的精度在毫米级；当基准点坐标误差达到 2 m 时，基线解算结果不可靠，不满足高精度解算要求。CP0 待定控制点采用观测时段长时间单点定位计算出的三维地心坐标作为初始值。

为了确保基准点点位坐标精度满足基线解算的要求，IGS 参考站测站坐标推荐使用 IERS 国际组织提供的基于某一参考框架参考历元的 ITRF 三维地心坐标（下载地址：http://itrf.ensg.ign.fr）；多个国际组织（如 IERS、IGS、SOPAC、JPL）均能提供坐标和速率的 IGS 参考站，应尽量收集 2 个或 2 个以上国际组织的数据对比分析，选择差异较小的参考站作为基准起算点，并优先采用最新的参考框架坐标和速率，在此基础上选用同一国际组织提供的地面基准站坐标和速率作为基线解算的强约束点；若需要其他框架和历元下的坐标，可以通过框架转换模型向前反推得到。

2.5.3.4 GAMIT 基线处理参数设置

通过上述研究，并结合数据处理实践，采用 GAMIT 10.40 软件进行基线处理建议采用如下解算策略：

（1）利用 IGS 提供的事后最终精密星历，并根据轨道参数的先验精度进行适当的约束。
（2）解算模型采用 RELAX.松弛解，同时估计卫星轨道和测站坐标。
（3）解算类型选择"1-ITER"，对测站坐标进行一次迭代。
（4）观测量选择 LC_HELP 类型，即利用 LC 观测值组合解算模糊度。
（5）截止高度角为 15°，采样率为 30 s，历元数为 2 880。
（6）卫星和接收机的天线相位中心改正采用 antmod.dat 文件的设定值，天线模型采用 ELEV 模型。
（7）对流层折射气象参数为：标准大气压 1 013.25 hPa、温度 20.0 ℃、相对湿度 50.0%，使用的干、湿延迟模型都是 Saastamoinen 模型，干、湿延迟投影函数都是 NMF 投影函数，采用 PWL 分段线性方法估计天顶对流层湿延迟参数并且估计水平梯度，参数估计间隔为 4 h。
（8）电离层折射影响用 LC 观测值组合来消除。
（9）利用广播星历中的钟差参数对卫星钟差进行模型改正。
（10）利用伪距观测值计算接收机钟差。
（11）根据高度角对数据定权，Station Error = ELEVATION 10 5。
（12）周跳探测与修复采用 AUTCLN 自动处理模式。
（13）对测站进行潮汐改正。

2.5.3.5 基线检核精度

（1）同一基线不同时段的基线向量各分量及边长较差应满足下式要求：

$$\begin{cases} d\Delta X \leqslant 3\sqrt{2}R_{\Delta X} \\ d\Delta Y \leqslant 3\sqrt{2}R_{\Delta Y} \\ d\Delta Y \leqslant 3\sqrt{2}R_{\Delta Z} \\ dS \leqslant 3\sqrt{2}R_S \end{cases} \quad (2\text{-}21)$$

R 按下式计算：

$$R_C = \left(\frac{\dfrac{n}{n-1} \cdot \sum\limits_{i=1}^{n} \dfrac{(C_i - C_m)^2}{\sigma_{C_i}^2}}{\sum\limits_{i=1}^{n} 1/\sigma_{C_i}^2} \right)^{1/2}$$

式中　n——同一基线重复观测的总时段数；

i——时段号；

C_i——i 时段基线的某一坐标分量或边长；

C_m——各时段基线的某一坐标分量或边长加权平均值；

$\sigma_{C_i}^2$——相应于 i 时段基线的某一坐标分量或边长的方差。

（2）基线向量的独立（异步）闭合环或附合线路的各坐标分量闭合（W_x、W_y、W_z）应满足下式要求：

$$\begin{cases} W_x \leq 2\sigma_{W_x} \\ W_y \leq 2\sigma_{W_y} \\ W_z \leq 2\sigma_{W_z} \end{cases} \quad (2-22)$$

式中 $\sigma_{W_x} = \left(\sum_{j=1}^{r} \sigma_{\Delta x(j)}^2 \right)^{1/2}$，$\sigma_{W_y} = \left(\sum_{j=1}^{r} \sigma_{\Delta y(j)}^2 \right)^{1/2}$，$\sigma_{W_z} = \left(\sum_{j=1}^{r} \sigma_{\Delta z(j)}^2 \right)^{1/2}$

其中 j——闭合环（线）中第 j 条基线；

r——闭合环（线）基线数；

$\sigma_{C(j)}^2$——第 j 条基线 C（$C = \Delta x$，Δy，Δz）分量的方差。

（3）环线全长闭合差（W）应满足下式要求：

$$W \leq 3\sigma_W \quad (2-23)$$

式中 $\sigma_W = \left(\sum_{j=1}^{r} W D_j W^T \right)^{1/2}$

其中 $W = \begin{bmatrix} \dfrac{W_X}{W_S} & \dfrac{W_Y}{W_S} & \dfrac{W_Z}{W_S} \end{bmatrix}$，$W_S = \sqrt{W_X^2 + W_Y^2 + W_Z^2}$；

D_j——闭合环（线）中第 j 条基线的方差-协方差阵。

2.5.4 基线网平差

基线解算完成且质量检核合格后，首先进行无约束平差，无约束平差满足要求后再进行整体约束平差。基线网平差可采用美国麻省理工学院的 GLOBK 软件，也可采用国内各单位编制并经过国家认证的 GPS 网平差的商业软件。

无约束平差选择一个精度较高的 IGS 参考站点作为起算点，平差后输出 ITRF 参考框架下各点的三维坐标、各基线向量平差值、各基线的坐标分量、改正数及其精度等指标。

约束平差时作为起算点的 IGS 参考站与无约束平差采用相同的框架基准，优先选择数据质量较好的测站，且联测的其他 IGS 站点或国家 A、B 级 GPS 点的已知坐标成果与无约束平差成果间差值的绝对值应小于 0.2m，且由此计算的基线长度相对误差应小于 $0.3 \times D \times 10^{-6}$。平差后输出 ITRF 参考框架或 CGCS2000 坐标系下各点的三维坐标、各基线向量平差值、各基线的坐标分量、改正数及其精度等指标。

整体约束平差中基线向量各分量改正数与无约束平差同一基线改正数较差的绝对值应满足如下要求：

$$\begin{cases} dV_{\Delta x} \leq 2\delta \\ dV_{\Delta y} \leq 2\delta \\ dV_{\Delta z} \leq 2\delta \end{cases} \tag{2-24}$$

式中：$\delta = \pm\sqrt{5^2 + (1\times D)^2}$；$D$ 为基线边的平均边长（km）；δ 为基线长度中误差（mm）。

2.5.5 精度评定

基线解算完成后，测量成果精度为所计算线路 CP0 基线的验后精度。基线解算精度评定主要包括如下指标：基线剔除率、标准化均方差 post_nrms、参数的改正量、坐标的重复性、基线重复率、基线向量的改正数、同一基线不同时段的基线向量各分量及边长较差、基线向量的独立（异步）闭合环或附合线路的各坐标分量闭合差、环线全长闭合差等。

基线解算合格后，对 CP0 控制网进行三维无约束和三维约束平差。基线网平差精度评定主要包括如下指标：三维整体无约束平差后的基线向量改正数、三维整体约束平差后的基线向量改正数、三维整体约束平差中基线向量各分量改正数与无约束平差同一基线改正数较差的绝对值以及与相邻线路 CP0 控制点衔接精度等。

通过对误差统计结果整理，得出测量误差的变化曲线和分布情况，从而对 CP0 控制网的精度和可靠性是否满足规范要求作出评价，并提交 CP0 测量成果精度及可靠性评定报告。

2.6 CP0 控制网长大基线解算的若干问题

2.6.1 GAMIT 软件常见的错误类型及其分析与处理

在利用 GAMIT 软件进行基线解算过程中，观测数据、共用表及测站相关文件和过程控制文件准备中可能存在的一些错误，将会导致软件运行非正常中断，出错的原因可以通过分析 Gamit.fatal 文件中的错误提示来判断，并做出相应的改正。下面将对 GPS 数据处理中遇到的错误及判断处理方法进行总结归纳，见表 2-5（以 KY01 点为例）。

表 2-5 GAMIT 常见错误类型及其分析与处理

序号	Gamit.fatal 中的错误提示	可能的原因	处理方法
1	Cannot find site code KY01 on L-file vg_in	① vg_in 文件中无该点概略坐标 ② vg_in 文件格式不正确（例如文件中最后一行无空格）	① 在 vg_in 文件中加入该点概略坐标 ② 检查改正 vg_in 文件格式
2	Neither T- nor G-file available(Name trism9.105)	① 缺少 igs*****.sp3 文件 ② ut1、pole、leap.sec、soltab、luntab、nuttab 等表未依据处理日期随时更新	① 加入 igs*****.sp3 文件 ② ut1、pole、leap.sec、soltab、luntab、nuttab 应从相应网站下载最新的文件

续表

序号	Gamit.fatal 中的错误提示	可能的原因	处理方法
3	Error opening navigation file: erism9.105 ERROR 2	缺少 cgs****.**n 文件	加入 cgs****.**n 文件
4	Error opening file: rism.makex.batch ERROR 2	O 文件时段与 station.info 中的时段号不对应	修改一致
5	Receiver code TPPLEG not found in rcvant.dat	station.info 文件中接收机的代码（Rcvr）与 rcvant.dat 文件中不对应或者 rcvant.dat 文件中无相应代码	确认 station.info 文件中接收机的代码（Rcvr）在 rcvant.dat 文件中存在且完全一致
6	Input antenna type TPPC3D with alias TPPC3D not in rcvant.dat	station.info 文件中天线代码（AntCod）与 rcvant.dat 文件中不对应或者 rcvant.dat 文件中无相应代码	确认 station.info 文件中天线代码代码（AntCod）在 rcvant.dat 文件中存在且完全一致；手动制作 station.info 文件
7	Antenna code (TPSC3D DHPAA) for :KY01 2009 105 1 not in hi.dat	station.info 文件中天线量高方式（DHPAA）与 hi.dat 文件中不对应	确认 station.info 文件中天线量高方式（DHPAB）在 hi.dat 文件中存在且与 rcvant.dat 文件中完全一致
8	Error reading OCLEANLOD values ERROR 501	原因在于对 otl.grid 进行了 dos2unix 转换	对于从 sopac 上下载的文件不需要进行 dos2unix 转换，其服务器是 linux 系统，所以默认应该符合 linux 的文件格式；而对于在 windows 下创建或编辑过的文件应该进行 dos2unix 转换，比如：station.info、sittbl、接收机观测文件等
9	GLOBK 平差后无结果或中误差超限	vg_in 文件中点位概略坐标误差太大；igs 星历文件中个别卫星星历较差；点位观测环境不好，观测数据质量太差	① 通过单点定位等方法对点位概略坐标进行优化；② 检查 igs 文件中卫星状况，在 svs_exclude.dat 中剔除信号不好的卫星；③ 重新观测或换重新选择点位

2.6.2 基线解算的质量评定与不合格基线的处理

GAMIT 基线解算完成后的结果文件主要有：H-file（基线的松弛解）、O-file（约束解）、Q-file（过程记录文件）。

2.6.2.1 基线精度分析的三项指标

（1）postfit_nrms 的计算结果为 0.3 左右时为最佳结果；如大于 1.0，则结果错误。

（2）改正量不能大于 2 倍约束量。

（3）B1L1（L1_ONLY）计算的整周模糊度必须是整数。

（4）同一基线不同时段的基线向量各分量及边长较差、基线向量的独立（异步）闭合环或附合线路的各坐标分量闭合差、环线全长闭合差等指标应满足相关规范要求。

一般来说，基线解算结果的精度是没有代表性的，其精度指标主要是依据观测的时间长短和基线的长度量。GAMIT 解算结果一般为 2~10 mm，结果较差时，检查原始观测数据质量情况或对高度角等参数进行修改后重新计算。

2.6.2.2 不合格基线产生的主要原因

不合格基线主要是 GPS 在接收信号的过程中产生，其主要有以下几方面：

（1）观测时间过短。观测的时间长短取决于基线的长短。CP0 控制点布设间距为 50~100 km，考虑到基线解算时需要与测区周边国际 IGS 参考站或国家 CGCS2000 A、B 级 GPS 点进行联测，基线最长可达到 1 000 km，当距离较长时，应适当延长观测时间。

（2）观测环境有遮挡。GPS 点附近有高楼、树林、高山等高物遮挡，会影响接收机接收卫星信号。

（3）观测位置有信号干扰。GPS 点附近有大功率无线电发射源、高压线、无线电信号等。

（4）多路径效应产生的影响。不可避免地影响 GPS 观测的因素有大气、电离层折射线、周围地物、河面多次反射卫星信号等。

2.6.2.3 处理不合格基线的方法

（1）选择合理的卫星高度截止角。

卫星高度截止角的选择对 GPS 的观测和基线的处理都非常重要。卫星高度角直接影响着卫星的观测范围，随着高度角的增大，卫星的观测范围显著减小。由于 GPS 卫星受到影响的条件很多，卫星高度角过低，仰角小的卫星受到大气的影响较大。卫星信号强度太弱，信噪比低，同时容易产生多路径效应，使数据中低质量的数据比重过大，进而影响数据的整体质量。卫星高度角过高，使观测范围变小，观测卫星数显著减小。卫星合理的高度截止角为 15°~25°。我们通过选择合理的高度截止角之后再对基线进行处理，有的不合格基线就能达到要求。

（2）选择合理的历元间隔。

历元间隔选择的范围为 1~60 s，一般历元间隔解算是 30 s，当基线的观测时间很长，如 CP0 每时段长度达到 5 h 时，我们可以加大历元间隔，选择 60 s，否则我们可以选择历元间隔在 30 s 之间来进行解算。通过不同的历元间隔，可以将基线调得更精确。

（3）删除不合理的卫星信号数据。

不合理卫星数据主要是卫星周跳现象，即由于卫星信号失锁而发生的周跳现象。从卫星信号失锁到信号重新锁定，对载波相位非整周的小数部分并无影响，仍和失锁前保持一致，但整周数却发生中断而不再连续。所以周跳对观测的影响相当大。

但我们可以从两个地方观察数据发现这种情况：

① 从观测数据文件发现周跳现象。如采用天宝 GPS 基线解算软件 TBC 的时间线功能或采用国际上普遍采用的 GPS 观测质量分析软件 TEQC 对周跳发生的时段进行分析。我们可删除该时间段对应的卫星数据，然后再进行基线处理。

② 从观测数据解算结果中的残差中可以发现残差较大的基线向量，我们可删除该时间段对应的卫星数据，然后再进行基线处理。

处理不合格基线总体就以上三种方法，往往需要以上方法的两种，甚至三种同时结合，才能使基线处理达到合理。一般基线只要观测时间足够，选择合理卫星高度截止角、合理的历元间隔，删除周跳卫星数据，基线都能合格。

2.7 CP0 控制网测量工程实践

2.7.1 工程概况

大连至哈尔滨铁路客运专线（以下简称哈大客专），线路全长 905.802 km。其中：大连至沈阳段铁三院设计范围（K0+681.9 ~ DK439+424.802 = 铁一院 DK447+000），正线长度 425.530 km；沈阳至哈尔滨段铁一院设计范围（DK447+000 ~ DK933+200），正线长度 480.272 km。

哈大客专在勘测设计阶段采用 GPS 精密定位测量方法建立了高精度的框架控制网（CP0），作为高速铁路平面控制测量的起算基准。其中：铁一院设计范围沈阳至哈尔滨段共设置 6 座 CP0 控制点，分别为 KY01（开原八宝屯）、SP02（四平十家堡）、CC03（长春）、DH04（德惠）、LL05（兰棱镇）、HEB06（哈尔滨），点位位置分布图见图 2-11。哈大客专 CP0 框架控制网的布设原则为每 80 km 左右设置一个，沈哈段 6 座 CP0 控制点的间距为 67 ~ 99 km，选在距离线路较近，具有长期保存条件并满足 GPS 观测条件的房顶，标志类型为具有强制对中标志的三脚架。

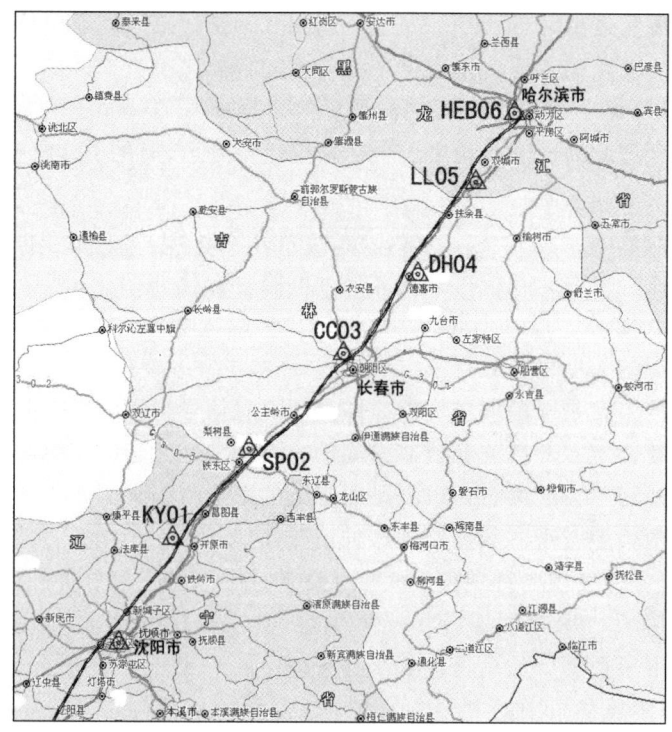

图 2-11 哈大客专（沈阳至哈尔滨段）CP0 点位分布图

哈大客专沈哈段 GPS 框架网采用 Leica 1230、SR530 接收机于 2007 年 2 月 8 日（DOY039）和 10 日（DOY041）进行外业观测，每个点观测 2 个时段，每时段观测 24 h。

2.7.2 数据处理

2.7.2.1 计算软件

基线计算：采用美国麻省理工学院的 GAMIT 软件。
网平差计算：采用美国麻省理工学院的 GLOBK 软件。

2.7.2.2 数据预处理

（1）数据整理。

以年积日为单位整理观测数据，并将原始观测数据转换为 Rinex 格式数据；统一点位编号；根据外业观测手簿，编制观测仪器、天线、天线高与天线高量取位置等对照表；检查点名一致性与正确性、接收机与天线型号的正确性、天线高的正确性及年积日的一致性等。

（2）收集 GPS 连续运行站的数据。

本次数据处理收集了北京房山 BJFS 和韩国 SUWN 两个 GPS 连续运行站的数据。

（3）天线高的归算。

按照天线结构，天线高统一采用观测值归算。在基线解算时由 GAMIT 软件自动计算天线相位中心位置，归算至标石标志面。

（4）采用的数据（表 2-6）。

表 2-6 GPS 框架网同步观测点统计

序号	年积日	GPS 同步观测点									
1	039	AS02	CC03	DH04	DL05	DSQ0	HEB0	KY01	LL05	SP02	SY01	WFD0
2	041	AS02	CC03	DH04	DL05	DSQ0	HEB0	KY01	LL05	SP02	SY01	WFD0

2.7.2.3 GPS 基线解算

基线解算采用基准站技术，GPS 连续运行站+测区观测数据，周边地区的 GPS 跟踪站主要为北京房山 BJFS 和韩国 SUWN 等。同时，采用 Auto Clean 周跳自动修复技术，进行周跳剔除与修复，以获取精确的基线解算结果。

（1）先验坐标的获取。

先验坐标采用差分的办法获得，即以 GPS 连续运行站为基准站进行差分，求得 GPS 观测站的先验坐标，其坐标可以达到 0.1 m 以内的精度。

（2）主要参数设置。

- 卫星轨道：采用 IGS 精密星历，轨道固定；
- 解算模式：采用 LC-HELP 观测值，用 Baseline 解法求解作为基线结果；
- 卫星截止高度角：15°；
- 天顶方向对流层延迟参数估计：对流层延迟是作为待定参数解算，每 4 h 估计一个参数；

- 周跳剔除：采用 Autcln 自动修复周跳；
- 坐标约束：固定 BJFS 站；
- 数据采样间隔：采样间隔 30 s。

（3）参考基准。

参考框架：ITRF2000。

参考历元：2007.0。

（4）GPS 基线解算。

以 GPS Day（年积日）为单位，进行基线解算。

由表 2-7 可知，同步环的 Nrms 值均小于 0.2 周，说明基线解算时周跳剔除比较干净。

表 2-7 GPS 框架网同步环 Nrms 统计表

序号	年积日	Nrms（周）	序号	年积日	Nrms（周）
1	039	0.19537	2	041	0.19426

2.7.2.4 GPS 网平差

采用与 GAMIT 配套的综合平差软件 GLOBK，在 WGS-84 椭球上进行三维整体平差处理。GLOBK 软件的核心——卡尔曼滤波技术，不仅估计了测站观测信息，也估计了卫星轨道信息，从而可以获得精确的三维地心坐标。

根据 GAMIT 基线解算结果，组织平差文件，首先对基线结果数据进行 χ^2 检验，检验通过后即进行网平差处理。GPS 网平差在 ITRF2000 框架下，参考历元为 2007.0，以北京房山 BJFS 和韩国 SUWN 点为框架点，并给予强约束，进行整体平差。

（1）数据检验。

对整网的全部基线结果进行了 χ^2 检验，χ^2 检验值均小于 10（表 2-8）。数据全部通过检验，参与平差。

表 2-8 GPS 框架网 χ^2 检验结果统计表

序号	年积日	χ^2	序号	年积日	χ^2
1	039	5.232	2	041	17.696

（2）坐标精度统计（表 2-9）。

表 2-9 GPS 框架网坐标精度统计表

统计项	X_{rms}	Y_{rms}	Z_{rms}	N_{rms}	E_{rms}	U_{rms}
最小值（mm）	1.2	1.9	1.9	0.5	0.5	2.8
最大值（mm）	2.2	3.2	3.7	0.8	0.9	5.3
平均值（mm）	1.6	2.4	2.6	0.6	0.6	3.8

GPS 框架网点水平方向的精度平均值为±0.6 mm，高程方向的精度平均值为±3.8 mm。

(3)基线精度统计(表2-10)。

表2-10 GPS框架网基线精度统计表

名　称	δdN(mm)	δdE(mm)	δdU(mm)	δdS(mm)	基线相对中误差
最小值	0.4	0.4	2.7	0.4	9.86×10^{-9}
最大值	0.9	0.9	5.8	0.9	1.19×10^{-7}
平均值	0.7	0.6	4.1	0.7	2.98×10^{-8}

注:N 为南北方向,E 为东西方向,U 为高程方向。

由表2-10可知,相邻基线点水平分量测定精度平均值为±0.7 mm,垂直分量测定精度平均值为±4.1 mm,基线相对中误差平均值为 2.98×10^{-8}。

2.7.3　处理结果

哈大客运专线 GPS 框架网点水平方向的精度平均值为±0.6 mm,高程方向的精度平均值为±3.8 mm。相邻基线点水平分量测定精度平均值为±0.7 mm,垂直分量测定精度平均值为±4.1 mm,基线相对中误差平均值为 2.98×10^{-8}。

第3章 高速铁路基础平面控制网（CPⅠ）测量技术

3.1 建立CPⅠ控制网的目的和作用

高速铁路工程测量平面控制网在框架控制网（CP0）基础上分三级布设，其中第一级就是基础平面控制网（CPⅠ）。其建立的目的主要是为勘察设计、建设施工、运营维护提供平面坐标基准，这些阶段的各种设计资料和测量作业均是以此作为平面坐标的起算基准的，它的点位分布、成果精度和稳定性都有很高的要求，在高速铁路建设和存续阶段均发挥着不可替代的重大作用。CPⅠ控制网采用GNSS测量，边联结方式构网，形成三角形或大地四边形组成的带状网，以CP0或国家高等级A、B级GNSS点CGCS2000三维成果作为基准进行固定数据约束平差。CPⅠ控制网与其余各级平面控制网的相互关系如图3-1所示。

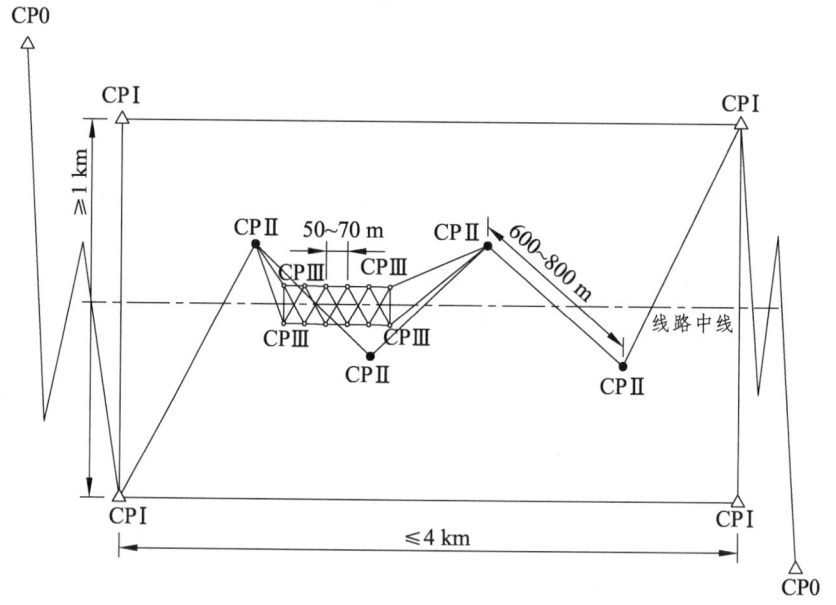

图3-1 高速铁路平面控制网相互关系示意图

在高速铁路勘察设计初测工作开始前，收集沿线国家高等级A、B级GNSS点，如密度不够则应首先采用GNSS测量方法建立框架控制网（CP0）。如果初测方案相对稳定，可在初测阶段建立CPⅠ控制网；如果初测方案不稳定，可在定测工作开展之前建立CPⅠ控制网，以其为基准开展定测放线及专业调查测绘工作；也可在定测完毕方案完全稳定之后再建立CPⅠ控制网，此时建立CPⅠ控制网时应按间距10~20 km的密度联测初测平面控制网点，在计算CPⅠ控制网成果的同时，计算出联测的初测平面控制点成果，将其与初测平面控制网成果差值进行分析、评估，必要时修正线路平面参数。

在施工建设阶段，CPⅠ控制网是线下CPⅡ、线上CPⅢ的起算基准，在运营维护阶段，CPⅠ控制网是线上CPⅢ的复测维护基准。

3.2　CPⅠ控制网的测量方法和设计

CPⅠ控制网采用GNSS测量方法建立，全线应一次布网，统一测量，统一平差。

3.2.1　测量方法

CPⅠ控制网采用GNSS方法进行测量。GNSS的全称是全球定位导航卫星系统（Global Navigation Satellite System），是泛指所有的卫星导航系统，包括全球的、区域的和增强的，如美国的GPS、俄罗斯的Glonass、中国的北斗卫星导航系统、欧洲的Galileo,以及相关的增强系统等。

3.2.1.1　GNSS定位测量的特点

相对于经典的测量技术来说，GNSS定位测量技术主要有以下特点：

（1）观测站之间无须通视。

既要保持良好的通视条件，又要保障测量控制网的良好结构，一直是经典测量技术在实践方面的问题之一。而GNSS测量不需观测站之间互相通视，因而不再需要建造觇标，这一优点大大减少了测量工作的费用和时间，也使得点位的选择变得更加灵活方便。

不过，GNSS测量必须保持观测站的上空开阔，以便接收GNSS卫星的信号不受干扰。

（2）定位精度高。

工程测量中，根据基线长度的不同，GNSS定位测量可达$10^{-6} \sim 10^{-8}$的相对定位精度。

（3）提供三维坐标。

GNSS测量中，在精确确定观测站平面位置的同时，可以精确确定观测站的大地高程。GNSS的这一特点，为研究大地水准面形状和确定地面点的高程开辟了新途径。

（4）全天候作业。

GNSS工作时，可以在任何地点、任何时间连续地运行，一般不受天气状况的影响。因此，GNSS定位技术的发展是对经典测量技术的一次重大突破。

除上述特点外，GNSS测量还具有测量时间短、测量操作简便等特点。因此，GNSS定位测量技术已在各行各业得到了广泛的应用。

3.2.1.2　GNSS静态相对定位

目前，国内高速铁路的基础平面控制网（CPⅠ）、路基和桥梁段的线路平面控制网（CPⅡ）

均采用 GNSS 静态相对定位原理建立。

静态相对定位采用载波相位观测量作为基本观测量，由于载波波长较短，其测量精度远高于码相关伪距测量，并且不同载波相位观测量的线性组合可以有效削弱卫星星历误差、信号传播误差以及接收机钟不同步误差对定位的影响，提高 GNSS 定位的精度。实践表明，以载波相位观测量为基础，采用广播星历，精度可达 $10^{-6} \sim 10^{-7}$，如果采用精密星历和轨道改进技术，那么定位精度可提高到 $10^{-8} \sim 10^{-9}$。

用两台接收机分别安置在基线的两个端点，其位置静止不动，同步观测相同类型的 4 颗以上卫星，确定基线两个端点的相对位置或基线向量，这种定位模式称为相对定位测量（图 3-2）。在实际工作中，常常将接收机数目扩展到 3 台以上，同时测定若干条基线向量，既可以提高工作效率，也可以增加观测量，提高成果的可靠性。

利用载波相位进行测量其精度可达 0.5～2.0 mm，但是，GNSS 测量受多种误差的影响，如卫星轨道误差、卫星钟差、接收机钟差以及电离层和对流层的折射误差的影响。由于 GNSS 观测误差对两个观测站或多个观测站同步观测相同卫星具有较强的相关性，因此，一种简单有效消除或减弱误差影响的方法是将这些观测量进行不同的线性组合。在 GNSS 相对定位中，通常采用的组合方式有三种，即单差法、双差法和三差法。

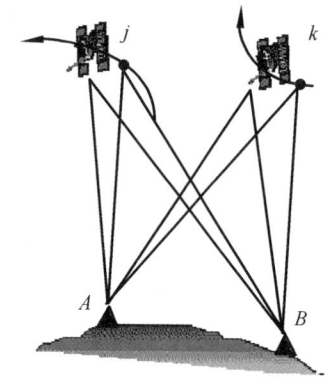

图 3-2　GNSS 相对定位原理

（1）单差法。

单差是指不同测站、同步观测相同卫星所得的观测量之差，也就是在两台接收机之间求一次差，是 GNSS 相对定位观测量组合的最基本形式。

单差法并不能提高 GNSS 绝对定位的精度，但由于基线长度与卫星高度相比，是一个微小量，而两测站的大气折光影响和卫星星历误差的影响，具有良好的相关性。因此，当求一次差时，必然削弱卫星星历误差、对流层折射和电离层折射的影响；同时消除了卫星钟的误差。由此可见，单差法只能有效地提高相对定位的精度，其求算结果应为两测站点间的坐标差。

（2）双差法。

双差是在不同测站上同步观测一组卫星所得到的单差之差，即在接收机和卫星间求二次差。

在单差模型中仍包含接收机时钟误差，其钟差改正数仍是一个未知量。但是由于进行连续的相关观测，求二次差后，便可有效地消除两测站接收机的相对钟差改正数，这是双差模型的主要优点，同时也可以大大减小其他误差的影响。因此在 GNSS 相对定位中，广泛采用双差法进行平差计算和数据处理。

（3）三差法。

三差法就是于不同历元同步观测同一组卫星所得观测量的双差之差，即在接收机、卫星和历元间求三次差。

引入三差法的目的就在于解决前两种方法中存在的整周未知数和整周跳变待定的问题，

这是三差法的主要优点。但由于三差模型中未知参数的数目较少，则独立的观测量方程的数目也明显减少，这对未知数的解算将会产生不良的影响，使精度降低。正是由于这个原因，通常将消除了整周未知数的三差法结果，用作前两种方法的近似值。

基础平面控制网（CPⅠ）、路基和桥梁段的线路平面控制网（CPⅡ）GNSS 测量中，基线解算一般采用双差相位观测值。

目前，CPⅠ控制网的测量大多采用 GPS 系统进行，经试验验证，我国北斗系统也可满足 CPⅠ控制网的测量精度要求。

3.2.2 基准设计

GNSS 网的基准包括位置基准、尺度基准和方位基准。

GNSS 网的位置基准取决于网中起算点的坐标和平差方法。确定网的位置基准一般可以采用下列方法：

（1）选取网中一个点的坐标并加以固定或给以适当的权。
（2）网中各点坐标均不固定，通过自由网伪逆平差或拟稳平差来确定网的位置基准。
（3）在网中选取若干已知点的坐标并加以固定或给以适当的权。

采用前两种方法进行 GNSS 网平差时，对网的定向和尺度都没有影响，在网平差中没有多余的约束条件，称为独立网。采用第三种方法进行网平差时，在确定网的位置基准的同时也会对网的方向和尺度产生影响，称为附合网。

尺度基准是由 GNSS 网的基线来提供的，这些基线可以是地面电磁波测距边或已知点间的固定边，也可以是 GNSS 网中的基线向量。早期当人们对 GNSS 的定位成果尚心存疑虑时，常在 GNSS 网中加测若干条电磁波测距边并将其作为长度基准。随着 GNSS 定位技术的发展，大量的资料表明，GNSS 测量的结果没有明显的系统误差，丝毫不逊于电磁波测距边，因此，没有必要再采用电磁波测距边作为尺度基准，可以直接采用 GNSS 测得的基线作为尺度基准。

方位基准一般是由网中的起始方位角来提供的，也可由 GNSS 网中的各基线共同来提供。利用网中的若干控制点作为 GNSS 网中的已知点进行附合网平差时，方位基准由这些控制点间的方位角提供。

在高铁精密测量控制网建立初期，部分高铁 CPⅠ基础平面控制网采用一点一方向的方法进行约束平差，位置基准由联测的国家三角点的平面坐标确定，方位基准由联测的国家三角点间的已知方向确定，尺度基准则由 GNSS 网的基线提供，即所谓的一点一方向的约束平差方法。这种方法保证了 CPⅠ自身的高内符合精度，但不便于 CPⅠ控制网的复测数据处理。

3.2.3 精度设计

精度是衡量 GNSS 网的坐标参数估值受观测偶然误差影响程度的指标。一般常用坐标的方差-协方差阵来分析，也常用误差椭圆(球)和相对误差椭圆(球)来描述坐标点的精度情况，或用点之间方位、距离和角度的标准差来定义。CPⅠ测量中，相邻点间基线长度的精度用式（3-1）来表示。

$$\delta = \sqrt{a^2 + (b \times d)^2} \tag{3-1}$$

式中：σ 为标准差（mm）；a 为固定误差（mm）；b 为比例误差系数（mm/km）；d 为相邻点间构成的基线或环的平均边长（km）。

CPⅠ平面控制网设计的主要技术要求如表3-1所示。

表3-1 CPⅠ平面控制网设计的主要技术要求

控制网	测量方法	测量等级	点间距	相邻点的相对中误差（mm）	备注
CPⅠ	GNSS	二等	≤4 km 一对点或2 km一个点	10	点间距≥800m

注：相邻点的相对点位中误差为平面 x、y 坐标分量中误差。

CPⅠ网约束平差后的主要精度指标见表3-2。

表3-2 CPⅠ GNSS控制网测量的主要技术要求

等级	固定误差a（mm）	比例误差系数b（mm/km）	基线方位角中误差（″）	约束点间的边长相对中误差	约束平差后最弱边边长相对中误差
二等	≤5	≤1	1.3	1/250 000	1/180 000

注：当基线长度短于500 m时，二等边长中误差应小于5 mm。

目前CPⅠ基本都采用GNSS技术进行施测，规范要求的CPⅠ布点方案是4 km布设一个点，考虑到CPⅠ点基本都布设在铁路征地范围外，点位容易破坏，为满足CPⅠ点破坏后点位恢复的需要，所以建议CPⅠ点布设时采用按4 km布设一对点或者是2km布设一个点的方案。

CPⅠ按2 km一个点布设、4 km一对点布设且对点满足≥800 m间距时，约束平差后基线方位角中误差1.3″和最弱边边长相对中误差1/180 000的指标要求相对是比较容易满足的。在隧道口一般CPⅠ点按点对布设，在隧道口选点时要特别注意对点间要通视且尽量满足边长大于500 m的要求，但山区通视困难且往往GNSS测量信号不好，此时CPⅠ对点间相对精度不太容易达到规范要求，在对点基线边长短于500 m时，边长中误差应小于5 mm。

3.2.4 布网原则与测量网形设计

（1）CPⅠ控制网应一次布网，统一测量，整体平差。

（2）CPⅠ控制网沿线路走向布设，采用边联结方式构网，形成由三角形或大地四边形组成的带状网。除了要求独立观测的基线边形成三角形或大地四边形进行构网计算外，还要求4台及以上GNSS同步观测的基线组成三角形或大地四边形网进行构网平差。从理论上讲，4台GNSS同步观测只有3条基线是严格意义上的独立观测边，这在采用多基线方法解算的精密GNSS基线解算软件（如GAMIT、BERNESE软件）中，解算的基线保证了同步环的闭合差为零。但大目前的商用软件采用的是单基线方法解算，其同步环基线解算闭合差不等于零，因此建议构成同步观测环的合格基线边参加CPⅠ控制网构网平差，形成由三角形或大地四边形组成的带状网（图3-3），增强CPⅠ控制网的图形强度。

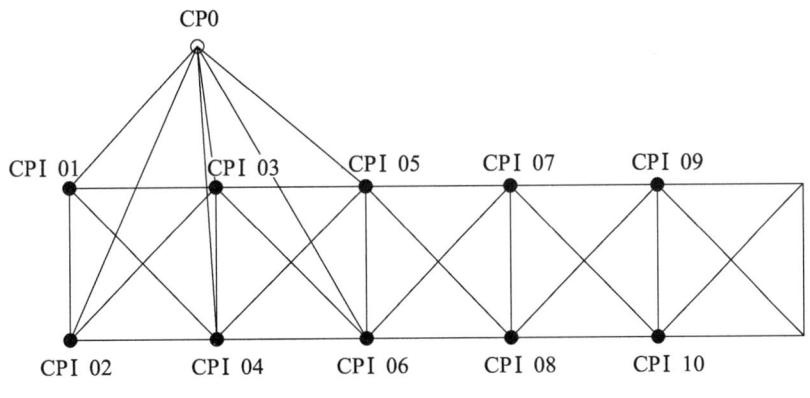

图 3-3 CPⅠ控制网网形示意图

（3）CPⅠ控制网应与 CP0 框架控制网点或者国家 A、B 级 GNSS 点进行联测，一般每 50km 宜联测一个平面控制点，全线（段）联测平面控制点的总点数不宜少于 3 个，特殊情况下不得少于 2 个。当联测点数为 2 个时，应尽量分布在网的两端；当联测点数为 3 个及其以上时，宜在网中均匀分布。

（4）在 CPⅠ初始布网时，点位应布设在距离设计中线 50～300 m 的范围且不易破坏、稳定可靠、便于测量的地方，路基和桥梁段落沿线路间隔 4 km 一对或者 2 km 一个进行布设，隧道两端隧道口成对布设，对点间距均宜在 800 m 以上；如果后续线路改线再进行补充布网时，距离改线中线 1 km 范围内的点应尽量利用，不再重新布设。

（5）条件具备时，长大隧道进出口 CPⅠ点和横洞、平行导坑、斜井、竖井等辅助坑道口平面控制网点可统一布网，纳入 CPⅠ网的整体测量中。

（6）在线路勘测设计起点、终点或与其他铁路平面控制网衔接地段，重合 2 个或 2 对（CPⅠ按 4 km 一对布设时）及以上的 CPⅠ控制点，并在测量成果中反映出相互关系，以便求得高速铁路平面坐标系统与相衔接铁路平面坐标系统的关系。同时，为了求得 CPⅠ控制网的正常高，CPⅠ控制网宜与附近的已知水准点联测。

（7）应尽量利用沿线符合构网、选点、标石稳定性条件的既有国家、城市高等级控制网点。既有控制点网点标石埋设时间长，相对稳定，应充分利用，这不但节省了埋石工作，还可以同步获取与国家或城市坐标系间的转换关系，在征地或与地方资料发生关系时使用。

（8）网形设计时应保证 CPⅠ网的可靠性和精度，可采取的措施和方法包括：

① 增加观测期数（增加独立基线数）。在施测 GNSS 网时，适当增加观测期数（时段数）对于提高 CPⅠ网的可靠性非常有效。因为，随着观测期数的增加，所测得的独立基线数就会增加，而独立基线数的增加，对网的可靠性的提高是非常有益的。

② 保证一定的重复设站次数。保证一定的重复设站次数可确保 CPⅠ网的可靠性。一方面，通过在同一测站上的多次观测，可有效地发现设站、对中、整平、量测天线高等人为错误；另一方面，重复设站次数的增加，也意味着观测期数的增加。不过，需要注意的是，当同一台接收机在同一测站上连续进行多个时段的观测时，各个时段间必须重新安置仪器，以更好地消除各种人为操作误差和错误。

③ 保证每个测站至少与 3 条以上的独立基线相连，这样可以使得测站具有较高的可靠

性。在布设 CPⅠ网时，各个点的可靠性与点位无直接关系，而与该点上所连接的基线数有关，点上所连接的基线数越多，则点的可靠性越高。

④ 在布网时要使网中所有最小异步环的边数不大于 6 条。在布设 CPⅠ网时，检查 CPⅠ观测值（基线向量）质量的最佳方法是异步环闭合差，而随着组成异步环的基线向量数的增加，其检验质量的能力将逐渐下降。

⑤ 为保证 CPⅠ网中各相邻点具有较高的相对精度，对网中距离较近的点一定要进行同步观测，以获得它们间的直接观测基线。

⑥ 网中所有最小异步环的边数不大于 6 条。

⑦ 为提高 CPⅠ网的尺度精度，可采用增设长时间、多时段的基线向量等方法。

3.2.5 基线解算

GNSS 网的数据处理分为数据传输、格式转换、基线解算和网平差四部分，其中基线解算与网平差是最重要的部分。

在基线解算过程中，由多台 GNSS 接收机在野外通过同步观测所采集得到的观测数据，被用来确定接收机间的基线向量及其协方差阵。对于一般工程应用，基线解算通常在外业观测期间进行；而对于高精度长距离的应用，在外业观测期间进行基线解算，通常是为了对观测数据质量进行初步评估，正式的基线解算过程往往是在整个外业观测完成后进行。基线解算结果除了用于后续的网平差外，还用于检验和评估外业观测成果的质量。基线向量提供了点与点之间的相对位置关系，并且与解算时所采用的卫星星历同属一个参照系。通过这些基线向量，可确定 GNSS 网的几何形状和定向，但是，由于基线向量无法提供确定点的绝对坐标所必需的绝对位置基准，因此，还须从外部引入位置基准，该外部位置基准通常由一个以上的起算点提供。

CPⅠ控制网基线解算一般使用随机配套商用软件采用广播星历进行，基线解算完毕要进行重复观测基线较差、独立环闭合差等的检验。

3.2.6 网平差

新建 CPⅠ控制网通常采用三维平差，三维平差分为三维无约束平差和三维约束平差两种类型。

3.2.6.1 三维无约束平差

（1）三维无约束平差流程如下：

① 选取作为网平差时的观测值的基线向量。

② 利用所选取的基线向量的估值，形成平差的函数模型，其中，观测值为基线向量，待定参数主要为 GNSS 网中点的坐标；同时，利用基线解算时随基线向量估值一同输出的基线向量的方差-协方差阵，形成平差的随机模型。最终形成完整的平差数学模型。

③ 对所形成的数学模型进行求解，得出待定参数的估值和观测值等的平差值、观测值的改正数以及相应的精度统计信息。

④ 根据平差结果来确定观测值中是否含有粗差，数学模型是否有需要调整的部分，若存在问题，则采用相应的方法进行处理（如对于粗差基线，既可以通过将其剔除，也可以通过调整观测值权阵的方式来处理），并重新进行求解。

⑤ 若在观测值和平差结果中未发现问题，则输出最终结果。

（2）通过三维无约束平差主要达到以下两个目的：

① 根据无约束平差的结果，判别在所构成的 GNSS 网中是否有粗差基线。如发现含有粗差的基线，则需要进行相应的处理，最后用于构网的所有基线向量均要满足质量要求。

② 调整各基线向量观测值的权，使得它们相互匹配。

CPⅠ控制网 GNSS 基线网三维无约束平差后，检查测量的内符合精度是否满足要求，各项指标合格后，才能进行约束平差。

3.2.6.2 三维约束平差

目前，把 GNSS 三维空间坐标转换为二维平面坐标的一种方法是将 GNSS 网中的已知点的平面坐标作为约束点进行二维约束平差得到。但是由于 GNSS 网中的已知点间的边长存在投影差（高程改化和高斯投影），且高斯投影差在 CPⅠ控制网的各条边中是一个非线性的变量，如果直接进行二维约束平差计算 CPⅠ控制网的平面坐标，就会把 CPⅠ控制网的各条边中非线性的投影差按已知点间的边长投影系数对各条边进行线性约束，这是一种不严密的转换方法。另一种方法是利用已知点的三维坐标对 GNSS 进行三维约束平差，然后通过投影变换将 GNSS 三维空间坐标转换为二维平面坐标，这是一种严密的转换方法。由于 CP0 控制点或者国家 GNSS A、B 级点具有高精度的三维空间坐标，为 CPⅠ控制网的三维约束平差提供了条件，因此，CPⅠ控制网建网测量均采用 CP0 控制点或者国家 GNSS A、B 级点作为固定点进行 CPⅠ控制网的三维约束平差，计算 CPⅠ控制点的空间直角坐标，再通过分带投影的方法计算 CPⅠ控制点的平面直角坐标。

三维约束平差的流程如下：

（1）利用最终参与无约束平差的基线向量形成观测方程，观测值的权阵采用在无约束平差中经过调整后（如果调整过）最终所确定的观测值权阵。

（2）利用已知点、已知边长和已知方位等信息，形成限制条件方程。

（3）对所形成的数学模型进行求解，得出待定参数的估值和观测值等的平差值、观测值的改正数以及相应的精度统计信息。

网平差是 CPⅠ控制网数据处理的重要阶段，在这一阶段中，基线解算时所确定出的基线向量被当作观测值，基线向量的验后方差-协方差阵则被用来确定观测值的权阵，并引入 CP0 控制网或国家 GNSS A、B 级点的成果作为起算数据，通过参数估计的方法确定出网中各点的坐标。通过网平差还可以发现观测值中的粗差，并采用相应的方法进行处理。另外，网平差还可以消除由于基线向量误差而引起的几何矛盾，并评定观测成果的精度。

CPⅠ网平差时要进行无约束平差中基线向量各分量的改正数检验、约束平差中基线向量各分量改正数与无约束平差同一基线改正数较差等的检验。满足检验要求后，提供三维约束平差后的成果，然后再通过投影换带提供独立坐标系的分带成果。

CP I 控制网建网测量由铁路设计单位完成，一般均采用三维约束平差的方法；设计单位全线复测或者施工单位分段复测时，网平差也可以采用二维约束平差的方法。

3.2.7 控制网复测与维护

高速铁路工程建设期间，应加强控制网复测与维护工作。控制网复测与维护分为定期复测和不定期复测维护，定期复测由建设单位组织实施，不定期复测维护由施工单位实施。

3.2.7.1 控制网复测与维护频次

一般情况下，定期复测维护是对高速铁路平面控制网全面复测。复测频次分别为：
（1）施工单位接桩后。
（2）CPⅢ建网前。
（3）工程静态验收前。
（4）特殊地区、地面沉降地区或施工期间出现的异常地段，适当增加复测次数。
定期复测频次也可根据建设单位要求确定。

不定期复测维护由施工单位根据施工需要开展，复测周期不宜大于6个月，内容是检查控制点间的绝对坐标和相对位置是否发生变化，点位的绝对坐标和相对精度是否满足要求。当复测较差超限时，应查明原因，由监理单位确认。

3.2.7.2 控制网复测原则

（1）编写复测技术方案。
（2）复测采用的方法和精度应与原测相同。
（3）复测前应检查标石的完好性，对丢失和破坏的控制点应按同精度扩展方法布设。

3.2.8 技术设计书和技术总结编制

技术设计是CP I 平面控制网测量中一项非常重要的基础性工作，是项目实施过程以及检查验收时的技术依据。

3.2.8.1 技术设计书的内容组成

技术设计书大致包括以下内容：
（1）任务来源、任务要求、作业依据。
（2）测区概况。
（3）收集到的测区范围内既有国家高等级点的资料和其他衔接线路已有测量成果资料情况及对它们的分析。
（4）采用的坐标系及起始数据。
（5）布网方案的说明。
（6）选点和埋设。
（7）观测精度标准（接收机标称精度、一测段的观测时间、定位模式、边长规格等）。

（8）内、外业采用的仪器设备及计算软件。
（9）平差计算方案、预期精度。
（10）各种设计图表。

3.2.8.2 技术总结的内容组成

技术总结是在任务完成后，对技术设计文件和技术标准、规范等的执行情况、测量过程中出现的主要技术问题和处理方法、成果质量等进行分析，认真总结，并作出的客观描述和评价，是与测量成果直接相关的技术性文件。CPⅠ控制网测量完毕在提交测量成果的同时同步提交技术总结。技术总结应包括下列各项内容：

（1）测区范围与位置，自然地理条件，气候特点，交通及电信、供电等情况。
（2）任务来源、测区已有测量成果、项目名称、施测目的和基本精度要求。
（3）施测单位、施测起讫时间、作业人员数量、技术状况。
（4）作业技术依据。
（5）作业仪器类型、精度以及检验和使用情况。
（6）点位观测条件的评价、埋设与重合点情况。
（7）联测方法，完成各级点数与补测、重测情况，以及作业中存在问题的说明。
（8）外业观测数据质量分析与数据检核情况。
（9）数据处理方案、所采用的软件、星历、起算数据、坐标系统、历元，以及无约束平差、约束平差情况。
（10）误差检验及相关参数和平差结果的精度估计等。
（11）上交成果中尚存问题和需要说明的其他问题、建议或改进意见。
（12）各种附表与附图。

3.3 CPⅠ控制网的外业实施

3.3.1 布点、选点

3.3.1.1 布点和选点准备

（1）在布点前，应收集有关布网任务与测区的资料，包括测区 1:10 000 或更大比例尺地形图，已有各类控制点、卫星定位连续运行基准站的资料，线路走向、桥隧工点等资料。
（2）在 1:10 000 等比例尺地形图上沿线路距线路中心 50~300 m 范围内进行布点，其中 CPⅠ控制网在桥梁、路基段按 4 km 布设一对或者 2 km 布设一个，隧道段隧道进出口各布设一对相互通视的 CPⅠ点，CPⅠ点成对布设时，间距应尽量大于 800 m。布点也可以充分利用谷歌地图、奥维互动地图等手段进行。布点完毕提供布点图或者布点文件。
（3）选点人员提前充分了解和研究测区情况，特别是交通、通信、供电、气象及大地点等情况。

3.3.1.2 点位基本要求

（1）应便于安置接收设备和操作，视野开阔，视场内障碍物的高度角不宜超过15°。

（2）远离大功率无线电发射源（如电视台、电台、微波站等），其距离不小于200 m；远离高压输电线和微波无线电信号传送通道，其距离不应小于50 m。

（3）为避免或减少多路径效应的发生，测站应远离对电磁波信号反射强烈的地形、地物，如高层建筑、成片水域等。

（4）交通方便，并有利于其他测量手段扩展和联测。

（5）地面基础稳定，易于标石的长期保存。

（6）充分利用符合要求的已有控制点。

（7）选站时应尽可能使测站附近的局部环境（地形、地貌、植被等）与周围的大环境保持一致，以减少气象元素的代表性误差。

（8）在距线路中心50～300 m范围不易被施工破坏、稳定可靠、便于测量的地方进行现场选点，点位布设宜兼顾桥梁、隧道及其他大型构（建）筑物布设施工控制网的要求。

3.3.1.3 选点作业

（1）选点人员依据布点图或布点文件，在实地按要求选定点位，并在实地加以标定。

（2）当利用旧点时，应检查旧点的稳定性、可靠性和完好性，符合要求方可利用。

（3）需要水准联测的GNSS点，应实地踏勘水准路线情况，选择联测水准点并绘出联测路线图。

（4）不论是新选定的点或利用旧点，均应实地按要求绘制点之记，其内容要求在现场详细记录，不得追记。

（5）点位周围有高于10°的障碍物时，应绘制点的环视图。

（6）一个网区选点完成后，应绘制GNSS网选点图。

3.3.1.4 选点后应上交的资料

（1）CPⅠ点点之记、环视图。

（2）CPⅠ点选点图（测区较小，选点、埋石与观测一起完成时，可以展点图代替）。

（3）选点工作总结。

3.3.2 点位埋设

3.3.2.1 控制点标志

（1）金属标志制作材料为铸铁或其他金属。规格应符合图3-4的规定，图中"×××××"处为测量单位名称。

（2）不锈钢标志可采用直径为12～20 mm、长度为20～30 mm不锈钢材料，下部采用普通钢筋焊接而成。规格应符合图3-5的规定。

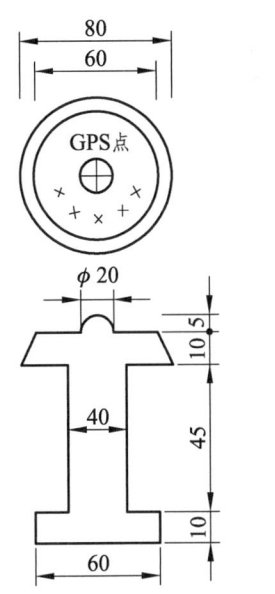 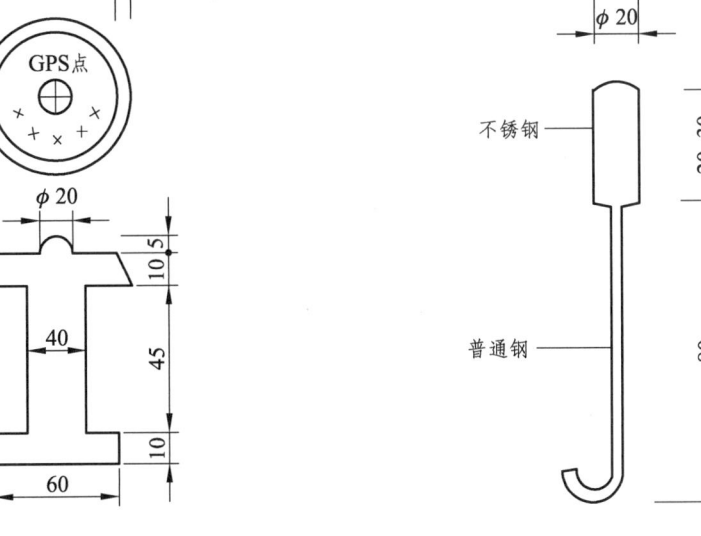

图 3-4　金属标志（单位：mm）　　　　图 3-5　不锈钢标志（单位：mm）

3.3.2.2　平面控制点的埋设

（1）建筑物顶上设置标石，标石应和建筑物顶面牢固连接。建筑物上 CPⅠ平面控制点标石设置规格应符合图 3-6 的规定。

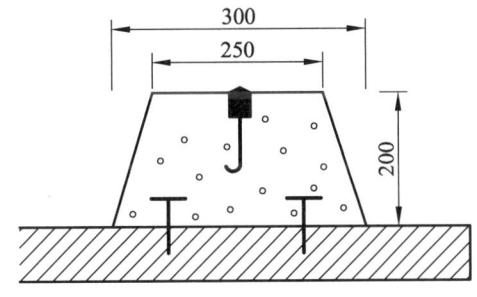

图 3-6　建筑物上 CPⅠ平面控制点标石（单位：mm）

（2）CPⅠ及二等平面控制点标石埋设规格应符合图 3-7 的规定。

上述控制点的埋设规格均为一般地区普通标石的埋设（标石可采用混凝土预制桩或现场浇注），对于特殊地区的标石埋设，应根据线路所在地区的土质、地质构造及区域沉降等因素，进行特殊地区的控制点埋设。冻土地区标石底部应位于最大冻土深度线以下 0.3 m。

利用旧点时，应确认该标石完好，并符合 CPⅠ GNSS 点埋石的要求，且能长期保存。必要时需要挖开标石侧面查看标石情况。

标石埋设完成后，应现场填写点位说明，丈量标石至明显地物的距离，绘制点位示意图，按表 3-3 所示格式做好点之记。

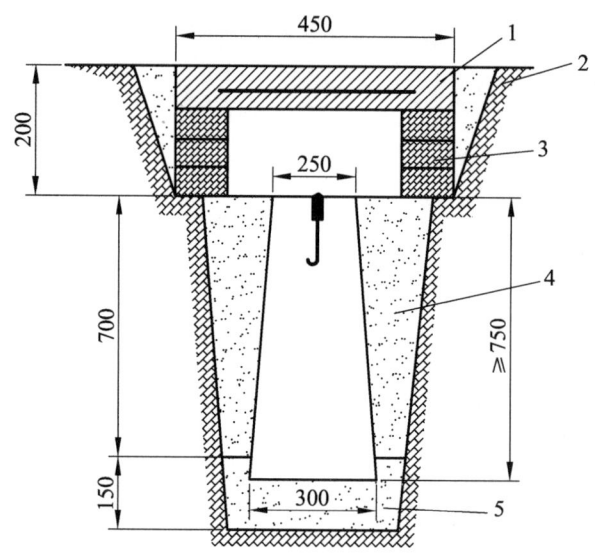

图 3-7　CPⅠ及二等平面控制点标石埋设图（单位：mm）

1—盖板；2—地面；3—保护井；4—素土；5—混凝土

表 3-3　控制点点之记

×××点之记

工程名称：　　　　　　　　　　　　　　　　　　　第　　页共　　页

点　　名		等　　级	
详细位置图：		标石断面图：	
		单位：mm	
点位详细说明			
交通路线			
概略坐标	$B =$		
	$L =$		
所在地			
标石类型			
标石质料			
选点单位		埋石单位	
选点者		埋石者	
选点日期		埋石日期	
备　　注			

3.3.2.3 埋石后上交的资料

（1）GNSS 点之记。
（2）标石埋设时拍摄的照片。
（3）埋石工作总结。

3.3.3 外业施测

3.3.3.1 一般规定

CPⅠ平面控制网 GNSS 测量作业的基本技术要求应符合表 3-4 的规定。

表 3-4 CPⅠ GNSS 测量作业的基本技术要求

等级		二等
静态测量项目	卫星截止高度角（°）	≥15
	同时观测有效卫星数	≥4
	有效时段长度（min）	≥90
	观测时段数	≥2
	数据采样间隔（s）	10~60
	接收机类型	双频
	PDOP 或 GDOP	≤6

3.3.3.2 观测计划

作业调度者根据测区地形和交通状况、采用的 GNSS 作业方法设计的基线的最短观测时间等因素综合考虑，编制观测计划表，按该表对作业组下达相应阶段的作业调度命令。同时依照实际作业的进展情况，及时做出必要的调整。

3.3.3.3 准备工作

在开始观测前，按要求进行如下准备工作：
（1）GNSS 接收机在正式观测前应进行预热和静置，具体要求按所采用接收机的操作手册进行。
（2）按观测设计要求进行对中、整平、量仪器高以及天线定向。

3.3.3.4 观测作业

GNSS 网的观测作业应按如下要求进行：
（1）各作业组必须严格遵守调度命令，按规定的时间进行作业。
（2）经检查接收机电源电缆和天线等连接无误后方可开机。
（3）只有在有关指示灯和仪表显示正常后方可进行接收机的自我测试，输入测站、观测单元和时段等控制信息。

（4）在作业前和作业过程中，作业员应随时填写测量手簿中的记录项目。

（5）按要求进行相关观测记录。

（6）除特殊情况外，一般不得进行偏心观测。迫不得已进行时，应精确测定归心元素。

（7）观测时，在接收天线 50 m 以内不得使用电台，10 m 以内不得使用对讲机。

（8）天气太冷时，可对接收机适当进行保温和加热。天热时，应避免阳光直射接收机，以确保接收机能正常工作。

（9）在一个时段的观测过程中，不允许进行下列操作：

① 关机后重新启动接收机。

② 进行仪器自检。

③ 改变截止高度角或采样间隔。

④ 改变天线位置。

⑤ 按键关闭文件或删除文件。

（10）观测期间防止接收设备震动，更不得移动天线，要防止人员和其他物体碰动天线或阻挡信号。

（11）经认真检查，所有预定的作业项目均已全面完成且符合要求，记录和资料完整无误后，方可迁站。

3.3.3.5　记录

（1）记录类型。

GNSS 测量时，所获得的记录包括以下三类：

① 存储在各种存储介质（磁盘、磁带、光盘、移动存储设备等）中的观测记录。

② 测量手簿。

③ 观测计划、偏心观测资料等其他记录。

（2）记录内容。

观测记录的主要内容有：

①　C/A 码及 P 码伪距，载波相位观测值。

② 观测时刻 t_i。

③ 卫星星历（历书）。

④ 测站及接收机的初始信息：测站名、观测单元号、时段号测站的近似坐标、接收机编号和天线编号、天线高、观测日期、采样间隔、截止高度角等。

（3）测量手簿（表 3-5）。

现就 GNSS 测量手簿中的部分内容说明如下：

① 图幅编号填写点位所在的 1∶50 000 地形图编号。

② 时段号按调度指令安排的编号填写；观测时间填写年、月、日，并打一斜线填写年积日。

③ 接收机型号及编号、天线类型及编号均填写全名，如"Trimble R7 GNSS""Trimble Zephyr Geodetic 2"，主机及天线编号（S/N、P/N）从主机及天线的标牌上查取，填写完整。

表 3-5 GNSS 测量手簿记录格式

点　号		点　名		图幅编号	
观测记录员		观测日期		时段号	
接收机型号及编号		天线类型及其编号		存储介质类型及编号	
原始观测数据文件名		RINEX 格式数据文件名		备份存储介质类型及编号	
近似纬度	°　′　N	近似经度	°　′　E	近似高程	m
采样间隔		开始记录时间	h　　min	结束记录时间	h　　min
天线高测定		天线高测定方法及略图		点位略图	
测前：	测后：				
测定值：　m	m				
修正值：　m	m				
天线高：　m	m				
平均值：　m	m				
时间（UTC）		跟踪卫星数		PDOP	
记事					

④ 近似纬度填至 1′，近似高程填至 100 m。

⑤ 采样间隔填写接收机实际设置的数据采样率。

⑥ 点位略图按点附近地形地物绘制，应有 3 个标定点位的地物点，比例尺大小视点位的具体情况确定，点位环境发生变化后，应注明新增障碍物的性质，如树林、建筑物等。

⑦ 记事中记载天气情况，填写开机时的天气状况，按晴、多云、阴、小雨、中雨、大雨、小雪、中雪、风力、风向逐一填写，同时记录云量及分布；记载是否进行偏心观测，其记录在哪册手簿中，以及整个观测过程中出现的重要问题、出现时间及其处理情况。

3.3.3.6　记录要求

对于 GNSS 测量时的记录有如下要求：

（1）及时填写各项内容，书写要认真细致，字迹清晰、工整、美观。

（2）一律用铅笔进行记录，不得开刀和涂改，不得转抄和追记。读写有误时，可用铅笔整齐画掉，将正确数据写在上面并注记原因。其中，天线高、气象读数等原始记录不准连环涂改。

（3）手簿整饰，存储介质上的注记和各种计算一律用蓝（黑）墨水书写。

（4）接收机内存中的数据文件应及时拷贝成一式两份，并在存储介质外面适当处贴上标签，注明网区名、点名、点号、观测单元号、时段号、文件名、采集日期、测量手簿编号等。两份存储介质应由两人保管，存放在防水防电的资料箱内。

观测数据卸载至存储单元上时，不得进行任何剔除、删改和编辑。

（5）测量手簿事先应连续编页，装订成册，不得有缺损。其他记录也应分别装订成册。

3.4 CPⅠ控制网的数据处理

3.4.1 数据预处理

数据预处理由数据传输、格式转换（可选）两个阶段组成。

GNSS 测量数据处理的对象是 GNSS 接收机在野外所采集的观测数据。由于在观测过程中，这些数据是存储在接收机的内部存储器或可移动存储介质上的，因此，在完成观测后，如果要对它们进行处理分析，就必须首先将其下载到计算机中。这一数据下载过程即为数据传输。

下载到计算机中的数据按 GNSS 接收机的专有格式存储，一般为二进制格式。通常，只有 GNSS 接收机厂商所提供的数据处理软件能够直接读取这种数据以进行处理。若所采用的数据处理软件无法读取该格式的数据（这种情况通常发生在采用第三方软件进行数据处理时），或在项目中存在着由多家不同厂商接收机所采集的数据时，则需要事先通过格式转换，将它们转换为所采用数据处理软件能够直接读取格式的数据，如常用的 RINEX 格式的数据。

3.4.2 基线解算

每一个厂商所生产的接收机都会配备相应的数据处理软件，虽然它们在具体操作细节上存在一些不同，但无论是哪种软件，在总体操作步骤上却是大体相同的。GNSS 基线解算的过程如下。

3.4.2.1 导入观测数据

在进行基线解算时，首先需要导入原始的 GNSS 观测值数据。一般说来，各接收机厂商随接收机一起提供的数据处理软件都可以直接处理从接收机中传输出来的 GNSS 原始观测值数据，而由第三方所开发的数据处理软件则不一定能对各接收机的原始观测数据进行处理。要采用第三方软件处理数据，通常需要进行观测数据的格式转换，将原始数据格式转换为软件能够识别的格式。目前，最常用的格式是 RINEX 格式，对于按此种格式存储的数据，几乎所有数据处理软件都能直接处理。

3.4.2.2 检查与修改外业输入数据

在导入了 GNSS 观测值数据后，就需要对观测数据进行必要的检查，以发现并改正由于外业观测时的误操作所引起的问题。检查的项目包括测站名/点号、天线高、天线类型、天线高量测方式等。

3.4.2.3 设定基线解算的控制参数

基线解算的控制参数用以确定数据处理软件采用何种处理方式来进行基线解算。设定控制参数是基线解算时的一个重要环节，直接影响基线解算结果的质量。基线的精化处理也是通过控制参数的设定来实现的。

3.4.2.4 基线解算

对 GNSS 观测数据进行质量检查，剔除载波相位观测值中存在的粗差和周跳，以获取精确的基线解算结果。基线解算采用广播星历，一般利用随机商用软件进行，如徕卡 LGO 或天宝 TBC，为保证数据的一致性，应采用统一的软件进行基线解算。

基线解算完毕后，基线结果并不能马上用于后续的处理，还必须对其质量进行评估，只有质量合格的基线才能用于后续的处理。若基线解算结果质量不合格，则需要对基线进行重新解算或重新测量。基线的质量评估的指标包括 Ratio、PDOP、RMS、同步环闭合差、异步环闭合差和重复基线较差以及 GNSS 网无约束平差基线向量改正数等。

基线解算质量应满足如下要求：

（1）计算同一时段观测值的数据剔除率应小于 10%。

在基线解算时，如果观测值的改正数大于某一个阈值时，则认为该观测值含有粗差，需要将其删除。被删除观测值的数量与观测值的总数的比值，就是所谓的数据剔除率。数据剔除率从某一方面反映出了 GNSS 原始观测值的质量。数据剔除率越高，往往说明观测值的质量越差。

（2）同一基线不同时段重复观测基线较差应满足下式的规定：

$$d_s \leqslant 2\sqrt{2}\sigma \tag{3-2}$$

不同观测时段对同一条基线的观测结果就是所谓重复基线，这些观测结果之间的差异就是重复基线较差。重复基线较差是评价基线结果质量非常有效的指标，当其超限时，就表明重复基线中一定存在质量不满足要求的基线。

（3）由若干条独立基线边组成的独立环或附合路线各坐标分量（W_x、W_y、W_z）及全长 W_s 闭合差应满足下式的规定：

$$W_x \leqslant 3\sqrt{n}\sigma，W_y \leqslant 3\sqrt{n}\sigma，W_z \leqslant 3\sqrt{n}\sigma，W_s \leqslant 3\sqrt{3n}\sigma \tag{3-3}$$

式中：n 为闭合环的边数；$\sigma = \pm\sqrt{a^2 + (b \cdot d)^2}$，其中 $a = 5$ mm，$b = 1$ mm/km。

不是完全由同步观测基线所组成的闭合环称为独立环，独立环的闭合差称为异步环闭合差。当异步环闭合差满足限差要求时，表明组成异步环的基线向量的质量是合格的；当异步环闭合差不满足限差要求时，则表明组成异步环的基线向量中至少有一条基线向量的质量不合格，可以通过综合分析多个相邻的异步环或重复基线来确定出哪些基线向量的质量不合格。

对不满足各检验指标的时段应进行数据分析，必要时进行返工测量。

3.4.2.5 输出基线解算结果

基线解算完毕，输出经质量检核合格后的基线向量。

3.4.3 三维平差

网平差是 CP I 控制网数据处理的最后阶段，在这一阶段中，基线解算时所确定出的基线向量被当作观测值，基线向量的验后方差-协方差阵则被用来确定观测值的权阵，并引入 CP0 控制网或国家 GNSS A、B 级点的成果作为起算数据，通过参数估计的方法确定出网中各点的坐标。通过网平差还可以发现观测值中的粗差，并采用相应的方法进行处理。另外，网平差还可以消除由于基线向量误差而引起的几何矛盾，并评定观测成果的精度。

CP I 网平差应符合下列规定：

（1）无约束平差中基线向量各分量的改正数绝对值应满足式（3-4）的要求，并提供无约束平差 WGS-84 坐标系中的空间直角坐标，基线向量及其改正数和精度信息。

$$\begin{aligned} V_{\Delta x} &\leqslant 3\sigma \\ V_{\Delta y} &\leqslant 3\sigma \\ V_{\Delta z} &\leqslant 3\sigma \end{aligned} \tag{3-4}$$

（2）用作 CP I 控制网约束平差的约束点间边长相对中误差应满足表 3-2 的规定。

（3）约束平差中基线向量各分量改正数与无约束平差同一基线改正数较差的绝对值应满足式（3-5）的要求，并提供约束平差后相应坐标系的空间直角坐标、基线向量及其改正数和其精度信息。

$$\begin{aligned} dV_{\Delta x} &\leqslant 2\sigma \\ dV_{\Delta y} &\leqslant 2\sigma \\ dV_{\Delta z} &\leqslant 2\sigma \end{aligned} \tag{3-5}$$

3.4.4 二维约束平差

当需要提供 CP I 控制网的 1954 北京坐标系、1980 西安坐标系、相关城市坐标系成果时，需要与沿线的国家或城市平面控制点进行联测，建立高速铁路工程独立坐标系与 1954 北京坐标系、1980 西安坐标系或城市坐标的转换关系。由于收集的已知点成果往往没有高程信息，因此也采用二维约束平差的方法提供上述坐标系的成果。

铁路施工往往由多个施工单位承担,因此施工单位对施工段落内的CPⅠ控制网进行复测时,平差基本采用二维约束平差的方法。

3.4.5 精度评定

三维无约束平差后,再对控制网进行三维约束平差或二维约束平差进行精度评定,平差后的基线边方向中误差、最弱边相对中误差、相邻点的相对中误差等精度指标应满足表3-2的要求。

3.5 不利条件下CPⅠ控制网测量的若干问题

根据卫星定位测量的基本特点,在山区或中低纬度地区进行GNSS作业有许多不利因素,如:山高坡陡、树木较多、遮挡严重,造成可观测卫星较正常情况下少,观测卫星的几何图形不够理想;观测时视场偏小,卫星变换较为频繁,部分卫星的整周模糊度难以正确确定;测点之间高差较大,对流层延迟难以正确估计;中低纬度地区电离层扰动太大,基线解算可靠性下降等诸多因素影响定位测量结果。因此,CPⅠ高精度卫星定位测量中需采取一定的途径克服这些不利因素,改善山谷地带的GNSS定位精度,以发挥GNSS定位技术的优越性。其主要解决措施如下:

3.5.1 事前进行星历预报

在卫星观测条件不利的地区,事前进行星历预报确有必要,并应根据两天测量数据的解算精度及出现的情况具体调整观测时间,确定最佳观测时间,以保证观测数据准确可靠。此外,在山区进行GNSS观测时,用一般方法进行预报,选取最佳时段,效果往往不好,有时预报可见6颗卫星,实际上可能只能观测4颗甚至3颗卫星,其余卫星被山坡遮挡。建议在山区铁路选点时增加实测环视图,以便在预报时将各测站上被遮挡部分都屏蔽掉,依据实际情况来选择最佳观测时段。

3.5.2 选取合适的观测时段

最佳观测时段长度与测站周围的地形条件有关:障碍物少,视场较为开阔时,观测时段长一般可取1.5 h;障碍物多、遮挡严重,视场较为狭小时可取2.5 h;一般情况可取2 h。注意上述时间是指基线解算时实际所用的时段长度,在组织外业观测时还应适当留有余地(例如增加10~20 min)。在一些测站地形条件特别差的情况下,有时还需进行24 h长时间连续观测,然后从全天数据中挑选合理时段及观测质量较好的时间段进行精细化处理。

删除观测质量不好的卫星信号数据和选择合理的卫星高度截止角见2.6.2.3。

3.5.3 采用合理的解算方法与模型

基线处理过程中,由于随着基线的长度变长,基线两端点位观测条件的差别就越大,基线解算受电离层等的影响就会增强,精度就会降低,因此,若在线路带状网同一时段有多台仪器(大于 6 台)同步观测的情况下,应优先解算短基线边,在短基线构成大地四边形网的基础上解算长基线边,并可适当删除较长基线。

在观测数据质量较差时,应进行复测,若复测后效果不明显,在有资料表明或分析数据确认电离层扰动明显的情况下,可以选择科学合理的电离层模型,并使用消电离层组合进行解算,同一时段内须使用相同的解算模型,并保证基线解算精度。

3.5.4 采用 GPS/BD(北斗)双系统接收机

与单纯 GPS 接收机相比,采用 GPS/BD(北斗)双系统接收机并进行双星座融合解算具有下列优点:① 可靠性好。由于山谷地带坡陡山高,遮挡严重,因而可观测的卫星数较少,每颗卫星连续观测的时间也较短,因而经常会出现整周模糊度无法固定的情况,加入 BD(北斗)卫星数据后情况有明显改善,整周模糊度一般均能固定。② 精度有所改善。加入 BD(北斗)卫星数据后,由于共视卫星数的增加、几何图形的改善,定位精度也有所改善。因此,在山区进行 GNSS 作业时,采用双系统接收机在精度和可靠性方面均有一定的提高。

3.6 CPⅠ控制网测量工程实践

以某新建高速铁路精密工程控制测量建网为例,本节着重对基础平面控制网(CPⅠ)的内业数据处理进行介绍。

该新建高速铁路线路全长约 400 km,按照《高速铁路工程测量规范》(TB 10601—2009)中关于 CPⅠ平面控制网的有关要求,CPⅠ控制点沿线路走向布设,按不大于 4km 布设一对,选在距离中线 50～300 m 且不易被破坏的范围内,对点间距离一般大于 800 m,困难时不小于 600 m,因此,本项目合计布设了 246 个 CPⅠ控制点。该项目外业观测采用 Leica GX1230 型双频 GNSS 接收机、Trimble R8 GNSS 接收机进行,所有设备都经检定合格,并在有效期使用。基线解算使用徕卡公司的 LGO V8.4 软件,网平差使用武汉大学研制的 CosaGPS V5.2 数据处理系统。

3.6.1 数据传输

通过接收机随机配套的数据传输软件,将当天外业观测数据下载到计算机中,并进行备份。

3.6.2 格式转换

该项目中 CPⅠ平面控制网外业观测采用了天宝、徕卡两个厂家的接收机,采用徕卡公司的 LGO V8.4 软件进行基线解算，解算时需将天宝接收机采集的原始观测数据通过天宝公司的"Convert to RINEX"软件转换为 RINEX 格式的数据。

3.6.3 基线解算

3.6.3.1 新建项目（图 3-8）

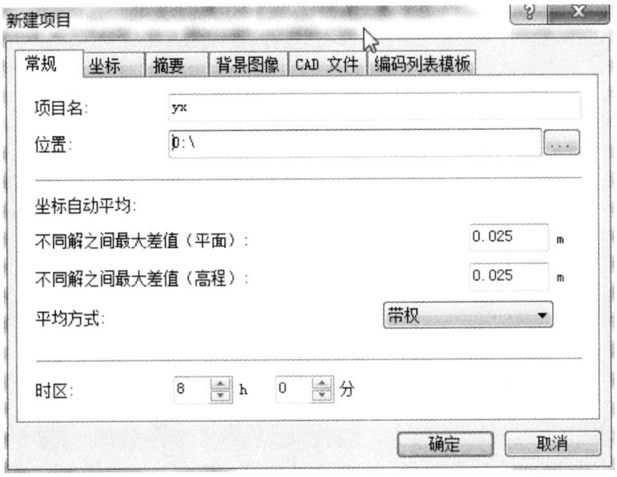

图 3-8 新建项目

CP I 按铁路二等 GNSS 测量技术要求进行施测，不同解之间最大差值（平面）、不同解之间最大差值（高程）一般设置为 0.020～0.025 m；平均方式：带权；时区：8 h(国内测量时)。其他可采用缺省设置。

3.6.3.2 数据输入（图 3-9）

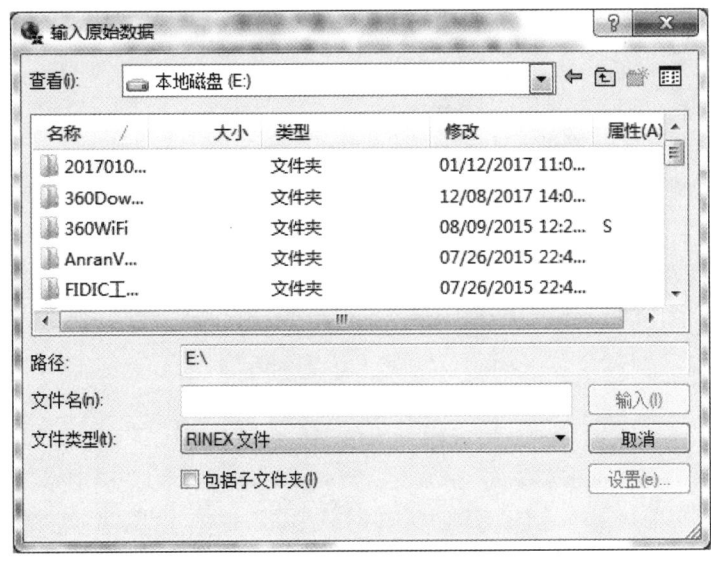

图 3-9 数据输入

本项目要同时解算徕卡和天宝 GNSS 接收机测量的数据，输入徕卡接收机数据时，选择与接收机对应的文件类型；输入天宝接收机数据时，选择文件类型为：RINEX 文件。如果包括子文件夹，则在选项前打钩。

数据输入后对照外业测量记录手簿对点名、天线量高等信息进行核对、修改。

3.6.3.3 处理参数设置（图 3-10）

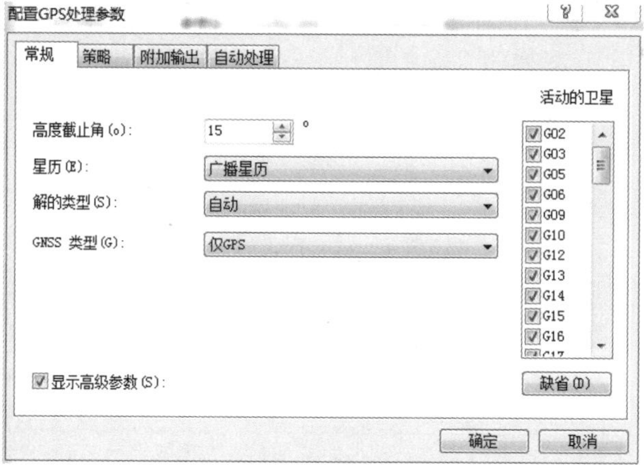

图 3-10 处理参数设置

可设置高度截止角、星历类型、GNSS 类型、频率、采样率等参数，一般采用缺省参数设置。

3.6.3.4 基线处理

基线处理有手工和自动两种模式，对于 CPⅠ控制网等带状控制网类型的基线解算，建议采用人工模式，并按一定的方向进行基线处理，见图 3-11。

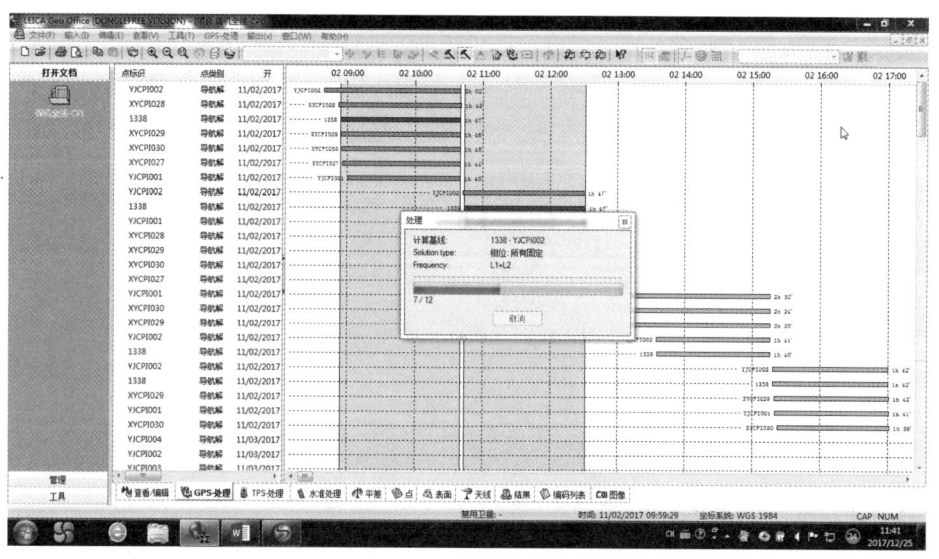

图 3-11 基线处理

3.6.3.5 基线结果存储

查看基线处理结果,将解算出静态模糊度的基线选择存储(图 3-12)。

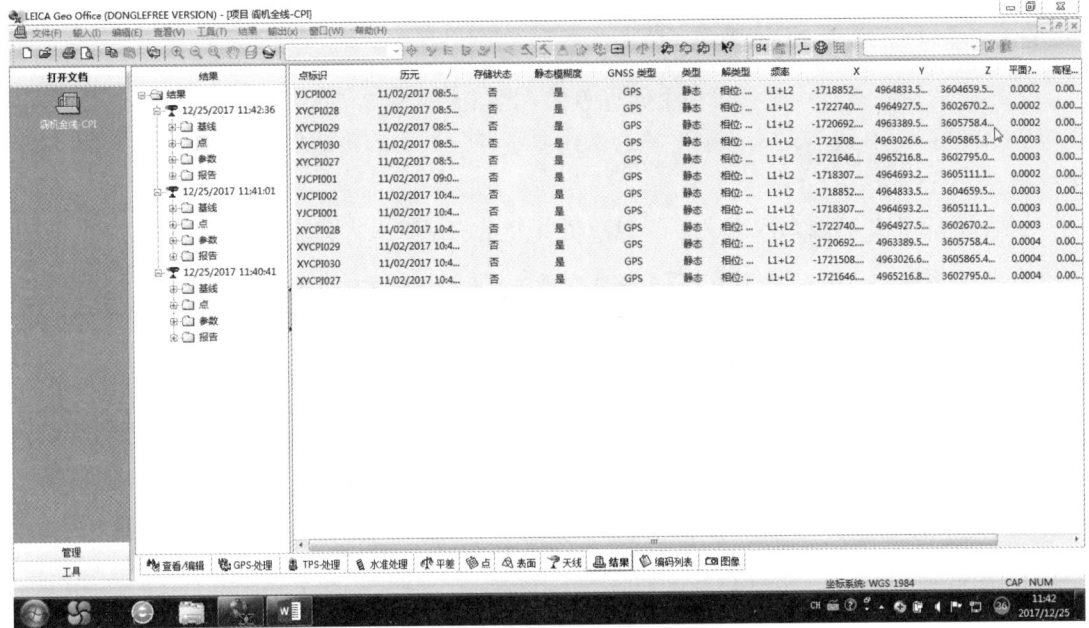

图 3-12 存储基线处理结果

3.6.3.6 基线解算结果检验

测量基线处理完毕,进行重复基线和异步环闭合差检验。该项目 CPⅠ控制网重复基线最大较差统计见表 3-6,异步环闭合差最大统计见表 3-7,经检验,基线质量合格。

表 3-6 CPⅠ控制网重复基线最大较差表

序号	DX(m)	DY(m)	DZ(m)	S(m)	S 限差(mm)	差值(mm)	备注
923	3 254.818 4	-4 869.865 3	8 018.918 0	9 930.381 5	31.442 1		
916	3 254.812 5	-4 869.864 8	8 018.926 5	9 930.386 2		4.684 9	合格
937	3 254.818 9	-4 869.862 8	8 018.953 0	9 930.408 7		27.200 9	合格
939	3 254.808 5	-4 869.856 2	8 018.948 8	9 930.398 7		17.164 0	合格

表 3-7 CPⅠ控制网异步环最大较差表

项目	X坐标分量	Y坐标分量	Z坐标分量	全长闭合差	备注
闭合差(mm)	-2.6	-22.7	-5.2	23.43	合格
限 差(mm)	27.48	27.48	27.48	47.59	

项目基线质量检验合格后,将基线处理结果输出进行网平差。

3.6.4 网平差

网平差分为三维无约束平差和约束平差。

3.6.4.1 三维无约束平差

三维无约束平差时一般引入一个起算点的三维坐标,起算点一般采用一个CP0点或国家高等级 GNSS A、B 级点,无约束平差的基线向量各分量的改正数作为衡量CPⅠ网内符合精度的指标。

该项目CPⅠ控制网无约束平差基线向量各分量改正数最大值统计见表3-8。

表3-8 无约束平差基线向量各分量改正数最大值统计表

基线名	$V_{\Delta X}$ (cm)	$V_{\Delta Y}$ (cm)	$V_{\Delta Z}$ (cm)	限差(cm)	备注
CPⅠ074~CPⅠ078	-0.68	0.40		2.34	合格

3.6.4.2 三维约束平差

该项目CPⅠ控制网三维约束平差基线向量各分量改正数与无约束平差同一基线改正数较差的绝对值最大值及精度指标统计分别见表3-9、表3-10。

表3-9 三维约束平差基线向量各分量改正数与无约束平差同一基线改正数较差的绝对值最大值统计表

基线名	$dV_{\Delta X}$(cm)	$dV_{\Delta Y}$(cm)	$dV_{\Delta Z}$(cm)	限差(cm)	备注
CPⅠ037~G036	0.51	3.90	1.74	4.85	合格

表3-10 三维约束平差精度统计

基线边方向中误差(″)	限差(″)	最弱边长相对中误差	限差	相邻点的相对中误差(mm)	限差(mm)	备注
0.66	1.3	1/198 000	1/180 000	6.4	10	合格

3.6.5 坐标投影变换

根据该项目独立坐标系分带表,采用专业软件进行坐标投影变换,提供独立坐标系分带坐标。

第 4 章 高速铁路线路平面控制网（CPⅡ）测量技术

4.1 建立 CPⅡ 控制网的目的和作用

高速铁路线路平面控制网（CPⅡ）是在 CPⅠ控制网的基础上，采用 GPS 静态相对定位测量或全站仪边角测量方法建立的一级平面控制网，它是高速铁路精密测量控制网体系的一个重要组成部分，主要作用是为勘测、施工阶段的线路测量和轨道控制网测量提供平面起闭的基准。同时 CPⅡ控制网也为 CPⅢ控制网的建立及线下施工测量等提供控制基准。CPⅡ控制网为 CPⅢ控制网提供基准的方式是将 CPⅢ控制网中联测的 CPⅡ点的坐标作为固定数据进行约束平差，从而将 CPⅢ控制网纳入 CPⅡ点所在的参考系中。

如图 4-1 所示，CPⅡ控制网是沿高速铁路线路走向布设的平面控制网，其网形一般为三角形或大地四边形，如图 4-2、图 4-3 所示。

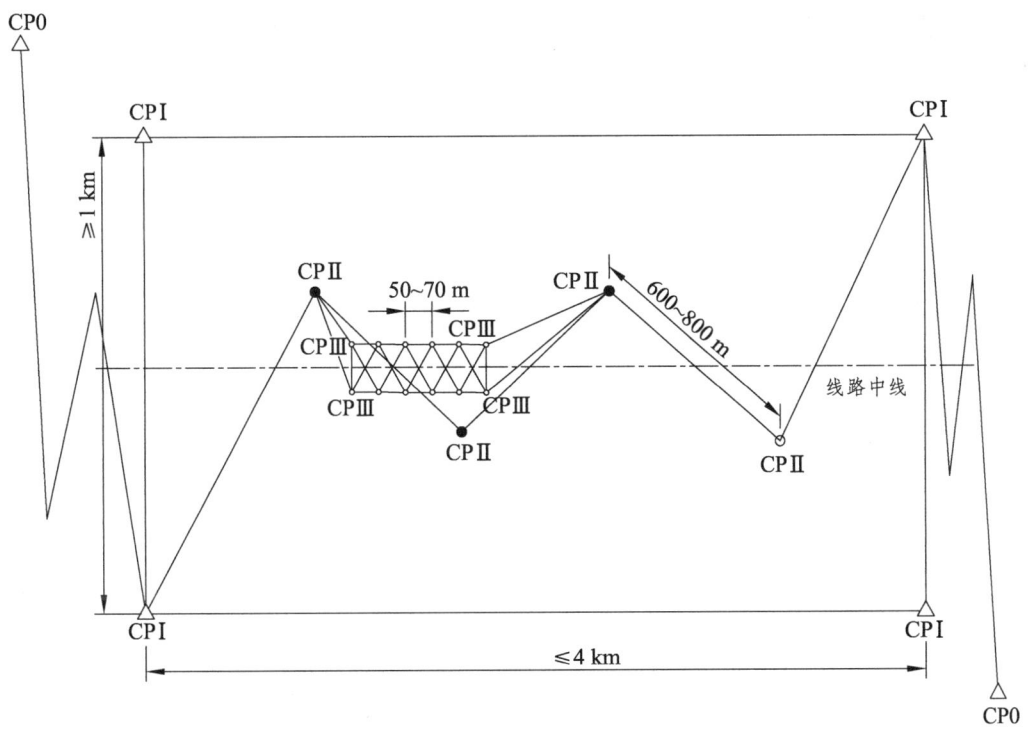

图 4-1 高速铁路三级控制网示意图

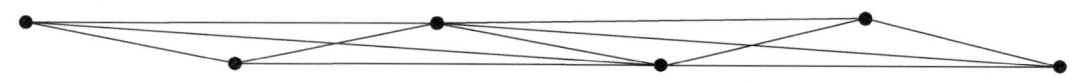

图 4-2 高速铁路路基及桥梁段 CPⅡ 控制网示意图

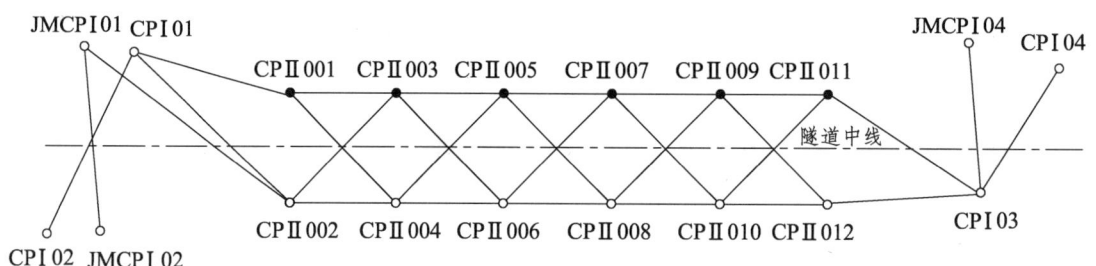

图 4-3 隧道洞内 CPⅡ 交叉导线网示意图

CPⅡ 控制网具有以下特征：

（1）路基和桥梁段的 CPⅡ 控制点沿线路 600~800 m 布设一个，采用边联结方式构网，形成由三角形或大地四边形组成的带状网，并附合于 CPⅠ 控制网上。

（2）隧道内的 CPⅡ 控制网一般是待隧道贯通后采用导线测量方法施测，洞内 CPⅡ 点通常沿线路走向成对布设，洞内导线点间距 300~600 m，以导线网形式布网，导线边数以 4~6 条为宜，成对点布设，线路两侧点位之间的里程差尽量小，并从进洞和出洞口与洞外 CPⅠ 进行联测。

CPⅡ 控制网的建立需要坐标基准，同时 CPⅡ 控制网也为 CPⅢ 控制网的建立及线下施工测量等提供控制基准。CPⅡ 控制网为 CPⅢ 控制网提供基准的方式是将 CPⅢ 控制网中联测的 CPⅡ 点的坐标作为固定数据进行约束平差，从而将 CPⅢ 控制网纳入到 CPⅡ 点所在的参考系中，如图 4-4 所示：

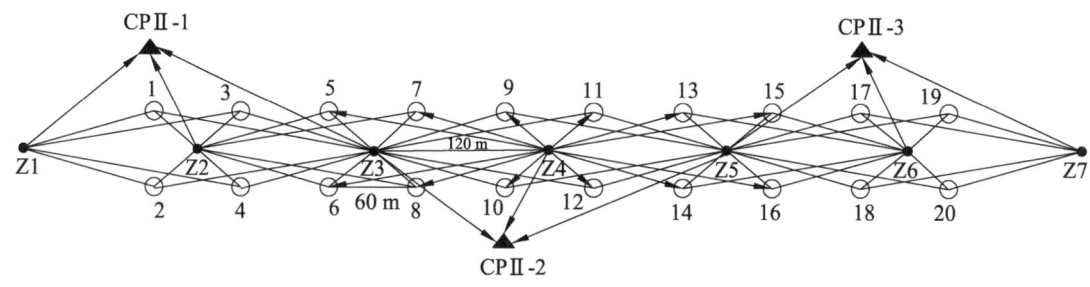

图 4-4 CPⅢ 平面网测量示意图

CPⅡ 控制网为线下施工测量等提供控制基准是通过全站仪极坐标测量或 GPS RTK 测量等方法实现的。图 4-5 为全站仪极坐标测量示意图。

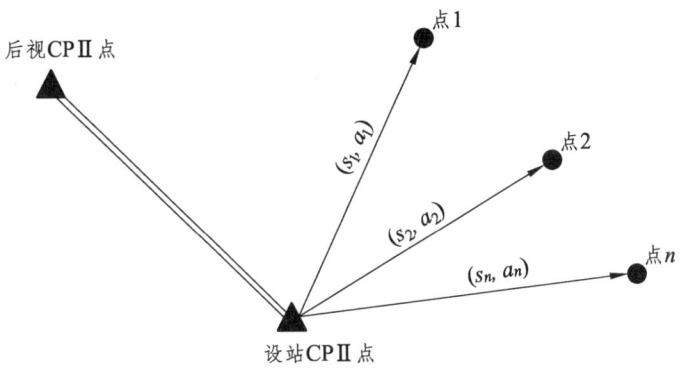

图 4-5　全站仪极坐标测量示意图

图 4-6 为 GPS RTK 测量示意图。

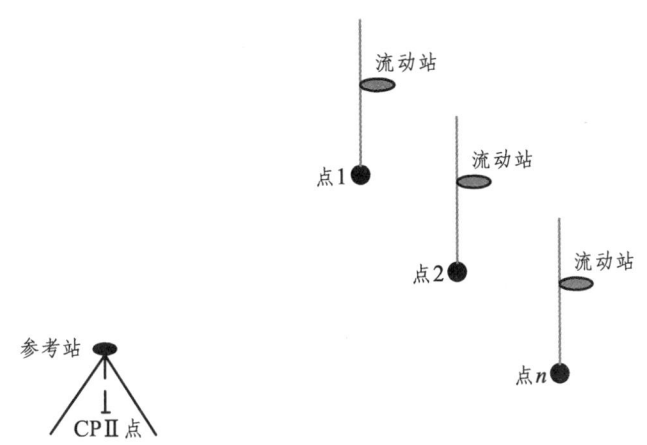

图 4-6　GPS 放样测量示意图

线路平面控制网 CPⅡ 是高速铁路精密测量控制网的一个重要组成部分。它是线路定测放线和线下工程施工测量的基础，一般在线路方案稳定后的定测阶段施测，且 CPⅡ 点应在整个铁路建设期内保持足够的点位稳定性。在重要工序开展前，需要对线路控制网 CPⅡ 进行复测和成果更新。

4.2　建立 CPⅡ 控制网的技术方法

线路平面控制网 CPⅡ 在路基和桥梁上通常采用 GPS 静态相对定位测量方法施测；在隧道洞内一般采用全站仪测回法或全圆方向观测法施测，网形一般为交叉导线网或自由测站边角交会网等。因此，路基和桥梁上的 CPⅡ 控制网和隧道洞内的 CPⅡ 控制网应分别按照相应的布网形式、测量方法、测量精度及数据处理方法等要求建立。

此外，由于线下 CPⅡ 控制点所在的高程面与线路设计坐标系的设计投影高程面之间的高差普遍较大，导致线下 CPⅡ 控制网与全站仪独立施测的 CPⅢ 控制网之间存在尺度差异,且线下CPⅡ控制点距离线路较远、分布不均匀,导致CPⅢ网测量时,测站点与待联测 CPⅡ控制点之间容易受到遮挡。实践表明,以联测的线下 CPⅡ控制点为已知点进行CPⅢ控制网的约束平差时,CPⅢ控制网的观测值改正数等指标经常会超出《高速铁路工程测量规范》(TB 10601—2009)的相关要求。综合上述原因,在建立CPⅢ控制网之前,通常需要对线下CPⅡ控制网进行加密,加密CPⅡ控制网的测量一般也采用GPS静态相对定位测量方法。加密CPⅡ控制点应均匀布设于线路两侧,以便于施工放样和CPⅢ控制网的联测。

4.2.1 控制网的基准

《高速铁路工程测量规范》(TB 10601—2009)规定,线路平面控制网 CPⅡ应附合于基础平面控制网 CPⅠ上,以传递坐标、方位和控制误差的积累,平差计算时将CPⅠ控制点作为固定数据进行约束平差。约束平差方法是一种保持已知数据不变的平差方法,该方法能够保证CPⅡ控制网中的已知控制点的坐标在平差前后保持不变。由此可知,线路平面控制网CPⅡ的基准数据其实就是网中联测的部分基础平面控制网 CPⅠ点的已知坐标。

4.2.2 网形布设

控制网的网形对控制网的精度、可靠性和灵敏度等具有非常重要的影响,良好的控制网网形是建立高精度、高可靠性控制网的一个重要条件。高速铁路线路平面控制网CPⅡ具有高精度和高可靠性的特点,其网形主要有三种。

4.2.2.1 CPⅡ GPS 网

路基和桥梁段的线路平面控制网CPⅡ(包括加密CPⅡ控制网)一般采用GPS静态相对定位测量方法施测,路基及桥梁段的CPⅡ控制点沿线路 600~800 m 布设一个,采用边联结方式构网,形成由三角形或大地四边形组成的带状网,并附合于CPⅠ控制网上,见图4-7。路基及桥梁段的CPⅡ控制点宜选在距线路中线 50~200 m 范围内、稳定可靠、便于测量的地方。标石埋设完成后,应按要求做好点之记等。

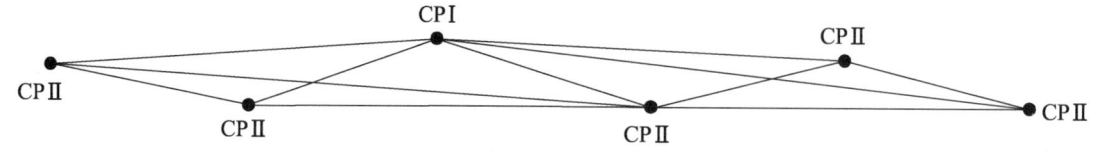

图 4-7　CPⅡ GPS 控制网网形示意图

4.2.2.2 CPⅡ导线网

隧道内的CPⅡ网一般是待隧道贯通后采用导线测量方法施测,洞内CPⅡ点通常沿线路走向成对布设,前后相邻点间距 300~600 m,以交叉导线网形式布网,导线边数以 4~6 条为宜，成对点布设，线路两侧点位之间的里程差尽量小，并从进洞和出洞口与洞外 CP I 进行联测，比较常用的隧道洞内 CP II 控制网如图 4-8 所示。

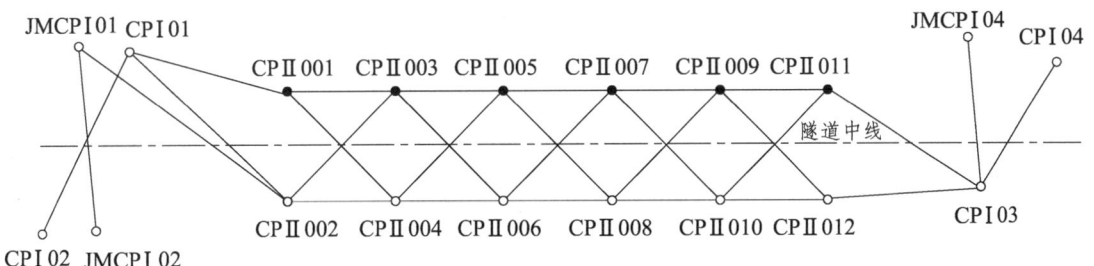

图 4-8　隧道洞内 CP II 交叉导线网示意图

4.2.2.3　CP II 自由测站边角交会网

传统的隧道洞内 CP II 平面网建网方法存在控制点标志易被破坏、观测时受隧道侧壁旁折光影响严重和点位精度不均匀等缺点。为克服上述缺点，隧道洞内可采用自由测站边角交会网的新方式来布设 CP II 平面网。自由测站法是一种在任意位置设站的控制网测量方法，该观测方法能够消除对中误差的影响。通过设站位置的合理选择，能够优化控制网的网形。此外，隧道内采用自由测站方法施测来建立 CP II 平面网还能够削弱旁折光的影响。

隧道洞内 CP II 自由测站边角交会测量应符合下列规定：

（1）CP II 控制点沿隧道宜按 200～300 m 间隔成点对布设，对于小半径的单线隧道，点间距可以适当缩短。CP II 控制点应采用强制对中标志，布设在隧道电缆槽顶面以上 30～50 cm 的二衬边墙上。

（2）洞内 CP II 控制网应与洞口控制点进行联测，常用的隧道洞内 CP II 自由测站边角交会网的示意图如图 4-9：

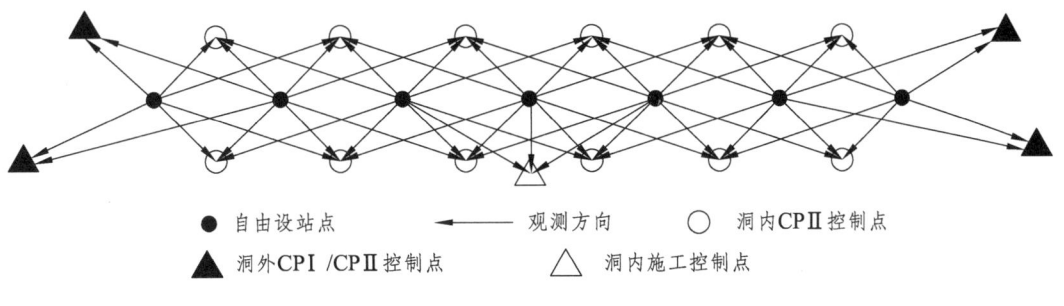

图 4-9　隧道洞内 CP II 自由测站边角交会网示意图

（3）当隧道洞内（含斜井附近）施工控制点保存完好时，洞内 CP II 自由测站边角交会网应与其联测。对于满足洞内 CP II 自由测站边角交会网约束点精度要求的隧道洞内施工控制点，应作为约束点参与洞内 CP II 自由测站边角交会网约束平差。

4.2.3 测量方法

4.2.3.1 GPS 测量方法

路基和桥梁段的 CPⅡ 控制网一般采用 GPS 静态相对定位测量方法施测,采用边联结方式构网,形成由三角形或大地四边形组成的带状网,并与 CPⅠ 点联测构成附合网。路基和桥梁段的 CPⅡ 控制网采用 GPS 静态相对定位测量时,其观测要求如下:

(1)采用双频 GPS 接收机(Trimble、Leica 等)观测,线路平面控制网 CPⅡ 测量应满足《高速铁路工程测量规范》(TB 10601—2009)中 3.1.5 条中三等 GPS 测量的要求。

(2)全部仪器、光学对中基座生产作业前都必须按要求进行检校,检校合格且在有效检定期内的仪器才能投入使用。所有 GPS 接收机在观测前需统一进行设置:数据采样间隔设置为 15 s,高度角设置为 15°。

(3)观测前,应做好星历预报,选择有利的观测时间段,避开不利于观测的时间段。

(4)观测时,天线整平对中误差应大于 1 mm,每时段观测前后各量取天线高一次,两次量测值互差应小于 3 mm,并取其平均值作为最终结果。双时段观测时第二时段必须重新整置对中仪器,重新量取天线高度。

(5)观测过程中按规定填写观测手簿。对观测点名、仪器高、仪器号、时间、日期以及观测者均应详细记录。

4.2.3.2 导线测量方法

隧道洞内的 CPⅡ 控制网一般采用导线测量(或自由测站测量)方法,洞内 CPⅡ 控制网进行导线测量时应满足以下要求:

(1)应采用标称精度不低于($1''$、$2\text{ mm}+2\times10^{-6}\cdot D$)的全站仪施测。水平角观测的测回数及限差按表 4-1 中的要求执行,边长测量按表 4-2 中的要求执行。

表 4-1 水平方向观测法的主要技术要求

等级	仪器等级	半测回归零差(″)	一测回内 2C 互差(″)	同一方向值各测回互差(″)
四等及以上	0.5″级仪器	4	8	4
	1″级仪器	6	9	6

表 4-2 边长测量技术要求

等级	使用测距仪精度等级	每边测回数		一测回读数较差限值(mm)	测回间较差限值(mm)	往返观测平距较差限值
		往测	返测			
二等	Ⅰ	4	4	2	3	$2m_D$
	Ⅱ			5	7	

续表

等级	使用测距仪精度等级	每边测回数		一测回读数较差限值（mm）	测回间较差限值（mm）	往返观测平距较差限值
		往测	返测			
三等	Ⅰ	2	2	2	3	$2m_D$
	Ⅱ	4	4	5	7	
四等	Ⅰ	2	2	2	3	$2m_D$
	Ⅱ			5	7	
	Ⅲ	4	4	10	15	
一级及以下	Ⅰ	2	2	2	3	$2m_D$
	Ⅱ			5	7	
	Ⅲ			10	15	
	Ⅳ	4	4	20	30	

注：① 一测回是全站仪盘左、盘右各测量一次的过程。
② 测距仪精度等级划分如下：
　Ⅰ级　$|m_D| \leq 2$ mm
　Ⅱ级　2 mm $< |m_D| \leq 5$ mm
　Ⅲ级　5 mm $< |m_D| \leq 10$ mm
　Ⅳ级　10 mm $< |m_D| \leq 20$ mm
m_D 为每千米测距标准偏差，即按测距仪出厂标称精度的绝对值，归算到 1 km 的测距标准偏差。
③ $m_D = a + b \times D$
式中：m_D——仪器测距中误差（mm）；
　　　a——标称精度中的固定误差（mm）；
　　　b——标称精度中的比例系数（mm/km）；
　　　D——测距长度（km）。

（2）边长往返观测平距较差应小于测距中误差的 2 倍。

（3）测距边的斜距应进行气象改正和仪器加、乘常数改正。气压、气温读数精度应符合表 4-3 的规定。三等及以上等级测量应在测站和反射镜站分别测记；四等及以下等级可在测站进行测记，当测边两端气象条件差异较大时，应在测站和反射镜站分别测记。当测区平坦、气象条件差异不大时，四等及以下等级可记录上午和下午的平均气压、气温。

表 4-3　气压、气温读数精度要求

测量等级	干湿温度表（°C）	气压表（hPa）
二等	0.2	0.5
三等	0.2	0.5
四等	0.5	1
一级及以下	1	2

（4）洞内CPⅡ控制网导线测量时每个洞口联测2个CPⅠ控制点，附合在洞外CPⅠ控制点上。

（5）观测前应先将仪器开箱放置20 min左右，让仪器与洞内温度基本一致。

（6）洞口测站观测宜在夜晚或阴天进行；隧道洞内观测应充分通风，无施工干扰，避免尘雾、水雾、震动。

（7）目标棱镜人工观测时应有足够的照明度，受光均匀柔和、目标清晰，避免光线从旁侧照射目标；采用自动观测时应尽量减少光源干扰。

（8）测距边的斜距应进行气象改正和仪器加、乘常数改正，温度和气压读数及改正应符合相关要求。

4.2.3.3　CPⅡ自由测站边角交会测量方法

隧道洞内CPⅡ自由测站边角交会测量应采用全站仪按全圆方向观测法自动观测方向和距离，并满足下列要求：

（1）隧道洞内CPⅡ自由测站边角交会网水平方向观测，应满足表4-4的规定。

表4-4　洞内CPⅡ自由测站边角交会网水平方向观测技术要求

仪器等级	测回数	半测回归零差（″）	一测回内各方向2C互差（″）	测回间同一方向归零后方向值较差（″）
0.5″	3	4	8	4
1.0″	4	6	9	6

（2）隧道洞内CPⅡ自由测站边角交会网距离测量，应满足表4-5的规定。

表4-5　洞内CPⅡ自由测站边角交会网距离观测技术要求

测回数	半测回间距离较差（mm）	测回间距离较差（mm）
≥3	≤1.5	≤1.5

注：距离测量一测回是全站仪盘左、盘右各测量一次的过程。

（3）隧道洞内CPⅡ自由测站边角交会网应附合在隧道进、出口CPⅠ或CPⅠ加密控制点上，方位角闭合差应满足要求。

4.2.4　测量精度

4.2.4.1　GPS测量精度

一般情况下，控制网的测量精度应根据其网形、目的和作用来确定。线路平面控制网CPⅡ应按三等GPS测量的要求施测，其精度应满足表4-6的要求。

表 4-6　线路平面控制网 CPⅡ 的主要技术要求

等级	固定误差 a（mm）	比例误差系数 b（mm/km）	基线方位角中误差（″）	约束点间的边长相对中误差	约束平差后最弱边边长相对中误差
三等	≤5	≤1	1.7	1/180 000	1/100 000

另外，相邻 CPⅡ 点的相对中误差应不超过 8 mm。

4.2.4.2　导线测量精度

隧道洞内 CPⅡ 控制网应在隧道贯通后，采用导线测量方法施测。洞内 CPⅡ 导线测量应满足表 4-8 的要求。

4.2.4.3　隧道洞内 CPⅡ 自由测站边角交会网平差应满足的要求

（1）自由网平差及约束平差后的方向改正数及距离改正数应满足相关要求。
（2）平差后，测距中误差、方向观测中误差和相邻点相对点位中误差应满足相关要求。

4.2.5　数据处理

4.2.5.1　GPS 基线解算与平差

路基及桥梁段的 CPⅡ 控制网的原始观测数据是 GPS 静态相对定位测量数据，其数据处理由基线解算和控制网平差两部分组成。CPⅡ 控制网基线解算一般采用 LGO 软件进行处理，解算的重复基线较差及异步环闭合差应满足规范要求。当求解的基线合格后，方可进行平差处理，CPⅡ 控制网的平差处理及坐标转换应满足以下要求：

（1）CPⅡ 控制网平差应在 GPS 基线网三维无约束平差的基础上，以联测 CPⅠ 控制点作为约束点进行平差，计算 CPⅡ 控制点在工程独立坐标系中的坐标。
（2）无约束平差中基线向量各分量的改正数绝对值和约束平差中基线向量各分量改正数与无约束平差同一基线改正数较差的绝对值应满足相关规定，并提供无约束平差 WGS-84 坐标系中的空间直角坐标、基线矢量及其改正数和其精度信息；提供约束平差后相应坐标系的空间直角坐标，基线矢量及其改正数和其精度信息；约束平差完毕，精度指标应满足相关要求。
（3）需要提供 1954 北京坐标系或 1980 西安坐标系成果时，应以 CPⅠ 控制点在 1954 北京坐标系或 1980 西安坐标系中的坐标成果为固定数据，计算 CPⅡ 控制网的 1954 北京坐标系或 1980 西安坐标系 3° 带成果。

4.2.5.2　全站仪测量数据处理

无论是导线测量还是自由测站边角交会测量，隧道洞内 CPⅡ 控制网的原始观测数据都是全站仪测量数据（包括斜距、水平方向值和天顶距）。当项目速度目标值≤200 km/h，洞内 CPⅡ 导线测量根据隧道长度及轨道类型确定施测等级。当项目速度目标值≥250 km/h 或隧道内铺设无砟轨道时，应满足下列要求：

（1）洞内CPⅡ导线测量的主要技术要求应符合表4-7的规定。

表4-7　洞内CPⅡ导线测量的主要技术要求

控制网级别	附合长度（km）	边长（m）	测距中误差（mm）	测角中误差（″）	相邻点位坐标中误差（mm）	导线全长相对闭合差限差	方位角闭合差限差（″）	对应导线等级	测回数		备注
									0.5″仪器	1″仪器	
洞内CPⅡ	$L \leq 2$	300~600	3	1.8	7.5	1/55 000	$\pm 3.6\sqrt{n}$	三等	4	6	单导线
洞内CPⅡ	$2<L \leq 7$	300~600	3	1.8	7.5	1/55 000	$\pm 3.6\sqrt{n}$	三等	4	6	导线网
洞内CPⅡ	$L>7$	300~600	3	1.3	5	1/100 000	$\pm 3.6\sqrt{n}$	隧道二等	6	9	导线网

（2）导线点宜充分利用洞内施工平面控制桩，单独布点时应布设在施工干扰小、安全稳固、方便设站、便于保存的地方，点间视线应距洞内设施0.2 m以上。

（3）隧道洞内CPⅡ导线观测应满足本书4.2.3.2的要求。

隧道洞内的CPⅡ导线测量数据处理可采用经原铁道部相关部门审核通过的"通用地面网数据处理软件FSDI-GDPAS"或其他符合要求的软件进行，测距边长应进行归化投影计算，在导线方位角闭合差及导线全长相对闭合差满足要求后，采用严密平差法平差，并应提供单位权中误差、测角中误差、点位中误差、边长相对中误差、点位误差椭圆参数和相对点位误差椭圆参数等精度评定数据。

4.3　建立CPⅡ控制网的技术设计

4.3.1　技术设计书编写

技术设计书大致包括以下内容：
（1）任务来源、任务要求、作业依据。
（2）测区概况。
（3）已有测量成果成图资料情况及对其的分析。
（4）采用的坐标系及起始数据。
（5）布网方案的说明及论证。
（6）选点和埋设。
（7）观测精度标准（接收机标称精度、一测段的观测时间、定位模式、边长规格等）。
（8）内、外业采用的仪器设备、人工及计算软件。
（9）平差计算方案、预期精度。
（10）各种设计图表。

4.3.2 控制网基准设计

控制网的基准是由控制网平差的已知数据和平差方法提供的。由于《高速铁路工程测量规范》(TB 10601—2009)规定 CPⅡ控制网应采用约束平差方法,因此 CPⅡ控制网的基准设计就简化成了 CPⅡ控制网联测 CPⅠ点的选取。控制网的精度与基准有关,CPⅡ控制网的精度与联测 CPⅠ点的位置、精度和分布有关。因此,在 CPⅡ控制网施测时,应尽量选择稳定且兼容性好的 CPⅠ点作为联测点,同时应使 CPⅠ点在网中尽可能地均匀分布。

4.3.3 控制网精度、密度设计

根据《高速铁路工程测量规范》(TB 10601—2009),桥梁及路基段的 CPⅡ控制网按 600~800 m 布设一个,隧道洞内的 CPⅡ控制网按 400~800 m 布设一对,并附合于 CPⅠ控制点上。控制点宜设在距线路中心 50~200 m 范围内不易被施工破坏、稳定可靠、便于测量的地方。点位布设宜兼顾桥梁、隧道及其他大型构(建)筑物布设施工控制网的要求。路基及桥梁地段 CPⅡ控制网应按三等 GPS 测量要求施测。

(1)路基及桥梁的 CPⅡ控制网主要技术指标如表 4-8 所示。

表 4-8 线路平面控制网 CPⅡ的主要技术要求

等级	固定误差 a (mm)	比例误差系数 b (mm/km)	基线方位角中误差(″)	约束点间的边长相对中误差	约束平差后最弱边边长相对中误差
三等	≤5	≤1	1.7	1/180 000	1/100 000

(2)隧道洞内 CPⅡ控制网为导线网,其主要技术要求见表 4-9。

表 4-9 洞内 CPⅡ导线测量主要技术要求

控制网级别	附合长度(km)	边长(m)	测距中误差(mm)	测角中误差(″)	相邻点位坐标中误差(mm)	导线全长相对闭合差限差	方位角闭合差限差(″)	对应导线等级	备注
CPⅡ	$L \leq 2$	300~600	3	1.8	7.5	1/55 000	$\pm 3.6\sqrt{n}$	三等	单导线
CPⅡ	$2 < L \leq 7$	300~600	3	1.8	7.5	1/55 000	$\pm 3.6\sqrt{n}$	三等	导线网
CPⅡ	$L > 7$	300~600	3	1.3	5	1/100 000	$\pm 2.6\sqrt{n}$	隧道二等	导线网

注:导线网独立闭合环的边数以 4~6 条边为宜。

4.3.4 控制网网形设计

高速铁路桥梁及路基段的 CPⅡ控制网的网形受地形、地质等条件的影响较大,其点间距应满足 400~800 m 的要求。高速铁路隧道内的 CPⅡ控制网的点间距一般在 300~600 m,相邻点间的边长比例应适中。CPⅡ控制网的网形设计应满足施工测量和 CPⅢ控制网联测的要求。

4.3.5 控制网布网原则

控制网的布设应综合考虑精度、可靠性和费用等因素。无论是路基和桥梁上的 CPⅡ 控制网，还是隧道洞内的 CPⅡ 控制网，均应在保证质量（精度和可靠性）的前提下，尽可能地提高效率，降低布网费用。

4.3.5.1 选　点

（1）为保证对卫星的连续跟踪观测和卫星信号的质量，要求桥梁及路基段的 CPⅡ 点上空应尽可能地开阔，在 10°~15° 高度角以上不能有成片的障碍物。

（2）为减少各种电磁波对 GPS 卫星信号的干扰，在桥梁及路基段的 CPⅡ 点周围约 200 m 的范围内不能有强电磁波干扰源，如大功率无线电发射设施、高压输电线等。

（3）为避免或减少多路径效应的发生，桥梁及路基段的 CPⅡ 点应远离对电磁波信号反射强烈的地形、地物，如高层建筑、成片水域等。

（4）为便于观测作业和今后的应用，桥梁及路基段的 CPⅡ 点应选在交通便利，上点方便的地方。

（5）CPⅡ 点应选择在地质条件稳定、易于保存的地方。

（6）隧道洞内 CPⅡ 点的选取应考虑全站仪测量时受到的旁折光影响，以及通视条件等因素。

4.3.5.2 提高 CPⅡ 控制网可靠性的方法

（1）增加观测期数（增加独立基线数）。在布设 GPS 网时，适当增加观测期数（时段数）对于提高 GPS 网的可靠性非常有效。因为，随着观测期数的增加，所测得的独立基线数就会增加，而独立基线数的增加，对网的可靠性的提高是非常有益的。

（2）保证一定的重复设站次数。保证一定的重复设站次数可确保 GPS 网的可靠性。一方面，通过在同一测站上的多次观测，可有效地发现设站、对中、整平、量测天线高等人为错误；另一方面，重复设站次数的增加，也意味着观测期数的增加。不过，需要注意的是，当同一台接收机在同一测站上连续进行多个时段的观测时，各个时段间必须重新安置仪器，以更好地消除各种人为操作误差和错误。

（3）保证每个测站至少与 3 条以上的独立基线相连，这样可以使得测站具有较高的可靠性。在布设 GPS 网时，各个点的可靠性与点位无直接关系，而与该点上所连接的基线数有关，点上所连接的基线数越多，点的可靠性越高。

（4）在布网时要使网中所有最小异步环的边数不大于 6 条。在布设 GPS 网时，检查 GPS 观测值（基线向量）质量的最佳方法是异步环闭合差，而随着组成异步环的基线向量数的增加，其检验质量的能力将逐渐下降。

4.3.5.3 提高 GPS 精度的方法

（1）为保证 GPS 网中各相邻点具有较高的相对精度，对网中距离较近的点一定要进行同步观测，以获得它们间的直接观测基线。

（2）为提高整个 GPS 网的精度，可以在全面网之上布设框架网，以框架网作为整个 GPS 网的骨架。

（3）在布网时要使网中所有最小异步环的边数不大于 6 条。

（4）在布设 GPS 网时，引入高精度激光测距边，作为观测值与 GPS 观测值（基线向量）一同进行联合平差，或将它们作为起算边长。

（5）为提高 GPS 网的尺度精度，可采用增设长时间、多时段的基线向量等方法。

4.3.5.4　起算点的选取与分布

（1）若要求新建 GPS 网的成果与已有成果吻合最好，则应选取尽可能多的、分布均匀的起算点；若要求新建 GPS 网的成果与已有成果吻合程度较低，则一般可选 3~5 个起算点，用于实现基准的转换和必要检核，这样既可以保证新老坐标成果的一致性，也可以保持 GPS 网的原有精度。

（2）为保证整网的点位精度均匀，起算点一般应均匀分布在 GPS 网的周围和网中。要避免所有的起算点分布在网的线路同一侧的情况。

4.3.5.5　隧道洞内 CPⅡ控制网的洞外选点

隧道洞内 CPⅡ控制网的洞外控制点应选择精度较高的点，避免短边控制长边等情况。

4.3.6　控制网复测与维护

测量控制网布设在地球表面，可能会受到外部环境和地壳变形的影响。线路平面控制网 CPⅡ的复测精度要求与建网时的精度要求相同，其复测频次等要求与基础控制网 CPⅠ类似，此处不再赘述。

4.3.7　技术总结与上交材料

4.3.7.1　CPⅡ控制网的外业技术总结

（1）测区范围与位置，自然地理条件，气候特点，交通及电信、供电等情况。
（2）任务来源、测区已有测量成果、项目名称、施测目的和基本精度要求。
（3）施测单位、施测起讫时间、作业人员数量、技术状况。
（4）作业技术依据。
（5）作业仪器类型、精度以及检验和使用情况。
（6）点位观测条件的评价，埋设与重合点情况。
（7）联测方法、完成各级点数与补测、重测情况，以及作业中存在问题的说明。
（8）外业观测数据质量分析与数据检核情况。

4.3.7.2　CPⅡ控制网的内业技术总结

（1）数据处理方案、所采用的软件、星历、起算数据、坐标系统、历元，以及无约束平差、约束平差情况。

（2）误差检验及相关参数和平差结果的精度估计等。

（3）上交成果中尚存问题和需要说明的其他问题、建议或改进意见。

（4）各种附表与附图。

（5）隧道洞内的CPⅡ控制网应提交洞内导线测量的外业数据质量结果、平差结果等。

4.3.7.3　上交的资料

（1）测量任务书（合同书）、技术设计书。

（2）点之记、环视图、测量标志委托保管书、选点和埋石资料。

（3）接收设备、气象及其他仪器的检验资料。

（4）外业观测记录、测量手簿及其他记录。

（5）数据处理中生成的文件、资料和成果表。

（6）GPS网展点图。

（7）技术总结和成果验收报告。

4.4　CPⅡ控制网的外业实施

4.4.1　点位选择

4.4.1.1　选点准备

（1）在实地选点前，应收集有关布网任务与测区的资料，包括测区1∶50 000或更大比例尺地形图，已有各类控制点、卫星定位连续运行基准站的资料等。

（2）选点人员应充分了解和研究测区情况，特别是交通、通信、供电、气象及大地点等情况。

4.4.1.2　点位基本要求

（1）应便于安置接收设备和操作，视野开阔，视场内障碍物的高度角不宜超过15°。

（2）远离大功率无线电发射源（如电视台、电台、微波站等），其距离不小于200 m；远离高压输电线和微波无线电信号传送通道，其距离不应小于50 m。

（3）附近不应有强烈反射卫星信号的物件（如大型建筑物等）。

（4）交通方便，并有利于其他测量手段扩展和联测。

（5）地面基础稳定，易于标石的长期保存。

（6）充分利用符合要求的已有控制点。

（7）选站时应尽可能使测站附近的局部环境（地形、地貌、植被等）与周围的大环境保持一致，以减少气象元素的代表性误差。

（8）CPⅡ控制点宜设在距线路中心 50～200 m 范围不易被施工破坏、稳定可靠、便于测量的地方。点位布设宜兼顾桥梁、隧道及其他大型构（建）筑物布设施工控制网的要求。

4.4.2 点位埋设

（1）选点人员应按照技术设计书经过踏勘，按相关要求在实地选定点位，并在实地加以标定。

（2）当利用旧点时，应检查旧点的稳定性、可靠性和完好性，符合要求方可利用。

（3）需要水准联测的 GPS 点，应实地踏勘水准路线情况，选择联测水准点并绘出联测路线图。

（4）不论新选定的点或利用旧点，均应实地按要求绘制点之记，其内容要求在现场详细记录，不得追记。

（5）当点位周围有高于 10° 的障碍物时，应绘制点的环视图。

（6）一个网区选点完成后，应绘制 GPS 网选点图。

（7）隧道内 CPⅡ点一般埋设在隧道内壁上。

（8）点位埋设后应在点附近喷涂点号。

4.4.3 外业施测

4.4.3.1 一般规定

桥梁及路基段的 CPⅡ控制网 GPS 测量作业的基本技术要求，应符合表 4-10 的规定。

表 4-10 CPⅡ GPS 测量作业的基本技术要求

等 级		二 等
静态测量项目	卫星截止高度角（°）	≥15
	同时观测有效卫星数	≥4
	有效时段长度（min）	≥60
	观测时段数	1～2
	数据采样间隔（s）	10～60
	接收机类型	双频
	PDOP 或 GDOP	≤8

隧道洞内 CPⅡ导线测量的主要技术要求见表 4-11。

表 4-11　洞内 CPⅡ 导线测量主要技术要求

旅客列车设计行车速度（km/h）	控制网级别	附合长度（km）	边长（m）	测距中误差（mm）	测角中误差（″）	相邻点位坐标中误差（mm）	导线全长相对闭合差限差	方位角闭合差限差（″）	对应导线等级	备注
≥250 或无砟轨道段	CPⅡ	L≤2	300～600	3	1.8	7.5	1/55 000	±3.6$\sqrt{n}$	三等	单导线
	CPⅡ	2<L≤7	300～600	3	1.8	7.5	1/55 000	±3.6$\sqrt{n}$	三等	导线网
	CPⅡ	L>7	300～600	3	1.3	5	1/100 000	±2.6$\sqrt{n}$	隧道二等	导线网

注：导线网独立闭合环的边数以 4～6 条边为宜。

导线点宜充分利用洞内施工平面控制桩，单独布点时应布设在施工干扰小、安全稳固、方便设站、便于保存的地方，点间视线应距洞内设施 0.2 m 以上。

隧道洞内 CPⅡ 导线观测还应满足下列要求：

（1）应采用标称精度不低于 1″、2 mm+2×10^{-6}·D 的全站仪施测，水平角观测及边长测量的外业观测质量按《高速铁路工程测量规范》（TB 10601—2009）中的相关要求执行。

（2）观测前应先将仪器开箱放置 20 min 左右，让仪器与洞内温度基本一致。

（3）洞口测站观测宜在夜晚或阴天进行；隧道洞内观测应充分通风，无施工干扰，避免尘雾。

（4）目标棱镜人工观测时应有足够的照明度，受光均匀柔和、目标清晰，避免光线从旁侧照射目标；采用自动观测时应尽量减少光源干涉。

（5）隧道洞内 CPⅡ 测量应尽量在短时间内完成。

4.4.3.2　观测计划

针对桥梁及路基段的 CPⅡ 控制网，作业调度者根据测区地形和交通状况、采用的 GPS 作业方法设计的基线的最短观测时间等因素综合考虑，编制观测计划表，按该表对作业组下达相应阶段的作业调度命令。同时依照实际作业的进展情况，及时做出必要的调整。

针对隧道洞内的 CPⅡ 控制网，作业调度者应根据仪器设备情况，分多个组在夜间或阴天等条件下施测，尽量缩短观测时间。

4.4.3.3　准备工作

在开始观测前，按要求进行如下准备工作：

（1）GPS 接收机在正式观测前应进行预热和静置，具体要求按所采用接收机的操作手册进行。

（2）按观测设计要求进行对中、整平、量仪器高以及天线定向。

（3）全站仪开箱放置 20 min 左右，检校仪器并设置相应参数。

4.4.3.4 观测作业

GPS 网的观测作业应按如下要求进行：

（1）各作业组必须严格遵守调度命令，按规定的时间进行作业。

（2）经检查接收机电源电缆和天线等连接无误后方可开机。

（3）只有在有关指示灯和仪表显示正常后方可进行接收机的自我测试，输入测站、观测单元和时段等控制信息。

（4）在作业前和作业过程中，作业员应随时填写测量手簿中的记录项目。

（5）按要求进行相关观测记录。

（6）除特殊情况外，一般不得进行偏心观测。迫不得已进行时，应精确测定归心元素。

（7）观测时，在接收天线 50 m 以内不得使用电台，10 m 以内不得使用对讲机。

（8）天气太冷时，可对接收机适当进行保温和加热。天热时，应避免阳光直射接收机，以确保接收机能正常工作。

（9）在一个时段的观测过程中，不允许进行下列操作：

① 关机后重新启动接收机。

② 进行仪器自检。

③ 改变截止高度角或采样间隔。

④ 改变天线位置。

⑤ 按键关闭文件或删除文件。

（10）观测期间防止接收设备震动，更不得移动天线，要防止人员和其他物体碰动天线或阻挡信号。

（11）经认真检查，所有预定的作业项目均已全面完成且符合要求，记录和资料完整无误，方可迁站。

全站仪观测应注意以下事项：

（1）全站仪架设高度应适中，既要满足全站仪稳定性的要求，也要满足观测方便的原则。

（2）全站仪观测首方向应选择距离适中、视线清晰、视线方向干扰小的方向。

4.4.3.5 记录

（1）记录类型。

GPS 测量时，所获得的记录包括以下三类：

① 存储在各种存储介质（磁盘、磁带、光盘、移动存储设备等）中的观测记录。

② 测量手簿。

③ 观测计划、偏心观测资料等其他记录。

（2）记录内容。

观测记录的主要内容有：

① C/A 码及 P 码伪距；载波相位观测值。

② 观测时刻 t_i。

③ 卫星星历（历书）。

④ 测站及接收机的初始信息：测站名、观测单元号、时段号，测站的近似坐标，接收机编号和天线编号，天线高，观测日期，采样间隔，截止高度角等。

（3）测量手簿（表 4-12）。

表 4-12　GPS 测量手簿记录格式

点号		点名		图幅编号	
观测记录员		观测日期		时段号	
接收机型号及编号		天线类型及其编号		存储介质类型及编号	
原始观测数据文件名		RINEX 格式数据文件名		备份存储介质类型及编号	
近似纬度	°　′　　N	近似经度	°　′　　E	近似高程	m
采样间隔		开始记录时间	h　　min	结束记录时间	h　　min
天线高测定		天线高测定方法及略图		点位略图	
测前：	测后：				
测定值：　m	m				
修正值：　m	m				
天线高：　m	m				
平均值：　m	m				
时间（UTC）		跟踪卫星数		PDOP	
记事					

相关说明和记录要求参见 3.3.3.5 和 3.3.3.6。

4.5　CPⅡ 控制网 GPS 数据处理

CPⅡ控制网 GPS 数据处理参见 3.4 "CPⅠ控制网的数据处理"。

CPⅡ控制网三维平差见 3.2.6。

线路控制网CPⅡ应以联测的CPⅠ点的平面坐标作为固定数据进行约束平差。

线路控制网CPⅡ的精度评定指标与基础控制网CPⅠ相同，具体限差指标可参见《高速铁路工程测量规范》（TB 10601—2009）。

4.6 CPⅡ控制网导线数据处理

4.6.1 数据预处理

（1）观测工作结束后，应及时整理和检查外业观测手簿或外业电子记录数据，确认观测成果全部符合规定后，才能进行计算。

（2）一级及以上导线计算，应在方位角闭合差及导线全长相对闭合差满足要求后，采用严密平差法平差，并应提供单位权中误差、测角中误差、点位中误差、边长相对中误差、点位误差椭圆参数和相对点位误差椭圆参数等精度评定数据。二级导线可用近似平差法平差。

（3）测距边长的归化投影计算应符合下列规定：

① 归算到测区投影高程面上的测距边长度，应按下式计算：

$$D = D_0 \left(1 + \frac{H_0 - H_\mathrm{m}}{R_A}\right)$$

式中　D——归算到投影高程面上的测距边长度（m）；
　　　D_0——测距边两端平均高程面上的平距（m）；
　　　H_0——投影面高程（m）；
　　　H_m——测距边两端的平均高程（m）；
　　　R_A——参考椭球体在测距边方向的法截弧曲率半径（m）。

② 归算到参考椭球面上的测距边长度，应按下式计算：

$$D_1 = D_0 \left(1 - \frac{H_\mathrm{m} + h_\mathrm{m}}{R_A + H_\mathrm{m} + h_\mathrm{m}}\right)$$

式中　D_1——归算到参考椭球面上的测距边长度（m）；
　　　h_m——测区大地水准面高出参考椭球面的高差（m）。

③ 测距边在高斯投影面上的长度，应按下式计算：

$$D_2 = D_1 \left(1 + \frac{Y_\mathrm{m}^2}{2R_\mathrm{m}^2} + \frac{\Delta y^2}{24 R_\mathrm{m}^2}\right)$$

式中　D_2——测距边在高斯投影面上的长度（m）；
　　　Y_m——测距边中点横坐标（m）；

Δy ——测距边两端点横坐标增量（m）；

R_m ——测距边中点处在参考椭球面上的平均曲率半径（m）。

（4）内业计算中数字取位应符合表 4-13 的规定。

表 4-13 内业计算中数字取位要求

等 级	观测方向值及各项改正数（″）	边长观测值及各项改正数（m）	边长与坐标（m）	方位角（″）
二等	0.01	0.0001	0.0001	0.01
三、四等，一级	0.1	0.001	0.001	0.1
二级	1	0.001	0.001	1

4.6.2 导线平差

导线测量观测工作结束后，及时整理和检查外业电子记录数据，并计算导线测量中测站方向和边长观测值的各项限差、测角中误差、测距中误差、对向观测边较差，然后以 CPⅠ 控制点、CPⅡ 控制点以及相邻段落线上 CPⅡ 加密点为起算数据，计算导线全长相对闭合差、方位角闭合差、导线环闭合差和坐标闭合差。确认上述指标全部符合规定后，采用严密平差方法计算。导线平差应采用通过原铁道部鉴定的平差软件进行点位坐标计算，并提供验后单位权中误差、方向和边长改正数及其中误差、点位中误差、边长相对中误差、点位误差椭圆和相对点位误差椭圆等精度评定数据，上述指标必须满足相应的精度要求。导线数据平差前，测量距离须经过两化改正（包括高程改化和高斯投影改化）。

4.6.3 精度评定

路基及桥梁段的 CPⅡ 控制网一般采用 GPS 静态测量方法施测，其精度评价及控制指标与 CPⅠ 控制网基本一致，主要包括：

（1）基线解算质量的控制指标。

具体包括：数据剔除率、独立环闭合差、重复基线长度较差等。

（2）三维无约束平差基线向量残差。

（3）三维约束平差中基线向量各分量改正数与无约束平差同一基线的改正数之差。

（4）三维约束平差后的基线边方向中误差，最弱边相对中误差，相邻点的相对中误差等精度指标。

洞内 CPⅡ 一般采用导线测量或自由测站边角交会测量方法，其精度评价及控制主要指标包括：

① 测距中误差，要求不超过 5 mm。

② 测角中误差，要求不超过 1.8″。

③ 方位角闭合差限差，要求不超过 $3.6\sqrt{n}$，n 为测角个数。

④ 导线全长相对闭合差限差，要求优于 1/55 000。

4.7 CPⅡ控制网测量工程实践

CPⅠ控制网完成后,即可进行CPⅡ控制网的测量,CPⅡ控制网通常采用GPS测量的方式进行,并需要联测CPⅠ控制点。本节选取某客运专线的CPⅡ控制网进行说明。该项目投入 Leica 1230、GS15 型双频 GPS 接收机和 Trimble 5800、Trimble R8 双频 GPS 接收机进行平面控制网的测量工作,共计 32 台,设备都经检定合格,并在有效期使用。CPⅡ网基线处理采用 LGO8.4 随机解算软件,网平差采用武汉大学 COSAGPS 软件进行。

4.7.1 选点与埋石

(1)项目布设的CPⅡ控制点沿线路走向分布,距线路中线的距离为 50~200 m,CPⅡ控制点的间距一般为 800~1 000 m,最长边不大于 1 000 m,短边困难时不小于 500 m,要求 CPⅡ相邻点间通视或者与 CPⅠ点通视,困难时,在远离线路位置布设了方向点,方向点纳入 CPⅡ网的整体观测与平差。

(2)控制点一般选在土质坚实、安全僻静、观测方便和利于长期保存的地方,点位周围视野开阔,便于安置 GPS 接收机和 GPS 卫星信号的接收,且离大功率无线电发射源(电视台、微波站)的距离不小于 200 m,离高压输电线距离不宜小于 50 m,避开大面积水域。

(3)控制点标志采用直径 20 mm、长 30 mm 的不锈钢材料,下部采用普通倒 T 字形钢筋焊接而成,其顶部刻 0.5 mm 深的十字分划丝,上部安置标牌,标牌上注记"××高铁CPⅡ××"。

(4)控制点标石采用混凝土预制桩,预制桩内加钢筋笼。考虑 CPⅡ与二等水准点共用,CPⅡ点按二等水准桩的规格进行埋设,其顶面尺寸为 250 mm×250 mm,底部尺寸为 300 mm×300 mm,高度为 750 mm,并埋设在冻土线下 0.3 m,上部建造保护井和保护盖。埋设过程见图 4-10。

选点及埋石严格依据技术方案进行,埋石的点位环境采用数码相机进行拍照,点位环境图、点之记作为成果上交,在与既有客专并行段落可与既有的客专共桩。

图 4-10　控制点埋桩过程

4.7.2　控制网施测

CPⅡ网采用边联结方式构网，形成由三角形或大地四边形组成的带状网。CPⅡ与CPⅠ联测构成附合网，按三等GPS网要求施测。CPⅡ观测前，统一在GPS接收机上配置参数，使参与作业的全部GPS接收机配置的参数相同。作业时天线严格整平对中，对中误差皆小于1 mm；每个时段观测前、后各量天线高一次，两次较差值小于2 mm，取均值作为最后成果。接收机开始记录数据后，及时将测站名、天线高等信息输入接收设备。在测量过程中，作业员使用专用功能键和选择菜单查看测站信息、接收卫星数、卫星号、各通道信噪比、实时定位结果、存储器和电池余量等，作必要记录，并注意及时处理了各种特殊情况。整个施测过程严格执行技术设计书的要求与规定。

4.7.3　数据处理

CPⅡ基线使用LGO 8.4版本随机软件采用广播星历解算基线，具体计算流程与CPⅠ基线处理类似。CPⅡ解算采用的主要参数如图4-11所示。

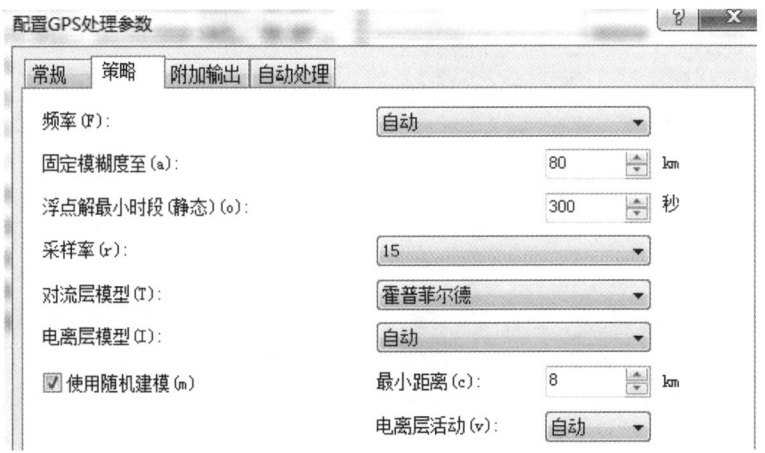

图 4-11　CPⅡ解算使用的主要参数

基线解算做以下检核统计工作：
① 计算同一时段观测值的资料剔除率小于 10%。
② 同一条边任意两个时段解算值互差小于 $2\sqrt{2}\cdot\sqrt{S^2+D^2}$（mm）。
③ 独立观测边闭合环各坐标分量闭合差符合下式规定：

$$W_x \leqslant 3\sqrt{n}\cdot\sigma\text{；} W_y \leqslant 3\sqrt{n}\cdot\sigma\text{；} W_z \leqslant 3\sqrt{n}\cdot\sigma\text{；} W \leqslant 3\sqrt{3n}\cdot\sigma$$

对不满足各检验指标的时段及时进行返工测量。

当检验发现基线质量不能满足上述要求时，对成果进行全面分析，并对其中部分数据进行了补测或重测。统计本项目控制网的重复基线最大较差与最大闭合环差，统计结果见表 4-14 与表 4-15。

表 4-14　CPⅡ控制网重复基线最大较差统计表

起点	终点	D_x（m）	D_y（m）	D_z（m）	S（m）	S限差/差值（mm）	备注
CPⅡ057	CPⅠ069	−7 204.563 1	1 801.796 0	−6 966.063 7	10 182.251 3	32.079 8	合格
CPⅡ057	CPⅠ069	−7 204.572 5	1 801.797 9	−6 966.083 2	10 182.271 6	20.328	

表 4-15　CPⅡ控制网最大闭合环统计表

线路各点名	S闭合差限差（mm）	S闭合差（mm）	线路总长度（m）	b（mm/km）	备注
CPⅠ222 CPⅡ188 GPS1906	52.49	34.69	9 006.038	3.85	合格

从以上统计中可以看出，CPⅡ控制网的重复基线较差、异步环闭合差检验皆满足精度要求，均形成了独立的技术报告。

CPⅡ采用 COSAGPS 等软件在 WGS-84 坐标系中进行三维无约束平差，采用 CPⅠ网的成果进行二维约束平差，同时将联测高速铁路 CPⅠ或者 CPⅡ点作为起算数据参与 CPⅡ网的约束平差计算。

CPⅡ控制网无约束平差中，基线分量的改正数绝对值（$V_{\Delta x}$，$V_{\Delta y}$，$V_{\Delta z}$）满足 $V_{\Delta x} \leqslant 3\sigma$，$V_{\Delta y} \leqslant 3\sigma$；$V_{\Delta z} \leqslant 3\sigma$。

平差完毕，按设计的投影分带参数进行坐标转换。统计项目 CPⅡ网平差后成果精度统计见表 4-16。

表 4-16　CPⅡ控制网精度统计表

指标	方位角中误差精度指标	最弱方位误差	边长中误差精度指标	最弱边相对误差
CPⅡ	<1.7″	1.27″	1/100 000	1/150 000

由此可见，本项目 CPⅡ成果点位精度、边长精度和方位精度均满足规范要求。CPⅡ网平差完毕后，按设计的分带参数进行投影计算，并提交最终的 CPⅡ成果。

第5章 高速铁路轨道控制网（CPⅢ）测量技术

5.1 建立CPⅢ控制网的目的和作用

高速铁路旅客列车行驶速度高（250～350 km/h），为了达到在高速行驶条件下保证旅客列车的安全性和舒适性，要求高速铁路必须具有非常高的平顺性和精确的几何线性参数，误差必须保持在毫米级的范围内。

在高速条件下，轨道的长波不平顺可使固有频率较低的车体发生激振，严重影响舒适性和安全性；而短波不平顺可使高速列车产生较高频率激振与轨道形成共振，对轨道产生很大的破坏并发出剧烈噪声。因此高速铁路对轨道的平顺性，尤其是短波平顺性提出了很高的要求。而线路平顺性和控制测量精度有一定的关系。CPⅢ轨道控制网是轨道铺设和运营维护的控制基准，CPⅢ网在线上工程轨道施工之前建立，在工程施工中为道床板铺设施工和轨道精调提供测量依据，确保轨道的平顺性满足客运专线的标准，在工程竣工后移交给运营单位作为运营期间轨道维护测量的控制基准。

高速铁路施工的定位精度决定着高速铁路的平顺性，高速铁路轨道铺设应满足轨道内部几何尺寸（轨道自身的几何尺寸）和外部几何尺寸（轨道与周围建筑物的相对尺寸）的精度要求。轨道控制网（CPⅢ）作为高速铁路轨道铺设和运营维护的控制基准，其精度高低将直接影响到轨道定位与轨道精调几何线形的平顺性。高速铁路多采用无砟轨道，与有砟轨道相比，无砟轨道要求线路必须具备非常准确的几何线形参数，且铺设工艺复杂、精度要求高，误差必须保持在毫米级范围内，这对CPⅢ控制网提出了较高的精度要求。

5.1.1 满足轨道的外部尺寸精度要求

轨道外部几何尺寸的测量也称之为轨道的绝对定位，轨道的绝对定位必须与路基、桥梁、隧道、站台等线下工程的空间位置坐标和高程相匹配协调，高速铁路轨道绝对定位允许偏差如表5-1。为了保证轨道铺设绝对定位精度符合限差的要求，无砟轨道施工测量中的底座板/支撑层定位测量、双块式轨排粗调和精调/轨道板安装测量以及轨道安装和精调测量等环节必须要达到较高的精度要求。因此，轨道控制网（CPⅢ）作为轨道定位与安装的基础，为了确保施工测量过程中轨道与设计线路的偏差满足一定的要求，我国规范对轨道控制网（CPⅢ）的绝对定位精度制定了较高的精度要求，如要求平面定位精度优于±2 mm，同精度复测较差优于±3 mm，高程定位同精度复测较差优于±3 mm。

第5章 高速铁路轨道控制网（CPⅢ）测量技术

表 5-1 高速铁路轨道绝对定位允许偏差

序号	项 目		允许偏差
1	轨面高程和设计比较	一般路基	+4 mm
		在建筑物上	−6 mm
		紧靠站台	+4 mm
			0
2	轨道中线与设计中线偏差		±10 mm
3	线间距		+10 mm
			0

5.1.2 满足轨道的内部几何尺寸精度要求

内部几何尺寸的测量也称之为轨道的相对定位，主要通过轨距、轨向、高低、水平和扭曲等参数来保证，利用这些参数检查轨道的实际形状是否与设计形状相符。内部几何尺寸精度直接决定了列车运行速度、旅客乘坐的舒适度。高速铁路轨道相对定位允许偏差如表 5-2。因此，轨道控制网（CPⅢ）作为轨道平面和高程精调的基础，为了确保施工测量和运营维护过程中轨道的平顺性，我国规范对轨道控制网（CPⅢ）在相对定位精度方面制定了较高的精度要求，如要求相邻点平面相对精度优于 ±1 mm，相邻点高程相对精度优于 ±0.5 mm。

表 5-2 高速铁路轨道相对定位允许偏差

序号	项目	无砟轨道		有砟轨道	
		允许偏差	检测方法	允许偏差	检测方法
1	轨距	±1 mm	相对于 1 435 mm	±1 mm	相对于 1 435 mm
		1/1 500	变化率	1/1 500	变化率
2	轨向	2 mm	弦长 10 m	2 mm	弦长 10 m
		2 mm/8a（m）	基线长 48a（m）	2 mm/5 m	基线长 30 m
		10 mm/240a（m）	基线长 480a（m）	10 mm/150 m	基线长 300 m
3	高低	2 mm	弦长 10 m	2 mm	弦长 10 m
		2 mm/8a（m）	基线长 48a（m）	2 mm/5 m	基线长 30 m
		10 mm/240a（m）	基线长 480a（m）	10 mm/150 m	基线长 300 m
4	水平	2 mm	—	2 mm	
5	扭曲（基长 3 m）	2 mm		2 mm	

高速铁路无砟轨道 CPⅢ 控制网布设时，在轨道线路两侧（接触网杆、防撞墙、隧道壁）每隔 50~60 m 布设一对 CPⅢ 点，平面和高程控制点为同一标志。平面控制网采用自由设站边角后方交会方法建立，即在两对点间相隔 100~120 m 处布设自由测站点，对前后各三对点（共 12 个 CPⅢ 点）进行边角后方交会测量。CPⅢ 平面控制网附合在 CPⅠ、CPⅡ 或加密

的高级控制点上,约相隔 600 m(400~800 m),在自由设站点对附近的高级控制点进行方向、边长联测,以传递坐标和控制误差的积累。这种控制网施测方法之前在国内未曾见到,在我国经专家论证称为自由测站边角交会法。CPⅢ高程控制网采用精密水准测量方法建立,相邻两对点构成闭合环,相隔 2~3 km 附合到线路的二等水准点上。

在 CPⅢ 控制网建立后,可利用 CPⅢ 控制网进行无砟轨道的调整。用高精度全站仪和轨道测量小车测量轨道中线位置以及相关轨道参数,并进行轨道精确调整。全站仪靠近中线架设,后视前、后 8 个 CPⅢ 点(图 5-1),按自由设站边角后方交会方法观测距离、水平方向和高度角,计算全站仪中心的坐标和高程;然后按极坐标测量方法观测轨道测量小车上的棱镜,由全站仪中心的坐标、高程和观测值及轨道测量小车的几何参数,推算出轨道中线位置及轨道参数;最后与轨道点的设计坐标进行比较,计算该轨道点测量坐标和设计坐标的差值,进行轨道的调整。

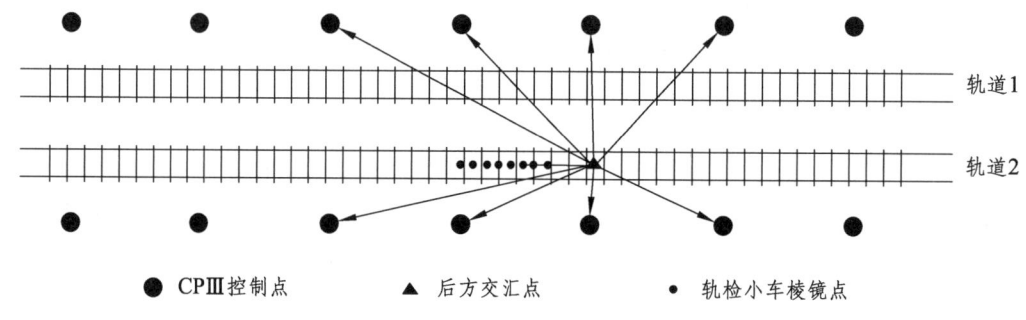

图 5-1 利用 CPⅢ 控制网进行轨道调整测量示意图

5.2 建立 CPⅢ 控制网的技术方法

5.2.1 网形布设

CPⅢ 轨道控制网是无砟轨道铺设和运营维护的控制基准,CPⅢ 网在线上工程无砟轨道施工之前建立,在工程施工中为道床板铺设施工和轨道精调提供测量依据,确保轨道的平顺性满足客运专线的标准,在工程竣工后移交给运营单位用于运营期间轨道维护测量。为了保证轨道铺设和长轨精调测量的精度,CPⅢ 控制网沿线路两侧成对点形式布设,点对间距 60~70 m,两点横向距离 10~20 m。

5.2.1.1 CPⅢ 平面控制网网形

CPⅢ 平面控制网采用自由测站边角交会网进行构网测量,以 CPⅠ、CPⅡ 或加密高级控制点作为基准进行固定数据约束平差。CPⅢ 自由测站边角交会网自由测站间距为 120 m 左右,每个 CPⅢ 控制点至少有 3 个自由测站点进行距离、方向交会。这种控制网施测方法如图 5-2 所示。

第 5 章 高速铁路轨道控制网（CPⅢ）测量技术

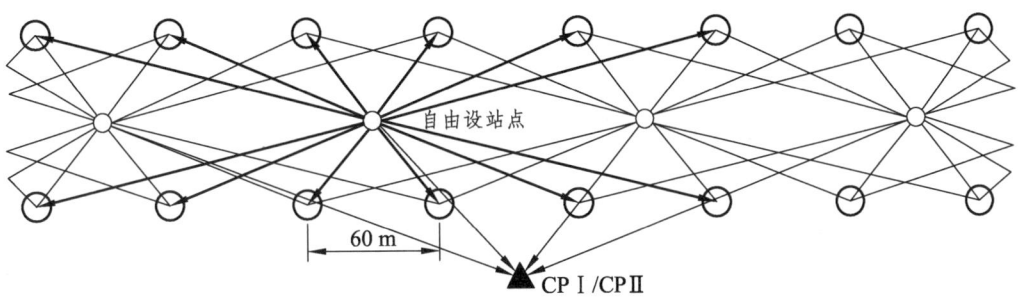

图 5-2 CPⅢ平面控制网测量示意图

CPⅢ自由测站边角交会网测量与常规导线网测量比较具有以下优点：

（1）点位分布均匀，有利于铺轨加密基标和轨道精调作业精度的控制。

（2）网形均匀对称，图形强度高，每个CPⅢ控制点有3个方向交会，多余观测量多，有利于提高网的可靠性和测量精度。

（3）相邻点间相对精度高、兼容性好，能有效控制轨道的平顺性。

（4）控制点采用强制对中标志，自由测站没有对中误差，消除了点位对中点误差对控制网精度的影响。

5.2.1.2 CPⅢ高程控制网网形

CPⅢ高程网可采用矩形环单程水准网或往返测（增加中视）水准网构网观测。

（1）方法一：

往测时以轨道一侧的CPⅢ水准点为主线贯通水准测量，另一侧的CPⅢ水准点在进行贯通水准测量摆站时就近进行中视观测；返测时以另一侧的CPⅢ水准点为主线贯通水准测量，对侧的水准点在摆站时就近联测。往测水准路线如图5-3所示。

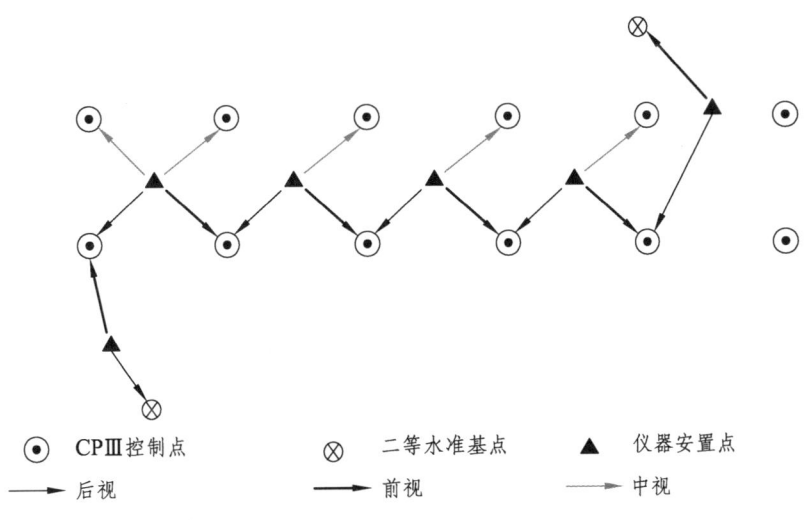

图 5-3 往测水准路线示意图

返测水准路线如图 5-4 所示。

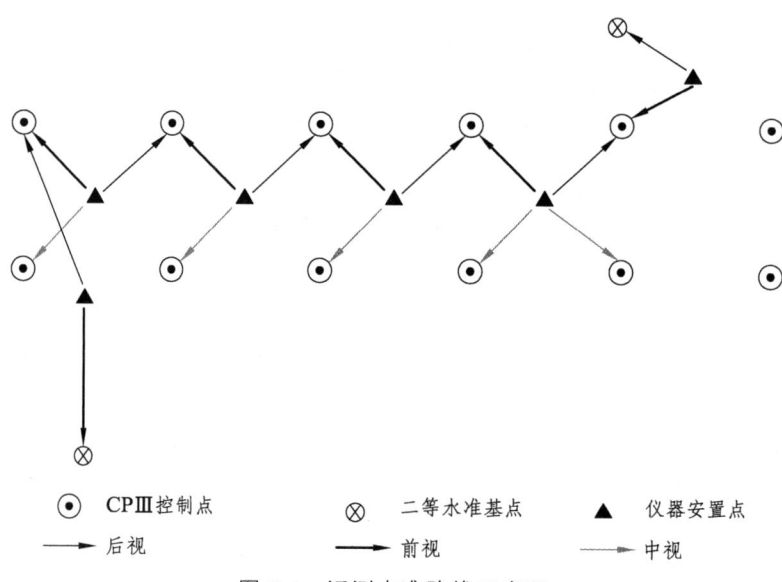

图 5-4　返测水准路线示意图

观测顺序：

奇数测站照准标尺分划顺序为：

A 后视标尺；

B 前视标尺；

C 中视标尺；

D 前视标尺；

E 中视标尺；

F 后视标尺。

偶数测站照准标尺分划顺序为：

G 前视标尺；

H 中视标尺；

I 后视标尺；

J 后视标尺；

K 中视标尺；

L 前视标尺。

（2）方法二：

CPⅢ 点与 CPⅢ 点之间的水准路线，采用图 5-5 所示的水准路线形式进行。

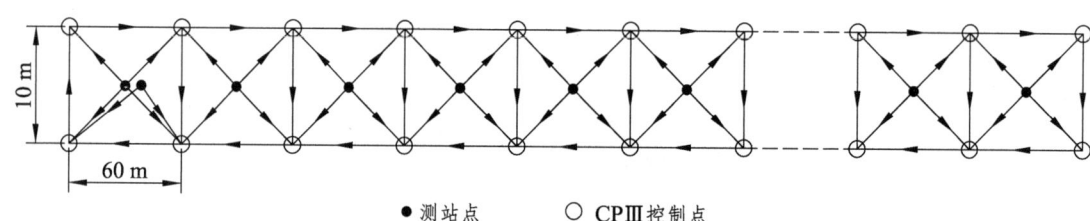

图 5-5　矩形法 CPⅢ 水准测量

测量时，左边第一个闭合环的四个高差应该由两个测站完成，其他闭合环的四个高差可由一个测站按照后—前—前—后、前—后—后—前的顺序进行单程观测。

观测顺序：

奇数测站照准标尺分划顺序为：

A 后视标尺；

B 前视标尺；

C 前视标尺；

D 后视标尺。

偶数测站照准标尺分划顺序为：

E 前视标尺；

F 后视标尺；

G 后视标尺；

H 前视标尺。

测站数为偶数，由往测转为返测时，两支标尺应互换位置，并应重新整置仪器。

5.2.2 测量方法

CPⅢ轨道控制网作为高速铁路无砟轨道铺设和运营维护的控制基准，其精度高低将直接影响到轨道安装与轨道精调几何线形的平顺性。与有砟轨道相比，无砟轨道要求线路必须具备非常准确的几何线形参数，且铺设工艺复杂、精度要求高，误差必须保持在毫米级范围内，这对CPⅢ控制网提出了较高的精度要求。本节将对CPⅢ平面和高程控制网的施测方法进行研究。

5.2.2.1 CPⅢ平面网的施测方法

CPⅢ平面网的施测方法是将CPⅢ平面控制点纳入全线设计的工程独立坐标系中，确定CPⅢ平面控制点在工程独立坐标系中的绝对坐标，并评定其测量质量、精度和可靠性。

CPⅢ平面控制网的布设方法主要有两种：一种是导线法，一种是自由测站边角交会法。CPⅢ控制网按导线法施测时，精度等级为五等导线，宜设于线路外侧，距线路中线的距离一般为3~4 m，控制点的间距以150~200 m为宜。对线路特殊地段、曲线控制点、线路变坡点、竖曲线起终点及道岔区均应增设加密控制点，曲线地段加密控制点间距以50~60 m为宜，它们相对于两端CPⅢ控制点的纵、横向中误差应小于1.5 mm。

CPⅢ控制网按自由测站边角交会法施测时，轨道控制网沿线路两侧成对设置，点对间距60~70 m，两点横向距离为10~20 m，要求相邻点平面相对精度优于1 mm，同精度复测较差优于3 mm。自由测绘边角交会法的施测方法采用全站仪自由测站的测量模式对测站前后各3对CPⅢ控制点进行2~3测回测量CPⅢ点的方向和边长信息，同时每隔400~800 m联测一次CPⅠ/CPⅡ高级控制点以控制误差累积并将CPⅢ纳入线路坐标系中，见图5-6。对于相邻测站，将重复观测4对CPⅢ点，以保证每个CPⅢ点都能被至少3组不相关的观测量所确定,从而可使相邻 CPⅢ 控制点之间达到极高的相对精度,满足无砟轨道铺设高平顺性的要求。

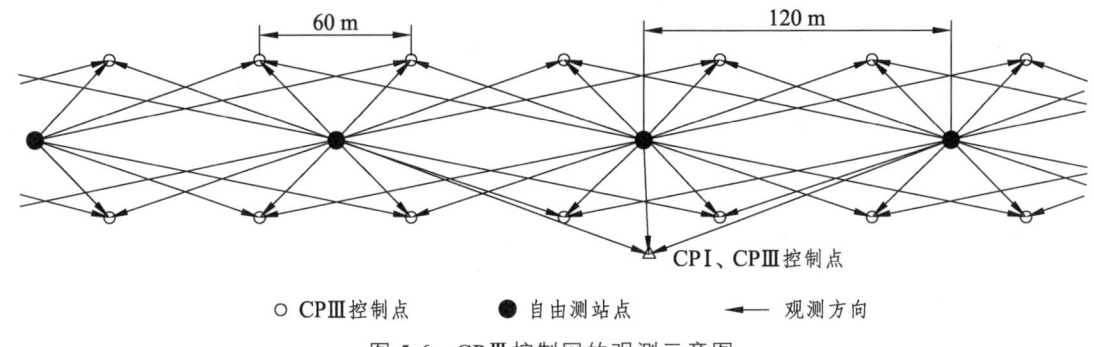

图 5-6　CPⅢ 控制网的观测示意图

(1) 导线法与自由测站边角交会法的优缺点分析:

① 导线法测量的缺点主要有:

◆ 点位稳定性差。如果不建立导线点强制对中墩,则存在点位对中误差;如果建立导线点强制对中墩,则可能会给施工和以后的运营维护带来麻烦,且不易保存。

◆ 多余观测少、图形强度低,点位精度不均匀。

◆ 不利于轨道精调时使用轨检小车检测。

② 自由测站边角交会法的优点主要有:

◆ 点位分布均匀,有利于铺轨加密基标和轨道精调作业精度的控制。

◆ 网形均匀对称,图形强度高,每个 CPⅢ 控制点有 3 个方向交会,多余观测量多,有利于提高网的可靠性和测量精度。

◆ 相邻点间相对精度高、兼容性好,能有效控制轨道的平顺性。

◆ 控制点采用强制对中标志,自由测站没有对中误差,消除了点位对中点误差对控制网精度的影响。

基于上述原因,我国目前的高速铁路建设中,CPⅢ 控制网大多采用自由测站边角交会法施测,《高速铁路工程测量规范》(TB 10601—2009)也取消了 CPⅢ 控制网导线测量的相关规定。

(2) CPⅢ 控制网的特点主要有:

① 控制的范围长。线路有多长,控制网的长度就有多长。

② 控制点数量众多。沿线路方向通常每千米有 16 对即 32 个控制点。

③ 精度要求高。要求相邻点平面相对精度优于 1 mm,相邻点高程相对精度优于 0.5 mm,平面和高程同精度复测较差均优于 3 mm。

④ CPⅢ 控制网是一个平面位置和高程位置共点的三维控制网。目前,CPⅢ 三维网平面和高程是分开测量后合并形成共点的三维网,但其使用时却是平面和高程同时使用的。

⑤ CPⅢ 的三维坐标点是一个虚拟的控制点,其对应的位置是 CPⅢ 目标组件中棱镜的几何中心。实测高程位置一般与平面位置并不重合。

⑥ 控制点的位置、CPⅢ 测量标志较传统控制测量有很大不同。控制点通常设置在接触

网杆上（路基部分）、防撞墙上（桥梁部分）和围岩上（隧道部分）。

⑦ CPⅢ测量标志通常由永久性的预埋件、平面测量杆、高程测量杆和精密棱镜组成。

⑧ CPⅢ控制网施测方法与国内测量方法显著不同。传统的边角网测量仪器都是架设在控制点上进行观测，距离必须进行往返观测，但CPⅢ平面网却采用自由设站进行边角交会测量，而其距离只能进行单程观测。

⑨ 图形规则对称，多余观测数多，可靠性强。

⑩ CPⅢ控制网是一个标准的带状控制网，其纵向精度高、横向精度略差。

⑪ 控制网的使用较传统方法有很大不同。首先是采用自由测站后方边角交会测量的方式确定测站点的三维坐标，然后用三维极坐标测量的方式进行双块式/板式无砟轨道和长钢轨的粗调、精调和精测以及轨道的维护管理等。

5.2.2.2 CPⅢ高程网的施测方法

CPⅢ高程网的施测方法是将CPⅢ高程控制点纳入国家高程基准中，确定CPⅢ高程控制点在国家1985高程基准中的绝对高程，并评定其测量质量、精度和可靠性。

由于CPⅢ控制网是一个三维控制网，施工使用的时候平面和高程同时使用，因此CPⅢ高程网也需满足轨道平顺性的精度要求。例如：水准测量等级按低于二等、高于三等的精密水准测量等级施测；相邻4个CPⅢ点构成的水准闭合环进行环闭合差检核，相邻CPⅢ点的水准环闭合差不超过±1 mm；严密平差后相邻CPⅢ点高差中误差不大于0.5 mm。

方法一：几何水准测量方法

CPⅢ高程控制网的测量模式主要有两种：德国测量方法和矩形法。德国测量方法 CPⅢ控制点高程的水准测量采用图5-7和图5-8所示的水准路线形式。测量时，往测时以轨道一侧的CPⅢ控制点为主线贯通水准测量，另一侧的CPⅢ控制点在进行贯通水准测量摆站时就近进行中视观测；返测时以另一侧的CPⅢ控制点为主线贯通水准测量，对侧的控制点在摆站时就近进行中视观测。观测所形成的闭合环如图5-9所示。

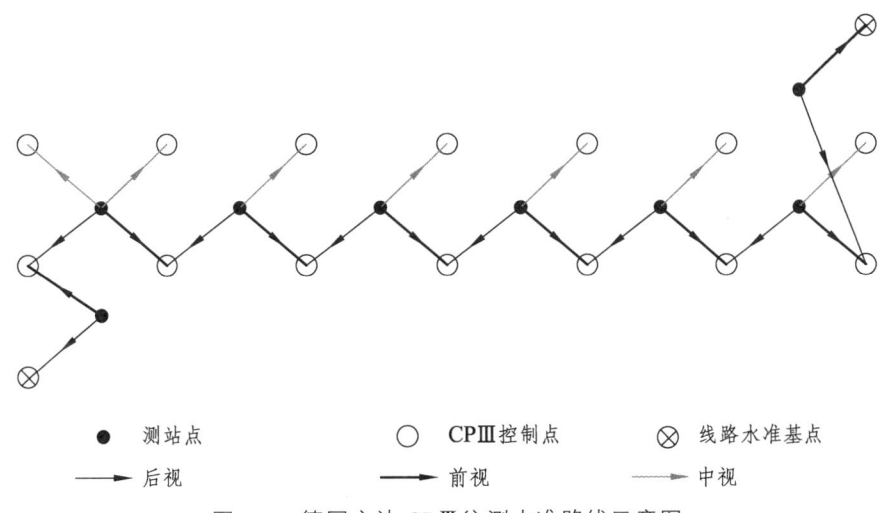

图 5-7 德国方法 CPⅢ往测水准路线示意图

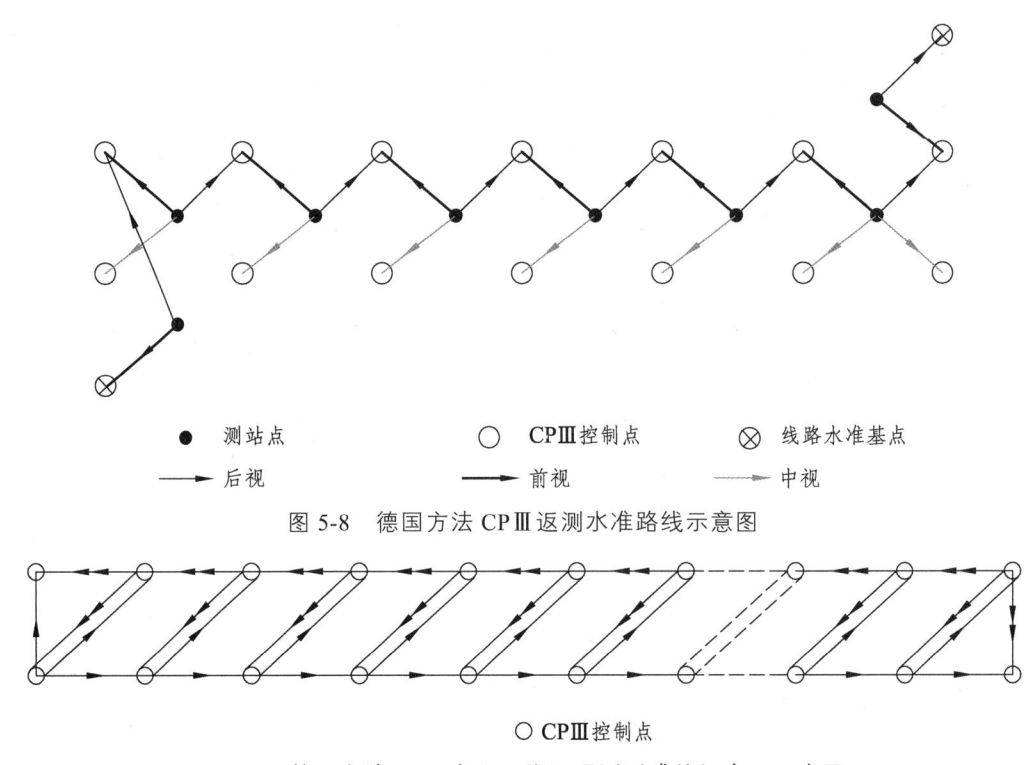

● 测站点　　　○ CPⅢ控制点　　　⊗ 线路水准基点
→ 后视　　　→ 前视　　　→ 中视

图 5-8　德国方法 CPⅢ返测水准路线示意图

○ CPⅢ控制点

图 5-9　德国方法 CPⅢ高程网往返观测形成的闭合环示意图

矩形法测量方法 CPⅢ控制点高程的水准测量采用图 5-10 所示的水准路线形式。测量时，左边第一个闭合环的四个高差应该由两个测站完成，其他闭合环的三个高差可由一个测站按照后—前—前—后或前—后—后—前的顺序进行单程观测。单程观测所形成的闭合环如图 5-11 所示。

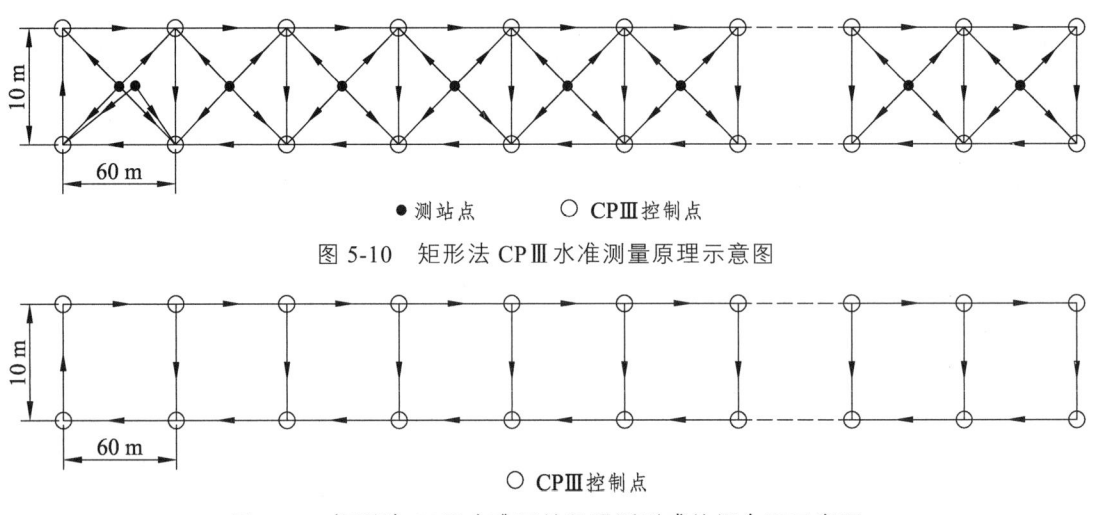

● 测站点　　　○ CPⅢ控制点

图 5-10　矩形法 CPⅢ水准测量原理示意图

○ CPⅢ控制点

图 5-11　矩形法 CPⅢ水准网单程观测形成的闭合环示意图

从图 5-9 和 5-11 可以看出，德国测量方法和矩形法这两种测量模式每 3 个或 4 个相邻 CPⅢ点均可构成一个独立且不相关闭合环，相邻环之间存在往返观测高差，具有闭合差和往返观测检核条件,增强了高程控制网的可靠性;相邻控制点之间均有直接高差相连,确保了各CPⅢ点之间的相对精度满足轨道平顺性的要求。在我国目前的高速铁路建设中,这两种方法均可采用,由于矩形法只需进行单程观测,因此采用矩形法水准路线形式的较多。

方法二:自由测站三角高程测量方法

为了提高高速铁路CPⅢ轨道控制网的建网效率和精度,也可采用与平面控制网同步测量、基于差分法构建CPⅢ自由测站三角高程网的方法来达到代替CPⅢ精密水准测量的目的。其基本原理为:对CPⅢ平面测量中形成的三角高差采用三角高程中间法按矩形环网的形式进行合并,采用测站点到各CPⅢ点间的高差,进一步计算出相邻CPⅢ点间的高差,然后组成CPⅢ三角高程网,再根据间接高差与直接观测量的误差传播关系进行定权,依据观测值及其权重建立数学模型,通过间接平差方法计算精确的CPⅢ控制点高程。根据一个自由测站的观测值,计算的相邻CPⅢ点间的三角高差有16个(图5-12),多个自由测站形成的CPⅢ三角高程网络拓扑图如图5-13所示。

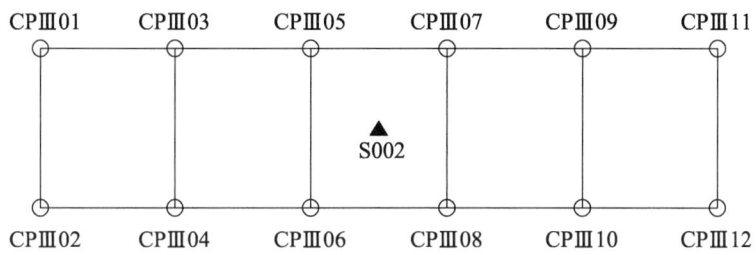

图 5-12 单个测站形成的CPⅢ三角高程网络拓扑示意图

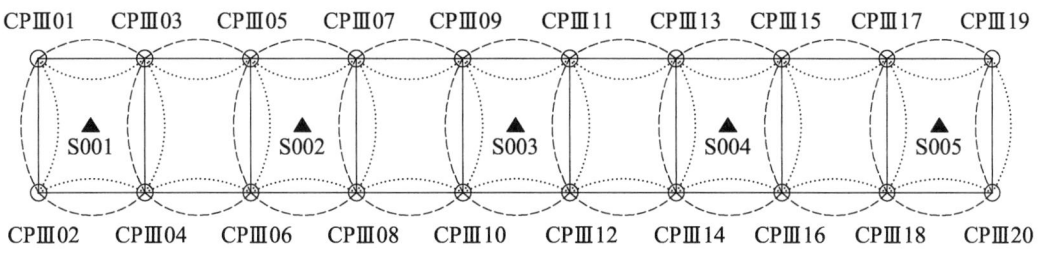

图 5-13 多个测站形成的CPⅢ三角高程网络拓扑示意图

5.2.3 数据处理方法及精度

5.2.3.1 平面数据处理方法及精度

(1)CPⅢ独立区段数据处理方法:CPⅢ外业测量观测工作结束后,及时整理和检查外业电子记录数据。首先对CPⅢ观测数据进行测站质量检查与弦长纵横向闭合差检核,对于误差较大的测站数据返工补测,然后采用秩亏自由网平差检核测量系统的内符合精度;自由网平差通过后,采用拟稳平差选择兼容的起算点,然后引入外部基准进行约束平差处理;在平差过程中,用多维粗差同时定位定值算法(LEGE)同时定位并且求解出粗差值的大小对观测值进行修复,再用Helmert方差分量估计方法合理地确定边、角的权比关系;另外,考虑到

CPⅢ距离观测值与CPⅠ/CPⅡ坐标系统存在尺度不一致的问题，计算过程中对测距边长进行了两化改正。

（2）CPⅢ相邻区段之间衔接过渡数据处理方法：CPⅢ网区段与区段之间重复观测应不少于6对CPⅢ点，这些点在各自区段中的观测和平差计算，必须满足CPⅢ网的精度要求，见图5-14。除此之外，还要满足各自区段平差后的公共点的平面坐标（X、Y）的较差应小于±3 mm的要求；满足该条件后，后一区段CPⅢ网平差，采用本区段联测的线上或线下CPⅡ控制点及重叠的前一区段连续的1~3对CPⅢ点作为约束点进行平差计算。测量区段之间衔接时，前后区段独立平差重叠点坐标差值不满足≤±3 mm时认真分析原因，需再进行一次复测进行确认。

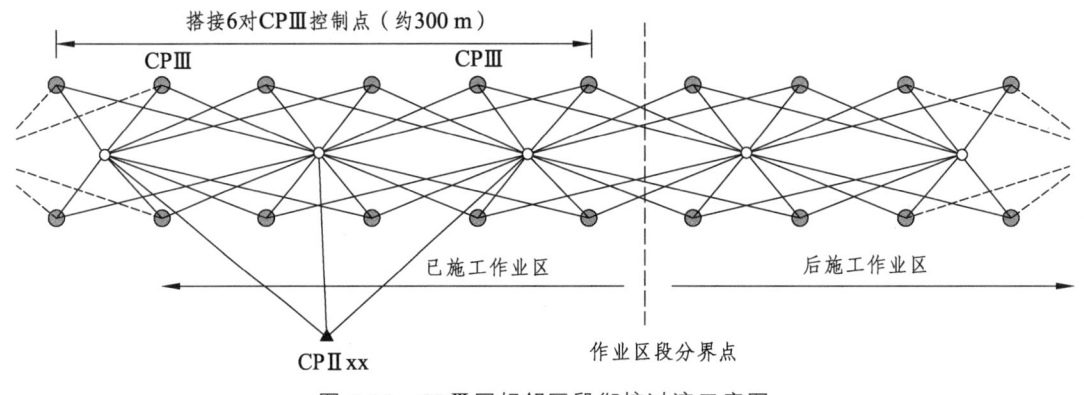

图5-14 CPⅢ网相邻区段衔接过渡示意图

（3）相邻投影带之间CPⅢ网衔接过渡数据处理方法（图5-15）：相邻投影带衔接处CPⅢ平面网计算时，分别采用换带处的线上或线下CPⅡ控制点的两个投影带的坐标进行约束平差，平差完成后，分别提交相邻投影带两套CPⅢ平面网的坐标成果，两套坐标成果均须满足轨道控制网的技术要求，提供两套坐标的CPⅢ网区段长度不小于800 m。

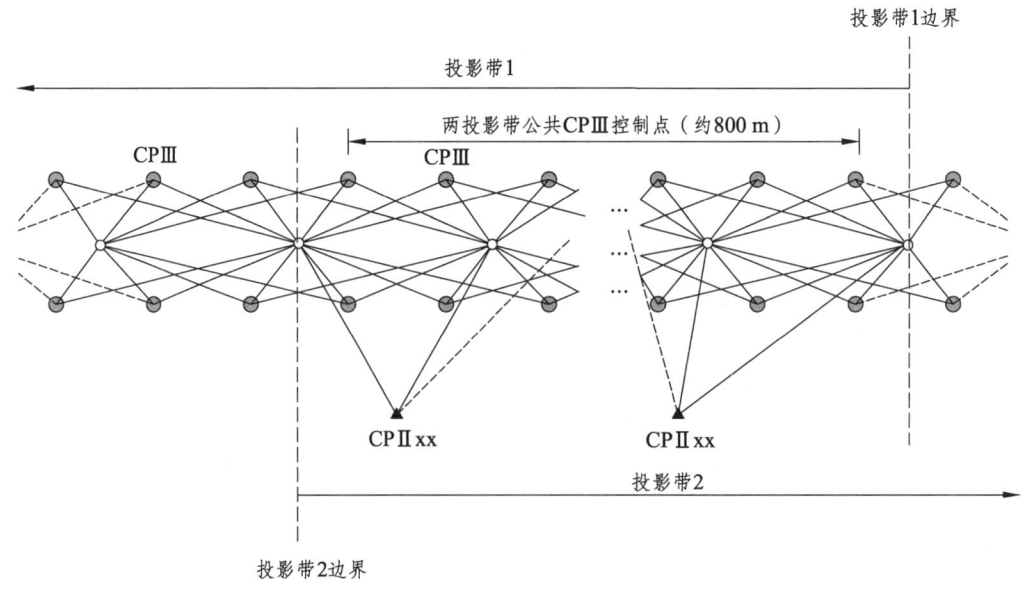

图5-15 相邻投影带之间CPⅢ网的衔接过渡

（4）CPⅢ平面网平差处理需采用经铁路主管部门鉴定合格的平差软件进行点位坐标计算，并提供验后单位权中误差、方向和边长改正数及其中误差、点位中误差、边长相对中误差、点位误差椭圆和相对点位误差椭圆等精度评定指标，精度指标必须满足表5-3~表5-6中的精度要求。

表5-3　CPⅢ平面自由网平差后的主要技术要求

控制网名称	方向改正数	距离改正数
CPⅢ平面网	3″	2 mm

表5-4　CPⅢ平面网约束平差后的主要技术要求

控制网名称	测量方法	方向观测中误差	距离观测中误差
CPⅢ平面网	自由测站边角交会	1.8″	1.0 mm

表5-5　CPⅢ平面网约束平差后的主要技术要求

| 控制网名称 | 与CPⅠ、CPⅡ联测 | | 与CPⅢ联测 | | 点位中误差 |
	方向改正数	距离改正数	方向改正数	距离改正数	
CPⅢ平面网	4.0″	4 mm	3.0″	2 mm	2 mm

表5-6　CPⅢ平面网定位精度表（mm）

CPⅢ控制点	同精度复测坐标较差	相邻点的相对中误差
自由设站边角交会	3	1

5.2.3.2　高程数据处理方法及精度

（1）CPⅢ精密水准网独立区段数据处理方法：水准测量外业工作结束后，对测站数据质量、水准路线数据质量、往返测高差较差及附合路线闭合差等指标按表5-7、表5-8的要求进行质量检核，并计算每千米水准测量的高差偶然中误差 M_Δ。当CPⅢ水准网的闭合环数超过20个时还要进行每千米水准测量的高差全中误差 M_W 的计算。M_Δ 和 M_W 的计算方法和限差应符合表5-7的规定，否则应对存在较大闭合差的路线进行重测。外业观测数据全部合格后，将联测的稳定线路水准基点或线上水准加密点的高程作为固定数据进行严密平差计算，并提供各点的高程和高差中误差、测段高差改正数等精度指标。

表5-7　精密水准测量的主要技术标准

| 水准测量等级 | 每千米水准测量偶然中误差 M_Δ（mm） | 每千米水准测量全中误差 M_W（mm） | 附合路线或环线周长的长度（km） | |
			附合路线长	环线周长
精密水准	≤2	≤4	≤3	—

表 5-8　精密水准测量限差要求（mm）

水准测量等级	测段、路线往返测高差不符值	测段、路线的左右路线高差不符值	附合路线或环线闭合差	检测已测段高差之差
精密水准	$\pm 8\sqrt{K}$	$\pm 6\sqrt{K}$	$\pm 8\sqrt{L}$	$\pm 8\sqrt{R_i}$

注：K 为测段水准路线长度（km）；L 为水准路线长度（km）；R_i 为检测测段长度（km）。

（2）CPⅢ精密水准网相邻区段之间衔接过渡数据处理方法：CPⅢ精密水准网区段与区段之间重复观测应不少于 6 对 CPⅢ点，这些点在各自区段中的观测和平差计算，必须满足 CPⅢ网的精度要求。除此之外，还要满足各自区段平差后的公共点的高程值的较差应小于 ±3 mm 的要求；满足该条件后，后一区段 CPⅢ网平差，采用本区段联测的线路水准点及重叠段前一区段连续 1~2 对 CPⅢ点高程成果进行约束平差。

测量区段之间衔接时，前后区段独立平差重叠点坐标差值不满足 ≤±3 mm 时要认真分析并查明原因。

5.2.4　自由测站三角高程网测量方法

为了提高高速铁路 CPⅢ轨道控制网的建网效率和精度，我院研究了采用与平面控制网同步测量、基于差分法构建 CPⅢ自由测站三角高程网的方法，以达到代替 CPⅢ精密水准测量的目的。其基本原理为：对 CPⅢ平面测量中形成的三角高差采用三角高程中间法按矩形环网的形式进行合并，采用测站点到各 CPⅢ点间的高差，进一步计算出相邻 CPⅢ点间的高差，然后组成 CPⅢ三角高程网，再根据间接高差与直接观测量的误差传播关系进行定权，依据观测值及其权重建立数学模型，通过间接平差方法计算精确的 CPⅢ控制点高程。根据一个自由测站的观测值，计算的相邻 CPⅢ点间的三角高差有 16 个（图 5-16），多个自由测站形成的 CPⅢ三角高程网络拓扑图如图 5-17 所示。

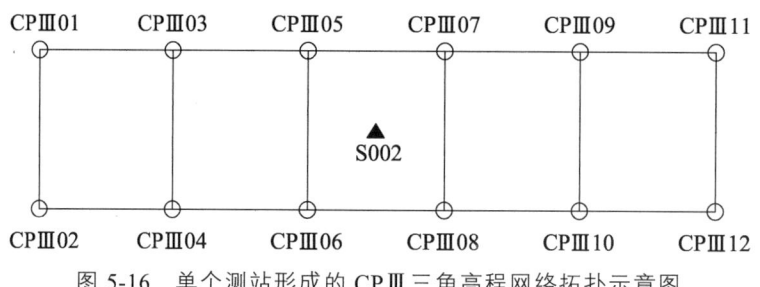

图 5-16　单个测站形成的 CPⅢ三角高程网络拓扑示意图

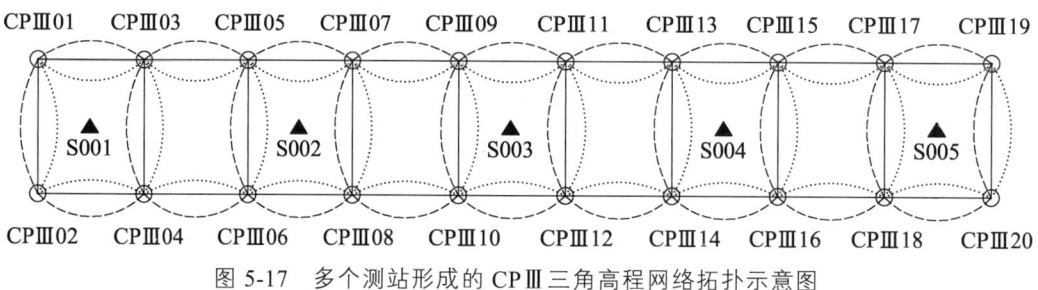

图 5-17　多个测站形成的 CPⅢ三角高程网络拓扑示意图

从图 5-17 可以看出，由于每个 CPⅢ 点都有 3 个（120 m 自由设站）或 4 个（60 m 自由设站）测站对其进行观测，因此，用测站点与 CPⅢ 点间的高差计算得到的相邻两 CPⅢ 点间的高差，存在同名高差，即每两个相邻 CPⅢ 点之间均有 3 个或 4 个高差观测值。对同名高差的处理，采用加权平均值的方法进行合并。

5.2.4.1 高差误差方程式的列立

由 CPⅢ 三角高程网建网方案可知，CPⅢ 三角高程网是以距离和竖直角计算的高差（即自由测站点到 CPⅢ 点间的高差），或者两 CPⅢ 点之间的高差作为间接观测值进行平差计算的，因此，CPⅢ 三角高程网间接平差的误差方程，也将有别于水准网。

假定两 CPⅢ 点 i 和 j 高程平差值分别为 $\hat{H}_i$ 和 $\hat{H}_j$，近似高程分别为 H_i^0 和 H_j^0，近似高程改正数分别为 x_i 和 x_j；通过自由测站到 i 和 j 两 CPⅢ 点间计算出的合并后的三角高差为 h_{ij}，三角高差 h_{ij} 的改正数为 $v_{h(ij)}$，则可列立如下的误差方程式：

$$h_{ij} + v_{h(ij)} = \hat{H}_j - \hat{H}_i \tag{5-1}$$

若对上式进行整理，并考虑高程平差值等于高程近似值加改正数，则三角高差误差方程式为

$$v_{h(ij)} = x_j - x_i - (H_i^0 - H_j^0 + h_{ij}) \tag{5-2}$$

若 $h_{ij}^{(k)}$ 表示三角高差合并前 h_{ij} 的第 k 段高差，则 $h_{ij}^{(k)}$ 的计算公式为

$$h_{ij}^{(k)} = s_j^{(k)} \sin\alpha_j^{(k)} + (1-k) \cdot \frac{(s_j^{(k)})^2 \times \cos^2\alpha_j^{(k)}}{2R} - \left[s_i^{(k)} \sin\alpha_i^{(k)} + (1-k) \cdot \frac{(s_i^{(k)})^2 \times \cos^2\alpha_i^{(k)}}{2R} \right]$$

$$\tag{5-3}$$

式中：α 为竖直角；s 为斜距；k 为大气垂直折光系数，$k = 0.14$；R 为地球平均曲率半径，$R = 6\ 371$ km。

5.2.4.2 高差观测权的确定

CPⅢ 三角高程网中平差观测值为 CPⅢ 点 i 和 j 间的高差观测值，要对 CPⅢ 三角高程网中的高差观测值进行平差，就需要建立网中各高差观测值的权比关系。由于本方案 CPⅢ 三角高程网的高差，其误差与自由测站点到两 CPⅢ 点的斜距和竖直角测量误差有关，因此根据斜距与竖直角的测量中误差，按照误差传播定律求出 CPⅢ 三角高程网中高差的中误差，再根据中误差与权的关系，进而确定 CPⅢ 三角高程网中各高差的权。

上已述及 CPⅢ 点间的高差 h_{ij} 是用自由测站点与两 CPⅢ 点之间的高差计算得到的，由公式（5-3）可知其计算公式如下：

$$h_{ij} = s_j \sin\alpha_j + (1-k) \cdot \frac{s_j^2 \times \cos^2\alpha_j}{2R} - \left[s_i \sin\alpha_i + (1-k) \cdot \frac{s_i^2 \times \cos^2\alpha_i}{2R} \right] \tag{5-4}$$

对上式两边取全微分后有下式：

$$dh_{ij} = \left[\sin\alpha_j + (1-k)\cdot\frac{2s_j\times\cos^2\alpha_j}{2R}\right]ds_j - \left[\sin\alpha_i + (1-k)\cdot\frac{2s_i\times\cos^2\alpha_i}{2R}\right]ds_i +$$

$$\left[s_j\cos\alpha_j - (1-k)\cdot\frac{2s_j^2\times\cos\alpha_j\sin\alpha_j}{2R}\right]d\alpha_j - \left[s_i\cos\alpha_i - (1-k)\cdot\frac{2s_i^2\times\cos\alpha_i\sin\alpha_i}{2R}\right]d\alpha_i -$$

$$\left[\frac{s_j^2\times\cos^2\alpha_j}{2R} + \frac{s_i^2\times\cos^2\alpha_i}{2R}\right]dk \tag{5-5}$$

对（5-5）式利用误差传播定律，可得高差中误差与竖直角中误差、距离中误差以及大气垂直折光系数中误差的关系为

$$m_{h(ij)}^2 = \left[\sin\alpha_j + (1-k)\cdot\frac{2s_j\times\cos^2\alpha_j}{2R}\right]^2 m_{s(j)}^2 + \left[\sin\alpha_i + (1-k)\cdot\frac{2s_i\times\cos^2\alpha_i}{2R}\right]^2 m_{s(i)}^2 +$$

$$\left[1000\cdot s_j\cos\alpha_j - (1-k)\cdot\frac{1000\cdot 2s_j^2\times\cos\alpha_j\sin\alpha_j}{2R}\right]^2\frac{m_{\alpha(j)}^2}{\rho^2} +$$

$$\left[1000\cdot s_i\cos\alpha_i - (1-k)\cdot\frac{1000\cdot 2s_i^2\times\cos\alpha_i\sin\alpha_i}{2R}\right]^2\frac{m_{\alpha(i)}^2}{\rho^2} +$$

$$\left[\frac{1000\cdot s_j^2\times\cos^2\alpha_j}{2R} + \frac{1000\cdot s_i^2\times\cos^2\alpha_i}{2R}\right]^2 m_k^2 \tag{5-6}$$

式中：$m_{h(ij)}$ 为 i、j 两 CPⅢ 点间高差观测值的中误差（mm）；$m_{s(j)}$、$m_{s(i)}$ 分别为测站点到 i、j 两点距离观测值的中误差（mm）；$m_{\alpha(j)}$、$m_{\alpha(i)}$ 分别为测站点到 i、j 两点竖直角观测值的中误差（″）；m_k 为大气垂直折光系数的中误差，一般有 $m_k = \pm 0.05$。

以全站仪竖直角测量的标称精度 δ_0 作为单位权中误差，则 i、j 两 CPⅢ 点间的高差观测值的权取为

$$P_{ij} = \frac{\delta_0^2}{m_{h(ij)}^2} \tag{5-7}$$

设 h_1、h_2、h_3、h_4 为不同测站观测的同名高差，h 为合成后的高差值，P_1、P_2、P_3、P_4 分别为不同测站求得的同名高差 h_1、h_2、h_3、h_4 的权，P 为合成后高差值 h 的权；$D_{h(1)h(1)}$、$D_{h(2)h(2)}$、$D_{h(3)h(3)}$、$D_{h(4)h(4)}$ 分别为同名高差 h_1、h_2、h_3、h_4 对应的方差，D_{hh} 为合成后高差值 h 的方差，其对应的协因数分别为 $Q_{h(1)h(1)}$、$Q_{h(2)h(2)}$、$Q_{h(3)h(3)}$、$Q_{h(4)h(4)}$ 和 Q_{hh}。同名高差加权合成后的高差值为

$$h = \frac{P_1h_1}{P_1+P_2+P_3+P_4} + \frac{P_2h_2}{P_1+P_2+P_3+P_4} + \frac{P_3h_3}{P_1+P_2+P_3+P_4} + \frac{P_4h_4}{P_1+P_2+P_3+P_4} \tag{5-8}$$

因为各测站观测值相互独立，按照误差传播定律有

$$Q_{hh} = \left(\frac{P_1}{P_1+P_2+P_3+P_4}\right)^2 Q_{h(1)h(1)} + \left(\frac{P_2}{P_1+P_2+P_3+P_4}\right)^2 Q_{h(2)h(2)} + \\ \left(\frac{P_3}{P_1+P_2+P_3+P_4}\right)^2 Q_{h(3)h(3)} + \left(\frac{P_4}{P_1+P_2+P_3+P_4}\right)^2 Q_{h(4)h(4)} \quad (5\text{-}9)$$

顾及 $Q_{h(1)h(1)} = P_1^{-1}$，$Q_{h(2)h(2)} = P_2^{-1}$，$Q_{h(3)h(3)} = P_3^{-1}$，$Q_{h(4)h(4)} = P_4^{-1}$ 并代入式（5-9），得

$$Q_{hh} = \frac{1}{P_1+P_2+P_3+P_4} \quad (5\text{-}10)$$

顾及 $Q_{hh} = P^{-1}$，即有

$$P = P_1 + P_2 + P_3 + P_4 \quad (5\text{-}11)$$

式（5-8）～式（5-11）便是同名高差合并以及合并后其权的计算过程。

5.2.4.3 法方程的组成及其解算

间接平差主要采用高斯-马尔科夫模型，其数学模型可表示为

$$\begin{cases} \text{函数模型：} E(\underset{n\times 1}{L}) = \underset{n\times t}{B}\underset{t\times 1}{\hat{X}}, \text{其权阵为 } P \\ \text{随机模型：} \underset{n\times n}{D_\Delta} = \delta_0^2 \underset{n\times n}{Q_\Delta} = \delta_0^2 \underset{n\times n}{P^{-1}} \end{cases} \quad (5\text{-}12)$$

式中：L 为观测值向量；B 为待估参数系数阵；$\hat{X}$ 为待估参数平差值向量；D_Δ 为观测量的协方差矩阵；δ_0^2 为单位权方差；Q_Δ 为观测量的协因数矩阵；P 为观测量的权阵；n 为观测值个数；t 为未知参数个数。根据（5-2）推导的观测量的误差方程，可组成间接平差误差方程的矩阵形式为

$$\underset{n\times 1}{V} = \underset{n\times t}{B}\underset{t\times 1}{\hat{x}} - \underset{n\times 1}{l} \quad (5\text{-}13)$$

式中：V 为观测值的改正数向量；$\hat{x}$ 为待估参数向量；常数项向量 $\underset{n\times 1}{l} = \underset{n\times 1}{L} - \underset{n\times t}{B}\underset{t\times 1}{X^0}$，$X^0$ 为待估参数近似值。

按最小二乘原理 $V^T PV = \min$，可得法方程为

$$\underset{t\times t}{N}\underset{t\times 1}{\hat{x}} = \underset{t\times 1}{W} \quad (5\text{-}14)$$

式中：$N = B^T PB$，$W = B^T PL$，其秩为 $R(N) = R(B) = t$，亦即 N 为非奇异，凯利逆 N^{-1} 存在，所以法方程有唯一解，解为

$$\underset{t\times 1}{\hat{x}} = \underset{t\times t}{N^{-1}}\underset{t\times 1}{W} \quad (5\text{-}15)$$

故未知数平差值为

$$\underset{t\times 1}{\hat{X}} = \underset{t\times 1}{X^0} + \underset{t\times 1}{\hat{x}} \quad (5\text{-}16)$$

将式（5-15）未知参数的解代入式（5-13）即得观测量的改正数，则观测量的平差值可按下式计算：

$$\hat{\underset{n\times 1}{L}} = \underset{n\times 1}{L} + \underset{n\times 1}{V} \tag{5-17}$$

5.2.4.4 精度评定公式

参数平差完成后，利用观测值向量权阵、平差后得到的改正数、未知数协因素阵等信息，可以进行CPⅢ三角高程网平差精度的评定，也即评定控制网中各CPⅢ点高程点位精度和相邻CPⅢ点间高差的相对点位精度。

首先评定控制网中各CPⅢ点高程的点位精度。平差后观测值单位权中误差计算公式为

$$\delta_0 = \pm\sqrt{\frac{V^{\mathrm{T}} P V}{r}} = \pm\sqrt{\frac{V^{\mathrm{T}} P V}{n-t}} \tag{5-18}$$

式中：$V^{\mathrm{T}} P V$ 是各类观测值改正数的加权平方和；n 为观测值总个数；t 为待估参数总个数；r 为多余观测数。通常平差后计算的 δ_0，应与验前的单位权中误差在数值上应接近。

CPⅢ三角高程网平差是以待定点的高程改正数作为未知参数的，即 $\hat{x} = [\hat{x}_1 \quad \hat{x}_2 \quad \hat{x}_3 \quad \cdots \quad \hat{x}_t]^{\mathrm{T}}$。式中 t 为待定点个数，根据协因素传播律可得未知参数协因数阵 $Q_X = (B^{\mathrm{T}} P B)^{-1}$。矩阵 Q_X 中的对角线元素 $Q_{X(i)(i)}$ 称为第 i 个未知数的权倒数。平差后CPⅢ三角高程网的协方差矩阵可以表示为

$$D = \delta_0^2 \begin{bmatrix} Q_{X(1)(1)} & Q_{X(1)(2)} & \cdots & Q_{X(1)(t)} \\ Q_{X(2)(1)} & Q_{X(2)(2)} & \cdots & Q_{X(2)(t)} \\ \vdots & \vdots & & \vdots \\ Q_{X(t)(1)} & Q_{X(t)(2)} & \cdots & Q_{X(t)(t)} \end{bmatrix} = \begin{bmatrix} m_{X(1)(1)}^2 & m_{X(1)(2)}^2 & \cdots & m_{X(1)(t)}^2 \\ m_{X(2)(1)}^2 & m_{X(2)(2)}^2 & \cdots & m_{X(2)(t)}^2 \\ \vdots & \vdots & & \vdots \\ m_{X(t)(1)}^2 & m_{X(t)(2)}^2 & \cdots & m_{X(t)(t)}^2 \end{bmatrix} \tag{5-19}$$

则各待定点 i 平差后的高程中误差可按下式计算：

$$m_{X(i)(i)} = \delta_0 \sqrt{Q_{X(i)(i)}} \tag{5-20}$$

下面推导相邻CPⅢ点间高差的相对点位精度计算公式。假定 i 点和 j 点的高程平差值分别为

$$\hat{H}_{ij} = \hat{H}_j - \hat{H}_i \tag{5-21}$$

则由CPⅢ三角高程网的高程协因数矩阵 Q_{XX}，根据协因数传播律可得任意相邻两CPⅢ点 i、j 间的协因数 Q_{ij} 为

$$Q_{ij} = \begin{bmatrix} -1 & 1 \end{bmatrix} \begin{bmatrix} Q_{X(i)(i)} & Q_{X(i)(j)} \\ Q_{X(j)(i)} & Q_{X(j)(j)} \end{bmatrix} \begin{bmatrix} -1 \\ 1 \end{bmatrix} \tag{5-22}$$

由间接平差随机模型知，任意相邻CPⅢ点 i、j 间的方差 D_{ij} 与其协因数 Q_{ij} 的关系为

$$D_{ij} = \delta_0^2 Q_{ij} \tag{5-23}$$

5.3 建立CPⅢ控制网的技术设计

5.3.1 控制网技术设计书编写

技术设计书是CPⅢ网设计成果的载体,是CPⅢ测量的指导性文件,是CPⅢ测量的关键技术文档。技术设计书主要应包括如下内容:

5.3.1.1 项目来源

该部分介绍项目的来源和性质,即项目由何单位、部门发包、下达,属于何种性质的项目。

5.3.1.2 测区概况

该部分介绍测区的地理位置、行政区划、气候、人文、经济发展状况、交通条件、通信条件等。这些可为今后工程施测工作的开展提供必要的信息。

5.3.1.3 工程概述

该部分介绍工程的目的、作用、要求、设计等级、运行时速、技术标准、测量等级(精度)、完成时间、有无特殊要求等在进行技术设计、实际作业和数据处理时所必须了解的信息。

5.3.1.4 技术依据

该部分介绍工程所依据的测量规范、工程规范、行业标准及相关的技术要求等。

5.3.1.5 现有测绘成果

该部分介绍测区内及与测区相关地区的现有测绘成果的状况。

5.3.1.6 坐标高程系统

该部分介绍工程独立坐标系和高程系统的建立方法及与国家基准的联测方法。

5.3.1.7 施测方案

该部分说明测量采用的仪器设备的种类、采取的CPⅢ构网形式、与CPⅠ/CPⅡ或加密控制点的联测方法、相邻区段、相邻投影带之间的衔接方法、施测方法、精度控制措施等。特殊桥梁及长大隧道等重点工程,如钢筋混凝土大跨连续梁、钢桁长梁等受温度变化梁体伸缩变形较大地段的控制点设置以及CPⅢ测量及其处理措施,确保满足重点、难点工点的施工控制需要。

5.3.1.8 作业要求

该部分规定选点、埋石要求,外业观测时的具体操作规程、技术要求等。

5.3.1.9 观测质量控制

该部分规定外业观测的质量要求,包括质量控制方法及各项限差要求等。例如:超限观测数据的剔除、补测、重测;与相邻线路或标段之间精测网衔接测量要求;相邻投影带之间的控制网衔接过渡测量要求;外业成果资料的内容、格式、交付完整性;现场气象数据和仪器加、乘常数。

5.3.1.10 数据处理方案

详细的数据处理方案包括独立区段平差计算和相邻区段搭接平差计算所采用的数学模型和计算软件、数据处理方法及精度评定等。

独立区段平差计算数据处理方案,应包含如下内容:平差计算软件、平差方法、平差时的坐标系、基准及投影、起算数据的选取等。

相邻区段搭接平差计算数据处理方案,还应包含如下内容:相邻区段或投影带之间重复观测的 6 对公共 CPⅢ 点之间能否满足平顺性精度指标的要求等。

5.3.1.11 提交成果要求

该部分规定提交成果的类型及形式。

5.3.2 控制网复测与维护

为了保证无砟轨道施工的精度,在施工过程中应根据无砟轨道轨枕安装、钢轨精调、竣工验收等施工阶段及施工组织计划安排及时组织进行必要的 CPⅢ 网复测工作。一般来说,根据国内客专建设经验,CPⅢ 网在钢轨精调作业前需要进行一次复测。另外,根据《关于进一步规范铁路工程测量控制网管理工作的通知》(铁建设〔2009〕20 号)的规定,CPⅢ 网在静态验收前必须进行一次复测。

5.3.2.1 平面网复测

CPⅢ 平面网复测采用的仪器设备、观测方法、网形、精度指标、计算软件及联测上一级控制点 CPⅠ、CPⅡ 的方法和数量均应与原测相同。当 CPⅠ 或 CPⅡ 控制点破坏或不满足联测精度要求时,需采用稳定的 CPⅢ 点原测成果进行约束平差。CPⅢ 点复测与原测成果的 X、Y 坐标较差应 ≤±3 mm,且相邻点的复测与原测坐标增量 ΔX、ΔY 较差应 ≤±2 mm。较差超限时应结合线下工程结构和沉降评估结论分析判断超限原因,确认复测成果无误后,应对超限的 CPⅢ 点采用同精度内插方式更新成果,最终选用合格的复测成果和更新成果进行后续作业。平面坐标增量较差按下式计算:

$$\Delta X_{ij} = (X_j - X_i)_{\text{复}} - (X_j - X_i)_{\text{原}}$$

$$\Delta Y_{ij} = (Y_j - Y_i)_{\text{复}} - (Y_j - Y_i)_{\text{原}} \tag{5-24}$$

5.3.2.2 高程网复测

CPⅢ高程网复测采用的网形、精度指标、计算软件及联测上一级线路水准基点的方法和数量均应与原测相同。CPⅢ点复测与原测成果的高程较差≤±3 mm，且相邻点的复测成果高差与原测成果高差较差≤±2 mm时，采用原测成果。较差超限时应结合线下工程结构和沉降评估结论分析判断超限原因，确认复测成果无误后，应对超限的CPⅢ点采用同精度内插方式更新成果，最终选用合格的复测成果和更新成果进行后续作业。高程增量较差按下式计算：

$$\Delta H_{ij} = (H_j - H_i)_\text{复} - (H_j - H_i)_\text{原} \quad (5-25)$$

5.3.2.3 CPⅢ网维护

由于CPⅢ网布设于桥梁防撞墙、隧道边墙和辅助立柱上，会受线下工程的稳定性等原因的影响，为确保CPⅢ点的准确、可靠，在使用CPⅢ点进行后续轨道安装测量时，每次都要与周围其他点进行校核，特别是要与地面上稳定的CPⅠ、CPⅡ点进行校核，以便及时发现和处理问题；在投影换带地段，还应在相邻投影带对线路中线进行实地检核；同时应加强对永久CPⅢ点的维护。

（1）补设CPⅢ标志：在施工或运营过程中应检查标志的完好性，对丢失和破损较严重的标志应按原测标准，在原标志附近重新埋设，并按初次测量要求做点位记录。

（2）外业测量及数据处理：当有CPⅢ点丢失时，应补测此CPⅢ点前后各2对CPⅢ点以及该点的对点，并保证每个CPⅢ点被不同的测站观测3次。当观测限差满足要求后应至少约束此点周围稳定的9个CPⅢ点进行平差计算，当各项技术指标满足规范要求后，以本次平差结果为该点的最后成果。如果不能满足上述要求应结合具体情况分析。

5.3.2.4 CPⅢ标志的保护

（1）CPⅢ成果作为无砟轨道铺设及后期运营、维护的基准，各标段须根据自身情况制定CPⅢ、加密CPⅡ、加密二等水准点保护措施，在施工过程中加强CPⅢ标志的保护和维护工作。

（2）CPⅢ控制桩立柱施工时应做好防护工作，防止混凝土立柱遭到碰撞破坏。

（3）安装接触网杆时，应做好对CPⅢ控制桩立柱的防护工作，严禁吊装作业时碰动立柱。

5.3.3 技术总结与上交材料

上交资料主要包括测量设计阶段、测量实施阶段和数据处理阶段的技术文档、管理文档、观测数据、计算资料以及成果报告等内容。

5.3.3.1 平面控制网建网与复测技术资料

（1）平面控制网测量作业指导书。

（2）平面控制网测量外业测量观测手簿及仪器检定证书。

（3）平面控制点点之记。

（4）平面控制网数据质量检核报告。

（5）平面控制网平差计算报告。

（6）平面控制网复测与原测成果对比分析表。

（7）平面控制网测量成果表。

（8）平面控制网联测示意图。

（9）平面控制网观测数据、计算资料电子光盘。

5.3.3.2　高程控制网建网与复测技术资料

（1）高程控制网测量作业指导书。

（2）高程控制网测量外业观测手簿及仪器检定证书。

（3）高程控制网测量计算资料。

（4）高程控制网测量数据质量检核报告。

（5）高程控制网平差计算报告。

（6）高程控制网复测与原测成果对比分析表。

（7）高程控制网测量成果表。

（8）高程控制点点之记。

（9）水准路线联测示意图。

（10）高程控制网观测数据、计算资料电子光盘。

5.3.3.3　技术报告

（1）控制网测量技术方案、生产组织方案、环境及职业健康安全工作策划书等。

（2）测绘单位与施测人员资质证书等。

（3）控制网测量成果报告。

（4）控制网测量技术工作总结报告。

5.4　CPⅢ控制网的外业施测

5.4.1　点位选择

CPⅢ控制网是轨道铺设、精调以及运营维护的基准。CPⅢ测量基于合格的 CPⅠ、CPⅡ 成果进行，CPⅢ布设间距应为 60 m 左右。CPⅢ点沿线路走向成对布设，每对点之间里程差要求小于 1 m。CPⅢ点设置在稳固、可靠、不易破坏和便于测量的地方，并应防沉降和抗移动。控制点标识要清晰、齐全、便于准确识别。相邻 CPⅢ控制点应大致等高，其位置应高于设计轨道高程面 0.3 m。

5.4.1.1 路基段 CPⅢ 布设

根据现场情况选择 CPⅢ 安装位置，一是直接在接触网立柱上安装 CPⅢ，但不应破坏立柱结构，应优先采用此种方法；若第一种方法无法实施，或 CPⅢ 点位稳定性无法保证时，需在线上路基地段单独埋设专门的 CPⅢ 辅助立柱。CPⅢ 选点前需收集并分析电化支柱坠陀位置资料，防止影响坠陀运动。

路基地段 CPⅢ 点横向布设于接触网立柱内侧或单独布设的 CPⅢ 辅助立柱内侧，示意图见图 5-18。

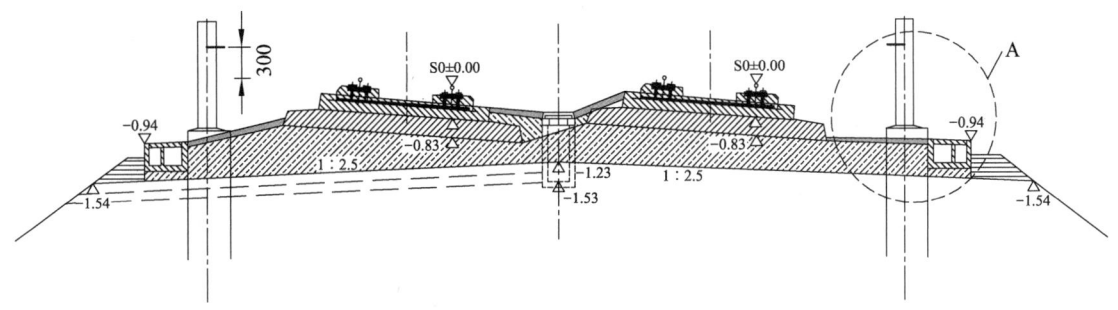

图 5-18　CPⅢ 控制点路基地段埋设示意图

5.4.1.2 桥梁段 CPⅢ 布设

桥梁段 CPⅢ 点竖向布设于挡砟墙顶面上，示意图见图 5-19。

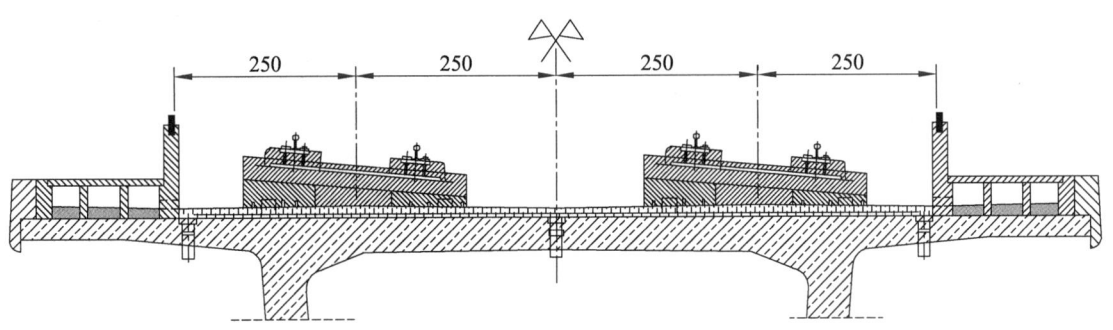

图 5-19　CPⅢ 控制点桥梁上埋设示意图

简支梁段，应根据桥梁结构布设于固定支座端；连续梁段，应布设于固定支座端，若跨度大于 80 m，应在跨中部增设 CPⅢ 点。

5.4.1.3 隧道段 CPⅢ 点布设

隧道段 CPⅢ 点横向布设于电缆槽顶面以上 30~50 cm 的边墙内衬上，示意图见图 5-20。

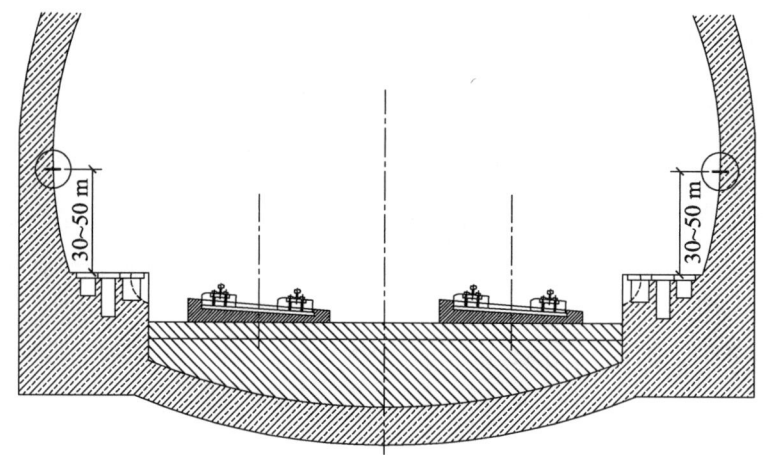

图 5-20 无砟轨道 CPⅢ 控制点隧道内埋设示意图

5.4.1.4 车站范围 CPⅢ 点的布设

车站范围内因为股道较多、同期施工的其他工程较多,应该根据施工进度将 CPⅢ 点设在雨棚柱基础上、站台边墙上或单独埋设 CPⅢ 标志桩,在同一个车站形式应统一,要保证标志点的稳定性。

5.4.2 点位埋设

CPⅢ 点标志埋设采用钻孔埋标法,埋设之前逐个检查平面(高程)测量连接杆和预埋件之间的间隙,平面(水准)测量杆全部插入预埋件后预埋件沿口应和平面(水准)测量杆突出横截面密接,有异常情况的预埋件不能使用。

特别强调的是,预埋件锚固要求使用合格的植筋胶或速凝水泥,不得使用劣质植筋胶或速凝水泥,锚固措施必须使得预埋件牢固、长期使用不松动。

5.4.2.1 路基段 CPⅢ 点标志埋设

(1)在辅助立柱上距扩大基础顶面 90 cm(此处需高于轨顶 30 cm)处横向钻孔,孔深为预埋件长度,然后略微扩大孔径口,孔径由内向外略向上倾斜。
(2)用塑料盖封闭预埋件插口端管口,防止异物进入预埋件。
(3)将钻孔内碎石渣清理干净,浇水润湿洞孔,将植筋胶或速凝水泥等塞入洞孔。
(4)植入预埋件,预埋件插口表面与辅助立柱表面齐平。

5.4.2.2 桥梁段 CPⅢ 点标志埋设

(1)打孔:先在桥梁防撞墙顶面上竖直钻孔,孔深为预埋件长度,然后略微扩大孔径口,孔径基本竖直。
(2)用塑料盖封闭预埋件插口端管口,防止异物进入预埋件。
(3)将钻孔内碎石渣清理干净,浇水润湿洞孔,将植筋胶或速凝水泥等塞入洞孔。

(4)植入预埋件,预埋件插口顶面与防撞墙顶面齐平。

5.4.2.3 隧道段 CPⅢ 点标志埋设

(1)打孔:在隧道边墙上,高出电缆槽顶面 30 cm 的地方横向钻孔,孔深为预埋件长度,然后略微扩大孔径口,孔径由内向外略向上倾斜。

(2)用塑料盖封闭预埋件插口端管口,防止异物进入预埋件。

(3)将钻孔内碎石渣清理干净,浇水润湿洞孔,将植筋胶或速凝水泥等塞入洞孔。

(4)植入预埋件,预埋件插口表面与墙壁表面齐平。

5.4.3 CPⅢ 平面外业施测

CPⅢ 平面测量采用标称精度不低于 1″、$1\ \text{mm}+2\times10^{-6}\cdot D$ 的测量机器人型全站仪,通过内置我院开发的机载自动化数据采集程序伺服电机自动测量并记录。

(1)仪器检校和校正。

平面观测前,应对全站仪进行检验和校正,主要包括以下内容:

① 望远镜光学性能的检验。

② 调焦镜运行正确性的检验。

③ 照准部旋转是否正确的检验。照准部旋转轴正确,各位置气泡读数较差不应超过一格。

④ 垂直微动螺旋使用正确性的检验。

⑤ 照准部旋转时仪器底座稳定性的检验。

⑥ 水平轴倾斜误差(水平轴不垂直于垂直轴之差)的检验,DJ_1 型仪器不应超过 10″。

⑦ 视准轴误差(2C,视准轴不与水平轴正交所产生的误差)的检验,DJ_1 型仪器不应超 20″。

⑧ 竖盘指标差的检验,DJ_1 型仪器不应超 8″。

⑨ 对中器的检验和校正。对中误差不应大于 1 mm。

⑩ 测距加常数及棱镜常数的检验。

(2)水平方向采用全圆方向观测法进行观测,且必须满足表 5-9 的规定。

表 5-9 CPⅢ 平面水平方向观测技术要求

控制网名称	仪器等级	测回数	半测回归零差	2C 误差	不同测回同一方向 2C 互差	同一方向归零后方向值较差	竖盘指标差互差	测回间竖直角较差
CPⅢ 平面网	0.5″	2	6″	≤±20″	9″	6″	12″	6″
	1″	3	6″	≤±20″	9″	6″	12″	6″

注:当观测方向的垂直角超过±3°的范围时,该方向 2C 互差按相邻测回同方向进行比较,其值应满足表中一测回内 2C 互差的限值。

(3)CPⅢ 平面网距离测量应满足表 5-10 的规定。

表 5-10 CPⅢ平面网距离观测技术要求

控制网名称	半测回间距离较差	测回间距离较差
CPⅢ平面网	±1 mm	±1mm

注：距离测量一测回是全站仪盘左、盘右各测量一次的过程。

CPⅢ平面网纵横向闭合差检验结果建议满足表 5-11 的规定。

表 5-11 CPⅢ平面网闭合差技术要求

控制网名称	横向闭合差	纵向闭合差
CPⅢ平面网	±2 mm	±2 mm

当 CPⅢ平面网外业观测的水平方向、距离以及平面闭合差的观测误差不满足以上技术要求时，相应测站外业观测值应全部重测。

（4）CPⅢ平面测量采用自由测站边角交会测量的方法来施测，起闭于线下 CPⅡ 或线上 CPⅡ 控制点。

（5）CPⅢ平面网观测的自由测站间距一般为 120 m，测站内观测 12 个 CPⅢ点，全站仪前后方各 3 对 CPⅢ点，自由测站到 CPⅢ点的最远观测距离不应大于 180 m，每个 CPⅢ点至少应保证有 3 个自由测站的方向和距离观测量，如图 5-21 所示。

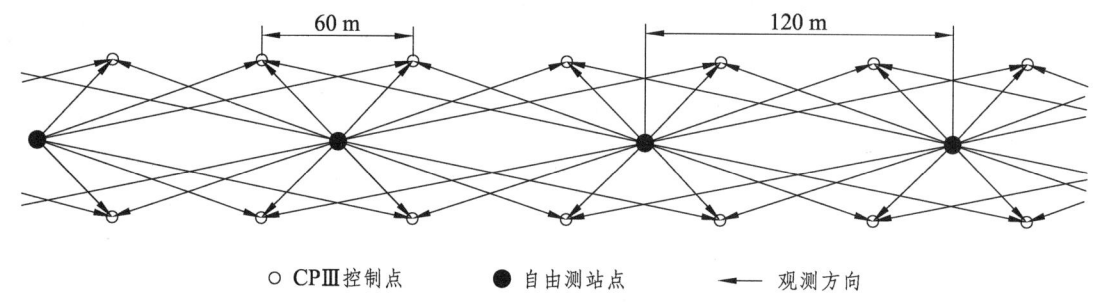

○ CPⅢ控制点　　● 自由测站点　　← 观测方向

图 5-21 测站观测 12 个 CPⅢ点平面网构网示意图

因遇施工干扰或观测条件稍差时，CPⅢ平面控制网可采用图 5-22 所示的构网形式，平面观测测站间距应为 60m 左右，每个 CPⅢ控制点应有 4 个方向交会。

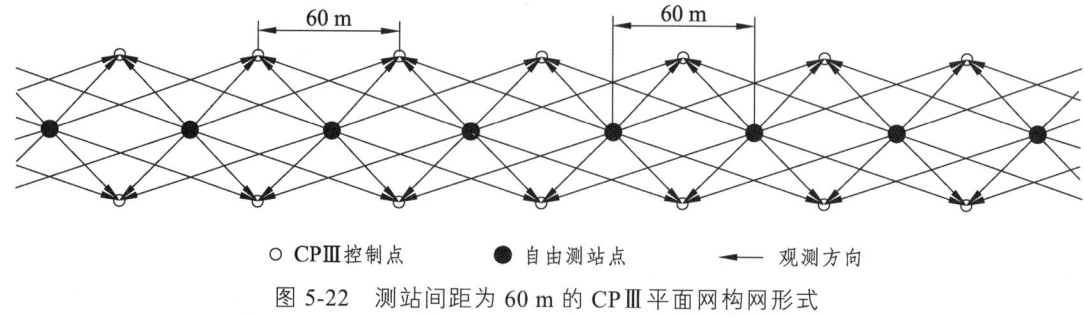

○ CPⅢ控制点　　● 自由测站点　　← 观测方向

图 5-22 测站间距为 60 m 的 CPⅢ平面网构网形式

（6）CPⅢ平面网附合于线上或线下 CPⅡ控制点上，每 600 m 左右联测一个 CPⅡ点，联测时统一采用自由测站法，并在至少 3 个及以上自由测站上进行联测，观测图形如图 5-23 所示。

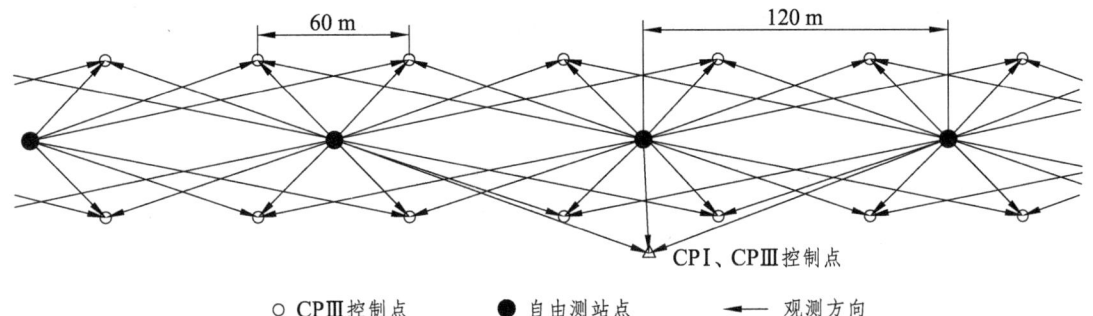

○ CPⅢ控制点 ● 自由测站点 ← 观测方向

图 5-23 联测 CPⅠ、CPⅡ控制点的观测网图

（7）平面观测安排在阴天或夜晚时间内进行。夜间观测时注意视线方向不能有强光直射，且测站附近不能有震动干扰。CPⅢ观测前正确配置全站仪并输入各项参数，测量过程中严格控制数据采集质量，对不合格的观测值重新测量直至合格为止。置于CPⅢ控制点上的棱镜连接件与预埋件完全套合连接，并确保棱镜在连接件上安装到位后正对全站仪。观测人员须待棱镜正确安置后方可进行测量。测量过程中正确输入对应CPⅢ棱镜的棱镜常数。现场认真填写CPⅢ平面网自由测站的外业测量记录（表5-12），不允许事后补填。外业记录须在现场测量时记录各测站的实际情况，它是CPⅢ测量的重要原始数据，应认真填写，在每段CPⅢ测量结束后装订存档。观测时尽量避免施工干扰，棱镜内不能有任何遮挡，务必保证所有目标点都能通视，并且附近没有反光马甲或其他类似的反光表面。定时对仪器设备的工作状况进行检查，避免观测出现系统误差。

表 5-12 CPⅢ测站信息表

标段（测量组）段   第页（共页）
天气：□晴 □阴 □雨   □无风 □微风 □大风
仪器型号和编号：   /   测量时段：□夜间 □上午 □下午

自由测站编号		仪器高（m）		温度		气压	
测量点编号	棱镜高（m）	备注	测量点编号	棱镜高（m）	备注		

CPⅢ点标记示意图：

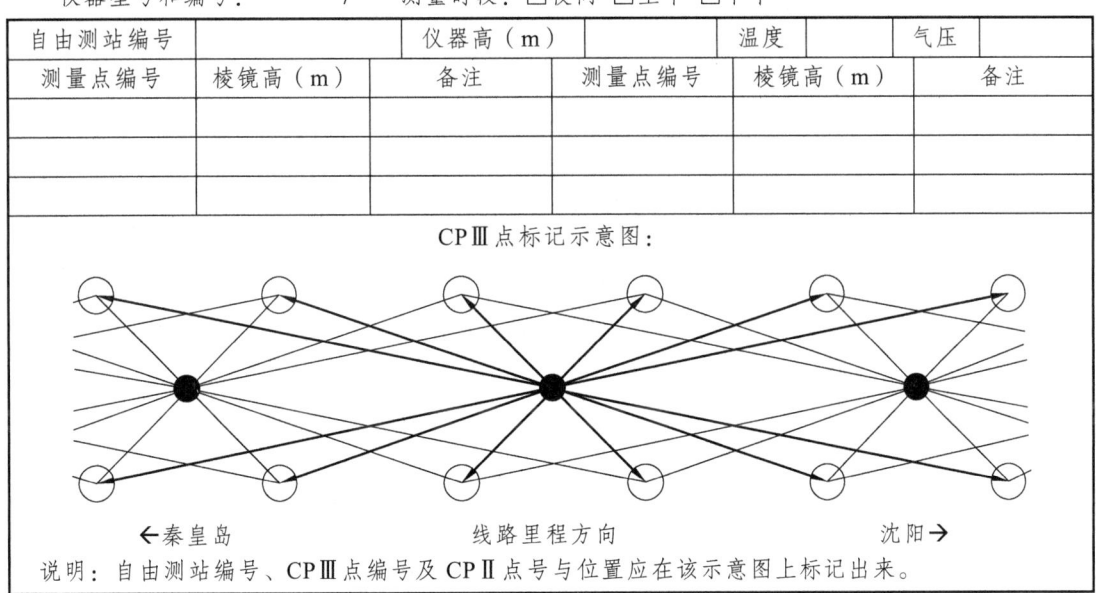

←秦皇岛   线路里程方向   沈阳→

说明：自由测站编号、CPⅢ点编号及CPⅡ点号与位置应在该示意图上标记出来。

司镜：   记录：   监理：   年 月 日

5.4.4　CPⅢ高程外业施测

CPⅢ高程外业施测采用精密水准测量等级，要求使用的不低于 DS_1 级的电子水准仪及其配套因瓦水准尺，并配置稳定、结实的专用木质三脚架，尺垫质量为 5 kg，水准测量扶尺使用配套的专用尺撑，CPⅢ测量标志组件采用全线统一指定的 CPⅢ 标志，精密水准测量作业前及作业期间应按《高速铁路工程测量规范》（TB 10601—2009）中的规定进行必要的检校，并保证投入使用的仪器设备均在有效检定期内。

（1）CPⅢ精密水准观测需按单程矩形闭合环的形式进行，与线路水准基点联测时采用往返观测方式，观测方法和精度满足表 5-13 和 5-14 的规定。

表 5-13　精密水准测量观测方法

等级	观测方式		观测顺序
	已知点联测	环线	
精密水准	往返	单程闭合环	奇数站：后—前—前—后
			偶数站：前—后—后—前

表 5-14　精密水准观测主要技术要求

等级	水准仪最低型号	水准尺类型	视距	前后视距差	测段的前后视距累积差	视线高度	数字水准仪重复测量次数
			数字	数字	数字	数字	
精密水准	DS_1	因瓦	≥3 且 ≤60	≤2.0	≤6.0	≤2.8 且 ≥0.45	≥2 次

（2）作业前和作业期间需对仪器设备进行检查，包括：作业前及作业过程中检查 i 角均应不超过 15″；当水准尺垂直时，水准尺的圆水准气泡应居中；水准尺无弯曲、磨损等。

① 水准观测前，需对数字水准仪按如下要求进行配置：

a. 仪器设置主要有：

测量的高程单位和记录到内存的单位为米（m）；最小显示位为 0.000 01 m；设置日期格式为实时年、月、日；设置日期格式为实时 24 小时制。

b. 测站限差参数设置：

视距限差的高端和低端；视线高限差的高端和低端；前后视距差限差；前后视距差累积限差；两次读数高差之差限差。

c. 作业设置：

建立作业文件；建立测段名；选择测量模式："aBFFB"；输入起始点参考高程；输入点号（点号）；输入其他测段信息。

水准观测限差按表 5-14 进行设置。

② 观测时应遵守以下事项：

a. 观测前 30 min，应将仪器置于露天阴影下，使仪器与外界气温趋于一致。

b. 在连续各测站上安置水准仪的三脚架时,应使其中两脚与水准路线的方向平行,而第三脚轮换置于路线方向的左侧与右侧。

c. 水准尺须采用辅助支撑进行安置,测量转点应安置尺垫,尺垫选择坚实的地方并踩实以防尺垫的下沉(尺垫质量 5 kg)。

d. 每一测段的往测与返测,其测站数应为偶数。由往测转为返测时,两支标尺应互换位置,并应重新整置仪器。

e. 应避免望远镜直接对着太阳;仪器只能在厂方规定的温度范围内工作;确信震动源造成的震动消失后,才能启动测量键。

f. 观测间歇时,必须在水准点上结束。

g. 测站观测误差超限,在本站发现后可立即重测,若迁站后才检查发现,则应从水准点或间歇点(应检测附合限差)起始,重新观测。

h. 水准基点加密时,水准线路必须联测到至少 3 个线路水准基点上,以检验联测水准点是否发生沉降。

i. 水准线路采用往返观测,并沿同一路线进行,往返观测在一日的不同时间段进行。

在观测数据存储之前,必须对观测数据作各项限差检验。检验不合格时,对不合格测段整体重测,至合格为止。

③ 观测时间与气象条件

水准观测应在标尺分划成像清晰而稳定时进行。下列情况下不应进行观测:

a. 日出与日落前 30 min 内。

b. 太阳中天前后各约 2 h 内(可根据地区、季节和气象情况,适当增减,最短间歇时间不少于 2 h)。

c. 标尺分划线的影像跳动剧烈时。

d. 气温突变时。

e. 风力过大而使标尺与仪器不能稳定时。

(3)CPⅢ高程测量附合于线路水准基点或线上水准加密点,统一按矩形环单程水准网进行观测,水准路线附合长度不得大于 3 km。CPⅢ高程网与线路水准基点或线上水准加密点按水准测量方式进行联测时,按精密水准测量技术要求进行往返观测。

(4)CPⅢ高程测量采用图 5-24 所示的水准路线形式。测量时左边第一个闭合环的四个高差应该由两个测站完成,其他闭合环的四个高差由一个测站按照后—前—前—后、前—后—后—前的顺序进行单程观测。单程观测所形成的闭合环如图 5-25 所示。

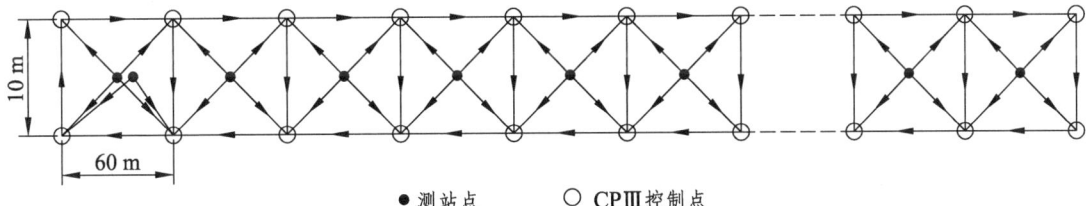

● 测站点　　○ CPⅢ控制点

图 5-24　矩形法 CPⅢ水准测量示意图

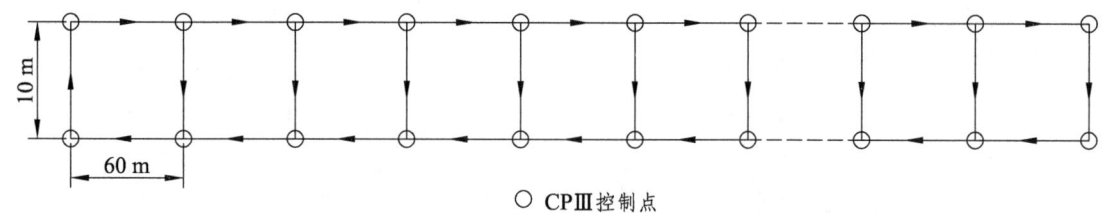

○ CPⅢ控制点

图 5-25 CPⅢ水准网单程观测形成的闭合环示意图

5.4.5 不量仪器高、棱镜高中间设站三角高程测量外业施测

当桥面与地面间高差较大时，CPⅢ高程测量时无法采用几何水准测量方法与线路水准基点进行联测，将采用中间设站不量仪器高、棱镜高的三角高程上桥测量替代常规二等水准测量，并评定其测量质量、精度和可靠性。

当桥面与地面间高差较大时，CPⅢ高程测量与线路水准基点联测采用全站仪中间设站不量仪器高、棱镜高的三角高程测量方法。中间设站三角高程的测量方法如图 5-26 所示。

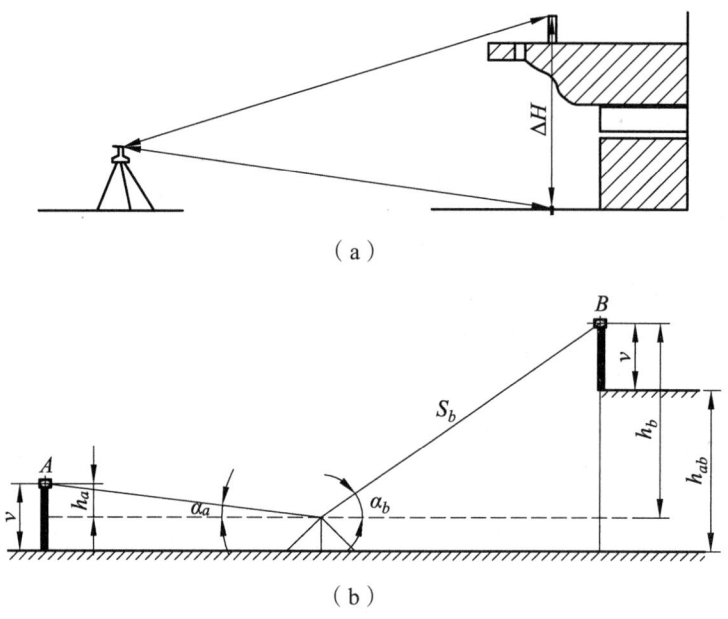

图 5-26 不量仪器高、棱镜高的中间设站三角高程测量示意图

三角高程测量采用标称精度不低于 $1''$、$1\ mm+2\times10^{-6}\cdot D$ 的机器人型全站仪，并配置稳定、结实的专用木质三脚架，温度计读数要求能精确到 $0.2\ ℃$，气压计读数能精确到 $0.5\ hPa$，以及专门制作的精加工等长棱镜杆（两根棱镜杆互换性高差小于 $0.2\ mm$）和 Leica GPR121 精密棱镜施测。

（1）三角高程观测时竖直角必须满足表 5-15 的规定。

（2）距离观测时须精确测定温度、气压值，以便进行边长改正。距离观测及两组观测高差较差要求见表 5-16。

表 5-15　垂直角测量技术要求

测回数	测回间指标差互差	测回间垂直角较差
4	≤±5.0″	≤±5.0″

表 5-16　距离及高差观测要求

测回数	前后视距差（m）	测回内较差（mm）	测回间较差（mm）	两组观测高差较差（mm）
4	≤±5.0	≤±2.0	≤±2.0	≤±1.0

当三角高程外业观测的角度及距离不满足以上技术要求时，相应测站外业观测值应全部重测。

（3）三角高程测量时桥上和桥下辅助高程点上竖直放置中铁一院研制的等长特制棱镜杆，并在棱镜杆上安置 Leica GPR121 精密棱镜。

（4）采用测量机器人型全站仪测量桥上和桥下辅助点之间的高差。每测站边长观测必须进行温度、气压等气象元素改正，温度读数精确至 0.5 ℃，气压读数精确至 1 hPa。

（5）施测时要求进行两组独立的观测，第一组观测完成后，将测站挪动一点位置后进行第二组观测。观测时仪器与棱镜的距离一般不超过 100 m，最大不得超过 150 m。

当线路水准基点离线路较近且具备通视条件时，按图 5-26（a）进行作业；否则按图 5-26（b）作业。这时需在桥墩上高出地面 0.3 m 的地方埋设一桥下辅助点，辅助点横向垂直于桥墩（也可以采用满足要求的墩台变形监测点），测量标志采用 CPⅢ预埋件，辅助点高程按二等水准测量要求进行往返测量，由距离其最近线路水准基点引测。桥上点直接采用既有的 CPⅢ点。

5.5　CPⅢ控制网的数据处理

5.5.1　数据预处理

外业观测结束后，应及时从全站仪或电子观测手簿中下载数据并进行数据处理，以便对外业数据的质量进行检核。检核的内容包括观测资料的完整性、合理性以及外业测量成果的质量。

（1）对提交的轨道控制网测量成果资料进行检查，成果资料内容完整，格式正确，文档整理整齐、规范，符合技术方案以及国家相关规范或业主的要求和满足测量使用的需要。

（2）外业测量作业使用的仪器数量、精度指标、作业方式是否合理，仪器是否在有效检定期内，测量仪器是否在作业期间进行了检校，测量技术指标能否达到规范要求。

（3）外业作业方法是否正确，外业观测记录、台账是否齐全，各项限差是否满足规范要求。

（4）超限观测数据的剔除、补测、重测是否合理。

（5）与相邻线路或标段之间精测网衔接测量数据的精度是否满足要求。

（6）相邻投影带之间的控制网衔接过渡测量数据的精度是否满足要求。

（7）外业成果资料的内容、格式、交付完整性是否满足要求。

（8）CPⅢ边长测量时，气象数据和仪器加、乘常数是否输入仪器进行改正，边长是否进行归算至大地投影面和归算至高斯投影面的改正。

（9）对平差计算数据处理起算基准、起始数据进行检验。

（10）对数据剔除的合理性进行检查。

5.5.2 数据精处理

针对 CPⅢ 网具有路线长、控制点多、施测方法与国内测量方法显著不同以及控制点间的内符合精度要求高等特点，我们提出一套 CPⅢ 轨道控制网数据处理方法：首先对观测数据进行测站质量检查与弦长闭合差检核，然后采用秩亏自由网平差检核测量系统的内符合精度；自由网平差通过后，采用拟稳平差选择兼容的起算点，然后引入外部基准进行约束平差处理；在平差过程中，用多维粗差同时定位定值算法（LEGE）求解出粗差值的大小并对观测值进行修复，再用 Helmert 方差分量估计方法合理地确定边、角的权比关系；同时，针对 CPⅢ 网规模较大且易于分区的特点，采用 Helmert 分区平差法对其进行分区平差解算，能显著提高计算效能；另外，考虑到 CPⅢ 距离观测值与 CPⅠ/CPⅡ 坐标系统存在尺度不一致的问题，计算过程中对测距边长进行了两化改正。

5.5.2.1 关键算法和相关理论

（1）经典平差、秩亏自由网平差与拟稳平差。

秩亏自由网平差用于客观评定观测数据的内符合精度；拟稳平差用于选择兼容的起算点；经典平差则用于 CPⅢ 网点施工坐标的求解与客观评定测量系统的精度指标。

CPⅢ 网是边角同测网，观测数据包括测方向和测边两类观测值，其误差方程分别为：

$$\begin{bmatrix} V_1 \\ V_2 \end{bmatrix} = \begin{bmatrix} A & B_1 \\ 0 & B_2 \end{bmatrix} \begin{bmatrix} \delta \hat{Z} \\ \delta \hat{X} \end{bmatrix} - \begin{bmatrix} l_1 \\ l_2 \end{bmatrix}, \quad \begin{bmatrix} P_1 & \\ & P_2 \end{bmatrix} \quad (5\text{-}26)$$

其中：B_1、V_1、l_1、P_1 和 B_2、V_2、l_2、P_2 分别为测方向、测边的设计矩阵、残差向量、观测值向量、权阵；A 为定向角改正数的设计矩阵；$\delta \hat{Z}$ 为定向角改正数向量；$\delta \hat{X}$ 为待定点坐标改正数向量。简记为

$$V = A'\hat{X}' - l, \quad P \quad (5\text{-}27)$$

在进行经典平差时应选择兼容的已知点作为起算点，其最小二乘解为

$$\hat{X}' = (A'^{\mathrm{T}} P A')^{-1} A'^{\mathrm{T}} P l = Q_{\hat{X}'\hat{X}'} A'^{\mathrm{T}} P l \quad (5\text{-}28)$$

单位权中误差估值：

$$\hat{\delta}_0 = \sqrt{\frac{V^{\mathrm{T}} P V}{r}} \quad (5\text{-}29)$$

其中，r 为平差系统的多余观测总数。待估参数的方差协方差矩阵为

$$D = \hat{\delta}_0^2 \cdot Q_{\hat{X}'\hat{X}'} \tag{5-30}$$

秩亏自由网平差和拟稳平差有多种解法，此处采用附加约束法求解，附加约束条件为

$$G^T \hat{X}' = 0 \tag{5-31}$$

其中，G 的形式可参阅相关文献。联合式（5-27）可求得其最小二乘解为

$$\hat{X}' = (A'^T PA' + GG^T)^{-1} A'^T Pl \tag{5-32}$$

参数 $\hat{X}'$ 的协因数阵为

$$Q_{\hat{X}'\hat{X}'} = (A'^T PA' + GG^T)^{-1} - GG^T \tag{5-33}$$

剔除拟稳平差后求得的坐标改正数有异常的已知点，即是选择了兼容的已知点作为起算点。

（2）粗差探测与剔除。

CPⅢ网数据采集量大，在大量的野外数据观测中难免出现粗差，粗差的存在会对最小二乘平差参数估计带来严重的影响和扭曲，因此，粗差的探测与剔除是 CPⅢ 网数据处理中必不可少的环节。本章中粗差的探测与剔除采用"多维粗差定位定值算法——LEGE"，不仅能确定多个粗差出现的位置，而且可以同时求得各个粗差的数值大小，从而达到剔除粗差、修复观测值的目的。

根据最小二乘平差理论可知，真误差与改正数之间存在以下严格等式：

$$-\underset{n \times n}{Q_{vv}} \underset{n \times n}{P} \underset{n \times 1}{\Delta} = \underset{n \times 1}{V} \tag{5-34}$$

其中：Q_{vv} 为改正数向量 V 的验后协因数阵；P 为观测向量权阵。

令 $\underset{n \times n}{R} = \underset{n \times n}{Q_{vv}} \underset{n \times n}{P}$，则（式 5-34）可写成

$$-\underset{n \times n}{R} \underset{n \times 1}{\Delta} = \underset{n \times 1}{V}, \quad \underset{n \times n}{R} = \underset{n \times n}{Q_{vv}} \underset{n \times n}{P} = I - A(A^T PA)^{-1} A^T P \tag{5-35}$$

假设 $\underset{n \times 1}{\Delta}$ 向量存在 k 个粗差，设 $\underset{n \times n}{R} = \begin{bmatrix} \underset{n \times k}{R_I} & \underset{n \times k'}{R_{II}} \end{bmatrix}$，$\underset{n \times 1}{\varepsilon} = -\underset{n \times 1}{\Delta} = \begin{bmatrix} \underset{k \times 1}{\varepsilon_I} & \underset{k' \times 1}{\varepsilon_{II}} \end{bmatrix}^T$，则有

$$\underset{n \times k}{R_I} \underset{k \times 1}{\varepsilon_I} + \underset{n \times k'}{R_{II}} \underset{k' \times 1}{\varepsilon_{II}} = \underset{n \times 1}{V} \tag{5-36}$$

略去 $R_{II} \varepsilon_{II}$ 项，则粗差向量 ε_I 的最小二乘解为

$$\underset{k \times 1}{\varepsilon_I} = (\underset{k \times n}{R_I^T} \underset{n \times k}{R_I})^{-1} \underset{k \times n}{R_I^T} \underset{n \times 1}{V} \tag{5-37}$$

LEGE 是基于在观测值向量含有粗差的情况下进行平差的，平差的验后单位权中误差会明显偏大，若能解算出全部粗差并以此修正相应的观测值，重新进行平差，则验后单位权中误差将显著减小。若能部分地解算出粗差并作修正，则较修正前，验后单位权中误差也将有所减小，但其减小程度不如前一种情况。基于这一思想，可对式（5-37）计算出的粗差进行

搜索、判断和确定。

（3）方差分量估计。

合理的随机模型是高精度测量中获取正确平差结果的前提，错误的随机模型将导致参数估计的结果失真，评定的精度也不可靠。无砟轨道铁路施工测量中要求轨道控制网CPⅢ的相邻点之间的相对精度优于1 mm，对于此类精度要求极高的精密工程测量，合理的评定精度是保证施工安全的必要手段。Helmert方差分量估计是合理确定不同类型观测值权比的常用方法，采用此方法在平差中客观、合理地估计CPⅢ网的边角观测权，可得到正确的参数估计和可靠的精度评定指标。

（4）分区平差。

CPⅢ网一般平差段落较长，包含的CPⅢ点数和边角观测值较多，解算规模十分庞大，因此，法方程的解算方法及速度显得非常重要。针对CPⅢ网规模较大且易于分区的特点，可采用Helmert分区平差方法对其进行分区解算，从而提高平差计算效能。Helmert分区平差法的基本原理为：通过点号的适当编排，利用若干个公共点将控制网分为若干个分区，每个分区的误差方程式中除了本分区内的未知数外，仅有公共点上的未知数，于是可以每个分区单独组成法方程式，用消元法消去分区内的未知数，剩下仅含公共点未知数的约化方程，然后将各分区约化方程相加，得到全区公共点的法方程（总法方程）。由总法方程首先解算出分界点的未知数，最后将公共点未知数代入各分区法方程，解算出全部点的未知数。

设CPⅢ网平差中将观测值和CPⅢ点分为 m 个分区，则误差方程表示为矩阵结构为

$$\underbrace{\begin{bmatrix} V_1 \\ V_2 \\ \vdots \\ V_m \\ V_B \end{bmatrix}}_{V} = \underbrace{\begin{bmatrix} A_1 & & & & A_{1B} \\ & A_2 & & & A_{2B} \\ & & \ddots & & \vdots \\ & & & A_m & A_{mB} \\ & & & & A_B \end{bmatrix}}_{A} \underbrace{\begin{bmatrix} X_1 \\ X_2 \\ \vdots \\ X_m \\ X_B \end{bmatrix}}_{X} - \underbrace{\begin{bmatrix} L_1 \\ L_2 \\ \vdots \\ L_m \\ L_B \end{bmatrix}}_{L} \quad (5\text{-}38)$$

式中：$X_i(i=0,1,\cdots,m)$ 为各分区内未知数；X_B 为分界点未知数；A_i、A_{iB}、A_B 分别为设计矩阵；L_i 为 i 分区观测向量，L_B 为分界点观测向量，它们的权矩阵分别为 P_i、P_B。法方程式为

$$\underbrace{\begin{bmatrix} N_1 & & & & N_{1B} \\ & N_2 & & & N_{2B} \\ & & \ddots & & \vdots \\ & & & N_m & N_{mB} \\ N_{1B}^{\mathrm{T}} & N_{2B}^{\mathrm{T}} & \cdots & N_{mB}^{\mathrm{T}} & N_B \end{bmatrix}}_{N} \underbrace{\begin{bmatrix} X_1 \\ X_2 \\ \vdots \\ X_m \\ X_B \end{bmatrix}}_{X} - \underbrace{\begin{bmatrix} U_1 \\ U_2 \\ \vdots \\ U_m \\ U_B \end{bmatrix}}_{U} = \begin{bmatrix} 0 \\ 0 \\ \vdots \\ 0 \\ 0 \end{bmatrix} \quad (5\text{-}39)$$

式中：$N_i = A_i^{\mathrm{T}} P_i A_i$，$N_{iB} = A_i^{\mathrm{T}} P_i A_{iB}$，$U_i = A_i^{\mathrm{T}} P_i L_i$，$N_B = \sum_{i=1}^{m} A_{iB}^{\mathrm{T}} P_i A_{iB} + A_B^{\mathrm{T}} P_B A_B$，$U_B = \sum_{i=1}^{m} A_{iB}^{\mathrm{T}} P_i L_i + A_B^{\mathrm{T}} P_B L_B$。则总法方程式为

$$\left(N_B - \sum_{i=1}^{m} N_{iB}^{\mathrm{T}} N_i^{-1} N_{iB}\right) X_B - \left(U_B - \sum_{i=1}^{m} N_{iB}^{\mathrm{T}} N_i^{-1} U_i\right) = 0 \tag{5-40}$$

于是可解得公共点未知数为

$$X_B = \left(N_B - \sum_{i=1}^{m} N_{iB}^{\mathrm{T}} N_i^{-1} N_{iB}\right)^{-1} \left(U_B - \sum_{i=1}^{m} N_{iB}^{\mathrm{T}} N_i^{-1} U_i\right) \tag{5-41}$$

将式（5-41）代入式（5-39），可解出各分区内的未知数为

$$X_i = N_i^{-1}(U_i - N_{iB} X_B) \tag{5-42}$$

考虑到式（5-39）中的法方程系数矩阵为对称稀疏矩阵，对法方程系数矩阵实行变带宽压缩存储，亦可节省计算量，法方程解算采用变带宽平方根法进行消元，可减少法方程求解的计算量。由于大规模控制网平差的耗时主要在分区约化法方程阶段，因此，针对法方程系数矩阵的特点，还可在两个方面改进分区平差的算法：一是变求逆约化为求解约化；二是对法方程联系块实行紧凑存储，从而可缩短分区约化的计算时间。如采用改进后的 Helmert 分区平差算法对长约 10 km、含有 531 个未知参数和 1 126 个边角观测值的 CPⅢ网进行平差计算，计算时间可由 12 min 压缩为 3 min。

（5）测距边长两化改正。

CPⅢ网需要纳入无砟轨道线路坐标系中，联测的 CPⅠ/CPⅡ线路控制点是投影到抵偿高程面上的高斯平面坐标；而 CPⅢ网测距边长是测站中心高程面上的距离，是连接地面两点间的直线斜距，而并非高斯平面上的距离。这样 CPⅠ/CPⅡ控制点坐标（或由坐标反算出的距离）与 CPⅢ观测值就不在一个系统中，也即产生了尺度不一致的问题。因此，需要对 CPⅢ网测距边长进行两化改正：一是将空间距离归算到高斯投影面上的弦长改正；二是在距离中央子午线不同处，投影变形不同，对弦长根据其距离中央子午线的概略位置进行长度改正，将投影面上的弦长值改化为高斯平面距离。

5.5.2.2 数据实例分析

为了验证数据处理的正确性和有效性，选取某客专路基段上一长约 5 km 的实测 CPⅢ轨道控制网进行算例分析。CPⅢ网共布设 10 个 CPⅡ加密控制点，布设间距约为 600 m；共布设 CPⅢ控制点 194 个，CPⅢ点沿线路方向两侧成对布设，纵向间距约为 60 m，横向间距约为 15 m。CPⅢ网施测采用自由测站边角交会法每隔 120 m 设站观测前后各 3 对 CPⅢ控制点，每测站观测 3 测回，并将边长 300 m 范围内的 CPⅡ加密控制点纳入进行联测，以控制误差累积并将 CPⅢ控制点纳入线路坐标系。

（1）拟稳平差选择兼容的起算点。

将联测的 CPⅡ加密控制点中的 5 号点的 Y 坐标增加 10 mm 测试拟稳平差选择兼容起算点的可行性和必要性。利用拟稳平差计算的各个已知点的改正数如图 5-27 所示。

从图 5-27 中可以看出，5 号点是已知点中明显的异常点，其 Y 坐标的改正数达 11.7mm，在 CPⅢ平差计算中不宜作为起算点。考虑到 CPⅢ平差控制累积误差的需要，对于不兼容的

起算点不应进行剔除,而应对该点重新进行加密处理,得到其不含有异常值时的坐标值。图 5-28 是起算点 5 含有异常值和不含有异常值时平差后 CPⅢ相邻点相对精度对比图。

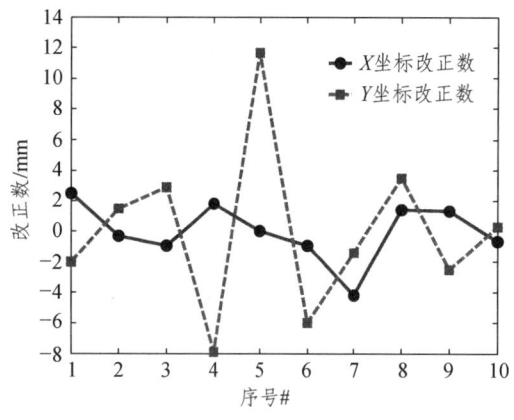

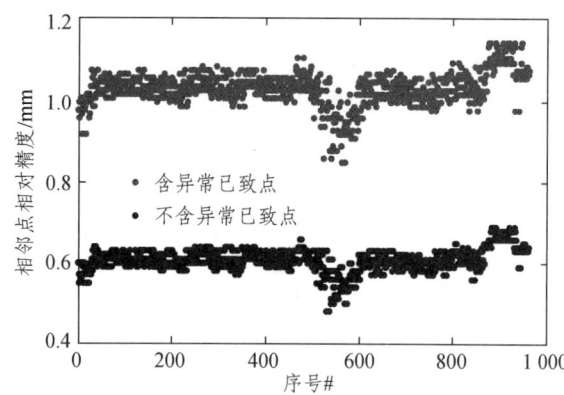

图 5-27 拟稳平差计算出的起算点坐标改正数　　图 5-28 已知点含有/不含有异常 CPⅢ相邻点相对精度对比

从图 5-28 可以看出:5 号已知点含有异常值时 CPⅢ相邻点的相对精度绝大部分均超过 1 mm,已不能满足施工测量的精度要求;而不含有异常值时相对精度均有显著的提高,平均提高幅度为 0.43 mm。若测量现场存在施工干扰或测量间隔周期较长,则某些高级控制点坐标发生变化是在所难免的。因此,在 CPⅢ平差前进行拟稳平差选择兼容的起算点是很有必要的。

(2)LEGE 多维粗差探测与修复。

CPⅢ网外业观测数据采集量大,出现粗差是不可避免的。因此,本章采用 LEGE 算法对平差系统中出现的粗差同时进行定位与定值,从而达到去除粗差影响并修复观测值的目的。为了验证 LEGE 算法粗差定位与定值的有效性与必要性,将 CPⅢ网部分观测边长人为加入 1 cm 的误差,部分观测方向加入 30″ 的误差,同时将测量数据分为两组:一组先对粗差进行探测与估计粗差值的大小,并对含粗差的观测值进行修复后再进行平差;另一组不剔除任何粗差直接进行平差。图 5-29 和图 5-30 是观测值含有粗差和修复粗差后分别平差的相邻点相对精度与边长观测值残差。

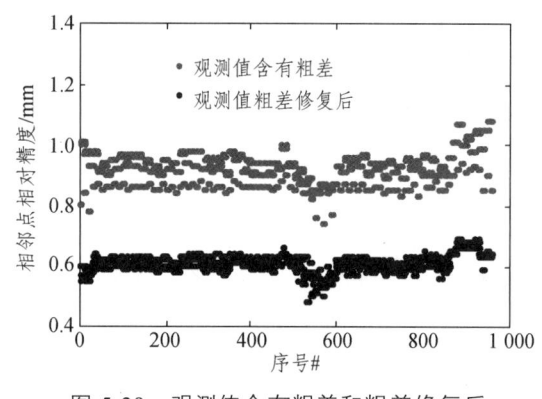

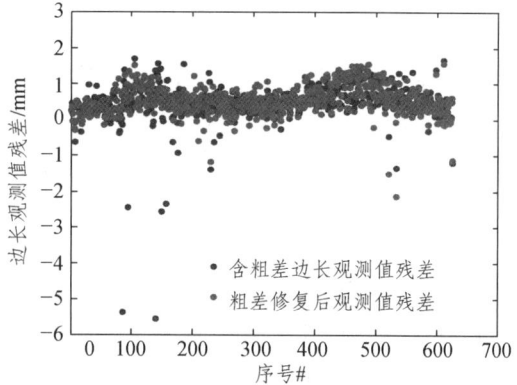

图 5-29　观测值含有粗差和粗差修复后　　　图 5-30　观测值含有粗差和粗差修复后
　　　　分别平差的相邻点相对精度　　　　　　　　　　分别平差的边长残差

从图 5-29 和图 5-30 可以看出：应用 LEGE 算法定位并修复粗差后，CPⅢ网相邻点相对精度在 0.5~0.7 mm，CPⅢ边长观测值残差均在 2 mm 之内；而直接平差得到的相对精度在 0.7~1.1 mm，边长观测值残差最大达 -5.7 mm。粗差探测与剔除后进行平差得到的相邻点相对精度和边长观测值残差均明显优于不进行任何粗差探测直接平差得到的这两项指标，这充分说明了在进行平差计算之前采用 LEGE 算法探测与修复粗差是非常必要的。

（3）Helmert 方差分量估计提高精度评定的可靠性。

测量环境的不同与变化，致使每次测量的观测值精度并不相同，传统的采用仪器标称精度或经验确定两类观测值的初始权的定权方法往往并不准确和可靠。为了更好地说明 Helmert 方差分量估计的可靠性与必要性，我们将对边、角观测值赋以不同的先验权，观察通过 Helmert 方差分量估计得到的验后单位权中误差是否稳定。为了简单起见，我们将固定测距误差，只对方向观测值验前精度进行调整，先验单位权中误差从 0.2″~3.0″，每隔 0.2″ 改变一次，共 15 次。在这 15 次实验中，分别按照采用与不采用 Helmert 方差分量估计进行平差，得到的验后单位权中误差如图 5-31 所示。同时，为了说明采用 Helmert 方差分量估计可提高精度评定的可靠性，图 5-32 分别统计了测方向验前精度为 0.4″ 和 1.0″ 时不采用方差分量估计计算的相邻点相对精度情况，并和方差分量估计的计算结果进行了比较。

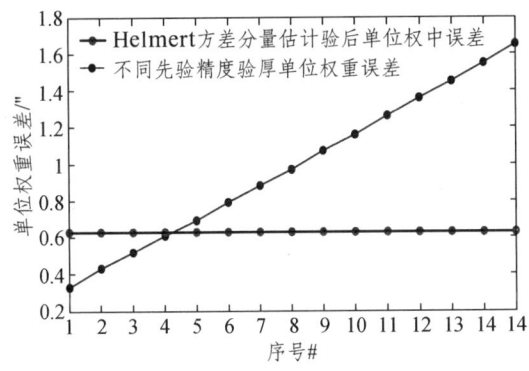

图 5-31　有无 Helmert 方差分量估计进行平差计算的验后单位权中误差

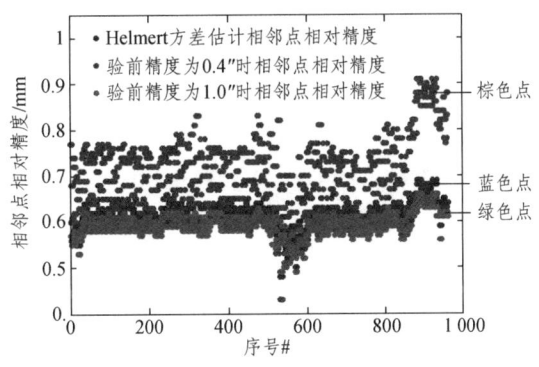

图 5-32　有无 Helmert 方差分量估计进行平差计算的 CPⅢ网相邻点相对精度

从图 5-31 的试验结果可以看出，随着方向观测值验前精度在区间 0.2″~3″ 的逐渐增大，验后单位权中误差也随着相应地增大，而经过 Helmert 方差分量估计得到的验后单位权中误差的数值却始终稳定于 0.63″，不会随着验前方向精度的变化而变化，而不采用方差分量估计得到的验后单位权中误差却变化较大。这说明在平差过程中应用方差分量估计可获得更可靠的精度指标。图 5-32 的试验结果进一步说明了这个问题。从图 5-32 可以看出，测方向验前精度设置为 0.4″ 时计算的 CPⅢ网相邻点相对精度指标相对于 Helmert 方差分量估计结果（图中蓝色点）普遍明显偏低（棕色点），而验前精度为 1.0″ 时相对精度则普遍虚假的偏高（绿色点）。如果盲目地接受上述结果，将为轨道工程的安全控制埋下隐患。

（4）测距边长两化改正对平差的影响。

设计抵偿投影面与实际测量高程面一般并不能吻合或当 CPⅢ测区距离投影带中央子午线较远时，将导致 CPⅢ实测边长与相应高斯平面上的归算边长存在较大的差异，因此，在

CPⅢ网数据处理中需要将实测边长进行两化改正以消除尺度不一致引起的系统误差。在本算例中，CPⅢ测区位于投影带的边缘，测区中心距中央子午线的平均距离约为 25 km。图 5-33 和图 5-34 分别是未进行两化改正和两化改正后进行平差计算的距离观测值残差和相邻点相对精度统计图。

从图 5-33 可以看出，未进行两化改正进行平差后的边长观测值残差（图中棕色点）90%以上均为正值，残差呈非中心化正态分布，两化改正后的残差（绿色点）基本呈中心化正态分布，两者具有系统性差异。另外，从图 5-34 还可以看出，未进行两化改正进行平差的 CPⅢ网相邻点相对精度（图中绿色点）均明显偏大，甚至不满足优于 1 mm 的要求，两化改正后进行平差的相邻点相对精度（棕色点）消除了存在的系统误差的影响，较好地满足了精度要求。

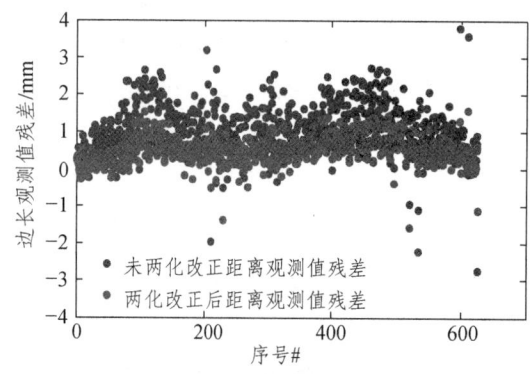 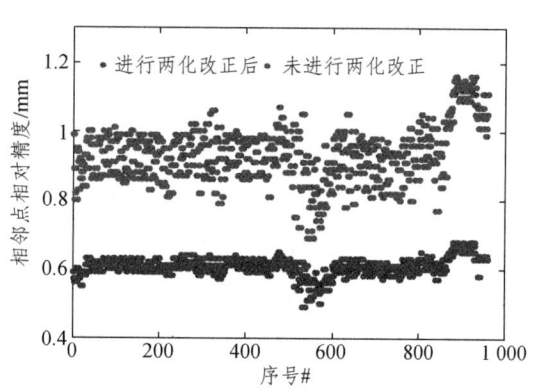

图 5-33　未两化改正和两化改正后进行
平差计算的距离观测值残差

图 5-34　未两化改正和两化改正后进行
平差计算的 CPⅢ 网相邻点相对精度

通过以上算例分析可以看出，中铁一院提出的无砟轨道 CPⅢ控制网精密数据处理方法切实可行，较好地满足了无砟轨道的铺设和钢轨精调对 CPⅢ控制网的精度要求。根据上述算法编制完成的中铁一院通用地面控制测量数据处理自动化系统软件（FSDI General Data Processing Automation System，FSDI-GDPAS），已成功应用于郑西、哈大、西宝、大西、京沪、兰新第二双线等多条客运专线施工建设期间和运营管理维护中。

（5）通过以上分析，可以得出如下结论：

① 应用拟稳平差发现不兼容的起算点，可避免由于联测不兼容或异常的起算点而影响平差结果和降低平差精度。

② 应用多维粗差同时定位与定值算法不仅可发现粗差、定位粗差，还可以修复粗差对观测值造成的影响，从而可排除粗差对最终平差结果的影响。

③ 应用 Helmert 方差分量估计解决了 CPⅢ网方向和距离观测值的权比确定问题，得到了稳定可靠的验后单位权中误差，从而可以客观、合理、正确地评定平差系统中的各项精度，特别是相邻点的平面相对精度。

④ Helmert 分区平差的思想可应用于 CPⅢ秩亏自由网平差和约束网平差，对法方程系数阵进行一定的压缩存储并对法方程采用合理的解算方法，可显著提高平差计算效能。

⑤ 对 CPⅢ网测距边长进行两化改正可消除实测边长与相应高斯平面边长尺度不一致产

生的系统误差对平差结果的影响，对于处于投影带边缘或实测高程面与设计抵偿高程面差异较大的情况必须在平差前进行两化改正。

5.5.3 相邻区段搭接

高速动车组能够安全、平稳地持续高速运行，必须依靠轨道的高平顺性，而轨道的高平顺性是直接通过高精度的轨道控制网（CPⅢ）来实现的。CPⅢ轨道控制网相邻区段之间能否实现合理平顺搭接已成为影响控制网能否达到高精度的重要因素之一，进而影响轨道的平顺性。在实际工程中，轨道控制网必须要根据施组计划和结构物单元划分为若干个区段，这必然存在着段落间的平顺衔接问题，因此，对于轨道控制网的高精度不仅指网内相对精度以及网点的绝对位置精度，而且应该包括网段间高精度的合理平顺衔接。目前，国内主要有两种轨道控制网的区段衔接方法，一种为现行《高速铁路工程测量规范》（TB 10601—2009）中规定的严密平差搭接，另一种为直接坐标法的余弦函数平滑搭接。下面将在理论分析的基础上，结合工程实际对CPⅢ网相邻区段搭接方法进行对比，并提出了一种既能满足工程实际需要又能有效提高CPⅢ网相邻区段之间搭接精度的新方法。

5.5.3.1 严密平差法搭接处理

CPⅢ网根据施工需要必须分段测量，分段测量的测段长度不宜小于4 km。测段间应重复观测不少于6对CPⅢ点作为分段重叠观测区域，以便进行测段衔接。施工时，CPⅢ网两端宜分别预留6对CPⅢ点，作为后续CPⅢ控制网连接区域。

测段之间衔接时，前后测段独立平差重叠点坐标差值应满足≤±3 mm。满足该条件后，后一测段CPⅢ网平差，应采用本测段联测的CPⅠ、CPⅡ控制点及重叠段前一区段连续的1~3对CPⅢ点坐标进行约束平差。再次平差后，其他未约束的重叠点在两个区段分别平差后的坐标差值不宜大于1 mm（这项指标是在工程实践中总结和推广开来的，非规范要求指标）。当坐标差值大于1 mm时，应查明原因，确认无误后，未约束的重叠点坐标应采用后一区段CPⅢ网的平差结果，并在新提交成果中注明；若坐标差值小于1 mm，则采用前一区段CPⅢ网的平差结果。

坐标换带处CPⅢ平面网计算时，应分别采用相邻两个投影带的CPⅠ、CPⅡ坐标进行约束平差，并分别提交相邻投影带两套CPⅢ平面网的坐标成果。分带投影测段之间衔接时，前后测段独立平差重叠点，通过坐标转换成相同坐标系的坐标差值应满足≤±3 mm。满足该条件后，后一测段CPⅢ网平差，应采用本测段联测的CPⅠ、CPⅡ控制点及前测段所有CPⅢ点转换坐标成果进行固定约束平差。提供两套坐标的CPⅢ区段长度不应小于800 m。

上述方法在满足一定条件的情况下是行之有效的方法，曾发挥了很好的指导作用，然而在某些情况下现行规范中的搭接方法在可操作性上也存在一些问题，主要表现为：

（1）后一区段与前一区段CPⅢ测量若相隔时间较长或测量温度、环境和结构荷载有较大变化时，前后区段独立平差的重叠点坐标差值一般无法满足现行规范要求的≤±3 mm的搭接前提条件。

（2）后一区段与前一区段CPⅢ测量过程中由于受测量误差、点位施工扰动等因素的影响，导致前后两次测量的重叠点坐标差表现出各向异性，此时若选用前一区段的 1~3 对 CPⅢ点作为约束点对后一区段 CPⅢ网进行强行平差搭接，会造成与 CPⅢ约束点联测的改正数超限以及相邻点位中误差偏大，严重降低后一区段 CPⅢ网的整体精度，不利于保证轨道长波的平顺性要求。

（3）现行规范中相邻区段搭接采用直接坐标严密平差方法，在搭接区段内容易造成误差累积，当累积误差较大时将造成轨道未铺设地段搭接点与前一区段轨道已铺设地段非搭接点之间出现突变，不利于保证两地段交界处轨道的平顺性。

现行规范 CPⅢ网相邻区段搭接方法存在上述问题，致使相邻区段间的合理平顺衔接成为影响 CPⅢ网控制点间相对精度的薄弱环节，因此发展一种既能满足工程实际需要又能有效提高 CPⅢ网相邻区段之间搭接精度的新方法是十分必要的。

5.5.3.2　余弦函数法平滑搭接处理

余弦函数平滑搭接法是应用于 CRTSⅡ型板轨道基准网相邻测站之间轨道基准点的平顺衔接过渡方法。该方法最早从德国引进，通过对搭接区段内线路同一侧点位的两次测量坐标值按照余弦函数变化规律分别加权的方法实现相邻区段的平顺过渡，在国内目前尚处于研究起步阶段。本章首先介绍了 CPⅢ网应用余弦函数平滑搭接的计算方法，推导了余弦函数搭接法相邻 CPⅢ点间相对点位精度的严密计算模型，然后探讨了直接坐标严密平差搭接法与余弦函数搭接法的适用性，并在此基础上提出了 CPⅢ网相邻区段平顺衔接的新方法——基于余弦函数平滑坐标的严密平差搭接法，最后通过工程测量数据进行了验证。

余弦函数平滑搭接的原理是通过对线路同一侧 CPⅢ搭接点的两次测量坐标值按照余弦函数一个周期内的变化规律分别赋予一定权值，使其加权后的唯一坐标符合余弦函数的平滑渐变特性，从而实现 CPⅢ网相邻区段之间的平顺衔接，余弦函数拟合过程如图 5-35 所示。假设 D_{11}、D_{21}、D_{31}、D_{41}、D_{51}、D_{61} 为前一区段线路一侧最后预留搭接的 6 个 CPⅢ点的测量位置，偏向 y 轴上侧，其坐标分别为 (X_{11}, Y_{11})、(X_{21}, Y_{21})、(X_{31}, Y_{31})、(X_{41}, Y_{41})、(X_{51}, Y_{51})、(X_{61}, Y_{61})；假设 D_{12}、D_{22}、D_{32}、D_{42}、D_{52}、D_{62} 为后一区段线路同一侧搭接的 6 个 CPⅢ的测量位置，偏向 y 轴下侧，其坐标分别为 (X_{12}, Y_{12})、(X_{22}, Y_{22})、(X_{32}, Y_{32})、(X_{42}, Y_{42})、(X_{52}, Y_{52})、(X_{62}, Y_{62})；D_1、D_2、D_3、D_4、D_5、D_6 为余弦函数平滑搭接后唯一坐标的测量位置。

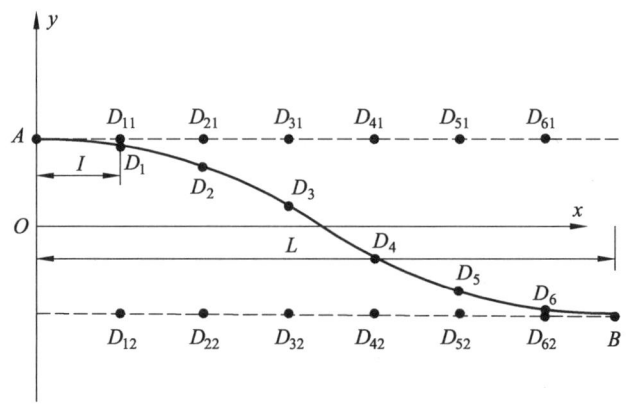

图 5-35　CPⅢ测量余弦函数拟合示意图

图 5-35 中 A 为前一区段距被搭接的 6 个 CPⅢ 点最近的一个 CPⅢ 点，B 为当前区段距被搭接的 6 个 CPⅢ 点最近的一个 CPⅢ 点，A、B 点间距离设为 L。为了简化计算，可近似认为各 CPⅢ 之间的距离相等，距离设为 I。采用余弦函数平滑处理两相邻区段之间的 CPⅢ 搭接点，可设余弦曲线为 $y = a \cdot \cos x + t$，其中 a 为振幅，t 为余弦曲线在 y 轴方向平移量。对两测站的搭接点采用余弦曲线加权平滑，赋予前一测站搭接点 CPⅢ 坐标的权为 y，则后一测站搭接点 CPⅢ 坐标的权为 $1-y$。由于 A、B 为非搭接 CPⅢ 点，其观测坐标在平滑处理前后不变。在 A 点时，$x = 0°$，$y = 1$；在 B 点时，$x = 180°$，$y = 0$，因此得到一个二元一次方程组，并解算出余弦函数表达式如下：

$$\left. \begin{array}{l} a \times \cos 0 + t = 1 \\ a \times \cos 180° + t = 0 \end{array} \right\} \Rightarrow \begin{cases} a = 0.5 \\ t = 0.5 \end{cases} \Rightarrow y = 0.5\cos x + 0.5 \quad (5\text{-}43)$$

得到加权余弦函数表达式后，便能求出中间 6 个 CPⅢ 搭接点的权，如式（5-44）所示。

$$\begin{cases} y_1 = 0.5\cos\left(\pi \times \sum_{i=1}^{1} I_i / L\right) + 0.5 \\ y_2 = 0.5\cos\left(\pi \times \sum_{i=1}^{2} I_i / L\right) + 0.5 \\ y_3 = 0.5\cos\left(\pi \times \sum_{i=1}^{3} I_i / L\right) + 0.5 \\ y_4 = 0.5\cos\left(\pi \times \sum_{i=1}^{4} I_i / L\right) + 0.5 \\ y_5 = 0.5\cos\left(\pi \times \sum_{i=1}^{5} I_i / L\right) + 0.5 \\ y_6 = 0.5\cos\left(\pi \times \sum_{i=1}^{6} I_i / L\right) + 0.5 \end{cases} \quad (5\text{-}44)$$

由此可得到线路一侧各搭接 CPⅢ 点余弦函数加权平滑后的唯一坐标为

$$\begin{cases} X_i = X_{i1} \cdot y_i + X_{i2} \cdot (1-y_i) \\ Y_i = Y_{i1} \cdot y_i + Y_{i2} \cdot (1-y_i) \end{cases} \quad (i = 1,2,3,4,5,6) \quad (5\text{-}45)$$

按照上述同样的方法，可以计算得到线路另一侧 6 个重叠 CPⅢ 搭接点余弦函数加权平滑后的坐标。实际计算中应用该方法时还应注意搭接的"方向性"，即需明确前一区段和后一搭接区段的相对关系，可通过前一区段和后一区段的大小里程关系来确定搭接的方向性。对于 CPⅢ 点间距不相等的情况，各点权值须进行严密计算，并要注意权值与点号坐标的对应关系。

5.5.3.3 余弦函数平滑搭接 CPⅢ 网相邻点间相对点位精度计算模型

相邻点间相对点位精度是衡量 CPⅢ 平面网测量精度的主要指标，同时也是影响轨道平顺性的重要因素。余弦函数平滑搭接后 CPⅢ 网相邻点间相对点位精度无法直接得到，但是可以通过前后相邻区段分别独立约束平差后得到的协因数矩阵和验后单位权中误差计算得到。下面将对余弦函数搭接法的相邻点间相对点位中误差计算的严密计算模型进行推导。

任意相邻 CPⅢ 点 $\hat{X}_i$、$\hat{X}_j$ 的相对点位可表示为

$$\begin{cases} \Delta \hat{X}_{ij} = \hat{X}_j - \hat{X}_i \\ \Delta \hat{Y}_{ij} = \hat{Y}_j - \hat{Y}_i \end{cases} \quad (5\text{-}46)$$

将式（5-46）代入式（5-45），可得

$$\begin{cases} \Delta \hat{X}_{ij} = [\hat{X}_{j1} \cdot y_j + \hat{X}_{j2} \cdot (1-y_j)] - [\hat{X}_{i1} \cdot y_i + \hat{X}_{i2} \cdot (1-y_i)] \\ \Delta \hat{Y}_{ij} = [\hat{Y}_{j1} \cdot y_j + \hat{Y}_{j2} \cdot (1-y_j)] - [\hat{Y}_{i1} \cdot y_i + \hat{Y}_{i2} \cdot (1-y_i)] \end{cases} \quad (5\text{-}47)$$

写成矩阵形式为

$$\begin{bmatrix} \Delta \hat{X}_{ij} \\ \Delta \hat{Y}_{ij} \end{bmatrix} = \begin{bmatrix} y_j & 1-y_j & -y_i & y_i-1 & 0 & 0 & 0 & 0 \\ 0 & 0 & 0 & 0 & y_j & 1-y_j & -y_i & y_i-1 \end{bmatrix} \begin{bmatrix} \hat{X}_{j1} \\ \hat{X}_{j2} \\ \hat{X}_{i1} \\ \hat{X}_{i2} \\ \hat{Y}_{j1} \\ \hat{Y}_{j2} \\ \hat{Y}_{i1} \\ \hat{Y}_{i2} \end{bmatrix} = \boldsymbol{P}_y \boldsymbol{X}$$

$$(5\text{-}48)$$

对式（5-48）应用协因数传播定律可知：

$$\begin{bmatrix} Q_{\Delta\hat{X}_{ij}\Delta\hat{X}_{ij}} & Q_{\Delta\hat{X}_{ij}\Delta\hat{Y}_{ij}} \\ Q_{\Delta\hat{Y}_{ij}\Delta\hat{X}_{ij}} & Q_{\Delta\hat{Y}_{ij}\Delta\hat{Y}_{ij}} \end{bmatrix} = \begin{bmatrix} y_j & 1-y_j & -y_i & y_i-1 & 0 & 0 & 0 & 0 \\ 0 & 0 & 0 & 0 & y_j & 1-y_j & -y_i & y_i-1 \end{bmatrix} \times$$

$$\begin{bmatrix} Q_{\hat{X}_{j1}\hat{X}_{j1}} & 0 & Q_{\hat{X}_{j1}\hat{X}_{i1}} & 0 & Q_{\hat{X}_{j1}\hat{Y}_{j1}} & 0 & Q_{\hat{X}_{j1}\hat{Y}_{i1}} & 0 \\ 0 & Q_{\hat{X}_{j2}\hat{X}_{j2}} & 0 & Q_{\hat{X}_{j2}\hat{X}_{i2}} & 0 & Q_{\hat{X}_{j2}\hat{Y}_{j2}} & 0 & Q_{\hat{X}_{j2}\hat{Y}_{i2}} \\ Q_{\hat{X}_{i1}\hat{X}_{j1}} & 0 & Q_{\hat{X}_{i1}\hat{X}_{i1}} & 0 & Q_{\hat{X}_{i1}\hat{Y}_{j1}} & 0 & Q_{\hat{X}_{i1}\hat{Y}_{i1}} & 0 \\ 0 & Q_{\hat{X}_{i2}\hat{X}_{j2}} & 0 & Q_{\hat{X}_{i2}\hat{X}_{i2}} & 0 & Q_{\hat{X}_{i2}\hat{Y}_{j2}} & 0 & Q_{\hat{X}_{i2}\hat{Y}_{i2}} \\ Q_{\hat{Y}_{j1}\hat{X}_{j1}} & 0 & Q_{\hat{Y}_{j1}\hat{X}_{i1}} & 0 & Q_{\hat{Y}_{j1}\hat{Y}_{j1}} & 0 & Q_{\hat{Y}_{j1}\hat{Y}_{i1}} & 0 \\ 0 & Q_{\hat{Y}_{j2}\hat{X}_{j2}} & 0 & Q_{\hat{Y}_{j2}\hat{X}_{i2}} & 0 & Q_{\hat{Y}_{j2}\hat{Y}_{j2}} & 0 & Q_{\hat{Y}_{j2}\hat{Y}_{i2}} \\ Q_{\hat{Y}_{i1}\hat{X}_{j1}} & 0 & Q_{\hat{Y}_{i1}\hat{X}_{i1}} & 0 & Q_{\hat{Y}_{i1}\hat{Y}_{j1}} & 0 & Q_{\hat{Y}_{i1}\hat{Y}_{i1}} & 0 \\ 0 & Q_{\hat{Y}_{i2}\hat{X}_{j2}} & 0 & Q_{\hat{Y}_{i2}\hat{X}_{i2}} & 0 & Q_{\hat{Y}_{i2}\hat{Y}_{j2}} & 0 & Q_{\hat{Y}_{i2}\hat{Y}_{i2}} \end{bmatrix} \times \begin{bmatrix} 0 & y_j \\ 0 & 1-y_j \\ 0 & -y_i \\ 0 & y_i-1 \\ y_j & 0 \\ 1-y_j & 0 \\ -y_i & 0 \\ y_i-1 & 0 \end{bmatrix}$$

$$(5\text{-}49)$$

相邻点间的协因数为

$$\begin{cases} Q_{\Delta\hat{X}ij\Delta\hat{X}ij} = y_j^2 Q_{\hat{X}j1\hat{y}1} - y_i y_j Q_{\hat{X}i1\hat{y}1} + (1-y_j)^2 Q_{\hat{X}j2\hat{y}2} - (1-y_i)(1-y_j) Q_{\hat{X}i2\hat{y}2} - y_i y_j Q_{\hat{X}j1\hat{y}1} + \\ \qquad y_i^2 Q_{\hat{X}i1\hat{y}i1} - (1-y_i)(1-y_j) Q_{\hat{X}j2\hat{y}i2} + (1-y_i)^2 Q_{\hat{X}i2\hat{y}i2} \\ Q_{\Delta\hat{Y}ij\Delta\hat{Y}ij} = y_j^2 Q_{\hat{y}j1\hat{y}j1} - y_i y_j Q_{\hat{X}j1\hat{y}i1} + (1-y_j)^2 Q_{\hat{y}j2\hat{y}j2} - (1-y_i)(1-y_j) Q_{\hat{X}j2\hat{y}i2} - y_i y_j Q_{\hat{X}i1\hat{y}j1} + \\ \qquad y_i^2 Q_{\hat{X}i1\hat{y}i1} - (1-y_i)(1-y_j) Q_{\hat{y}j1\hat{y}i1} + (1-y_i)^2 Q_{\hat{X}i2\hat{y}i2} \end{cases}$$
（5-50）

相邻点间的相对精度可表示为

$$\begin{cases} M^2_{\Delta Xij\Delta Xij} = y_j^2 \hat{\sigma}_{01}^2 Q_{\hat{X}j1\hat{y}1} - y_i y_j \hat{\sigma}_{01}^2 Q_{\hat{X}i1\hat{y}1} + (1-y_j)^2 \hat{\sigma}_{02}^2 Q_{\hat{X}j2\hat{y}2} - (1-y_i)(1-y_j) \hat{\sigma}_{02}^2 Q_{\hat{X}i2\hat{y}2} - \\ \qquad y_i y_j \hat{\sigma}_{01}^2 Q_{\hat{X}j1\hat{y}i1} + y_i^2 \hat{\sigma}_{01}^2 Q_{\hat{X}i1\hat{y}i1} - (1-y_i)(1-y_j) \hat{\sigma}_{02}^2 Q_{\hat{X}j2\hat{y}i2} + (1-y_i)^2 \hat{\sigma}_{02}^2 Q_{\hat{X}i2\hat{y}i2} \\ M^2_{\Delta Yij\Delta Yij} = y_j^2 \hat{\sigma}_{01}^2 Q_{\hat{y}j1\hat{y}j1} - y_i y_j \hat{\sigma}_{01}^2 Q_{\hat{X}j1\hat{y}i1} + (1-y_j)^2 \hat{\sigma}_{02}^2 Q_{\hat{y}j2\hat{y}j2} - (1-y_i)(1-y_j) \hat{\sigma}_{02}^2 Q_{\hat{X}j2\hat{y}i2} - \\ \qquad y_i y_j \hat{\sigma}_{01}^2 Q_{\hat{X}i1\hat{y}j1} + y_i^2 \hat{\sigma}_{01}^2 Q_{\hat{X}i1\hat{y}i1} - (1-y_i)(1-y_j) \hat{\sigma}_{01}^2 Q_{\hat{y}j1\hat{y}i1} + (1-y_i)^2 \hat{\sigma}_{02}^2 Q_{\hat{X}i2\hat{y}i2} \\ M^2_{\Delta Pij} = M^2_{\Delta Xij\Delta Xij} + M^2_{\Delta Yij\Delta Yij} \end{cases}$$
（5-51）

其中：$\hat{\sigma}_{01}$、$\hat{\sigma}_{02}$ 分别为前一测段和当前测段独立平差后得到的验后单位权中误差；$\boldsymbol{Q}_{ij1}$、$\boldsymbol{Q}_{ij2}$ 分别为前一测段和当前测段独立平差后得到的协因数阵。$\hat{\sigma}_{01}$、$\hat{\sigma}_{02}$ 和 Q_{ij1}、Q_{ij2} 是已知的。

5.5.3.4 相邻区段搭接方法对比研究

国内某客专CPⅢ平面网相邻区段需要搭接处理，前后相邻区段各自独立平差后，各项精度指标满足规范要求。下面我们将采用直接坐标严密平差搭接法和余弦函数平滑法分别计算搭接处 6 对 CPⅢ 点的坐标，将各自搭接后得到的 CPⅢ 点的唯一坐标与前一区段的坐标进行比较，并对两种搭接方法 CPⅢ 网的长波平顺性和相邻点之间的相对精度进行对比分析。两种搭接方法分别搭接计算后的坐标与前一区段的坐标差值对比情况见表 5-17。两种搭接方法计算后 CPⅢ 网搭接区段按长波 300 m 弦长计算的平顺性指标和相对精度对比情况见表 5-18。

表 5-17 两种搭接方法坐标差值对比表

点名	直接坐标余弦函数平滑搭接与前一区段坐标差值		直接坐标严密平差搭接与前一区段坐标差值	
	ΔX（mm）	ΔY（mm）	ΔX（mm）	ΔY（mm）
0820307	-1.6	2.0	0.9	-1.0
0820308	-0.8	1.3	0.9	-1.0
0820309	-0.2	0.8	0.3	-0.7
0820310	0.1	0.4	0.4	-0.7
0820311	0.2	0.2	0.1	-0.3
0820312	0.1	0.0	0.0	-0.3
0820313	-1.5	2.1	0.0	0.0
0820314	-0.7	1.4	0.0	0.0
0820315	-0.1	0.8	0.0	0.0
0820316	0.1	0.5	0.0	0.0
0820317	0.2	0.2	0.0	0.0
0820318	0.1	0.0	0.0	0.0

表 5-18 两种搭接方法长波平顺性和相对精度对比表

方 法	最大角度误差（"）	角度误差≥2″所占比例	矢距差（mm）	相邻点位相对精度最大值（mm）
直接坐标余弦函数平滑搭接	1.8	0	1.5	0.45
直接坐标严密平差搭接	3.5	5%	2.2	0.52

从表 5-17 可以看出，直接坐标余弦平滑方法搭接坐标与前一已施工区段相比有 6 个值超过±1.0 mm，且有 2 个值较大，为 2.0 mm 和 2.1 mm，直接坐标严密平差搭接方法搭接坐标与前一已施工区段相比最大为 – 1.0mm，说明余弦平滑搭接方法较严密平差搭接方法对前一区段坐标修正的变化影响较大。从表 5-18 可以看出，余弦函数法搭接后的平顺性明显高于严密平差搭接法，两者的最大角度误差相差达 1.9 倍，最大矢距差相差达 1.5 倍。因此，通过余弦函数法搭接处理，前后两个区段 CPⅢ网实现了平滑过渡，保证了轨道未铺设地段搭接点与前一区段轨道已铺设地段不会产生突变，有利于提高两地段交界处轨道的平顺性。余弦函数平滑搭接前后搭接点相对精度对比情况见表 5-19。

表 5-19 余弦函数平滑搭接前后搭接点相对精度对比表

起 点	终 点	常规方法约束平差前一区段搭接点的相对精度（mm）	常规方法约束平差后一区段搭接点的相对精度（mm）	直接坐标余弦函数平滑搭接处理后搭接点的相对精度（mm）
0820308	0820307	0.46	0.32	0.44
0820307	0820309	0.49	0.42	0.45
0820310	0820307	0.49	0.41	0.45
0820310	0820308	0.49	0.41	0.45
0820308	0820309	0.49	0.41	0.45
0820310	0820309	0.47	0.33	0.38
0820311	0820309	0.51	0.42	0.39
0820312	0820309	0.52	0.42	0.40
0820312	0820310	0.51	0.42	0.39
0820311	0820310	0.51	0.42	0.40
0820312	0820311	0.46	0.34	0.30
0820313	0820311	0.47	0.36	0.30
0820314	0820311	0.46	0.36	0.30
0820314	0820312	0.46	0.36	0.30
0820313	0820312	0.46	0.36	0.30
0820314	0820313	0.40	0.32	0.25
0820313	0820315	0.50	0.38	0.32
0820316	0820313	0.50	0.38	0.33
0820316	0820314	0.50	0.38	0.32
0820314	0820315	0.50	0.38	0.32
0820316	0820315	0.46	0.34	0.29
0820315	0820317	0.49	0.35	0.33
0820318	0820315	0.49	0.35	0.33
0820318	0820316	0.49	0.35	0.33
0820316	0820317	0.49	0.35	0.33
0820318	0820317	0.43	0.33	0.31

从表 5-19 可以看出，直接坐标余弦函数搭接后，CPⅢ相邻点间的相对精度与搭接前相比均有所提高，平滑后的相对精度根据余弦函数坐标平滑程度有所不同，也间接证明了余弦函数搭接有利于保证搭接段落内轨道的平顺性。

5.5.3.5 基于余弦函数平滑坐标的严密平差搭接法

余弦函数平滑搭接法能较好地满足搭接区段内轨道的平顺性，但其平滑过渡范围仅限于搭接区的 6 对 CPⅢ点之间，其结果对搭接区以外的 CPⅢ点不产生任何影响，而严密平差搭接法过渡范围较大，其他 CPⅢ点也会根据最小二乘原理分摊段落搭接产生的误差，对提高线路的整体平顺性有利。因此，为了同时提高线路的短波和长波平顺性，本章提出了 CPⅢ网相邻区段平顺衔接的新方法——基于余弦函数平滑坐标的严密平差搭接法。其原理为：首先将前一区段和后一区段搭接区的 6 对 CPⅢ点的两次坐标成果进行余弦函数平滑搭接，得到平滑搭接处理后的唯一坐标成果，然后再按严密平差方法在余弦函数平滑搭接后的 6 对 CPⅢ点中选 1~3 对 CPⅢ点作为约束点进行平差处理。经过上述处理后的成果前一区段和后一区段具有更好的平顺度和衔接效果，两种搭接方法各项平差精度指标对比情况见表 5-20 和表 5-21。

表 5-20　两种搭接方法主要精度指标对比表

精度指标	直接坐标严密平差搭接法	基于余弦函数平滑坐标的严密平差搭接法
方向改正数最大值	1.80″	1.75″
距离改正数最大值	1.87 mm	1.80 mm
点位中误差	0.74 mm	0.73 mm
验后单位权中误差	0.77″	0.75″

表 5-21　两种搭接方法搭接点相对精度对比表

起　点	终　点	直接坐标严密平差搭接法（mm）	基于余弦函数平滑坐标的严密平差搭接法（mm）	差值（mm）
0820307	0820305	0.50	0.39	0.11
0820307	0820306	0.50	0.39	0.11
0820307	0820309	0.49	0.40	0.09
0820308	0820305	0.50	0.40	0.10
0820308	0820306	0.49	0.38	0.11
0820308	0820307	0.47	0.40	0.07
0820308	0820309	0.49	0.47	0.02
0820310	0820307	0.49	0.35	0.14
0820310	0820308	0.49	0.35	0.14
0820310	0820309	0.47	0.35	0.12
0820311	0820309	0.50	0.40	0.10
0820311	0820310	0.50	0.40	0.10
0820312	0820309	0.50	0.40	0.10
0820312	0820310	0.50	0.38	0.12
0820312	0820311	0.47	0.40	0.07

由表 5-20 和表 5-21 可以看出，较直接坐标严密平差搭接方法，先对直接坐标进行余弦函数平滑搭接，然后再采用约束平差搭接的方法得到的 CPⅢ 点与前一区段具有更好的衔接效果，进一步验证了余弦函数平滑后 CPⅢ 相邻点间相对点位精度较常规约束平差方法有着较高的精度，而且方向改正数、距离改正数、点位中误差、验后单位权中误差等精度指标也有所提高，说明后一区段整体精度也有一定的提高，更有利于保证线路的短波和长波平顺性满足列车安全运行的要求。

5.5.3.6 结　论

通过以上分析，可以得出如下结论：

（1）通过理论分析和实测数据的对比计算与分析，证明余弦函数平滑搭接法在 CPⅢ 平面网相邻区段搭接中应用是可行的；余弦函数平滑搭接法处理后的长波平顺性和相对精度均高于直接坐标严密平差搭接法，证明余弦函数搭接法可使前后两个区段 CPⅢ 网实现平滑过渡，保证轨道未铺设地段搭接点与前一区段轨道已铺设地段不会产生突变，有利于提高两地段交界处轨道的平顺性。

（2）将余弦函数平滑搭接法和直接坐标严密平差搭接法结合，即先对搭接点的直接坐标进行余弦函数平滑过渡再进行严密平差搭接——"基于余弦函数平滑坐标的严密平差搭接法"，不仅可使相邻搭接区段实现平滑过渡，也使得后一搭接区段整体平差精度有一定提高，更加有利于提高搭接区段轨道的短波平顺性和整体线路的长波平顺性。

（3）本章提出的方法解决了现行规范方法在可操作性上存在的问题，满足了工程实际需要且能有效提高 CPⅢ 网相邻区段之间的搭接精度，能更加科学地为无砟轨道铺设和轨道平顺性静态检测提供稳定可靠的控制基准，具有重要的应用价值，建议推广使用。

5.5.4　精度评定

平差计算完成后，CPⅢ 平面控制网测量成果精度为计算区段测量平面控制网的验后精度，精度评定主要包括自由网平差后的方向改正数和距离改正数、约束网平差后的方向改正数、方向观测中误差和距离改正数、距离观测中误差、控制网的点位和相邻点位误差椭圆参数以及同精度复测精度指标等，还包括计算相邻区段或标段之间的 CPⅢ 网衔接过渡的验后精度、重复观测的 6 对公共 CPⅢ 点之间能否满足平顺性精度指标的要求等，以及 CPⅢ 网复测与原测成果的 X、Y 坐标较差和相邻点复测与原测的平面坐标增量等指标。

CPⅢ 高程控制网精度评定主要包括测段往返测高差不符值、水准路线（或环线）闭合差、每千米水准测量高差中数偶然中误差 M_Δ 及每千米水准测量全中误差 M_W、最弱点高程中误差、相邻点高差中误差等，还包括计算相邻区段或标段之间的 CPⅢ 网衔接过渡的验后精度、重复观测的 6 对公共 CPⅢ 点之间能否满足平顺性精度指标的要求等，以及 CPⅢ 网复测与原测成果的高程值较差以及相邻点复测与原测高差较差等指标。

通过对误差统计结果进行整理，我们得出测量误差的变化曲线和分布情况，从而对 CPⅢ 平面、高程控制网的精度和可靠性是否满足规范要求作出评价，并提交 CPⅢ 测量成果精度及可靠性评定报告。

5.6 CPⅢ控制网测量工程实践

5.6.1 案例一：无砟轨道CPⅢ控制网

本节选取哈大客专某路基段长约 5 km 的 CPⅢ轨道控制网进行算例分析。CPⅢ网共布设 10 个 CPⅡ加密控制点，布设间距约为 600 m；共布设 CPⅢ控制点 194 个，CPⅢ点沿线路方向两侧成对布设，纵向间距约为 60 m，横向间距约为 15 m。CPⅢ网施测采用自由测站边角交会法，每隔 120 m 设站观测前后各 3 对 CPⅢ控制点，每测站观测 3 测回，并将边长 300 m 范围内的 CPⅡ加密控制点纳入进行联测，以控制误差累积并将 CPⅢ网纳入统一的基准坐标系。计算过程中首先对原始观测数据进行预处理（如加乘常数、棱镜常数、气象参数改正等），接着对测量数据按测站进行质量检核、测站平差生成平差输入文件，然后进行两化改正和可靠性检核（如 CPⅢ第三边较差计算、粗差探测与剔除等），最后按 Helmert 方差分量估计定权的方法进行秩亏平差和约束平差并对其精度进行评定。上述 CPⅢ网经本系统处理后，约束平差验后单位权中误差为 0.63″，与秩亏平差验后单位权中误差 0.54″ 相一致；最弱点为 0618322，点位中误差为 0.84 mm；最弱相邻点为 0621316-0621317，相对中误差为 0.68 mm；方向和距离观测值残差最大值分别为 -2.33″ 和 -2.00 mm，各项精度指标均满足规范的要求，如图 5-36 和图 5-37 所示。

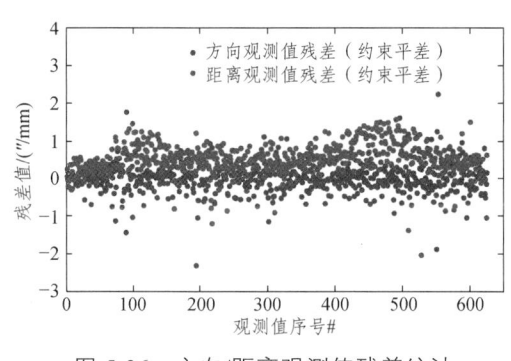

图 5-36 方向/距离观测值残差统计

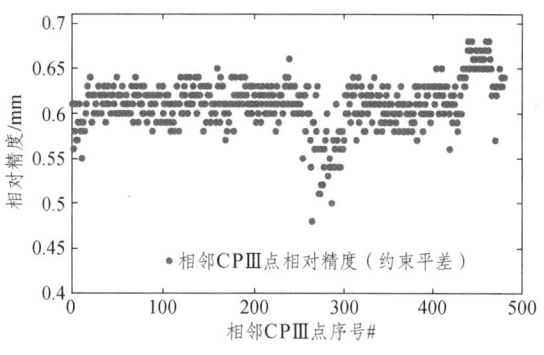

图 5-37 相邻 CPⅢ点相对精度统计

5.6.2 案例二：CPⅢ自由测站三角高程网

选取西宝客专桥梁地段长约 26 km 的 CPⅢ实测数据构建 CPⅢ自由测站三角高程网进行算例分析，对 CPⅢ三角高程网与对应水准测量之间的相邻点间三角高差与水准高差、三角高程与水准高程进行了比较和统计分析。计算过程中首先对原始观测数据进行预处理（如加乘常数、棱镜常数、气象参数改正等），接着对测量数据按测站进行质量检核、生成加权合成后的三角高差，然后进行可靠性检核（如附合/环闭合差检核等），最后对 CPⅢ三角高程网进行平差计算与精度评定。上述 CPⅢ测量数据经本系统处理后，生成的三角高差与水准测量高差的差异以及平差后三角高程和水准高程的统计情况如表 5-22 和表 5-23 所示。表中按一定的步长对差异情况进行区间统计，统计区间为（-3 mm，3 mm），统计的内容主要包括较差落入某一区间的个数、落入某一区间的百分比等情况。从表中可以看出，CPⅢ三角高程网与

CPⅢ水准网的高差和三角高程平差值之间的差异均小于±3 mm，说明 CPⅢ三角高程网与 CPⅢ水准网并无显著差异，CPⅢ三角高程网可以完全代替 CPⅢ水准网，同时也说明了计算正确可靠。

表 5-22 CPⅢ三角高程网与相应的水准网高差的差异情况统计表

高差较差区间（mm）	0.0~0.2	0.2~0.4	0.4~0.6	0.6~0.8	0.8~1.4	1.4~3.0
高差数	546	363	204	85	50	4
百分比（%）	43.61	28.99	16.29	6.79	3.99	0.32
高差累积数	546	909	1113	1198	1248	1252
累积数百分比（%）	43.61	72.60	88.89	95.68	99.68	100

表 5-23 CPⅢ三角高程与相应的水准高程的差异情况统计表

高程较差区间（mm）	0.0~0.2	0.2~0.4	0.4~0.6	0.6~0.8	0.8~1.4	1.4~3.0
CPⅢ点数	251	175	128	78	159	53
百分比（%）	29.74	20.73	15.17	9.24	18.84	6.28
CPⅢ点累积数	251	426	554	632	791	844
累积数百分比（%）	29.74	50.47	65.64	74.88	93.72	100

第6章 高速铁路线路水准基点控制网测量技术

6.1 建立线路水准基点控制网的目的和作用

线路水准基点控制网为沿线路敷设的首级高程控制网,是高速铁路勘测设计、施工、运营监测和沉降变形监测的高程基准。

高速铁路高程控制网分两级布设,第一级线路水准基点控制网,为高速铁路工程勘测设计、施工提供高程基准;第二级轨道高程控制网(CPⅢ),为轨道施工、运营维护提供高程控制基准。

高速铁路高程控制测量的目的是为勘测设计、线下工程施工和轨道施工、运营维护提供高程控制基准。为满足线下工程的施工要求,线下工程施工阶段需建立全线统一的高程控制基准,即线路水准基点控制网。在轨道施工和运营维护阶段,线路水准基点的密度不能满足轨道施工和运营维护的要求,因此在线路水准基点控制网基础上建立第二级永久性的CPⅢ轨道高程控制网。

6.2 建立线路水准基点控制网的技术方法

6.2.1 控制网基准

控制网基准采用 1985 国家高程系统。

6.2.2 网形布设

深埋水准点是全线高程控制测量的永久性基准点,深埋水准点应考虑埋设在有委托保管条件的地点。深埋水准点一般按 20~25 km 间距布设,点位距离线路中线 500~1 000 m 为宜。在地质条件较差地区和区域沉降地区,可根据实际情况缩短布设间距。

普通线路水准点按间距不大于 2 km 布设,普通水准点尽量与 CPⅠ、CPⅡ 点共用,也可根据情况布设成墙标点,重点工程(大桥、长隧及特殊路基结构)地段应根据实际情况增设水准点,点位距离线路中线 50~300 m 为宜。

6.2.3 测量方法

(1)线路水准基点测量按照国家二等水准测量技术要求施测,对基岩水准点、深埋水准点、普通线路水准点以及隧道洞内二等水准点进行全线贯通测量。线路水准基点测量采用的软硬件设备、施测方法、测量精度、数据处理方法均应符合相应等级的规定，所采用的软硬件设备均应经过检定并在有效检定期内。

（2）线路水准基点测量起闭于深埋水准点或基岩水准点，采用固定数据平差。

（3）水准测量需要跨越江河、深沟时，需要进行跨河水准测量，跨河水准测量主要采用以下几种方式：

① 若就近有公路桥且绕行距离不是太远时，采用就近绕行的方法进行施测。

② 若无法绕行或绕行距离太远，在跨越视线长度大于 60 m 且小于 100 m 的江河、深沟时，按二等水准测量方法施测，但在测站上要变换仪器高度观测两次，两次高差之差不得超过 1.5 mm，取用两次结果的中数作为本段高差的测量结果。

（4）线路水准测量结束后，其精度指标满足表 6-1 和表 6-2 的要求。

表 6-1　水准测量的主要技术标准

水准测量等级	每千米水准测量偶然中误差 M_Δ（mm）	每千米水准测量全中误差 M_W（mm）	附合路线或环线周长的长度（km）	
			附合路线长	环线周长
二等水准	≤1	≤2	≤400	≤750

表 6-2　二等水准测量限差要求（mm）

水准测量等级	测段、路线往返测高差不符值		测段、路线的左右路线高差不符值	附合路线或环线闭合差		检测已测段高差之差
	平原	山区		平原	山区	
二等	$\pm 4\sqrt{K}$	$\pm 0.8\sqrt{n}$	—	$\pm 4\sqrt{L}$		$\pm 6\sqrt{R_i}$

注：① K 为测段水准路线长度（km）；L 为水准路线长度（km）；R_i 为检测测段长度（km）；n 为测段水准测量站数。

② 当山区水准测量每千米测站数 $n \geq 25$ 时，采用测站数计算高差测量限差。

6.2.4　测量精度

二等水准测量要求使用不低于 DS_1 级的数字水准仪及其配套因瓦水准尺，并配置稳定、结实的专用木质三脚架，尺垫质量为 5 kg，水准测量扶尺使用配套的专用尺撑，二等水准测量作业前及作业期间按《高速铁路工程测量规范》（TB 10601—2009）中的规定进行必要的检校，并保证投入使用的仪器设备均在有效检定期内。

（1）二等水准观测按往返测的形式进行，观测方法和精度必须满足表 6-3 和表 6-4 的规定。

表 6-3　二等水准测量观测方法

等级	观测方式		观测顺序
	已知点联测	附合	
二等水准	往返	往返	奇数站：后—前—前—后 偶数站：前—后—后—前

注：对光学水准仪，返测时奇、偶站标尺的顺序分别与往测偶、奇测站相同。

表 6-4 二等水准观测主要技术要求

等级	水准仪最低型号	水准尺类型	视距	前后视距差	测段的前后视距累积差	视线高度	数字水准仪重复测量次数
			数字	数字	数字	数字	
二等	DS_1	因瓦	≥3 且 ≤50	≤1.5	≤6.0	≤2.8 且 ≥0.55	≥2 次

（2）在观测数据存储之前，必须对观测数据作各项限差检验。检验不合格时，对不合格测段整体重测，至合格为止。

（3）测段往返测高差不符值超限，应先就可靠程度较小的往测或返测进行整测段重测。

（4）区段、路线往返测高差不符值超限时，就往返测高差不符值与区段（路线）不符值同符号中较大的测段进行重测，若重测后仍超出限差，则须重测其他测段。

（5）附合路线和环线闭合差超限时，就路线上可靠性较小（往返测高差不符值较大或观测条件较差）的某些测段进行重测，如果重测后仍超出限差，则须重测其他测段。

（6）每千米水准测量的偶然中误差、全中误差超限时，分析原因，重测有关测段或路线。

6.2.5 数据处理方法

（1）水准测量外业工作结束后，应首先进行观测数据质量检核。检核的内容主要包括：测站数据质量、水准路线数据质量、往返测高差较差及附合路线闭合差。上述数据质量全部合格后，方可进行平差计算。水准测量质量检核限差参考表 6-1 ~ 表 6-4。

（2）每条水准路线还应按测段往返测高差不符值计算每千米水准测量偶然中误差 M_Δ，M_Δ 的计算方法和限差应符合表 6-1 的规定，否则应对存在较大闭合差的路线进行重测。

（3）平差计算所采用的高差还应进行水准标尺长度、水准标尺温度、正常水准面不平行、重力异常项的计算改正。

（4）待上述各项指标满足二等水准的要求后，对原测高差进行水准标尺长度改正、水准标尺温度改正、正常水准面不平行项的计算改正，然后以深埋水准点或基岩水准点为起算点，进行整体严密平差计算，并提供各点的高程和高差中误差、测段高差改正数等精度指标。

6.3 建立线路水准基点控制网的技术设计

6.3.1 技术设计书编写

技术设计书主要包括以下内容：
（1）项目工程概况。
（2）技术依据。
（3）坐标基准。
（4）工作内容与频次。
（5）控制网的布设与选点埋桩。

(6)仪器选用。
(7)外业观测要求与细则。
(8)数据处理方法与要求。
(9)上交成果资料。

6.3.2　控制网网形设计

线路水准基点网的路线需要沿着铁路敷设,同时顾及交通路线的长远使用情况。设计网型时应避开土质松软的地段。

6.3.2.1　高程基准

水准点的高程采用正常高系统,按照1985国家高程基准起算。

6.3.2.2　图上设计

在收集有关资料和充分了解测区情况的前提下,根据建设目标在地形图上进行等级水准路线的设计和拟订计划。为了使观测少受外界干扰,水准路线应避免通过大城市、大火车站等繁闹地区,还要尽量避免跨过湖泊、沼泽、山谷、较宽的河流及其他障碍物等。

6.3.2.3　水准路线选择

水准路线选择应沿坡度较小的公路、大路进行,应避开土质松软的地段和磁场甚强的地段,应避开行人、车辆来往繁多的街道和大的火车站等,应尽量避免通过大的河流、湖泊、沼泽与峡谷等障碍物;选定水准点时,必须能保证点位地基坚实稳定、安全僻静,并利于标石长期保存与观测。

每一个水准点点位选定后,应设立一个注有点号、标石类型的点位标志,并按规定填绘点之记;在选定水准路线的过程中,须按规定绘制水准路线图;对于水准网的结点,还须按规定格式填绘结点接测图。

6.3.3　控制网布网原则

线路水准基点网的布设通常采用规范化方式进行,依据国家标准,线路水准基点网布测需遵循以下原则:

(1)线路水准基点要求沿线路方向每2 km布设一个,且距离线路不超过300 m,尽可能利用满足水准观测条件的CPⅠ/CPⅡ平面点,不能利用时单独埋设。
(2)线路水准基点网需要考虑与国家一、二等水准网进行联测。
(3)线路水准基点网的选点要考虑复测需求。

6.3.4　控制网复测与维护

(1)高程系统采用1985国家高程基准,与原测相同。

（2）线路水准基点控制网为沿线路敷设的首级高程控制网，是高速铁路勘测设计、施工、运营监测和沉降变形监测的高程基准，在高速铁路建设、运营阶段都要进行定期复测，保持水准基点控制网的完整性和高精度，满足构筑物施工、构筑物沉降变形监测、无砟轨道施工和运营维护要求。

（3）线路水准基点既作为结构变形普查性监测的基准点，又要作为线上加密水准点、轨道控制网 CPⅢ 高程符合的已知点，为同时满足上述两方面工作的要求，在复测时线路水准基点应满足沿线路方向每 2 km 布设一个的要求，对不满足间距条件或遭到破坏、丢失的点按照原网标准进行选点、埋标和测量，经复测，提供新测高程，修正有明显沉降水准点的高程成果，使全线水准基点、线上加密水准点保持完整和高精度。

6.3.5 技术总结与上交材料

6.3.5.1 技术总结

（1）水准路线的名称、等级、长度及测区的自然地理特点，沿道路的质量、土质植被情况，平均每千米的测站数。

（2）施测单位名称，工作开始与结束的年、月，参加作业人员的技术状况，作业所依据的技术规范。

（3）作业的平均气温、阴晴天数、一般风向与风级、最大风级等。

（4）水准仪、水准标尺的类型、号码、检验项目、尺承类型、质量及使用的个数，作业仪器出现的异常处理情况。

（5）每个组工天完成的距离及测站数。

（6）每千米偶然中误差，各区段上下午测站不对称数与总测站数的比例，产品质量评定结果，脱离规范的事项及其原因，重测的总距离及其主要原因。

（7）结点及连接点的检测段数及总里程，新旧高差不符值状况，连接点变动的原因及处理情况。

（8）利用旧点情况，新旧点名与高差对照表，支线测量的里程和等级。

（9）路线中跨河水准测量的位置、宽度、跨河方法和测量精度。

（10）作业中的经验，为减弱系统误差采取的措施，对今后复测该路线时的建议及其他需说明的情况。

6.3.5.2 上交材料

（1）技术设计书。

（2）原始水准点之记。

（3）水准路线图及结点接测图。

（4）水准仪、水准标尺检验资料及标尺长度改正数综合表。

（5）水准观测手簿。

（6）水准测量外业高差表。

（7）外业高差各项改正数计算资料。
（8）外业技术总结。
（9）仪器鉴定合格证书。
（10）验收报告。

6.4 线路水准基点控制网的外业施测

6.4.1 点位选择

控制点应选在土质坚实、安全僻静、观测方便、稳定可靠和利于长期保存的地方，深埋水准点需埋设在线路附近有保护条件的地方，深埋水准点应尽量利用国家或其他测绘单位埋设的稳定的深埋水准点，普通水准点尽量与CPⅠ、CPⅡ共用。

6.4.2 点位埋设

深埋水准点根据地质资料埋设在不同深度的粉细砂土质或基岩上，使用钢管材料制作标体和不锈钢材料制作标心，上部用预制件砌保护井对控制桩进行保护。普通水准点和CPⅠ、CPⅡ共用时，全部采用CPⅠ标石的埋设规格，并至少埋设至当地冻土线0.3 m以下。

普通水准点标石一般情况下采用混凝土预制桩，也可采用现浇桩，预制桩的埋石方法与规格需符合图6-1的要求，并需要做护井和盖板。水准基点墙脚标石埋设规格应符合图6-2的规定。深埋水准点埋设规格及埋设应符合图6-3的规定。

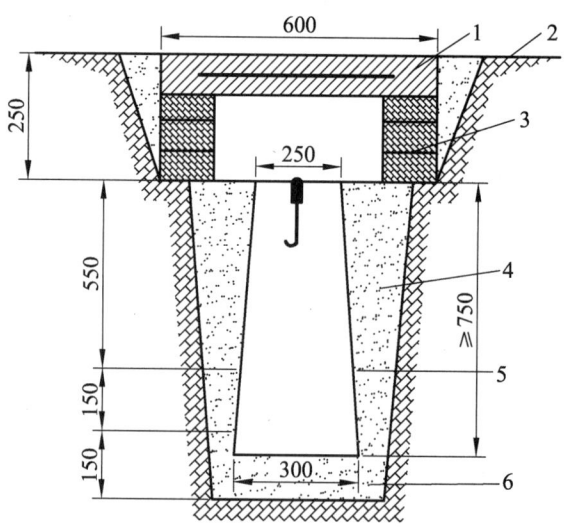

图6-1 普通水准点标石埋设图（单位：mm）
1—盖；2—砖；3—素土；4—贫混凝土；5—冻土线

第 6 章 高速铁路线路水准基点控制网测量技术

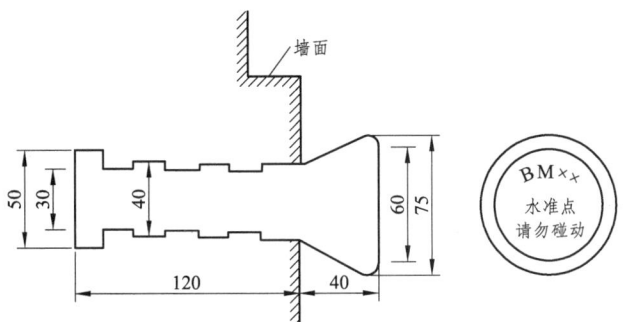

图 6-2 墙脚水准基点标石埋设图(单位：mm)

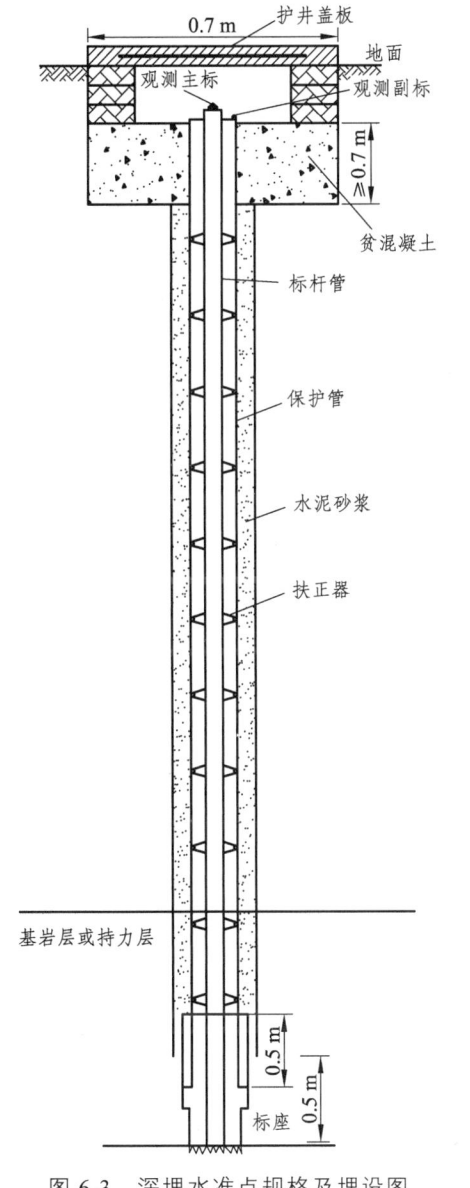

图 6-3 深埋水准点规格及埋设图

注：深埋水准点埋设深度应至少达到稳定的持力层。

6.4.3 外业施测

为规范观测作业，测量过程中严格按照如下作业要求执行：

（1）作业前和作业期间需对仪器设备进行检查，包括：作业前及作业过程中检查 i 角均应不超过 15″；当水准尺垂直时，水准尺的圆水准气泡应居中；水准尺无弯曲、磨损等。

（2）水准观测前，需对数字水准仪按如下要求进行配置：

仪器设置主要有：测量的高程单位和记录到内存的单位为米（m）；最小显示位为 0.000 01 m；设置日期格式为实时年、月、日；设置日期格式为实时 24 小时制。

测站限差参数设置：视距限差的高端和低端；视线高限差的高端和低端；前后视距差限差；前后视距差累积限差；两次读数高差之差限差。

作业设置：建立作业文件；建立测段名；选择测量模式："aBFFB"；输入起始点参考高程；输入点号（点号）；输入其他测段信息。

水准观测限差设置：按表（视线高度按 3 m 水准尺设置）进行设置。

（3）测站观测顺序：

往、返测奇数测站照准标尺分划顺序为：后视标尺—>前视标尺—>前视标尺—>后视标尺；

往、返测偶数测站照准标尺分划顺序为：前视标尺—>后视标尺—>后视标尺—>前视标尺。

（4）测站操作程序如下（以奇数站为例）：

首先将仪器整平（望远镜绕垂直轴旋转，圆气泡始终位于指标环中央）；

将望远镜对准后视标尺（此时应将标尺圆水准器整置于垂直位置），用垂直丝照准条码中央，精确调焦至条码影像清晰，按测量键；

显示读数后，旋转望远镜照准前视标尺条码中央，精确调焦至条码影像清晰，按测量键；

显示读数后，重新照准前视标尺，按测量键；

显示读数后，旋转望远镜照准后视标尺条码中央，精确调焦至条码影像清晰，按测量键；

显示测站成果，测站检核合格后迁站。

（5）观测时应遵守以下事项：

① 观测前 30 min，将仪器置于露天阴影下，使仪器与外界气温趋于一致；设站时，应用测伞遮蔽阳光；迁站时，应罩以仪器罩。使用数字水准仪前，还应进行预热，预热不少于 20 次单次测量。

② 对于自动安平水准仪的圆水准器，应严格置平。

③ 在连续各测站上安置水准仪的三脚架时，应使其中两脚与水准路线的方向平行，而第三脚轮换置于路线方向的左侧与右侧。

④ 水准尺须采用辅助支撑进行安置，测量转点应安置尺垫，尺垫选择坚实的地方并踩实以防尺垫的下沉（尺垫质量 5 kg）。

⑤ 每一测段的往测与返测，其测站数应为偶数。由往测转为返测时，两支标尺应互换位置，并应重新整置仪器。

⑥ 应避免望远镜直接对着太阳；仪器只能在厂方规定的温度范围内工作；确信振动源造

成的振动消失后，才能启动测量键。

⑦ 观测间歇时，最好在水准点上结束。否则应在最后一站选择两个坚稳可靠、光滑突出、便于放置标尺的固定点作为间歇点。

⑧ 间歇后应对间歇点进行检测，比较任意两尺承点间歇前后所测高差，若符合限差要求，即可由此起测；若超过限差，可变动仪器高再检测一次，如仍超限，则应从前一水准点起测。

⑨ 测站观测误差超限，在本站发现后可立即重测，若迁站后才检查发现，则应从水准点或间歇点（应检测符合限差）起始，重新观测。

⑩ 水准线路采用往返观测，并沿同一路线进行，往返观测在一日的不同时间段进行。

（6）观测时间与气象条件的选择：

水准观测应在标尺分划成像清晰而稳定时进行。下列情况下不应进行观测：

① 日出与日落前 30 min 内。

② 太阳中天前后各约 2h 内（可根据地区、季节和气象情况，适当增减，最短间歇时间不少于 2 h）。

③ 标尺分划线的影像跳动剧烈时。

④ 气温突变时。

⑤ 风力过大而使标尺与仪器不能稳定时。

6.5 线路水准基点控制网的数据处理

6.5.1 数据预处理

测段往返测高差不符值超限，应先就可靠程度较小的往测或返测进行整测段重测，并按下列原则取舍：

（1）若重测的高差与同方向原测高差的不符值超过往返测高差不符值的限差，但与另一单程高差的不符值不超出限差，则取用重测结果。

（2）若同方向两高差不符值未超出限差，且其中数与另一单程高差的不符值亦不超出限差，则取同方向中数作为该单程的高差。

（3）若（1）款中的重测高差（或（2）款中两同方向高差中数）与另一单程的高差不符值超出限差，须重测另一单程。

（4）当超限测段经过两次或多次重测后，出现同向观测结果靠近而异向观测结果间不符值超限的分群现象时，如果同方向高差不符值小于限差之半，则取原测的往返高差中数作为往测结果，取重测的往返高差中数作为返测结果。

区段、路线往返测高差不符值超限时，应就往返测高差不符值与区段（路线）不符值同符号中较大的测段进行重测，若重测后仍超出限差，则须重测其他测段。

附合路线和环线闭合差超限时，应就路线上可靠程度较小（往返测高差不符值较大或观测条件较差）的某些测段进行重测，如果重测后仍超出限差，则须重测其他测段。

每千米水准测量的偶然中误差、全中误差超限时，应分析原因，重测有关测段或路线。

测段重测与原测时间超过了 3 个月，且重测高差与原测高差之差超过检测限差时，须按规定进行测段两端点可靠性的检测。

6.5.2　水准平差模型

水准平差采用间接平差，下面介绍间接平差模型：

在附有限制条件的间接平差模型中，如果所设的参数 u 正好等于必要观测数 t，即 $u=t$，此时，非独立参数的个数为 $s=u-t=0$，参数之间不存在限制条件。则函数模型为

$$\boldsymbol{L} = F(\hat{\boldsymbol{X}}) \tag{6-1}$$

随机模型

$$\boldsymbol{D} = \sigma_0^2 \boldsymbol{Q} = \sigma_0^2 \boldsymbol{P}^{-1} \tag{6-2}$$

相应的误差方程为

$$\boldsymbol{V} = \boldsymbol{B}\hat{\boldsymbol{x}} - \boldsymbol{l} \tag{6-3}$$

式中　　$\boldsymbol{l} = \boldsymbol{L} - F(\boldsymbol{X}^0)$

法方程及解为：

$$\boldsymbol{N}_{BB}\hat{\boldsymbol{x}} - \boldsymbol{B}^\mathrm{T}\boldsymbol{P}\boldsymbol{l} = \boldsymbol{0}$$

$$\left. \begin{array}{l} \hat{\boldsymbol{x}} = \boldsymbol{N}_{BB}^{-1}\boldsymbol{B}^\mathrm{T}\boldsymbol{P}\boldsymbol{l} \\ \boldsymbol{V} = \boldsymbol{B}\hat{\boldsymbol{x}} - \boldsymbol{l} \\ \hat{\boldsymbol{X}} = \boldsymbol{X}^0 + \hat{\boldsymbol{x}} \\ \hat{\boldsymbol{L}} = \boldsymbol{L} + \boldsymbol{V} \end{array} \right\}$$

6.5.3　精度评定

单位权方差估值为

$$\hat{\sigma}_0^2 = \frac{\boldsymbol{V}^\mathrm{T}\boldsymbol{P}\boldsymbol{V}}{r} = \frac{\boldsymbol{V}^\mathrm{T}\boldsymbol{P}\boldsymbol{V}}{n-t}$$

协因数阵的计算公式列于表 6-5。

表 6-5　间接平差中的协因数阵

因数	$\boldsymbol{L}$	$\hat{\boldsymbol{X}}$	$\boldsymbol{V}$	$\hat{\boldsymbol{L}}$
$\boldsymbol{L}$	$\boldsymbol{Q}$	$\boldsymbol{B}\boldsymbol{N}_{BB}^{-1}$	$\boldsymbol{B}\boldsymbol{N}_{BB}^{-1}\boldsymbol{B}^\mathrm{T} - \boldsymbol{Q}$	$\boldsymbol{B}\boldsymbol{N}_{BB}^{-1}\boldsymbol{B}^\mathrm{T}$
$\hat{\boldsymbol{X}}$	$\boldsymbol{N}_{BB}^{-1}\boldsymbol{B}^\mathrm{T}$	$\boldsymbol{N}_{BB}^{-1}$	$\boldsymbol{0}$	$\boldsymbol{N}_{BB}^{-1}\boldsymbol{B}^\mathrm{T}$
$\boldsymbol{V}$	$\boldsymbol{B}\boldsymbol{N}_{BB}^{-1}\boldsymbol{B}^\mathrm{T} - \boldsymbol{Q}$	$\boldsymbol{0}$	$\boldsymbol{Q} - \boldsymbol{B}\boldsymbol{N}_{BB}^{-1}\boldsymbol{B}^\mathrm{T}$	$\boldsymbol{0}$
$\hat{\boldsymbol{L}}$	$\boldsymbol{B}\boldsymbol{N}_{BB}^{-1}\boldsymbol{B}^\mathrm{T}$	$\boldsymbol{B}\boldsymbol{N}_{BB}^{-1}$	$\boldsymbol{0}$	$\boldsymbol{B}\boldsymbol{N}_{BB}^{-1}\boldsymbol{B}^\mathrm{T}$

6.6 线路水准基点控制网测量工程实践

线路水准基点控制网工程实施的关键在于联测方案制订与外业质量控制，因此，在水准实施前应全面熟悉技术设计书，对已知的国家水准点、既有线路的水准基点进行分析，明确水准基点控制网联测的方案，做好仪器的检核检校工作。下面以某客运专线的二等水准基点控制网测量项目实施进行说明。

6.6.1 控制网布设

高程系统采用国家 1985 国家高程基准，全段布设了深埋水准点和普通水准点两种类型高程控制点，通过联测形成全线二等高程控制网。

6.6.1.1 深埋水准点布设

为了确保本线高程基准的长期的稳定，本项目在不良地质地段每隔 20 km 左右埋设深埋水准点或基岩桩（在线路附近的国家高等级水准点满足要求时可代替深埋水准点或基岩点）。深埋水准点根据沿线地层情况，埋设至基岩或持力层。深埋水准桩位距离中线小于 1 000 m，并避开了人工填土区、水域等不稳定区域。深埋水准点的编号为"SBMⅡ××"，SBMⅡ表示二等深埋水准点标识，××为序号标识。施工方法如下：

（1）成孔钻进：采用回转泥浆正循环减压钻进工艺，首次钻进采用 ϕ220 mm 合金钻头钻至设计深度最后 2.0～3.0 m 处，二次钻进采用 ϕ125 mm 钻头钻至设计孔深（终孔前 1 m 连续取芯），经验证岩性满足成标目的地层要求后，丈量钻具，校正孔深。

（2）控制钻孔孔斜：为控制钻孔垂直度，保证下管顺利和分层标质量，开孔轻压慢转。

（3）护壁管规格及下入方法：下入护壁管规格为 ϕ140 mm，钢管，下管方法为提吊法，管与管连接为外箍焊接法。

（4）固井：为防止护壁管下沉和保证小孔正常钻进，下管结束后进行了冲孔换浆，用注浆管井外注浆法，由套管头底部注入水泥浆返至井口。

（5）小孔钻进：待固井后水泥凝固后，用 ϕ125 mm 合金钻头钻进，钻进设计孔深后用优质泥浆冲孔，孔底无沉淀，保证下标到位。

（6）标杆规格及下标方法：下入规格为 ϕ57 mm 的标杆。下标方法提吊法，标杆与标杆连接为外箍焊接。每 4～6 m 下入滑动轴承三叉式扶整器 1 组，下标后标底用水泥浆封固标底。

（7）井口安装：下标结束后焊接不锈钢质测头，焊井口盖，砌地井池，安装井口保护设施。

深埋水准点埋设完成后，应及时编制深埋水准点埋设报告并提交。图 6-4 为本项目的深埋水准点埋设现场图。

图 6-4 深埋水准点埋设现场图

6.6.1.2 普通水准点布设

根据规范要求，普通水准点每 2 km 左右需要设置一个，重点工程（大桥、长隧及特殊路基结构）地段应根据实际情况增设。本项目水准点应便于后续勘测及施工使用，所有水准点与 CPⅠ、CPⅡ共点，CPⅠ、CPⅡ控制桩皆按照水准点的规格进行制桩埋设。

6.6.2 施测准备工作

水准测量前，应对水准尺与水准仪进行检查。

6.6.2.1 水准尺的主要检查工作

（1）水准尺完好性检查：检查尺面的完好性与尺身的弯曲差。尺面的完好性检查主要需对水准尺尺面完好性进行检查，要求尺面条码区没有影响测量结果的划痕、磕碰、凹陷、裂缝、脱漆等现象；尺身弯曲性检查是对水准尺尺身弯曲差进行检查，要求其弯曲差不能超过 ±4 mm。

（2）水准尺零点差互差检查：在水准尺从设备室借出后，需对同一对水准尺进行零点差互差检查。二等水准测量中，要求同一对水准尺之间零点差的互差不超过 ±0.10 mm，水准测量时，水准尺按照规定成对使用。

（3）水准尺圆水准器检查：对尺身的两个圆水准器进行检查。要求水准尺圆水准器无破损，并且当尺身垂直时，尺身的两个圆水准器均能同时精确居中。检查通过观察进行，必要时进行水准测量验证。分别以其中一个圆水准器为准扶直水准尺，进行测量读数，要求两次

读数之差不超过 ± 0.10 mm。

6.6.2.2 水准仪主要检查工作

（1）水准仪完好性检查。

对水准仪圆水准器、水准仪焦螺旋、水准仪望远镜调焦镜性能进行检查，查看螺旋是否灵活、平稳，各部件有无松动、失调、晃动，螺纹是否有磨损。要求在仪器整平过程中，水准仪调脚螺旋能正常操作；要求在仪器转动过程中水准仪圆水准器均能居中；要求在 100 m 范围内，水准仪望远镜能够准确调焦照准，成像明亮、清晰、均匀。

（2）水准仪 i 角检查/校准。

数字水准仪整个作业期间原则上应每天开测前进行 i 角测定，若开测未结束测段，则在新测段开始前进行测定。另外在第一次使用前、在每次高精度的测量前、在颠簸或长时间的运输后、在长时间的工作期后、在长时间的存放期后、在测量数据大面积超限等情况下均应进行 i 角测定。要求 DS_{05}、DS_1 级仪器 i 角不应超过 15″。仪器 i 角测定过程中，基座、脚架和地面稳固安全，无振动或干扰，在清晨或多云天气进行。检测地点选择在无风、僻静、无施工、无振动干扰的地方。

i 角检校方法采用仪器自带程序中的 Forstner Method 方法（费式法）进行检校。其具体步骤可归纳如下：

步骤一：在相距 45 m 处的坚硬地面设立两个点 A、B，并将此距离分成三等份，在其连线上设两个仪器设站点 1、2，相距标尺约 15 m，在地面做好标记，如图 6-5 所示。

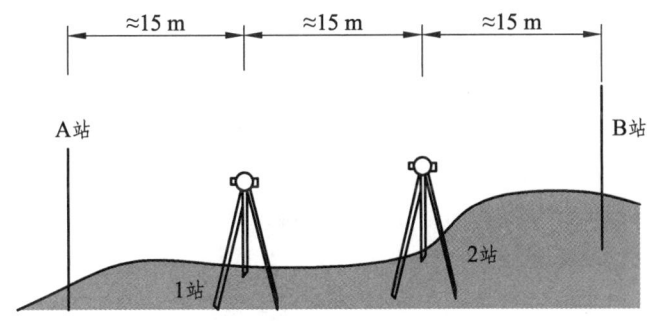

图 6-5　水准仪 i 角检验方法

步骤二：在位置 A、B 处放置 5 kg 重尺垫两个，并采用撑杆严格竖立水准标尺。

步骤三：将水准仪安置在位置 1 处，并整平，进行水准观测。根据仪器中的程序提示读取 A、B 水准尺的读数。

步骤四：将水准仪安置在位置 2 处，并整平，进行水准观测。根据仪器中的程序提示读取 A、B 水准尺的读数。

步骤五：i 角检校完成后，点击"保存"存储新测定的 i 角值。

步骤六：按照上述步骤的要求再独立进行一次 i 角校准，若两次 i 角测定值比较接近，则存储新测定值，否则还需继续重复校准。

6.6.3 水准施测

本项目采用 Trimble 电子水准仪，水准尺为配套因瓦水准标尺，尺垫质量 5 kg。每天施测前完成任务分配，根据 Google Earth 影像规划水准观测路线。施测人员严格根据二等水准技术要求完成外业测量工作，测量完成后当天及时将数据提交给数据处理人员，并将外业记录原始数据及时存档与备份。数据处理人员检查外业观测数据质量，完成外业高差表整理，计算往返测高差不符值，合格后以往返测高差平均值作为高差观测成果，否则及时安排人员进行补测。本项目的高差表整理如表 6-6 所示。

表 6-6 高差表整理样式

序号	起点	终点	往测高差（m）	往测距离（km）	返测高差（m）	返测距离（km）	平均高差（m）	平均距离（km）	往返测不符值（mm）	往返测限差（mm）	往返是否合格	测量人员	测量日期	备注
1	CPⅠ001	CPⅠ002	4.4259	0.94	−4.4242	0.95	4.4250	0.95	1.7	3.9	合格			
2	CPⅠ002	CPⅠ003	11.4335	1.08	−11.4329	1.09	11.4332	1.09	0.6	4.2	合格			
3	CPⅠ003	CPⅠ004	−2.2337	1.23	2.2340	1.25	−2.2338	1.24	0.3	4.5	合格			
4	CPⅠ004	CPⅠ005	12.3176	0.79	−12.3154	0.79	12.3165	0.79	2.2	3.6	合格			
5	CPⅠ005	CPⅠ006	−5.0166	1.08	5.0177	1.10	−5.0172	1.09	1.1	4.2	合格			

高差表由两人各自独立编算一份，并核对无误。

6.6.4 网平差计算

水准测量外业工作结束后，首先进行观测数据质量检核。检核的内容主要包括：测站数据质量、水准路线数据质量、往返测高差较差、每千米水准测量偶然中误差及附合路线闭合差。水准测量结束后，计算出每千米水准测量高差中数的偶然中误差 M_Δ，其值为 0.62 mm，满足规范所要求小于 ±1.0 mm 的限差要求，外业测量高差合格，检测往返测高差之差满足规范限差后，取每段高差中数依据规范要求逐段进行正常水准面不平行性改正后，形成高程控制网平差文件。计算起算点间的附合路线闭合差，本项目的附合路线闭合差见表 6-7，可见，附合路线闭合差满足规范要求，可用于其后的水准平差计算。

表 6-7 附合路线闭合差统计

序号	起点	终点	路线长度（km）	闭合差（mm）	限差（mm）	备注
1	Ⅰ...78	Ⅰ...62	131.3	14.5	45.83	合格
2	Ⅰ...62	Ⅱ...32	222.0	−23.6	59.60	合格
3	Ⅱ...32	Ⅱ...12	66.0	−8.3	32.50	合格
4	Ⅱ...12	Ⅱ...1	38.7	12.1	24.88	合格
5	Ⅱ...1	Ⅱ...79	51.3	15.1	28.65	合格
6	Ⅱ...58	Ⅱ...79	136.3	1.5	46.70	合格
7	Ⅱ...40	Ⅱ...58	111.5	−21.2	42.24	合格

续表

序号	起点	终点	路线长度（km）	闭合差（mm）	限差（mm）	备注
8	Ⅱ...45 基下	Ⅱ...40	29.4	2.3	21.69	合格
9	Ⅱ...30	Ⅱ...45 基下	72.4	-22.7	34.04	合格
10	Ⅱ...4	Ⅱ...30	141.6	-40.7	47.60	合格
11	Ⅰ...2	Ⅱ...4	166.0	9.8	51.54	合格
12	Ⅰ...112 甲上	Ⅰ...2	31.5	-7.7	22.45	合格
13	Ⅰ...127	Ⅰ...112 甲上	187.6	42.0	54.79	合格

全线附合路线闭合差及相关指标检核合格后，采用中铁一院通用地面网数据处理软件（FSDI-GDPAS）和整理的高差数据（已进行了正常水准面不平行项的改正），进行全线二等水准测量要求整体平差，计算最终高程控制网成果，编写成果报告与技术总结等相关报告，完成线路水准基点控制网的建网工作。

第7章 双块式无砟轨道精调测量技术

7.1 双块式无砟轨道简介

双块式无砟轨道是采用"自上而下的施工方法",将预制的双块式轨枕组装成轨排,以现场浇注混凝土方式将轨枕浇入均匀连续的钢筋混凝土道床内,并适应 zpw-2000 轨道电路的无砟轨道结构形式。

7.1.1 CRTS I 型双块式无砟轨道的结构特点

(1)具有较明显的层状结构,弹性逐层递减。
(2)双块式轨枕采用较低的轨枕块和钢筋桁架,轨道结构高度低,结构整体性强,耐久性好。
(3)道床板纵向采用双层配筋,配筋率 0.8%~0.9%,对裂缝控制更有利。
(4)较轻的工具轨法、框架轨排法的安装工艺推动并改进了施工性能。

7.1.2 CRTS I 型双块式无砟轨道的系统结构

CRTS I 型双块式无砟轨道的系统结构包括:钢轨、扣件系统、双块式轨枕、道床板、下部基础结构。

(1)钢轨:正线铁路一般均采用 60 kg/m、100 m 定尺轨焊接而成的 500 m 长轨、非淬火无孔 U71Mn(k)或 U71V 无孔新轨。
(2)扣件系统:根据设计的不同而不同,如可采用 WJ-7/WJ-8 或 Vossloh300 型扣件系统。
(3)双块式轨枕:由轨枕厂现场预制或外购,现场铺设时轨枕间距不大于 650 mm,不小于 600 mm。
(4)道床板:采用 C40 钢筋混凝土现场浇筑而成,宽厚根据设计而定,一般宽 2 800 mm。道床板厚 240~260 mm,隧道、桥梁段道床板厚根据超高不同,略有变化。
(5)下部基础结构。
路基地段:C15 混凝土支承层,在道床板与基床表层之间设置,宽 3 400 mm、厚 300 mm(图 7-1)。
桥梁地段:C40 钢筋混凝底座,在桥面与道床板之间设置(图 7-2)。
隧道地段:C30 混凝土基础垫层,在道床板与仰拱填充之间设置。

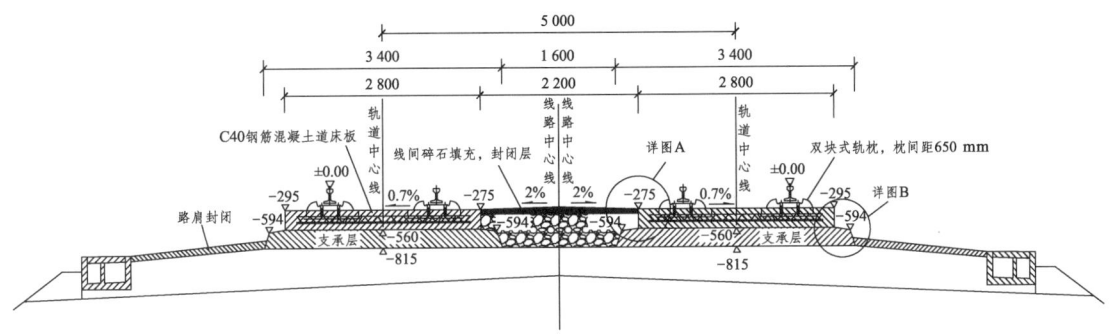

图 7-1 路基段无砟轨道横断面图

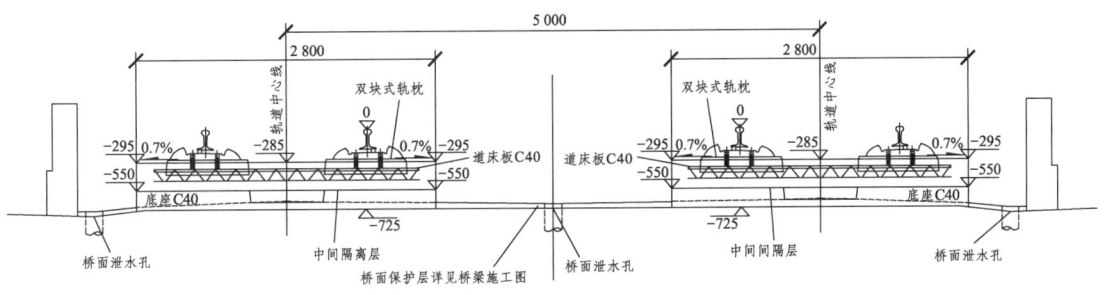

图 7-2 桥上无砟轨道横断面图

7.1.3 CRTS I 型双块式无砟轨道的施工工艺

无砟轨道施工的准备阶段除了常规土建施工内容外，还重点包括 CP Ⅲ 网的布设及评估、沉降变形评估、下部基础结构的验收。其主工艺流程为：底座及抗剪凸台/凹台（支承层）→隔离层铺设（桥梁）→底层钢筋绑扎→轨排组装→轨排粗调→轨排支撑装置→上层钢筋绑扎→模板安装→绝缘检测→轨排精调→混凝土浇筑及养护→拆模及支撑系统。为了达到高速度、高舒适性、高安全性、耐久性和少维护等特点，对无砟轨道线形提出了高平顺性要求，以保证行车速度目标值得以实现，同时又满足高效施工的要求。无砟轨道施工流程的各个环节都起着重要作用，其中以下几项技术和工艺尤为关键：

CP Ⅲ 网的测设技术；

支承层及底座施工控制；

轨排组装及粗调技术；

轨排精调技术；

轨道线形的控制；

道床板混凝土施工；

物流运输方案；

道床板竣工复测。

施工中应注意：

（1）不同的温度气压等环境和在运输过程都会对全站仪产生一定的影响，每次使用前必须要对仪器进行校核。

（2）棱镜检查：连接杆是否安装到位，棱镜是否松动，是否对准全站仪。无约束平差方向改正数在 2″ 以上，距离改正在 1 mm 以上时应考虑检查棱镜是否满足要求。

（3）数据处理时两次测量每一个 CPⅢ点的坐标差大于 3 mm 时，认真检查野外作业程序及观测数据。补测要找相似的气候条件下补测，并尽量多带已知点，以保证控制网网形变化比较小。

（4）CPⅢ控制网尽量不要太短，最好在 4 km 以上，防止 CPⅢ控制网的接头处过多，否则影响轨道整体平顺性。

7.2 双块式无砟轨道的安装与精调测量

7.2.1 施工准备

7.2.1.1 支承层验收

支承层验收标准见表 7-1。

表 7-1 支承层外形尺寸允许偏差及检验方法

序号	检查项目	允许偏差（mm）	检验方法
1	中线位置	10	全站仪
2	宽度	+15, 0	尺测
3	顶面高程	+5, -15	水准仪
4	平整度	7 mm/4 m	4 m 直尺

检验数量：每 50 m 各检查一处。

7.2.1.2 底座板验收

底座板验收标准见表 7-2。

表 7-2 底座板外形尺寸允许偏差及检验方法

序号	项	目	检测标准	检测数量及方法
1		顶面高程	±10 mm	水准仪
2		中线位置	3 mm	全站仪
3		宽度	±10 mm	尺量
4		平整度	10 mm/3 m	3 m 靠尺
5		长度	±10 mm	尺量
6		中线位置	3 mm	全站仪
7		相邻凹槽中心间距	±3 mm	全站仪
8	凹槽	横向宽度	±5 mm	尺量
9		纵向宽度	±5 mm	尺量
10		深度	±10 mm	水准仪

检验数量：每个底座检查一次。

底座验收完成后安装凹槽周边弹性垫板和泡沫板，安装时使其与凹槽周边的混凝土密贴，不得有鼓泡、脱离现象，缝隙应采用封口胶封闭，搭接处及周边无翘起、空鼓、褶皱、脱层或封口不严等缺陷，见图7-3。

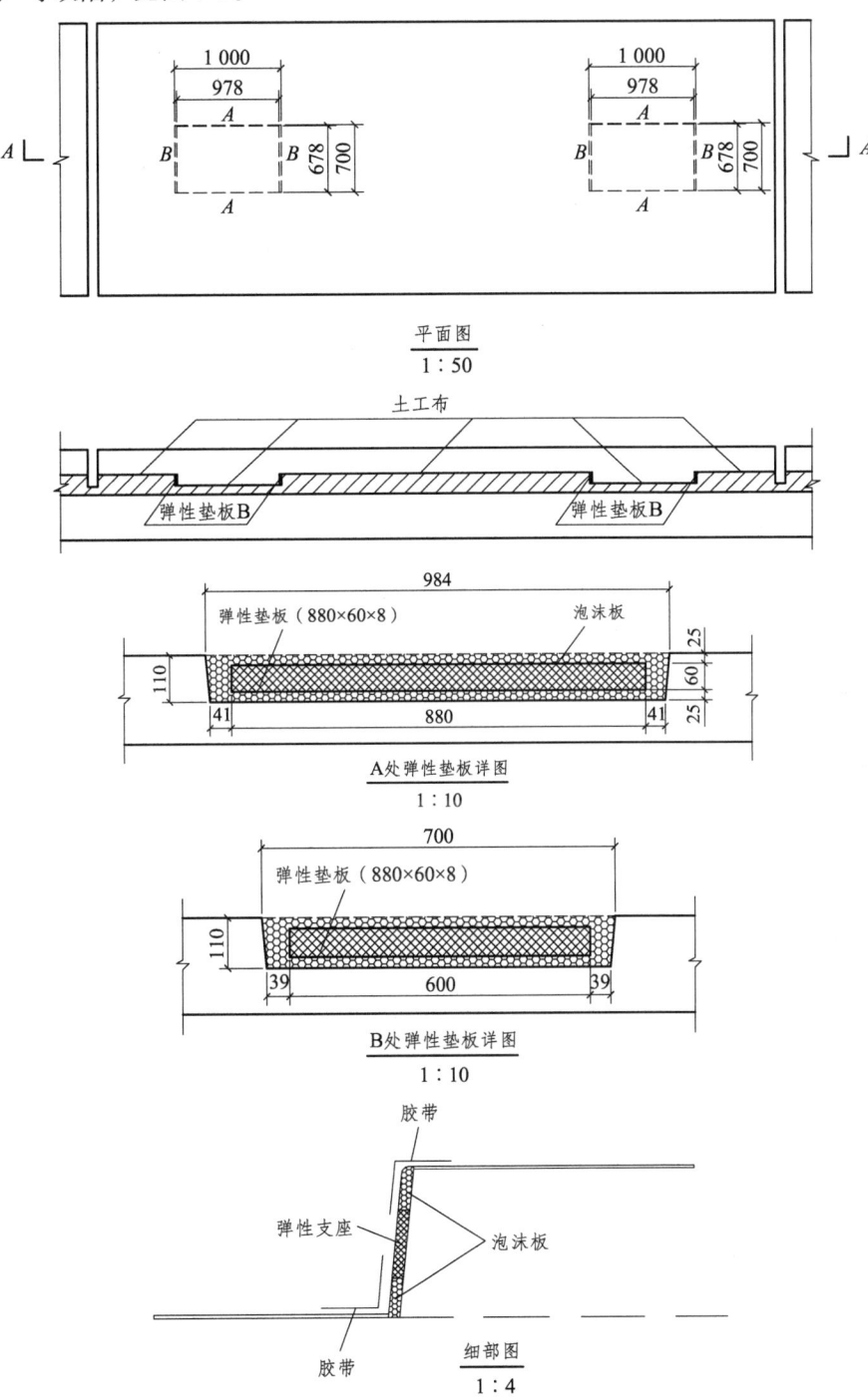

图7-3 限位凹槽设计图（单位：mm）

7.2.1.3 用枕数量

计算双线轨枕用量（表 7-3），结合物流通道、物流规划现场标记轨枕堆放位置及间距。

表 7-3 双线轨枕用量

梁型	梁长（m）	板型（mm）	数量	板型参数（mm）						备注
				a	b	m(n)	c	d	g	f	
16.5 m 简支 T 梁	16.5	5 000	1	266	631	7	317	713	1 524	713	兰乌二线施（轨）02-01
		6 500	1	325	650	9	325	750	2 900	750	
		5 000	1	266	631	7	317	713	1 524	713	
16.5 m 简支槽形梁	16.5	5 000	1	266	631	7	317	713	1 524	713	兰乌二线施（轨）02-02
		6 500	1	325	650	9	325	750	2 900	750	
		5 000	1	266	631	7	317	713	1 524	713	
4.5 m 桥台	4.5	4 500	1	325	650	6	275	800	950	750	兰乌二线施（轨）06-01
9.6 m 框架刚构	9.6	4 479	1	306	642	6	321	769	926	734	兰乌二线施（轨）06-03
		5 121	1	306	642	7	321	769	1 568	734	
（12+16+12）m 刚构	41	7 500	1	254	630	11	315	699	4 040	711	兰乌二线施（轨）06-04
		6 500	4	325	650	9	325	750	2 900	750	
		7 500	1	254	630	11	315	699	4 040	711	
（16+24+16）m 刚构	57	5 750	1	250	650	8	300	725	2 250	725	兰乌二线施（轨）06-06
		6 500	7	325	650	9	325	750	2 900	750	
		5 750	1	250	650	8	300	725	2 250	725	
（18+24+18）m 刚构	61	5 350	1	250	600	8	300	650	2 000	650	兰乌二线施（轨）06-07
		5 650	1	325	625	8	325	712	2 125	712	
		6 500	6	325	650	9	325	750	2 900	750	
		5 650	1	325	625	8	325	712	2 125	712	
		5 350	1	250	600	8	300	650	2 000	650	
（20+3×24+20）m 刚构	113	5 350	1	250	600	8	300	650	2 000	650	兰乌二线施（轨）06-08
		5 650	1	325	625	8	325	712	2 125	712	
		6 500	14	325	650	9	325	750	2 900	750	
		5 650	1	325	625	8	325	712	2 125	712	
		5 350	1	250	600	8	300	650	2 000	650	
（32+48+32）m 刚构	113.3	7 900	1	220	613	12	324	640	4 517	693	兰乌二线施（轨）06-09
		6 500	15	325	650	9	325	750	2 900	750	
		7 900	1	220	613	12	324	640	4 517	693	
（40+56+40）m 刚构	137.5	7 000	1	220	646	10	320	689	3 522	739	兰乌二线施（轨）06-011
		6 500	19	325	650	9	325	750	2 900	750	
		7 000	1	220	646	10	320	689	3 522	739	

表中：a——桥上异型道床板最外侧轨枕中心与道床板外侧混凝土边缘的距离；

b——桥上异型道床板的枕间距；

m——桥上一块异型道床板的轨枕数量；

n——标准型道床板所有的轨枕数量；

c——桥上异型道床板最内侧轨枕中心与标准道床板相接伸缩缝中心的距离；

d——桥上异型道床板外侧凹槽外边缘与道床板外侧混凝土边缘的距离；

g——桥上异型道床板内外凹槽的边缘距离；

f——桥上异型道床板内侧凹槽内边缘与标准道床板相接伸缩缝中心的距离。

7.2.1.4 轨枕运输、验收及现场堆放

轨枕运送使用平板卡车、汽车吊等配合吊带卸载轨枕。严禁碰、撞、摔、扭，避免轨枕桁架钢筋扭曲变形，保持轨枕面无缺棱掉角，保证扣件安装完好。

质检人员对轨枕进行检验，对不合格轨枕拒绝使用；为确保施工时的布轨方便，同时避免交叉使用物流通道，提前将轨枕转运到线路附近。轨枕垛按相应计算位置卸车堆放，每垛5层，每层4根；沿纵向隔13 m堆放在路基下，采用方木支垫；基底应平整、密实，避免轨枕扭曲变形。双块式轨枕外观质量要求见表7-4。

表7-4 双块式轨枕外观质量要求

序号	检查项目	检验标准及允许偏差值（mm）
1	预埋套管内	不允许堵塞
2	承轨台表面	不允许有长度>10，深度>2的气孔、粘皮、麻面等缺陷
3	挡肩宽度范围的表面	不允许有长度>10，深度>2缺陷
4	其他部位表面	不允许有长度>50，深度>5的气孔、粘皮、麻面等缺陷
5	表面裂纹	不得有肉眼可见裂纹
6	周边棱角破损长度	≤50
7	轨枕桁架钢筋无明显锈蚀、扭曲变形，不得有开焊或松脱	

7.2.2 测量放样

（1）清除道床板范围内下部结构表面浮渣、灰尘及杂物。

（2）施工放样。支承层每隔19.5 m测设并标记两个轨枕铺设中心控制点，弹出线路中线，偏差不超过2 mm。

（3）标示出道床板纵向模板内侧边线和横向模板位置。

（4）基标控制点设置在道床外侧，每5 m设置一个。

7.2.3 布设下层钢筋、组装轨排

7.2.3.1 摆放钢筋

在支承层、底座上标识出钢筋绑扎边线，用钢筋样杆控制纵横向钢筋间距。除纵横向接

地钢筋交叉点按照规定进行焊接外,其余纵向钢筋与横向钢筋(含轨枕桁架筋横向钢筋)交叉点处均设置绝缘卡;相邻纵向钢筋搭接长度不小于 0.7 m,钢筋搭接或焊接接头位置应相错不小于 1 m,且同一断面钢筋搭接率不大于 50%。

底座铺设下层钢筋前先铺设聚乙烯土工布,土工布应平整。先绑扎道床板凹槽钢筋。钢筋安装时,应注意避免对弹性垫板、泡沫板及土工布造成损伤。

7.2.3.2 散布轨枕

(1)散布轨枕。

采用人工散布轨枕于设计位置。轨枕横向位置通过模板安装线控制,间距用钢卷尺控制,人工方枕。

(2)桥梁段布枕以孔为单位。

(3)路基段标准轨枕间距为 650 mm,路基与结构物过渡处根据实际情况将轨枕间距控制在 600~650 mm 范围内进行适当调整。

(4)在散枕过程中,应避免磕碰损坏,受损轨枕必须更换。

(5)散枕时,不得损坏底座、支承层混凝土及土工布。

(6)散枕时尽量保证与线路垂直,控制轨枕间距,避免轨排组装时方枕量过大。

7.2.3.3 组装轨排

(1)工具轨的储运。

① 工具轨运输采用平板车配合吊车循环倒用。

② 装卸工具轨时使用专用吊具并随时检查工具轨状态,防止出现弯翘、扭曲、塑性变形。

(2)检查工具轨。

① 双块式无砟轨道道床施工采用的工具轨应与正线轨型相同。工具轨应在组装前进行检查,保证无变形、损伤、毛刺。

② 检查工具轨底板有无附着物。

(3)铺设工具轨。

① 检查轨枕扣件是否安装正确。

② 专用吊具配合 25 t 吊车吊放工具轨到轨枕上,吊放时由专人指挥,确保轨枕完好。

③ 采用方尺方轨,保证钢轨轨头齐平,操作过程中应避免轨缝落在轨枕上。

④ 两工具轨之间轨缝预留 10~30 mm。

⑤ 在钢轨上精确标出轨枕中心线,进行二次方枕。

7.2.3.4 轨排连接组装

(1)轨排组装前应细调轨枕间距,严格方枕。

(2)使用电动扳手拧紧扣件螺栓定位工具轨,扣件螺栓扭矩控制约 200 N·m。

(3)采用轨道道尺与电动扳手配合控制轨距,轨距允许偏差 ±1 mm。

(4)轨排组装完成后,应对轨距、轨枕位置、轨枕间距进行检查。轨枕间距允许偏差 ±5 mm。

7.2.4 轨道粗调

7.2.4.1 安装螺杆调节器

通过螺杆调节器对工具轨的高低和轨向进行调整，使之满足轨道线形验标要求，并固定工具轨的空间几何状态。托盘则是螺杆调节器相对钢轨的支承平台，螺杆调节器托盘用完后要及时涂油，螺杆有损伤应及时套丝修复。

（1）工前检查。

① 螺杆调节器无附着物，平移板已涂油并活动自如，托轨盘已涂油防护。

② 部件配置数量齐全。

③ 部件使用工作状态完好。

④ 对扭曲变形的应进行剔除，整配合格后方能使用。

（2）安装螺杆调节器。

① 将钢轨托盘平装到轨底，安装螺杆。

② 一般直线地段，每隔3根轨枕两侧对称各设一个螺杆调节器，超高段隔2根轨枕各设一个。

③ 在每一个施工起点第一个轨排首根轨枕后安装一对螺杆调节器。

④ 根据超高的不同选择螺杆调节器托盘的倾斜插孔（用于调节与底座面的角度，受力良好）。

7.2.4.2 人工粗调

（1）工前检查。

① 检查所有轨道扣件安装是否紧固。

② 检查待调轨排的轨距是否满足施工要求，标准轨距为（1 435±1）mm，使用轨距尺按轨枕位置逐个检测，不符合标准值的应立即调整。

③ 检查工具轨表面是否清洁，若有附着物立即清除。

④ 清理待调轨排内的杂物。

⑤ 检查起道机使用工作状态完好。

（2）粗调轨道。

① 轨排高程调整。

线路工使用L尺和道尺，左右对称布置起道机顶起轨排，根据基标的起道量，调整轨面标高。

② 轨排轨向调整。

轨面高程达到设计值后，根据基标采用L尺调整轨排轨向。

7.2.5 安装上层钢筋、综合接地

7.2.5.1 钢筋绑扎

（1）按设计要求布置道床板上层钢筋，纵横向钢筋交叉处用绝缘卡及绝缘扎丝将钢筋绑

扎牢固。纵横向钢筋交叉处不得存在焊接点。

（2）绑扎过程中不得扰动粗调过的轨排。

7.2.5.2 接地焊接

焊接前对接地端子进行防污保护，安装位置正确。

桥梁上每单元板内取一根 $\phi 16$ mm 的横向结构钢筋作为横向接地钢筋，纵向接地钢筋取 3 根 $\phi 16$ mm 上层纵向钢筋（分别为两侧及中间）。

路基上道床板内纵向接地钢筋取 3 根 $\phi 16$ mm 上层纵向钢筋（分别为两侧及中间），每 3.9 m 道床板的一根 $\phi 14$ mm 横向结构钢筋更换为 $\phi 16$ mm 的接地钢筋，上下层接地钢筋通过 N5 钢筋焊接连接。

横纵向接地钢筋连接时采用 L 形焊接。

焊接长度单面焊不小于 100 mm，双面焊不小于 55 mm，焊缝厚度不小于 4 mm。

焊接完成后，要在焊接点进行绝缘处理。

7.2.5.3 钢筋绝缘及接地检测

（1）混凝土浇筑前采用接地检测仪检测绝缘电阻值不小于 2 MΩ，综合接地电阻值不大于 1 Ω。

（2）道床板混凝土浇筑完成后，进行接地性能测试，确保符合要求。

7.2.6 安装纵、横向模板

每 19.5 m 设置一道伸缩缝，伸缩缝分隔板采用两块 10 mm 厚的整体钢模及销子，横向模板通过卡子固定在纵向模板上；每 3.9 m 设置一道假缝，假缝采用一块异形角钢通过卡子卡在轨底上；纵向模板每节 3 m 长，纵向模板采用螺栓连接。

7.2.6.1 工前检查

（1）检查模板表面平整无凹凸、无弯折、无污染。

（2）检查脱模剂涂刷是否均匀，有无漏涂。

7.2.6.2 安装纵向模板

（1）利用基标弹出两侧纵向模板内边线。

（2）冲击钻打设模板加固锚固孔，孔内植入钢筋。

（3）按照墨线标示吊运模板就位，下部钢筋固定，上部拉杆加固。

（4）在纵向模板底部封堵，防止混凝土施工时底部漏浆。

7.2.6.3 安装伸缩缝及传力杆

（1）按照预先放样好的伸缩缝位置安装伸缩缝模型。

（2）设置传力杆，使传力杆两端与轨枕桁架钢筋绑扎固定，并保证传力杆空间位置准确，传力杆端头横向位置偏移不得大于 6 mm。设置传力杆时要对传力杆进行涂油、包裹等防锈、防腐处理。传力杆安装完成后，对模板上传力杆卡槽进行封堵。

7.2.6.4 注意事项

（1）安装时防止模板变形。
（2）模板在安装就位后，检查模板拼缝处是否严密，纵、横向模板是否垂直，以防止漏浆。检查合格后，才能浇注混凝土。
（3）清除即将浇注道床板的下部结构表面浮渣、灰尘及杂物，测设模板的宽度。

7.2.7 轨排的精调测量

7.2.7.1 轨排精调测量的内容及精度要求

轨排的精调是决定轨道内外部几何形态及空间位置的关键工序，其对测量的精度要求相对较高，环境影响因素多，须精心操作。避开强光直射时段，安排在晚间或阴天精调作业。精调前，将工具轨轨面擦拭干净。精调时必须在接地焊接完毕，至少安装两跨模板后进行，以免对精调产生影响。轨排的精调测量主要内容是应用全站仪和轨道几何状态测量仪对轨道的三维空间状态进行实时测量，以指导对轨排的调整。调整后的轨道精度应满足表7-5的要求：

表 7-5 无砟轨道静态铺设精度标准

序号	项目	容许偏差	备注
1	轨距	±1 mm	1 435 mm
		1/1 500	变化率
2	轨向	2 m	弦长 10 m
		2 mm/测点间距 8a（m）	基长 48a（m）
		10 mm/测点间距 240a（m）	基长 480a（m）
3	高低	2 m	弦长 10m
		2 mm/测点间距 8a（m）	基长 48a（m）
		10 mm/测点间距 240a（m）	基长 480a（m）
4	水平	2 mm	不包含曲线、缓和曲线上的超高值
5	扭曲	2 mm	基长 3 m 包含缓和曲线上由于超高顺坡所造成的扭曲量
6	与设计高程偏差	10 mm	站台处的轨面高程不应低于设计值
7	与设计中线偏差	10 mm	

7.2.7.2 轨排精调测量的仪器设备要求

精调采用的 CPⅢ点棱镜为 GPR121 棱镜，精调采用的全站仪应具有电机驱动、自动目标搜索、自动照准、自动观测、自动记录功能，其标称精度应满足：方向测量中误差不大于 1″，测距中误差不大于 $1\ mm + 2 \times 10^{-6} \times D$。测量时加入温度、气压等气象元素改正，温度读数精确至 0.2 ℃，气压读数精确至 0.5 hPa。准备符合测量精度要求的轨道几何状态测量仪一台。

7.2.7.3 轨排精调测量方法

轨排精调测量主要分为以下几个步骤：

（1）全站仪设站：全站仪至 CPⅢ点棱镜最近距离不能小于 15 m，距轨道几何状态测量仪最近距离不得小于 15 m，最远不得超过 50 m，以免影响精度。全站仪观测 4 对连续的 CPⅢ点，自动平差，计算确定设站位置。设站点每次保证在作业面的同一端和线路的同一侧。如设站误差大于 1 mm 要重新设站。改变测站位置后，必须至少交叉观测后方利用过的 4 个控制点，并复测至少已完成精调的一组轨排，如偏差大于 2 mm，应重新设站。

（2）测量轨道状态：首先快速测量整个设站测量区间（约 50 m），如果偏差较大（超过 5 mm），则使用多套调整工具，对整块轨排进行调整，将多数点偏差控制在 2 mm 以内；然后逐一测量螺杆调节器处的平面位置和高程偏差，使用螺杆调节器尽可能将偏差调整到 ±0.5 mm，最后逐根轨枕采集数据。换站时将轨道几何状态测量仪停在当前设站区间的最后一对螺杆调节器上，将其偏差尽可能调整到 0，并采集数据，在下一站开始测量前不要移动轨道几何状态测量仪。全站仪搬站并重新设站后，在上一站最后一个点处查看偏差数据，如果小于 2 mm 则再次采集数据，软件将自动开始交叠补偿，如果偏差大于 2 mm，需重新设站直至合格，如此进入下个精调循环。

（3）调整中线：采用双头调节扳手，调整轨道中线。双头调节扳手联组工作，一般为 2~5 根，在超高地段，采用侧向约束控制中线位置，以加快精调进度。

（4）调整高程：用普通六角螺帽扳手旋转竖向螺杆，调整轨道高程、水平。

（5）锁定侧向支撑：确认轨道状态到达控制标准后，锁定地锚和桥梁斜撑，并逐一检查，确保轨排处于固定状态。

接头联测顺接控制：在前次已浇筑混凝土地段，预先拧紧一根轨排扣件，采用调校好的轨道几何状态测量仪对浇筑地段至少 8 根轨枕进行复测，在允许偏差范围内，采用补偿功能进行调整。未浇筑地段，由于设站（全站仪搬站）误差导致前后两段连接精度存在偏差，偏差不大于 2 mm 时，采用手动或自动补偿功能对偏差予以调整。各作业面接头必须联测，先浇筑混凝土地段，由现场精调人员采用标定尺及轨道几何状态测量仪准确测定轨道偏差后，交由后续联测段精调人员。当后续段混凝土施工距先施工地段 100 m 时，要求接头处双方必须对已浇筑段进行联测，采用轨道几何状态测量仪复核已浇筑地段至少 8 根轨枕（提前拧紧扣件），在允许偏差范围内，按 1 mm/10 m 进行手动补偿。

7.3 双块式无砟轨道精调作业

7.3.1 准备工作

7.3.1.1 仪器设备准备

对拟投入的全站仪、轨道几何状态测量仪、道尺、温度计、气压计等仪器设备应经过有资质的检定部门检定合格且在有效期内，准许在项目测量中投入使用。

仪器在投入使用前，进行仪器外观的常规检查，对仪器的各个部件进行检查，螺旋是否松动、外观有无磕碰痕迹，检查无明显磕碰后投入使用，否则应提交重新检定。

像全站仪、轨道几何状态测量仪等仪器，其自身性能指标将对轨道测量成果产生重大影响，使用前除进行外观的常规检查外，还应进行性能检查与校准。

（1）全站仪的检查与校正。

在开始作业前，需要对全站仪进行以下检查：

① 全站仪气泡的检查。

全站仪精平后，分别以盘左和盘右连续转动全站仪 90°，观察电子气泡偏差值，若 X 和 Y 方向均小于 0.000 9°（3″），可以不校正，否则应进行补偿器较正。

注意：所有校正仪器都应在观测条件正常的状态下校正，比如无风或微风，四周没有其他施工干扰等。

② $2C$ 误差与竖盘指标差 X 的检查校正。

建站前将前视对中杆安置在离设站约 100 m 处，并安上棱镜。开启 ATR 自动照准，盘左和盘右分别观测棱镜，记录水平观测读数与竖盘观测读数，计算仪器的 $2C$ 值与竖盘指标差 X 值，分别不能大于 5″ 与 3″（此指标可保证距离全站仪在 60 m 处高程或横向偏差小于 1 mm）。若超限，及时对仪器进行组合校准。将每天的观测数按照表 7-6 的格式进行记录。

$2C$ 与 X 值计算公式如下：

$$2C = R - L - 180°$$

$$x = \frac{R + L - 360°}{2}$$

表 7-6 全站仪 $2C$ 误差与竖盘指标差 X 值检测记录

序号	日期	仪器型号	检测人员	检测距离	盘左观测	盘右观测	检测值	其他
1					H_z:	H_z:	$2C$:	
					V:	V:	X:	
2					H_z:	H_z:	$2C$:	
					V:	V:	X:	
3					H_z:	H_z:	$2C$:	
					V:	V:	X:	
4					H_z:	H_z:	$2C$:	
					V:	V:	X:	
5					H_z:	H_z:	$2C$:	
					V:	V:	X:	

（2）轨道几何状态测量仪检查与校准。

将一个电台与轨道测量仪用连接线进行连接，另外一个电台与全站仪用连接线进行连接，此时，测量手簿的操作与指令通过与轨道测量仪连接的电台进行发送，发送至全站仪处的电台并控制全站仪进行观测，将观测结果实时返回至测量手簿。测量手簿与轨道测量仪使用蓝牙进行连接，实时获取轨道测量仪的轨距与超高等数据，结合线路参数与全站仪观测值，计算出轨道几何形态参数，指导工人实时调整。为获取正确的轨道几何形态参数，每天到达现场后需要对轨道测量仪进行以下检核：

① 检查轨道测量仪的走行轮、测量轮、导向轮是否清洁，不能有杂物附在轮上，并及时清理。

② 钢轨整洁度检查。钢轨内侧与钢轨顶面工作面是否光滑整洁，若有细小水泥颗粒应及时清除，否则影响测量精度，保证钢轨无污染、无低塌、无掉块、无硬弯等缺陷。

③ 轨道测量仪的轨距传感器标定。由于轨排已经经过粗调，因此其轨距偏差一般在 1 mm 之内。使用轨道测量仪的传感器测量轨距，若与标准轨距 1 435 mm 偏差达到 1 mm，需使用 0 级道尺进行复核，确认无误后方可使用，否则需要对传感器的轨距进行修正或标定。

④ 超高标定。测量之前都要在稳固的轨道上对超高传感器进行校准，校准后可在同一点进行正反两次测量，测量值偏差应在 0.3 mm 以内。如发生颠簸、碰撞或气温变化迅速，须再次校准。轨道测量仪连续工作 3 h 后，应对超高传感器再次进行校准。

⑤ 每隔 10 d 或初次使用轨道测量仪时，还需要进行以下检查：

a. 正反向中线偏差检核。

使用轨道测量仪正向、掉头采集数据，检核其中线偏差。理论上轨道测量仪正向、掉头采集数据的中线偏差应一致，若偏差达到 2 mm，则需要对轨道测量仪进行标定。

b. 轨道测量仪的高程测量检核。

使用水准仪与轨道测量仪测量轨面标高，计算其偏差，若偏差达到 2 mm，则需要对轨道测量仪进行标定。

7.3.1.2 基础数据准备

（1）数据符号定义。

横向偏差：沿里程前进方向，右偏为正，左偏为负。

轨面高程偏差：为实测轨面高程与理论轨面高程之差，即高于理论轨面高程时，轨面高程偏差为正，反之为负。

轨距偏差：为实测轨距与理论轨距（1 435 mm）之差，实测轨距大于理论轨距时，轨距偏差为正，反之为负。

超高：沿里程前进方向，测量点处右侧钢轨高出时，超高的符号为正，反之为负。

水平：沿里程前进方向，测量点处排除超高后，右侧钢轨高出时，水平的符号为正，反之为负。

轨向与正矢：沿里程前进方向，测量点处钢轨向右侧弯曲时，轨向与正矢的符号为正，反之为负，直线段正矢为 0。

高低：测量点处钢轨相对于弦测基准点向上凸起时，高低的符号为正，反之为负。

扭曲：沿里程前进方向前方右侧高出时，扭曲的符号为正，反之为负。

（2）数据格式定义。

① 平面曲线定义。

给定线路交点数据的起点里程后，所有里程皆以交点数据起始里程为参考里程值，所有位于该参考里程值后的里程数据通过考虑断链的影响，换算为相对于参考里程值的贯通里程。线路左线与右线皆具有交点，其交点曲线表定义格式相同。

交点曲线表格式：至少包含一个起点与终点数据，在起点与终点中的数据为交点。

平面曲线的格式说明如下：

起点格式：点名，X坐标，Y坐标，起始里程。

交点格式：点名，X坐标，Y坐标，平曲线半径，前缓和曲线长，后缓和曲线长，超高，见表 7-7。

终点格式：点名，X坐标，Y坐标。

表 7-7　交点数据格式

点名	X	Y	起始里程或半径	前缓和曲线长	后缓和曲线长	超高
QD	4 359 015.896 1	524 069.532 9	83 900			
JD_1	4 358 117.063 0	526 162.201 0	8 000	570	570	0.120
JD_2	4 356 737.566 0	528 270.849 0	9 000	490	490	0.100
JD_3	4 354 421.834 0	531 008.305 0	5 500	700	700	0.165
ZD	4 351 855.879 3	531 431.728 4				

图 7-4 为一左线交点的数据示例。

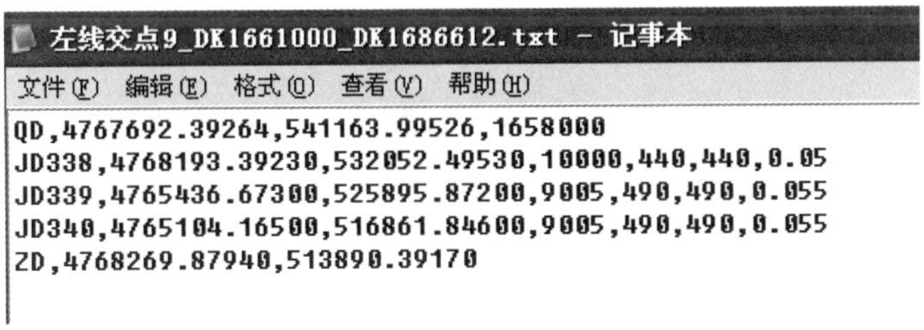
左线交点9_DK1661000_DK1686612.txt - 记事本

文件(F)　编辑(E)　格式(O)　查看(V)　帮助(H)

QD,4767692.39264,541163.99526,1658000
JD338,4768193.39230,532052.49530,10000,440,440,0.05
JD339,4765436.67300,525895.87200,9005,490,490,0.055
JD340,4765104.16500,516861.84600,9005,490,490,0.055
ZD,4768269.87940,513890.39170

图 7-4　交点文件示例

② 坡度线定义。

目前，施工中的坡度线皆表示左线坡度线，其变坡点对应的里程为施工里程。轨道测量仪需求的变坡点里程为相对于坡度线起点的连续里程，且以左线坡度线的格式给出，见表 7-8。

坡度线每一行的主要内容如下：

里程：输入平面里程值（单位：m），此里程为相对于该区段平面曲线起点的连续里程。

H：变坡点高程值（单位：m），不含竖曲线修正。

半径：竖曲线半径（单位：m）。

表 7-8 坡度线数据格式

序号	里程	高程	竖曲线半径	备注
1	364 800.000	3 209.752 3	30 000	
2	369 900.000	3 107.752 3	25 000	
3	372 100.000	3 107.752 3	25 000	
4	374 170.743	3 078.787 0	25 000	
5	378 970.743	2 982.787 0	25 000	
6	381 770.743	2 956.187 0	25 000	

图 7-5 为一左线交坡度线的数据示例。

图 7-5 坡度线文件示例

③ CPⅢ数据格式。

CPⅢ每一行主要内容如下：

CPⅢ点名，X 坐标，Y 坐标，棱镜的球心高程值，见表 7-9。

表 7-9 CPⅢ数据格式

点号	北坐标 X	东坐标 Y	高程 H
1623309	4 763 784.325 9	480 607.931 7	472.066 2
1623310	4 763 794.723 5	480 609.361 1	472.076 8
1623311	4 763 791.038 1	480 558.381 4	471.047 4
1623312	4 763 801.415 5	480 559.817 5	471.059 0
1623313	4 763 797.638 8	480 509.875 7	470.080 2
1623314	4 763 808.205 2	480 511.191 1	470.062 0
1623315	4 763 803.735 1	480 464.269 9	469.166 5

图 7-6 为一准备好的 CPⅢ数据示例。

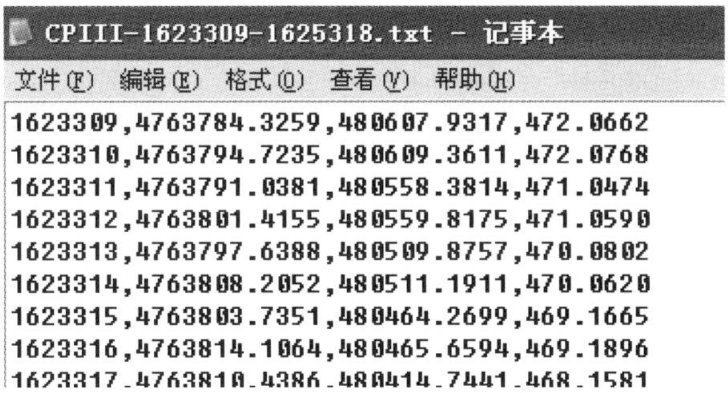

图 7-6　CPⅢ的数据文件示例

7.3.1.3　数据准备

（1）CPⅢ控制点资料准备

在测量前从测量队获得 CPⅢ控制点坐标资料，将控制点坐标导入全站仪（或电子手簿），导入坐标后，要将导入仪器的坐标和资料上的进行复核比对，特别注意 X、Y、H 坐标的顺序。X 坐标就是北坐标，Y 坐标就是东坐标。H 坐标是棱镜中心高程，要和水准测量杆的球顶高程区别开来。

（2）线型设计资料准备。

精调测量前从测量队获得线形设计资料，包含平面主点设计里程和坐标、纵断面坡度设计资料、超高设计资料。事先将以上资料输入到轨检小车采集软件，并保存。左线和右线的线形资料要区分开来，不可混淆。线形设计资料录入完成以后，必须经过第二人核对无误后才可用于工程施工。值得注意的是，兰新线为东西走向铁路，坐标系投影换带频繁，注意坐标换带分界点的里程；换带前与换带后的坐标不可混淆。长链和短链处应分段输入建立线形文件。

（3）测量仪器、附件、工具的准备。

测量前准备好全站仪（含电子手簿）、数据卡、全站仪外挂电池、Y 型电缆、对讲机、脚架、棱镜、棱镜杆、轨检小车及其配套附件、CF-19 笔记本电脑及其电池、各种连接电缆线、数据电台、记事本和笔、头灯等，并清点好各种测量仪器、附件、工具的数量。测量前，将全站仪（电子手簿）电池、CF-19 笔记本电池、轨检小车电池、对讲机电池充满电，全站仪已做常规检校。

7.3.2　仪器与人员配置

以一组轨排精调测量所需的仪器配置为例，其仪器配置如表 7-10 所示。

表 7-10 轨排精调仪器配置

序号	仪器名称	数量	备 注
1	全站仪	1台	测角精度不低于1″,测距精度不低于 $1\text{ mm}+2\times10^{-6}\cdot D$,具有自动照准功能
2	轨道几何状态测量仪	1台	通过计量认证
3	棱镜及棱镜杆	8套	与CPⅢ建网保持一致
4	三脚架	1个	稳定,受温度变化影响较小,满足设站需要
5	温度气压计	1套	温度、气压分别精确到 0.2 ℃、0.5 hPa
6	道尺	1把	通过计量认证

以一组轨排精调测量所需的人员配置为例,其人员配置如表 7-11 所示。

表 7-11 轨排精调测量人员配置

序号	作业内容	工种	人数	备 注
1	全站仪操作	司镜员	1	负责全站仪的搬站、设站等工作
2	测量仪操作	操作员	1	负责推行测量仪进行轨排精调
3	装卸棱镜	操作员	1	负责摆放CPⅢ观测棱镜
4	安全防护	防护员	1	负责现场的安全防护

7.3.3 轨排精调

7.3.3.1 精度指标控制

测量建站采用后方交会法,观测 CPⅢ完成后查看设站信息,CPⅢ控制点坐标不符值应满足表 7-12 的要求。如有个别点达不到表 7-12 的要求,将该点选为不参与平差计算,重新计算。每一站参与平差计算的CPⅢ控制点不应少于 6 个。

表 7-12 CPⅢ控制点坐标不符值限差

项 目	X	Y	H
控制点余差	≤2 mm	≤2 mm	≤2 mm

设站精度满足表 7-13 时,点击确认。完成设站并退出设站程序。

表 7-13 CPⅢ自由设站精度

项 目	X	Y	H	方向
中误差	≤0.7 mm	≤0.7 mm	≤0.7 mm	≤2″

如果设站精度达不到表 7-13 的要求,应重新建站。通知后视点人员对棱镜进行检查,看

棱镜的安装是否到位，棱镜反射面是否有异物。测站上检查全站仪电子气泡是否偏移过大超过补偿范围，输入的观测点号、棱镜常数、棱镜高度、CPⅢ坐标等是否有误。检查更新后重新设站至合格。

每一设站全站仪与小车的距离不应大于 70 m，曲线段调节时，每站的有效长度减为 40 m 以内。更换测站后的建站，相邻测站重叠观测的 CPⅢ控制点不应少于 2 对。

7.3.3.2　轨排精调后几何形位允许偏差（表 7-14）

表 7-14　轨排精调后几何形位允许偏差

序号	项目	容许偏差		备注
1	轨距	±1 mm		相对于标准轨距 1 435 mm
		变化率	1/1 500	测量基长 3 m
2	与设计高程偏差	±10 mm		—
3	与设计中线偏差	±10 mm		—
4	水平	2 mm		不包含曲线、缓和曲线上的超高值
5	轨向	2 mm		弦长 10 m
		2 mm/测点间距 8a（m）		弦长 48a（m）
		10 mm/测点间距 240a（m）		弦长 480a（m）
6	高低	2 mm		弦长 10 m
		2 mm/测点间距 8a（m）		弦长 48a（m）
		10 mm/测点间距 240a（m）		弦长 480a（m）
7	扭曲（基长 3 m）	2 mm		包含缓和曲线上由于超高顺坡所造成的扭曲量

在轨排精调过程中，应特别注意各项指标的变化率。比如，轨距的变化率不大于 1/1 500，也就 1.5 m 内最多只容许变化 1 mm，换算到每根轨枕间就最多只容许变化 0.4 mm。中线偏差和左右轨高程偏差也同样要注意屏幕上显示的偏差值变化率和正负号问题。偏差尽量往 0 误差靠，或是保持同一符号的残余偏差。这样调出的线路才能获得较好的平顺性。

7.4　双块式无砟轨道精调工程实践

选取兰新二线某标段无砟轨道精调项目作为案例分析。

7.4.1　人员分工

测量前，由测量组长进行分工，分工原则是全站仪操作人员相对固定，轨检小车数据采集测量操作人员相对固定，CPⅢ后视棱镜安装轮流值守。测量小组内部间经过一段时间的磨合协作后，全站仪设站操作和轨检小车数据采集操作应达到可互换的状态。每次组长分工后，相应人员就要负责对使用的测量设备、用具进行保管、维护。

整个测量作业由后视 CPⅢ 棱镜安置、测站、轨检小车数据采集组成。各种测量指令由轨检小车数据采集人员发出，相互之间通力协作、相互配合，共同完成轨道精调测量工作。

7.4.2 仪器架设与轨道测量仪组装

到达现场后，架设好全站仪，连接数传电台，输入温度气压，检查全站仪的 $2C$ 值与竖盘指标差 X 值，组装轨道测量仪。

7.4.2.1 全站仪架设

（1）全站仪建站前操作：

① 开机。

② 精平电子气泡。

③ 检查电子气泡（每天出工首次建站或全站仪连续工作 3 h 必须检查）

全站仪精平后，分别以盘左和盘右连续转动全站仪 90°，观察电子气泡值偏差值，X 和 Y 方向均小于 0.000 9°（3″），可以不校正；否则应进行补偿器较正。（注意：所有校正仪器都应在观测条件正常的状态下校正，比如无风或微风、四周没有其他施工干扰等。）

④ 检查竖盘指标差、ATR 照准差（每天检查一次）。

建站前选取在离设站约 100 m 处的 CPⅢ，并安上棱镜。通过盘左和盘右分别测量 3 次，记下三维坐标，并比较盘左和盘右的坐标值，X、Y、H 的较差都大于 2 mm，应进行组合校正。较差小于 2 mm 可以进行下一步建站操作。

⑤ 全站仪大气改正、输入棱镜常数。

设站前将当前测量时的温度、气压、湿度输入到全站仪以进行大气改正。输入正确的棱镜常数。

（2）使用精度大于 1″ 的全站仪，采用后方交会法设站，每次建站要用到 8 个（4 对）后视点。棱镜安装人员负责将棱镜杆插入 CPⅢ 预埋件，并旋转到刚好密贴状态，棱镜杆和棱镜的连接同样要处于正确的状态。安好棱镜后，将棱镜反射面调整到面向仪器，并向测站报告 "CPⅢ 点××已安好"。测站收到报告后，作应答。为提高测站点交会精度，将设站选在线路中心线上，尽量架设在前后两对 CPⅢ 点的中间。脚架安置前，应检查脚架螺丝是否紧固。如无异常，将脚架 3 条脚均匀分开，脚架上部大致水平，并初步踩实脚架。再将全站仪提出安放在脚架上，拧紧全站仪和脚架连接的螺丝，再次踩实脚架并通过升降脚架整平全站仪。等待 10 min，让仪器内部温度与大气温度趋于一致时才开始后续仪器操作。

（3）全站仪换站时或收工时，负责安放 CPⅢ 后视棱镜的人员要将 CPⅢ 的保护盖及时盖好，以防掉入其他异物到预埋件内影响下次建站使用。

全站仪设站每次应新建作业，作业名以 "日期+里程" 的方式命名，新建作业后，将全站仪存储卡的数据导入作业，此时需要注意导入坐标 X、Y、H 的顺序。

设站前将当前测量时的温度、气压、湿度输入到全站仪以进行大气改正，并输入正确的棱镜常数。

建站采用后方交会法，采用单面观测建站，测距模式选用标准模式，建站前选好测量文件或以日期法命名测量文件。确认好CPⅢ后视点棱镜安置好后，启动后方交会测量程序，按日期命名测站号，如072501（0725表示7月25日，01表示第1测站），仪器高可以输入0。瞄准第一个CPⅢ后视目标点，输入第一个后视点的点号和棱镜高度（棱镜高度输入0），测存。瞄准第二个CPⅢ后视目标点，输入点号和棱镜高度，测存。后面观测的点号只需要输入点号，仪器自动寻找目标，找到目标后测存。依次观测完8个CPⅢ点后，计算并查看设站信息，CPⅢ控制点坐标不符值应满足表7-12的要求。如有个别点达不到表7-12的要求，将该点选为不参与平差计算，重新计算。每一站参与平差计算的CPⅢ控制点不应少于6个。

设站精度满足表7-13的要求时，点击确认。完成设站并退出设站程序。

如果设站精度达不到表7-13的要求，应重新建站，通知后视点人员对棱镜进行检查，看棱镜的安装是否到位。测站上检查全站仪电子气泡是否偏移过大超过补偿范围，输入的观测点号、棱镜常数、棱镜高度、CPⅢ坐标等是否有误。检查更新后重新设站至合格。

更换测站后的建站，相邻测站重叠观测的CPⅢ控制点不应少于2对。

7.4.2.2 轨道测量仪组装

轨道测量仪运到精调施工现场后，应进行正确的组装并拧紧各连接螺丝，各种连接电缆正确连接，见图7-7。

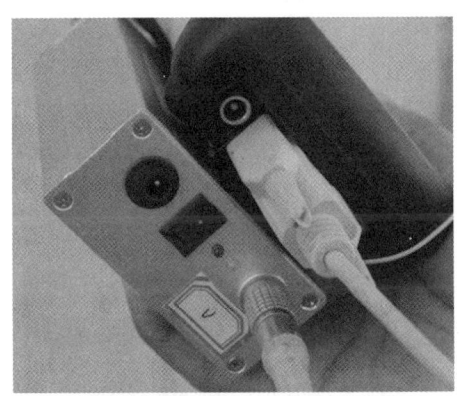

图7-7 轨道测量仪组装

7.4.2.3 通信端口设置

将一个电台与轨道测量仪用连接线进行连接,另外一个电台与全站仪用连接线进行连接,此时,测量手簿的操作与指令通过与轨道测量仪连接的电台进行发送,发送至全站仪处的电台并控制全站仪进行观测,将观测结果实时返回至测量手簿。测量手簿与轨道测量仪使用蓝牙进行连接,实时获取轨道测量仪的轨距与超高等数据,结合线路参数与全站仪观测值,计算出轨道几何形态参数,指导工人实时调整。

测量手簿与轨道测量仪通过蓝牙进行连接,每次更换轨道测量仪或者测量手簿时,需要删除已有的蓝牙连接,重新配对连接测量手簿与轨道测量仪,蓝牙初始密码为"00000000",配对成功后新建发送端口。

测量手簿与全站仪通信通过电台进行,此时需要对手簿与全站仪设置相同的传输参数。通信参数主要包括:

a 通信端口:徕卡系列仪器默认端口为 1,天宝系列仪器默认端口为 4。

b 传输速率:徕卡系列仪器默认传输速率为 9 600 bit/s,天宝系列仪器默认传输速率为 38 400 bit/s。

c 奇偶检校:奇偶校验默认选择"N",即无校验方式。

d 数据位:默认选择 8 个数据位。

e 停止位:默认选择 1 个停止位。

7.4.2.4 轨道测量仪检校

在每次作业前,要对轨道测量仪的倾斜传感器进行检校,掉头超高测量偏差不能大于 0.3 mm。轨道测量仪每连续工作 3 h 也同样需要对轨道测量仪的倾斜传感器进检校。检校时注意选取安有支撑螺杆的位置处进行,并注意工具轨面是否清洁,否则影响校正结果的准确性。

7.4.3 轨排精调具体操作流程

轨排精调主要是对轨排的中线、高程、轨距进行调整,分别由中线调节拉杆、高程调节螺杆、轨距撑杆进行调整,如图 7-8 所示。

轨排利用轨道测量仪对轨道进行精测,需要反复对轨道调整 3 次或以上。第一遍:粗调。第二遍:粗调加精调。第三遍:精调。如果偏差较大(超过 5 mm),则使用多套调整工具,对整块轨排进行调整,将多数点偏差控制在 2 mm 以内。如果轨道扭曲特别大,则进行反复的调整。每次调轨时,将轨道测量仪推至有螺杆位置测量。首先调整轨距,可以采用轨距撑杆或者拉杆调整小轨距或者大轨距。然后再调高程、中线方向。调整中线时,必须保证高程调节螺杆受力。高程与中线偏差无法一步调整到位时,在高程调节螺杆受力的情况下,对偏差较大的高程或中线进行先行调整,交替调整到位。

精调过程中,尤其需要注意邻点偏差变化,所有调整值往 0 靠近进行调整,高程、中线偏差、超高值控制在 0.5 mm 之内,相邻变化量控制在 0.5 mm 之内,轨距变化控制在 0.4 mm 之内。

第 7 章　双块式无砟轨道精调测量技术

图 7-8　中线、高程与轨距的调节器件

精调过程中，需要实时关注测量手簿中的中线偏差、左右轨高差、轨距与超高偏差。中线偏差显示值右偏为正，左偏为负（沿里程前进方向），因此中线偏差为正值时候，指导工人使用中线拉杆左调。左右轨高程偏差为正表示比设计轨面高，此时应松动高程调节杆，降低轨道。轨距偏差为正表示比实际轨距 1 435 mm 大，则需要轨距拉杆进行调整，否则使用轨距撑杆进行调整。框架法无法实时调整轨距，则在组装框架时候需要精确测定。

工具轨精调完成以后，隔一根轨枕采集轨道几何状态数据。采集过程中，如遇个别点数据超标，应进行复调，然后再采集记录。

轨道测量小车外业操作流程如下：

7.4.3.1　准备工作

（1）数据准备。将测量手簿连接电脑，将 CPⅢ 数据、左右线交点数据、坡度线数据、小车标定文件、轨道几何状态测量软件拷贝至测量手簿根目录下。图 7-9 中所选中的文件为本次精调作业所需文件。

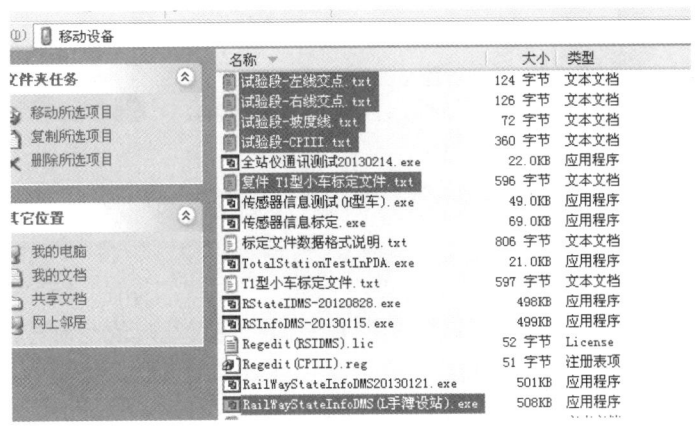

图 7-9　精调作业所需文件

- 175 -

（2）出发前的检查。检查全站仪电池、测量小车电台、电池、测量手簿电量是否充足，检查测量手簿连接线、全站仪连接线、CPⅢ平面连接件、温度气压计、头灯等设备是否齐全。

7.4.3.2 全站仪与测量小车安置

（1）现场准备工作。到达指定测量区域后，迅速打开全站仪与测量小车箱盖，打开温度计箱子，在环境中放置 10 min 以上，使其与外界相适应。在此期间检查钢轨内侧与顶面有无水泥污渍。

（2）测量小车组装与棱镜安装。将测量小车组装好后安置在钢轨上，根据测量小车测量起始位置与测量方向确定全站仪位置，全站仪与测量小车的距离以 60 m 为宜。棱镜安装人员安装 CPⅢ 棱镜，保证在全站仪两端各 2 对 CPⅢ 点。

（3）全站仪架设与通信参数检核。整平全站仪，使用连接线连接全站仪与电台，检查全站仪测距模式是否为标准，传输串口参数设置是否正确。徕卡仪器传输速率为 9 600、默认端口为 1、奇偶校选择 "N"、数据位选择 8、停止位选择 1；天宝仪器需将传输速率与默认端口设置为 38 400 与 4。检查仪器的 2C 是否小于 5″，竖盘指标差是否小于 3″，做好仪器检查记录。

7.4.3.3 使用测量手簿蓝牙连接测量小车

该步骤一般仅在第一次连接测量手簿蓝牙与测量小车时执行；若中途更换了测量手簿或者测量小车后，也需要执行该步骤。

（1）使用连接线连接测量手簿与电台，打开测量小车电源开关。

（2）打开测量手簿，依次点击 "开始" → "设置" → "连接" → "蓝牙"，进入蓝牙设置窗体，见图 7-10。

 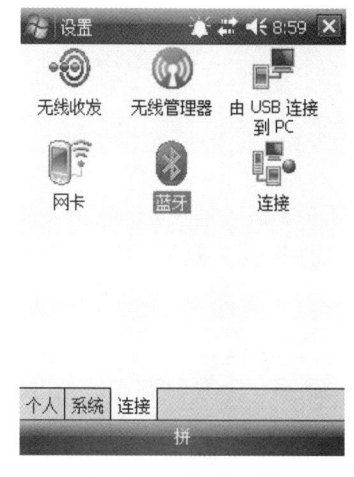 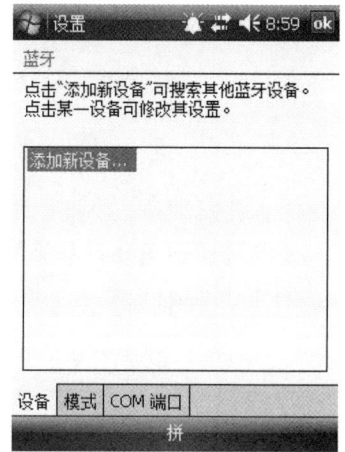

图 7-10　连接蓝牙

（3）蓝牙配对连接。在蓝牙设置窗体中，点击 "添加新设备"，系统会自动搜寻蓝牙设备，选中搜寻出的蓝牙设备 "GC04-630"（即小车蓝牙设备），单击屏幕右下角的 "下一步"，进入密码设置窗口，输入蓝牙密码 "00000000"（8 个 0），单击右下角的 "下一步"，进入图 7-11 的第 3 个画面，选中 "串行端口"，单击 "完成"，即可完成蓝牙的配对连接。

（4）新建 COM 端口。蓝牙配对连接后，点击 "COM 端口" 标签页，点击 "新建发送端口"，选中需要添加 COM 端口的设备 "GC04-630"（即本次需要连接的测量小车设备），见图 7-12，单击下一步进入端口设置窗体。

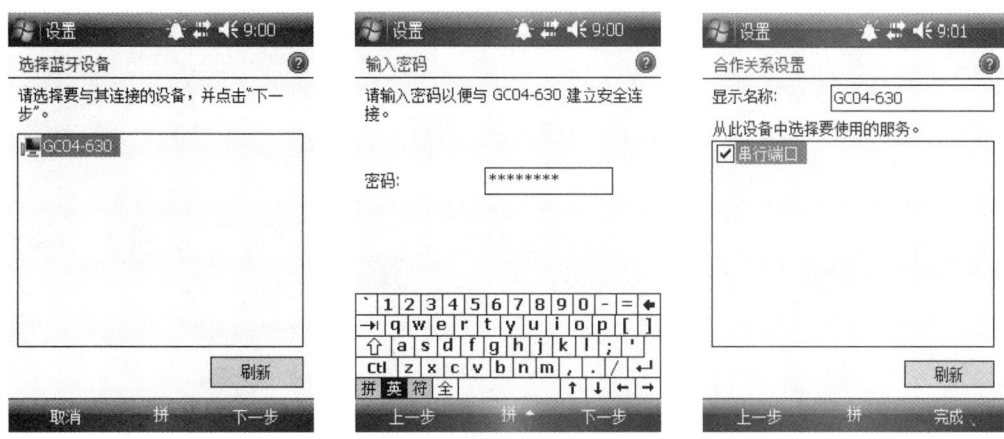

图 7-11 蓝牙配对连接

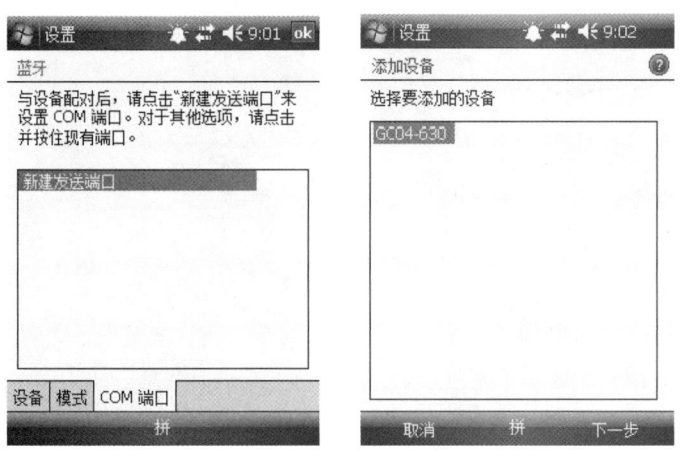

图 7-12 新建 COM 端口

在端口设置窗体中,选择合适的 COM 端口,如本次选择 COM8,单击完成,即可完成发送 COM 端口的设置,见图 7-13。

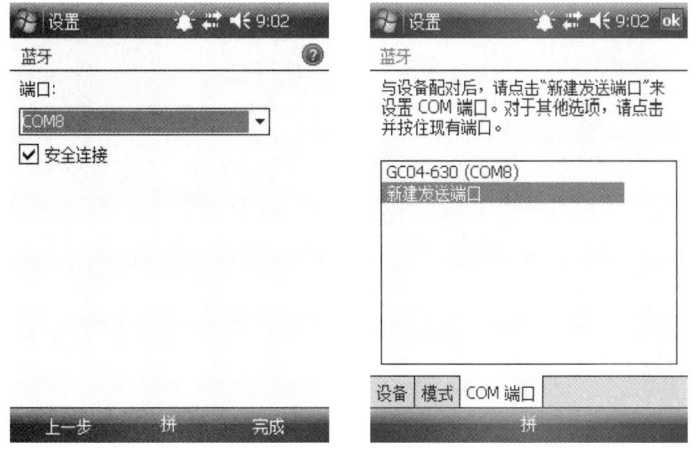

图 7-13 配置 COM 端口

7.4.3.4 新建作业工程

(1) 启动轨道状态精密测量系统。在测量手簿中依次点击"开始"→"资源管理器",进入资源管理器界面,选择"My Documents"目录,点击"RailWayStateInfoDMS(L 手簿设站)"程序,运行后的主界面见图 7-14。

图 7-14 选择手簿测站

(2) 新建作业工程。点击"新建工程",进入新建工程窗体,输入工程名称,如"20130416L-1",表示 2013 年 4 月 16 号左线的第一个工程。点击"…"按钮,依次导入"CPⅢ点文件""线路左线平面曲线与超高文件""线路左线设计坡度文件",勾选上"自动生成右线数据",点击"…"按钮读取"小车标定文件"。检查导入数据文件名是否正确,单击"确定>>"按钮,完成系统项目的建立,如图 7-15。

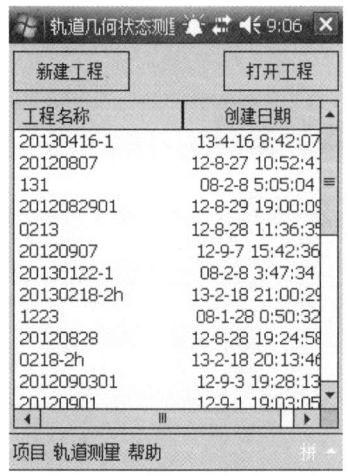 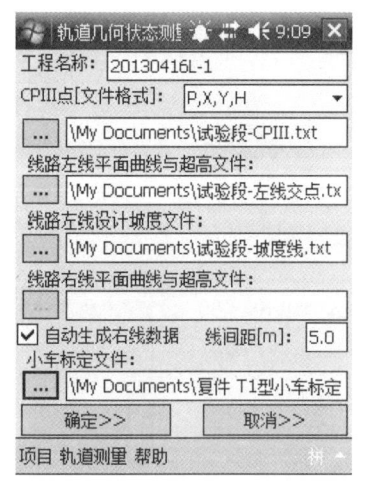

图 7-15 新建作业工程

7.4.3.5 系统设置

(1) 设置通信参数。在"轨道状态精密测量系统"中,依次点击"项目"→"系统设置",

进入系统设置窗体，选择通信端口 8（具体通信端口以蓝牙配对中设置的端口为准，见步骤 7.4.3.3），点击"设置蓝牙通讯参数"，点击"打开"按钮，当按钮变红后表示打开成功。

（2）设置棱镜方向。在系统设置窗体中，点击测站设置标签页，选择棱镜方向，即小车固定端所在线路的位置，面朝大里程方向，当棱镜在线路左侧时候勾选"线路左侧（反向）"，否则勾选"线路右侧（正向）"，本次设置"线路右侧（正向）"。

通信参数与棱镜方向设置完成后，点击"确定"按钮，完成系统配置，如图 7-16。

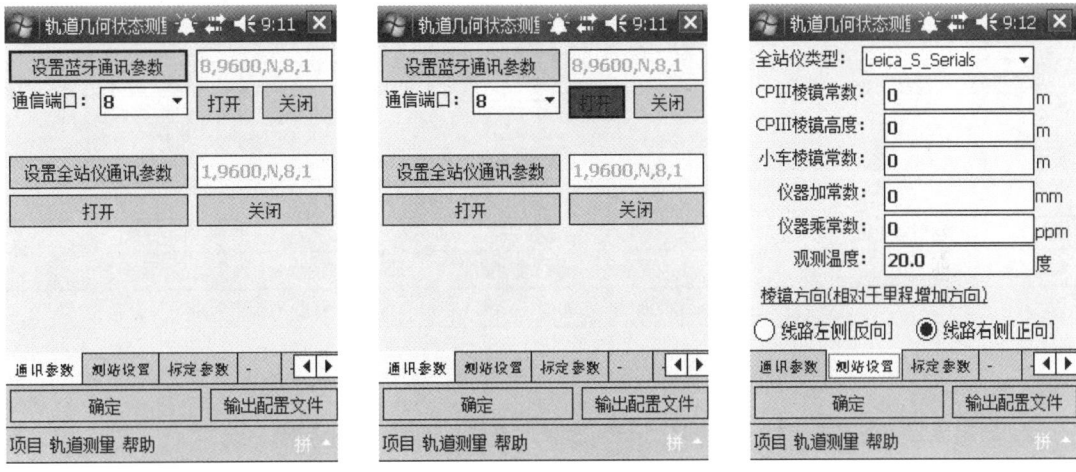

图 7-16　系统设置

7.4.3.6　传感器标定

（1）轨距精度标定。在"轨道状态精密测量系统"中，依次点击"轨道测量"→"传感器标定…"，进入传感器标定界面，见图 7-17，首先进入的是"轨距精度标定"标签页。

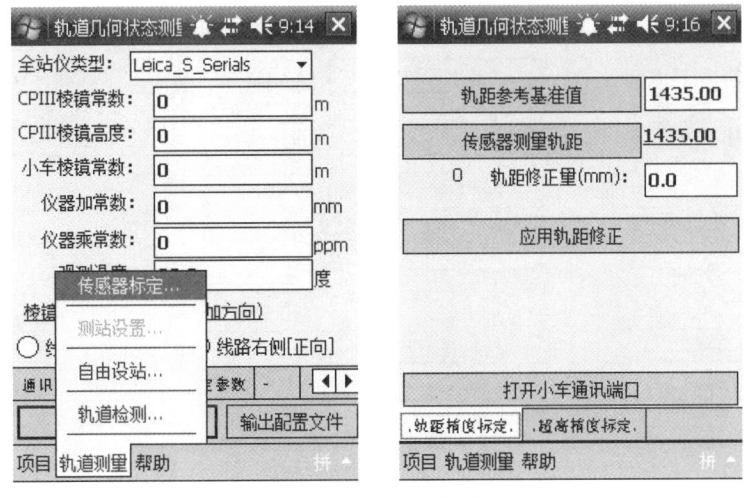

图 7-17　传感器标定

使用"传感器测量轨距"，假设测得的轨距值为 1 433.10 mm，在同一位置使用 0 级道尺测得轨距为 1 434.80 mm，若道尺测量轨距值为真实值，则轨距修正量为 1.7 mm。此时在轨距修正量（mm）中输入"1.7"，点击应用轨距修正，则轨距修正成功。此时点击"传感器测量轨距"，测得的轨距值则与 0 级道尺所测轨距吻合。具体操作见图 7-18：

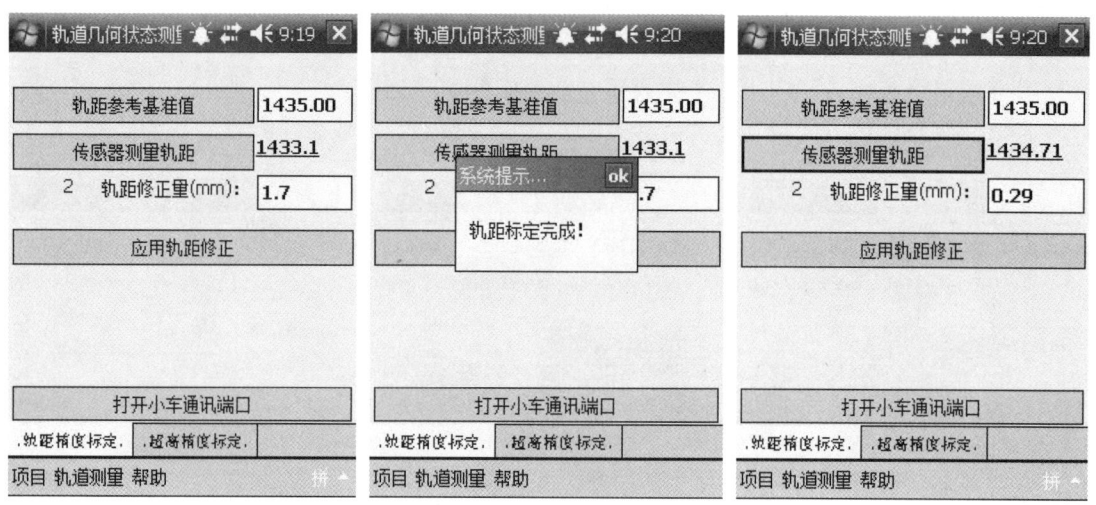

图 7-18　传感器测量轨距标定

（2）超高精度标定。在传感器标定界面中，点击"超高精度标定"标签页，进入超高精度标定界面，见图 7-19。查看棱镜方向（见步骤"7.4.3.5（2）设置棱镜方向"中设置），本次小车棱镜首先放置在正向，点击"正向测量超高（mm）"，将小车掉头，并放置在同一钢轨位置，点击"反向测量超高（mm）"，此时仪器自动计算掉头误差，如本次掉头误差为 0.87 mm。

图 7-19　超高精度标定

若掉头误差大于 0.3 mm，需依次点击"计算掉头误差""应用超高修正"，完成掉头超高的修正，见图 7-20。掉头超高修正需反复进行直至掉头误差小于 0.3 mm 为止。

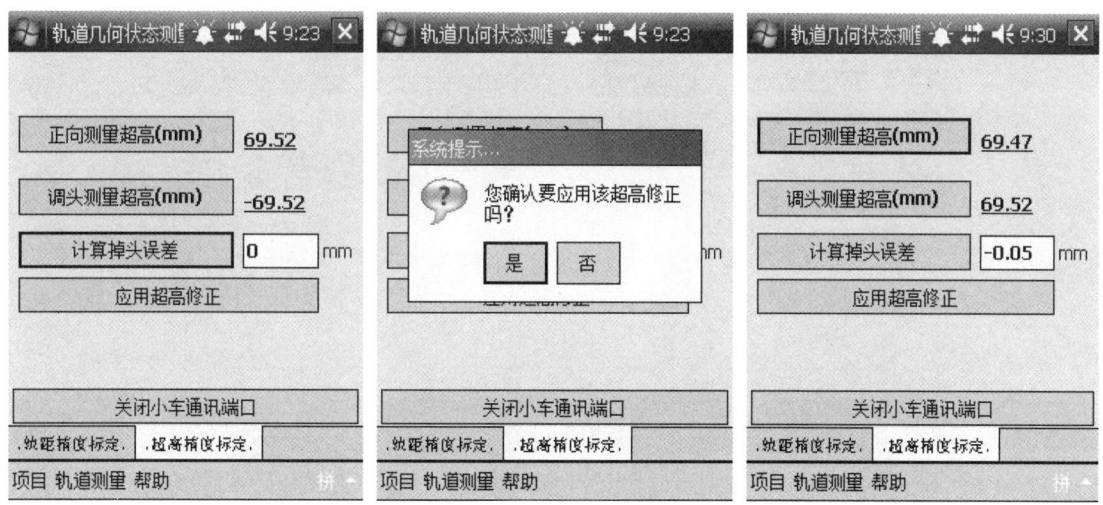

图 7-20 超高修正

7.4.3.7 自由设站

（1）选择学习的 CPⅢ 点。在"轨道状态精密测量系统"中，依次点击"轨道测量"→"自由设站…"，进入自由设站界面。在搜索条件中勾选"点号"，查看距离全站仪最近的 CPⅢ 点号，输入点号，如"0345306"，点击"最近 CPⅢ…"按钮，系统会查找出最邻近的 CPⅢ 点，勾选上需要观测的 CPⅢ 点，如本次观测"0345303、0345304、0345305、0345306、0345307、0345308"6 个点，点击"下一步"按钮，进入 CPⅢ 点学习界面，见图 7-21。

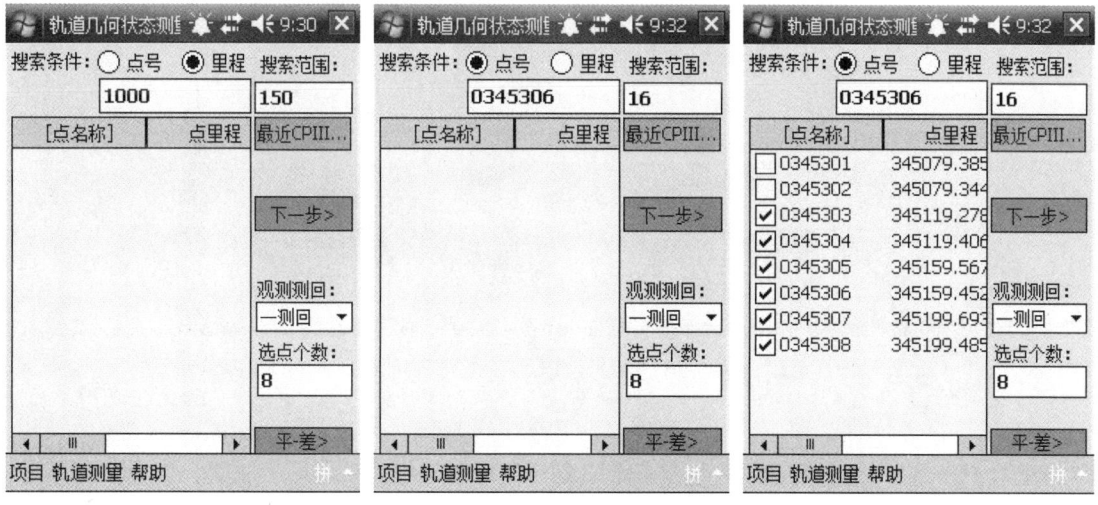

图 7-21 CPⅢ 点学习

（2）学习 CPⅢ 点。在目标点中，选择需要学习的 CPⅢ 点，通知全站仪人员瞄准该点，点击"测量>>"按钮，如本次选择了"0345303、0345304"两个点进行学习，学习了两个点后，点击"完成"按钮，系统会提示"学习记录成功"（图 7-22），仪器进入自动观测界面，即"交会"标签页。

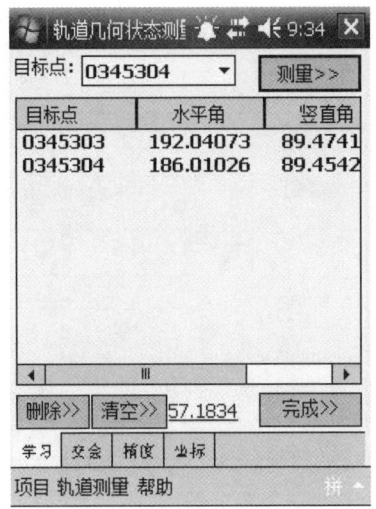 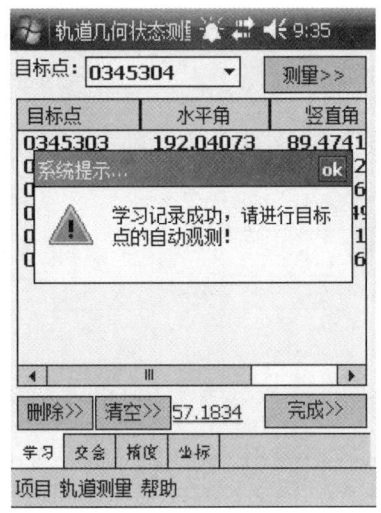

图 7-22　学习 CPⅢ 点记录成功

在仪器自动观测界面中，测量手簿操作人员需要注意人为遮挡后，自动观测停止，此时需要点击"继续观测"按钮，在仪器自动观测完数据后，系统提示"该测站数据已经观测完成"，点击提示对话框的"ok"按钮，系统自动进入"坐标"标签页，见图 7-23。

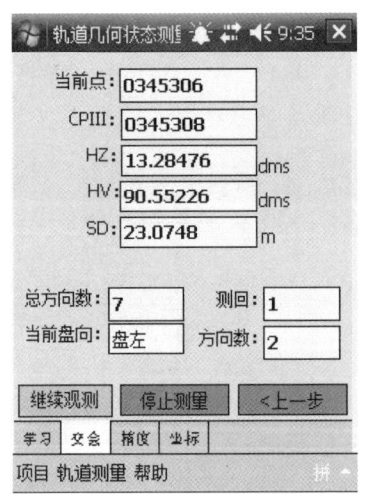 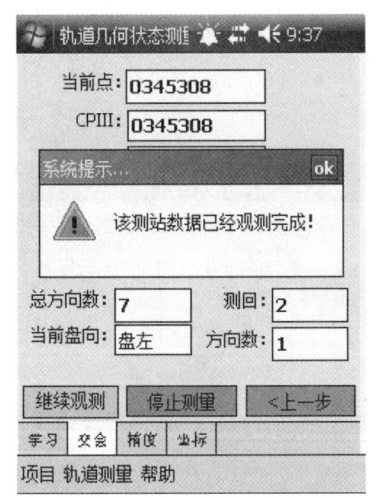

图 7-23　人为遮挡后观测完成示意

（3）测站坐标计算。在"坐标"标签页中，选中"考虑尺度因子"，点击"测站坐标计算"，系统进行"精度"标签页，检查 X 方向中误差、Y 方向中误差、高程 H 中误差，此三个值皆需要小于 0.7 mm。单击"坐标"标签页，将 V_x、V_y、V_h 改正数大于 2 mm 的勾除掉后重新计算坐标，见图 7-24。

（4）检核。重新计算坐标后，可以看见 X、Y、H 中误差皆小于 0.7 mm，满足设站要求。点击"检核"按钮，进入检核界面，点击 CPⅢ 点如 0345306，依次点击"照准""观测"，查看平差前后的 X、Y、H 较差，皆需要小于 1.5 mm。检核完成后，点击"保存结果"实现测站设置与保存，见图 7-25。

第 7 章 双块式无砟轨道精调测量技术

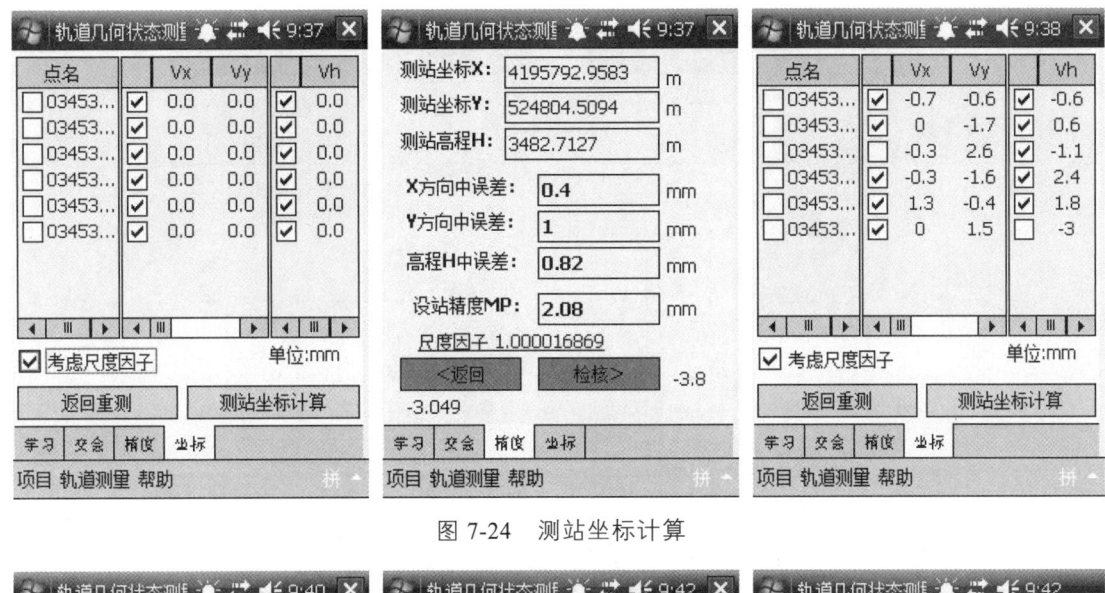

图 7-24 测站坐标计算

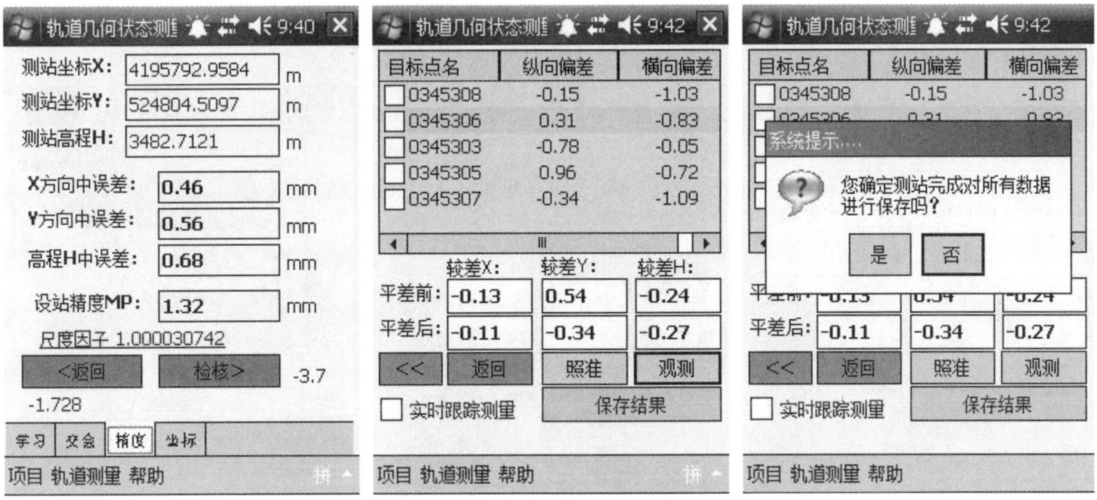

图 7-25 检核并保存数据

7.4.3.8 轨道精调

（1）建立设站。在自由设站完成并保存信息后，依次点击菜单"轨道测量"→"轨道检测…"，进入轨道测量建立测站界面。根据当前测量小车所在线路，选择测量左右线，本次选择"测量左线"，点击"保存设置建立测站"按钮，完成测站建立，见图 7-26。

（2）轨道点几何状态信息观测。输入测点编号（如 1001），点击"目标观测"，系统会跳转到目标观测结果页面（图 7-27），页面顶端显示当前测点里程、左右轨高程调整量、轨距偏差量、超高偏差量、中线偏差量等。点击"方向定义"按钮，系统会提示各项指标正负号的定义。对于框架法，轨距无法实时调整，需要调整的量为左右轨高程、中线偏差、超高偏差（由左右轨高程调整确定），指导工人调整后，点击"退回重测"按钮，重新观测轨道点几何状态数据，直至各项偏差调整到作业要求后，点击"记录"按钮，记录当前精调成果数据。

图 7-26 建立测站

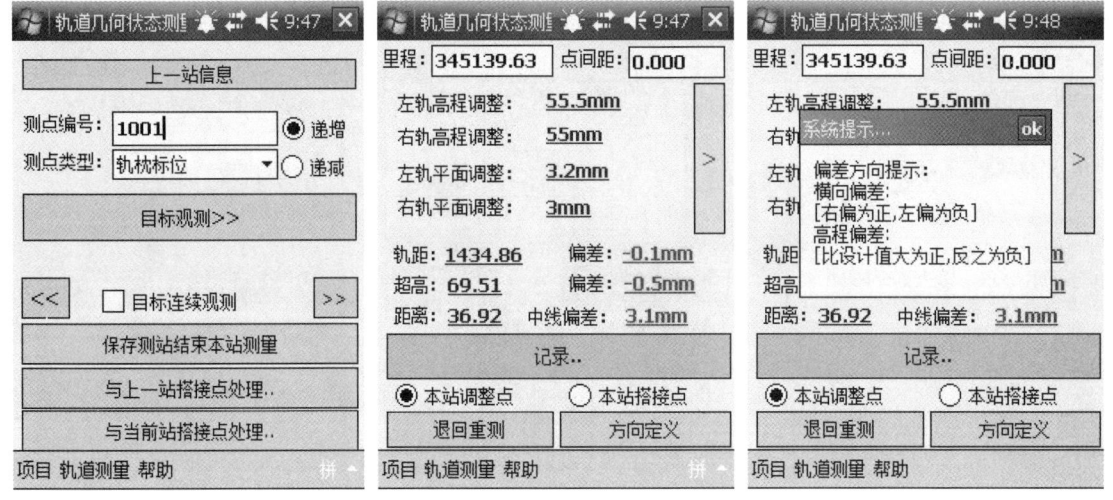

图 7-27 轨道点几何状态信息观测

根据图 7-27 所指示的轨道几何状态信息与方向定义,需要指导工人将左轨高程降低 55.5 mm,右轨高程降低 55 mm,轨排中线向左调整 3.1 mm(沿大里程增加方向)。

(3)检核。在精调过程中,全站仪守护人员应时刻注意气泡变化,当气泡值大于 0.0010°或者本站精调结束后,依次点击菜单"轨道测量"→"自由设站...",进入"精度"标签页,单击"检核"按钮进行检核,注意此时不需要点击"保存结果"按钮。检核合格后,点击菜单"轨道测量"→"轨道检测...",点击"保存测站结束本站测量"按钮,完成轨道几何状态记录数据的保存,见图 7-28。

检核不合格时,应重新整平仪器,对当前站精调区段重新进行精调。

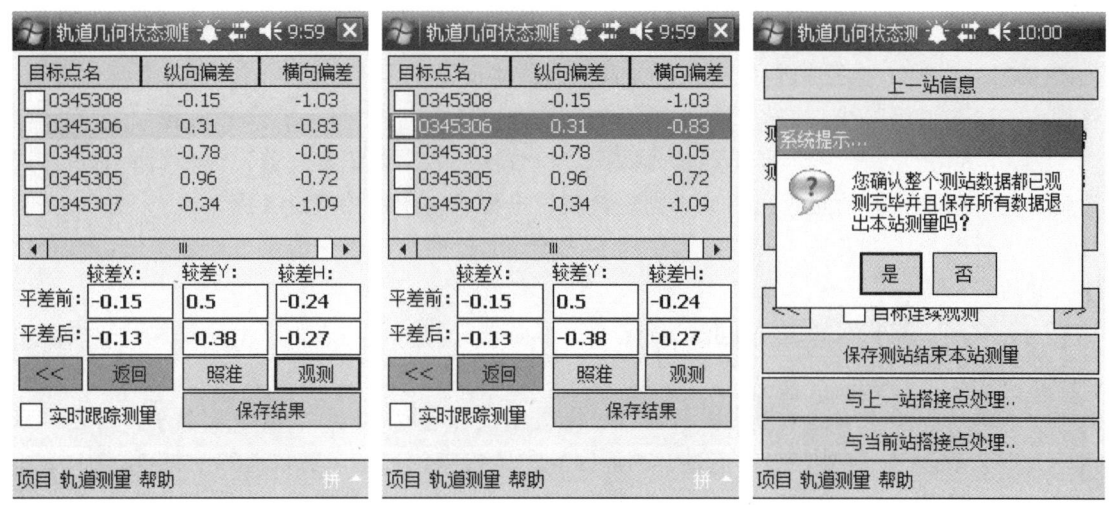

图 7-28 检核并保存数据

7.4.4 站间搭接、与已浇筑混凝土地段的搭接

自由设站观测测站附近至少 3 对 CPⅢ 控制点，计算确定测站坐标。改变全站仪测站时，相邻测站重叠观测的 CPⅢ 控制点不应少于 2 对，并复测至少已完成精调的一组轨排，重叠至少 10 根轨枕，同一点的横向和高程的相对偏差不应大于 2 mm。换站时，将轨道测量仪停在当前设站区间的最后一对螺杆调节器上，将其偏差尽可能调整到 0，并采集数据，在下一站开始测量前不要移动轨道几何状态测量仪。全站仪搬站并重新设站后，在上一站最后一个点处查看偏差数据，如果小于 2 mm 则合格，在允许偏差范围内，按 1 mm/10 m 进行手动补偿，否则查明原因；若本站设站合格，则说明上一站精调不合格，需要重新对上一站进行精调。

在已经浇筑道床板的区域，存在精调顺接问题，可采取手动补偿的方式实现，补偿标准同理按照 1 mm/10 m 的方式进行手动补偿。将轨道测量仪推至浇筑区段的最后一个轨枕处，采集轨道几何形态数据，若中线偏差为 1.5 mm，对未浇筑地段进行精调，则在 10 m 后，其中线偏差应该调整到 0.5 mm，在精调完 15 m 后，即可按照作业标准进行调整。

7.4.5 换带区的精调测量

在 CPⅢ 坐标分带地段，需要使用两套不同的坐标对轨排进行精调并检核，公共区段以 40 m 为宜，分带里程前后各 20 m。首先使用分带前的 CPⅢ 坐标对轨排进行调整，待满足精调要求后，再使用后一投影带 CPⅢ 进行设站，采集已精调过的 40 m 轨排，检查其轨道几何状态数据是否满足规范要求。

7.4.6 注意事项

轨排精调过程中，需要时刻注意以下问题：
（1）在连接好仪器与数传电台后，出现电台无法发送与接收数据的情况。此时检查电台电源是否打开、电台电量是否充足、仪器连接线是否正常、仪器的串口通信参数是否设置正确（传输速率为 9600）、电台频道是否一致。若这些设置正常仍无法通信，则使用备用电台、备用连接线与备用天线。

（2）电台能发送数据但是不能接收数据。检查连接线是否正常，若正常，则换个频道或者备用电台后检查通信是否正常。否则更换备用电台或备用连接线或备用天线。

（3）近距离可以发送与接收，远距离无法传输与接收。检查天线是否安装到位，或者更换天线后进行操作。

（4）棱镜只能装在轨道测量仪的固定端，且必须安装到位，否则易出现较大的中线偏差或者高程偏差。

（5）对于已经浇筑道床板区段，检查已浇筑地段的最后一轨枕处的中线偏差与高差，若偏差大于 2 mm，则需要查明偏差过大的原因。主要检查内容如下：仪器气泡是否居中；2C 与竖盘指标差是否小于作业要求；设置轨道测量仪正反向，检查测量中线偏差是否一致；检查轨道测量仪的棱镜安装是否到位。若检查没有问题，则引起偏差较大的原因可能由于混凝土浇筑造成。此时即可按照 1 mm/10 m 手动进行补偿。

（6）每一设站时，全站仪与轨检仪距离不应大于 70 m，曲线段调节时，每站的有效长度减为 40 m 以内。全站仪距轨道几何状态测量仪的工作距离宜为 5～55 m，测量时轨检仪应逐渐靠近全站仪而不是远离全站仪。

（7）避开强光直射时段，安排在晚间或阴天进行精调作业。精调前，将轨面擦拭干净，精调时必须在接地焊接完毕，至少安装两跨模板后进行，以免对精调产生影响。

（8）测量时全站仪旁应有人看护，防止施工人员将仪器碰倒或被风吹倒。作业时，要派专人看护 CPⅢ棱镜，防止人为或机械损坏。

（9）作业时，测量环境参数，严格遵守全站仪及轨道几何状态测量仪正常作业对温度、湿度、气压等环境的要求，保证设备处于正常运行状态。

（10）全站仪自由设站时，多次测量都出现较大偏差，且偏差数据保持不变，应及时检查全站仪和轨道几何状态测量仪安置是否正确、是否有外界干扰、传感器是否正常，逐个排除原因。

（11）当采用多台轨道几何状态测量仪作业时，各附件不要混淆，应严格配对，不能互换混用。

（12）轨排进行精调时，测量区域应停止其他作业，以免影响仪器的稳定性及精调精度。

（13）轨排精调后应采取设置围栏（彩色三角旗）并悬挂"精调区域，禁止跨越"标识牌等防护措施，确保轨排不被踩踏和撞击。

（14）轨排精调后应尽早浇筑混凝土，如果轨排受到外部扰动，或放置时间过长（12 h），或环境温度变化超过 15 ℃ 时，必须重新检查确认合格后，方能浇筑混凝土。

第 8 章 板式无砟轨道精调测量技术

8.1 板式无砟轨道简介

轨道板是客运专线板式无砟轨道结构的重要组成部分，替代普通铁路的道砟和轨枕，通过扣件系统直接安放钢轨。目前，国内客运专线所采用的无砟轨道主要有 CRTS I 型板式无砟轨道（CRTS I s）、CRTS II 型板式无砟轨道（CRTS II s）、CRTS III 型板式无砟轨道（CRTS III s）、CRTS I 型双块式无砟轨道（CRTS I b）及 CRTS II 型双块式无砟轨道（CRTS II b）等几种形式。CRTS II 型板式无砟轨道和 CRTS III 型板式无砟轨道是国内客运专线建设应用较为广泛的两种板式无砟轨道结构。已建设完成的京津城际、京沪高铁、沪杭城际、石武客专、沪昆客专等线路采用 CRTS II 型无砟轨道板。成（都）灌（县）城际高速铁路线、盘营客专、武汉城际四线、沈丹客专、郑徐客专及京沈客专建设采用Ⅲ型 CRTS III 型无砟轨道结构。

CRTS III 型无砟轨道板是在总结我国既有无砟轨道研究与应用经验上的基础上，结合无砟轨道技术再创新研究成果，并借鉴成灌线的经验，研发并提出的具有自主知识产权的新型无砟轨道。CRTS III 型无砟轨道板是一种带挡肩的新型无砟轨道板，具有其独特的结构形式与工艺特点。CRTS III 型无砟轨道板采用双向先张的预应力结构；通过无黏结预应力钢棒体系对预制混凝土轨道板预施压应力，轨道板上下层配置普通钢筋并形成钢筋骨架，纵向钢筋采用环氧树脂涂层钢筋以保证轨道板的绝缘性能。轨道板两端各设置一个接地端子，并与板内接地钢筋焊接实现轨道结构的综合接地，轨道板底面预留"门"形钢筋与自密实混凝土连接。其主要创新点是：改变了轨道板的限位方式、扩展了板下填充材料、优化了轨道板结构、改善了轨道弹性及完善了设计理论体系。其主要体现在以下几个方面：

8.1.1 板下填充层材料

Ⅲ型板式无砟轨道通过轨道板板下的 U 形筋，将内设钢筋网片的自密实混凝土与轨道板可靠连接成复合结构，结构整体性好，可以控制轨道板离缝、翘曲和板下填充层开裂；自密实混凝土与 CAM 填充层相比较，其工艺简单、性能稳定、耐久性好、成本低廉。

8.1.2 板道限位方式

Ⅲ型板式无砟轨道采用板下 U 形筋+自密实混凝土+底座凹槽的限位方式，彻底取消了 I 型号凸台、II 型的端刺限位方式。同时也取消了作为板下填充材料用的 CA 砂浆。从而，可以简化施工工艺，减少环境污染，降低工程投资。

8.1.3 轨道弹性

轨道板改原用无挡肩板为有挡肩板，配套弹性不分开式扣件，有利于降低轨道刚度，提高轨道弹性。

8.1.4 轨道板预制实现空间曲线

曲线地段轨道板承轨槽的横向矢距位移、缓和曲线地段轨道板承轨槽的垂向高低位移均可通过对模具承轨槽的位置调整来实现。通过固定式、一维固定式、一维调整式、二维可调钢模及相配套的自动测量软件，即可一次成功预制出高精度、有挡肩空间曲面轨道板。预制出的轨道板承轨槽带有相应的线路参数，无须后期打磨。曲线地段通过调整承轨槽的高程和平面位置适应超高变化和小半径曲线的轨向调整问题，因此可以很好地适应小半径曲线线形，可以进一步降低扣件刚度，并可确保扣件刚度的均匀一致性。

CRTSⅢ型无砟轨道板制造技术，与引进的 CRTSⅠ型和 CRTSⅡ型无砟轨道板相比，具有工艺相对简单、投资相对较少、方便后期无砟轨道施工的突出优势。对目前的Ⅰ型、Ⅱ型、Ⅲ型板式无砟轨道主要技术经济指标作比较来看，Ⅲ型板式无砟轨道结构合理、施工简捷，工效相对较高，造价相对合理，客观综合评价Ⅲ型板应该是"绿色"的，而且是完全自主知识产权、完全自主创新的"中国式"无砟轨道系统。随着我国大规模的无砟轨道铁路的建设及高铁技术"走出去"战略的实施，CRTSⅢ型无砟轨道结构将得到广泛应用。

8.2 板式无砟轨道的安装与精调测量

作为客运专线板式无砟轨道重要组成部分的 CRTSⅢ型轨道板，替代普通铁路的道砟和轨枕，通过扣件系统直接安放钢轨，轨道板铺设的精度将直接影响轨道最终的平顺性。为满足高速列车运行时对轨道几何尺寸的特殊要求，在安装轨道板时必须进行精确定位。轨道板的定位铺设是无砟轨道铁路建设的重要环节，如何快速、精确地指导轨道板的定位铺设是无砟轨道建设的重要内容，即：建立轨 CRTSⅢ型无砟轨道板精调系统，将轨道定位的设计信息和现场施工安装的测量信息通过精密的测量装置动态采集并实时计算分析显示，现场实时指挥轨道的定位安装和 CRTSⅢ型板的精调。

轨道板安装与精调测量的主要目的就是完成工厂化制造生产的轨道板在线路上的精确铺设，即把轨道板逐一调整到设计线路规定的高度和位置，高度以四个角轨道位置为准，位置以调整板中线与线路重合为准。轨道板精调本质上属于安装测量，即轨道板的安装测量或精密放样。在精调工作开始前，可利用线路参数和布板软件，计算出轨道板上任意里程位置上断面点的理论平面坐标和高程。以轨道板承轨槽大钳口的两个外钳口挡肩面或承轨槽上螺栓孔预埋套管为参考基准，采用精密设计加工的专用标架模拟钢轨的空间位置，智能型全站仪采集安放在指定承轨槽上的精调标架计算出实时计算轨道板线路偏差，指挥工人调整安装在轨道板下的精调器，使轨道位置调整到设计的理论位置。图 8-1 为精调调整计算示意图，图中 A、B 两点为左右股钢轨设计理论位置，A′、B′ 为钢轨粗铺后的实际位置，轨道板精调就是进行竖向和横向调整，使得轨道板 A′、B′ 点与 A、B 逐渐趋近的过程。

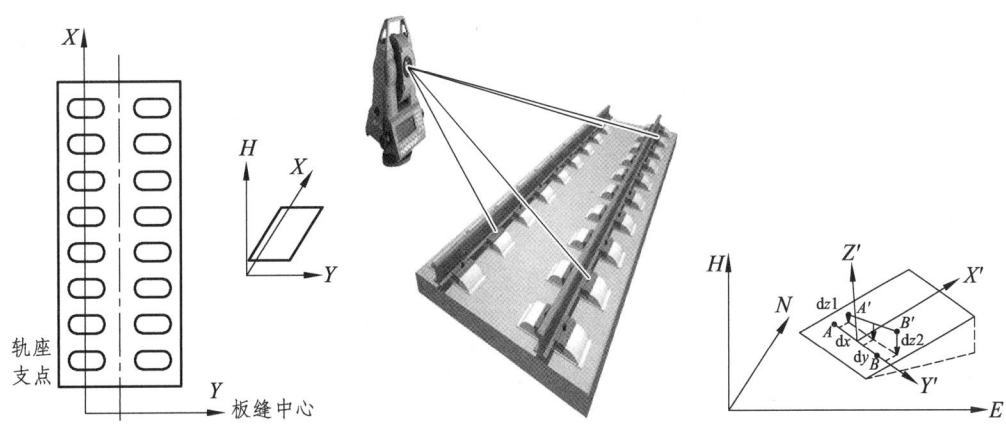

图 8-1　轨道板精调原理图

按照图 8-1 原理实现轨道板精调，则需要以下内容：

（1）轨道板精调理论数据，通过内业布板设计软件施工布板模块，利用线路设计参数、轨道布板参数计算出轨道板上作为精调理论参考点的理论平面坐标和高程。

（2）模拟钢轨实现空间位置的精调装置，称作精调标架。CRTSⅢ型轨道板铺设过程中不能测量的钢轨顶点通过标架上棱镜过渡，其上安放的棱镜中心即为钢轨顶中心点，使之能够使用测量仪器测量，钢轨顶示意图见图 8-2。

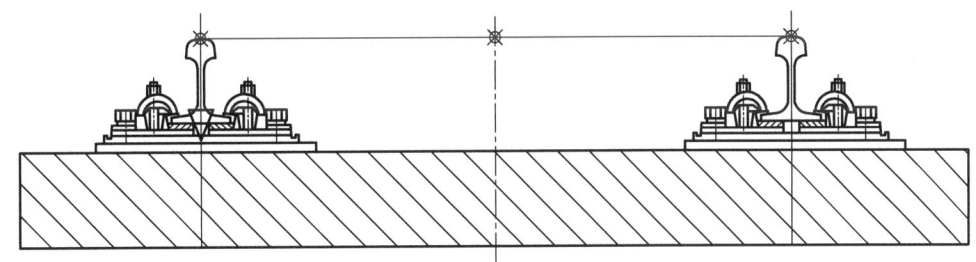

图 8-2　标架模拟钢轨示意图

标架的稳定性直接决定 CRTSⅢ型轨道板的精调精度，因此标架应当满足稳定性好、受外界干扰变形量小的原则，同时为了适应现场测量的要求，标架同时应当满足重量轻、便于携带的要求。

（3）高精度智能型全站仪及配套的基于 PDA 的精调软件。使用的全站仪应具有自动目标搜索、自动照准、自动观测、自动记录功能，其标称精度不低于（1″、1 mm+$2\times10^{-6}\cdot D$），如徕卡 TS30、TS50、TS60、TCRP1201+、TCA2003、TS15 等。基于 PDA 的 CRTS CPⅢ型无砟轨道板精调程序必须协调控制标架系统、测量机器人系统及测量控制终端，集成各部分之间的无线通信和数据交换，具备实时处理精调数据。

8.3 板式无砟轨道精调系统

CRTSⅢ型板的精调，以轨道板承轨槽大钳口的两个外钳口挡肩面为基准，采用专门设计的精调标架作为精调工装。CRTSⅢ型板的精调标架用于模拟钢轨装置，依据CRTSⅢ型板承轨槽细部结构及轨道结构尺寸设计，用标架上的精密棱镜来实现轨道板铺设时钢轨空间位置过渡，通过精确调整轨道板的空间位置间接调整轨道。

与CRTSⅡ型无砟轨道板比较，CRTSⅢ型板长度较短，且精调器安装在CRTSⅢ型板设置的4个起吊套管处，故待精调轨道板上只需要安置2副标架，同时应具备1个标准标架，测站间搭接需要使用1副标架。因此，一套CRTSⅢ型板精调标架系统应包括4副精调标架，3副用于精调（1#标架、2#标架、3#标架），1副作为基准标架用于检校其他测量标架。

8.3.1 精调系统的功能

通过上述介绍，可知轨道板精调系统在整个CRTSⅢ型无砟轨道板施工中有十分重要的作用。其所具有的主要功能有：

（1）具有精密加工的专用标架，作为钢轨模拟装置，棱镜位置模拟钢轨支点。
（2）采用高精度具有自动搜索和瞄准功能的全站仪作为测量机器人，实行动态自动测量，精确定位轨道板实际位置。
（3）精调软件自动计算出板位横向、纵向和高程调整量，数据实时传输与质量控制。
（4）倾斜传感器、温度传感器、气压传感器的数据通信与信息的集成。
（5）无线控制外业测量手簿与全站仪、数据采集显示集成系统之间的数据通信，实现无线遥控操作与指示功能。
（6）具有工业级手持式掌上电脑，采用WindowsCE操作界面，阳光下清晰可见，与电脑操作极为相似，简单易用。
（7）完整记录设计位置与实际位置坐标、板位精调时间、精调气象状态、问题日志，实现可追溯施工，便于后续平顺性分析。

8.3.2 精调系统的组成

精调系统由全站仪系统、高精度特制标架、专业精调软件、无线通信模块组成，系统框架示意图见图8-3。

CRTSⅢ型无砟轨道板精调系统由标架系统、测量机器人系统、测量控制终端（PDA）三部分构成，基于PDA的CRTSⅢ型无砟轨道板精调程序必须能集成和协调控制上述三部分功能，实现各部分之间的无线通信，设置合理精调作业流程，才能实现精调系统功能。根据精调系统功能和各部分组成特点，要求精调程序必须具备以下功能：

（1）实现PDA与标架系统、PDA与全站仪之间的无线通信。PDA内置电台和蓝牙分别与全站仪外接数传电台、标架A部分蓝牙建立无线串行连接，采用虚拟串口实现串行通信。

第 8 章 板式无砟轨道精调测量技术

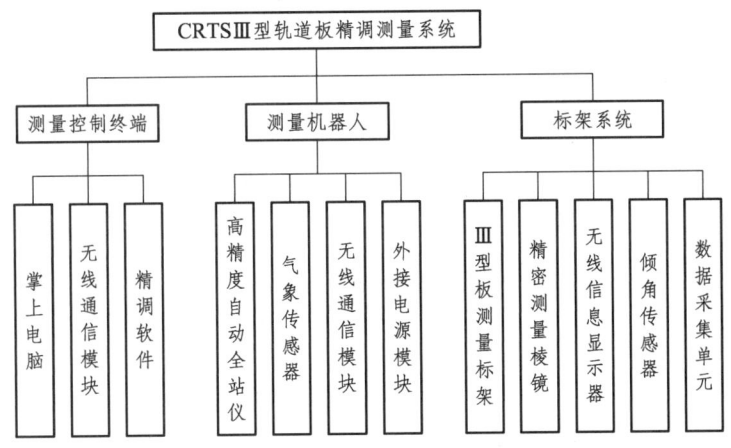

图 8-3 精调系统构成示意图

（2）传感器校正。标架系统安装的倾角传感器，存在安装误差、零点误差，外界环境的变化也会给倾角传感器的测量值带来误差，作业前需对其进行检校，故精调程序具备校正方法和改正措施。

（3）标架尺寸校正。标架理论尺寸应满足设计要求，精密加工的标架也存在工艺带来的误差，使用过程也会造成各部尺寸微小变化。精调程序具备检校方法和改正措施。

（4）控制测量机器人，实现自动化测量。标架系统上棱镜三维坐标的测量过程具有位置相对固定、测量目标较多、测量频次高、测量距离短、观测精度要求高等特点，精调软件控制智能测量机器人完成数据采集。

（5）数据文件管理功能。精调系统采用文件的方式进行数据管理，涉及的文件有线路基础数据、棱镜配置文件、项目配置文件、精调成果文件等。精调软件能在工程文件夹下分开路径管理上述文件，正确读写上述文件。

（5）制定高效合理的精调流程。精调作业流程采取先高程后平面、先四角后中间的调节顺序，精调软件应设计合理精调流程，高效指挥现场精调作业。

CRTSⅢ型无砟轨道板精调过程主要包括项目管理、参数配置、标架检校、传感器检校、测站设置、精调测量、保存成果。现场作业具体业务流程依次为选板、定向、精调测量。CRTSⅢ型无砟轨道板精调软件业务流程图见图 8-4。

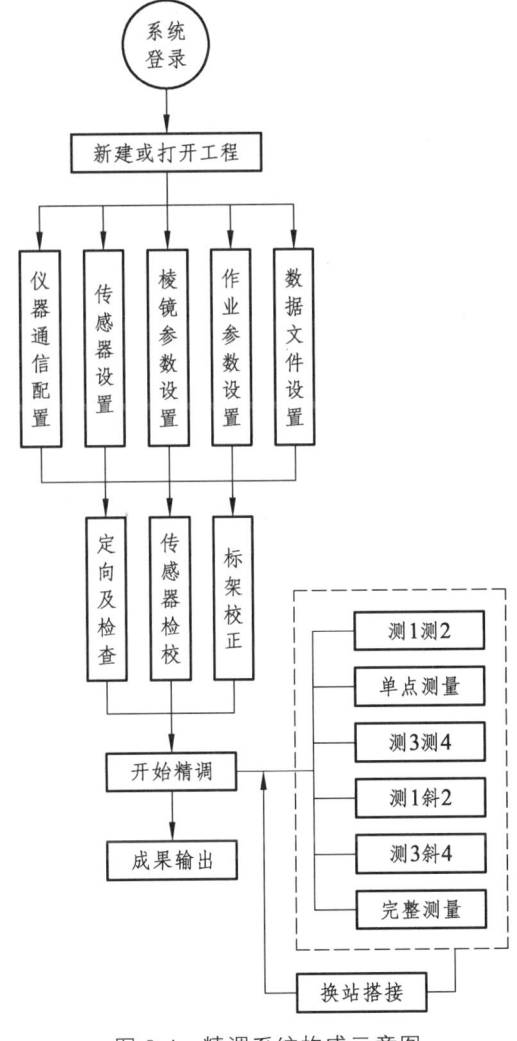

图 8-4 精调系统构成示意图

8.3.3 精调系统参考基准

目前，CRTS Ⅰ 型板精调采用的基准为轨道控制网 CPⅢ，CRTS Ⅱ 型板精调以轨道基准网 GRN 为基准或轨道控制网 CPⅢ。CRTS Ⅲ 型板铺设时，采用单元结构，桥上一块板为一个单元，路基隧道 3 块板组成一个单元，底座在单元与单元间断开。板与板之间板缝为 70 mm，板端齐整无限位凹槽，故不存在空间布设轨道基准网 GRN。CRTS Ⅲ 型板精调应采用轨道控制网 CPⅢ 作为定位基准。以 CPⅢ 作为基础控制网，能确保线路测量的连续性。精调标架上棱镜的测量误差分析过程如下。轨道板精确定位的测量方向为单向后退测量，一个测站内的全站仪与轨道板之间的测量距离宜为 5 ~ 30 m。

采用 CPⅢ 作为基准进行 CRTS Ⅲ 型板精调，精调标架上棱镜的三维坐标可表示为：

$$\left.\begin{aligned} X_{P1} &= X_A + S_1 \times \cos V_1 \times \cos(Z - \alpha_1) \\ Y_{P1} &= Y_A + S_1 \times \cos V_1 \times \sin(Z - \alpha_1) \\ H_{P1} &= H_A + S_1 \times \sin V_1 + \frac{1-K}{2R} \times (S_1 \times \cos V_1)^2 + i - v \end{aligned}\right\} \quad (8\text{-}1)$$

式中 Z——定向角未知数。

对式（8-1）求全微分，可得

$$\mathrm{d}X_{P1} = \mathrm{d}X_A + \cos\alpha_{AP} \times \left[\cos V_1 \times \mathrm{d}S_1 - S_1 \times \sin V_1 \times \frac{\mathrm{d}V_1}{\rho}\right] + \Delta Y_{AP} \times \frac{\mathrm{d}\alpha_1}{\rho} - \Delta Y_{AP} \times \frac{\mathrm{d}Z}{\rho} \quad (8\text{-}2)$$

$$\mathrm{d}Y_{P1} = \mathrm{d}Y_A + \sin\alpha_{AP} \times \left[\cos V_1 \times \mathrm{d}S_1 - S_1 \times \sin V_1 \times \frac{\mathrm{d}V_1}{\rho}\right] - \Delta X_{AP} \times \frac{\mathrm{d}\alpha_1}{\rho} + \Delta X_{AP} \times \frac{\mathrm{d}Z}{\rho} \quad (8\text{-}3)$$

$$\mathrm{d}H_{P1} = \mathrm{d}H_A + \sin V_1 \times \mathrm{d}S_1 + S_1 \times \cos V_1 \times \frac{\mathrm{d}V_1}{\rho} + \mathrm{d}i - \mathrm{d}v \quad (8\text{-}4)$$

式中 $\rho = 206\,265''$。

对式（8-2）、（8-3）合并同类项，并令

$$\mathop{\boldsymbol{F}_1}\limits_{2\times 3} = \begin{bmatrix} \cos\alpha_{AP} \times \cos V_1 & \dfrac{\Delta Y_{AP}}{\rho} & -\dfrac{\cos\alpha_{AP} \times S_1 \times \sin V_1}{\rho} \\ \sin\alpha_{AP} \times \cos V_1 & -\dfrac{\Delta X_{AP}}{\rho} & -\dfrac{\sin\alpha_{AP} \times S_1 \times \sin V_1}{\rho} \end{bmatrix} \quad (8\text{-}5)$$

$$\mathop{\boldsymbol{F}_{a1}}\limits_{2\times 3} = \begin{bmatrix} 1 & 0 & -\dfrac{\Delta Y_{AP}}{\rho} \\ 0 & 1 & \dfrac{\Delta X_{AP}}{\rho} \end{bmatrix} \quad (8\text{-}6)$$

则式（8-2）、（8-3）可用矩阵形式表达：

$$\begin{bmatrix} \mathrm{d}X_{P1} \\ \mathrm{d}Y_{P1} \end{bmatrix} = \boldsymbol{F}_1 \times \begin{bmatrix} \mathrm{d}S_1 \\ \mathrm{d}\alpha_1 \\ \mathrm{d}V_1 \end{bmatrix} + \boldsymbol{F}_{a1} \times \begin{bmatrix} \mathrm{d}X_A \\ \mathrm{d}Y_A \\ \mathrm{d}Z \end{bmatrix} \quad (8\text{-}7)$$

考虑到测距和测角误差的独立性,同时忽略仪器高和后视高误差的影响,由式(8-4)、(8-7)运用协方差传播律得

$$\begin{bmatrix} D_{XP1XP1} & D_{XP1YP1} \\ D_{YP1XP1} & D_{YP1YP1} \end{bmatrix} = \boldsymbol{F}_1 \times \begin{bmatrix} m_{S1}^2 & 0 & 0 \\ 0 & m_{\alpha1}^2 & 0 \\ 0 & 0 & m_{V1}^2 \end{bmatrix} \times \boldsymbol{F}_1^T + \boldsymbol{F}_{a1} \times \begin{bmatrix} D_{XAXA} & D_{XAYA} & D_{XAZ} \\ D_{YAXA} & D_{YAYA} & D_{YAZ} \\ D_{ZXA} & D_{ZYA} & D_{ZZ} \end{bmatrix} \times \boldsymbol{F}_{a1}^T \quad (8\text{-}8)$$

$$D_{HP1HP1} = D_{HAHA} + \sin^2 V_1 \times D_{S1S1} + \left(\frac{S_1 \times \cos V_1}{\rho}\right)^2 \times D_{V1V1} \quad (8\text{-}9)$$

式(8-8)、(8-9)即为自由设站测量标架上棱镜所推导的精密定位棱镜点 P 三维坐标严密精度评定公式。

从上述推导的测量标架上棱镜测量中误差的精度评定公式可以看出,若要精密评定棱镜点 P 的精度比较复杂。轨道精密测量侧重相对精度,同一测站内的测量点都含有定向控制点误差,故一站内测量不考虑设站误差。因此下面仅考虑距离测量和角度测量误差情况下精调棱镜横向、竖向偏差。

设平面点位精度为 m_p,横向调整量精度为 m_L,竖向调整量为 m_H,则可得

$$\left. \begin{aligned} m_p^2 &= m_x^2 + m_y^2 \\ m_H^2 &= m_Z^2 \end{aligned} \right\} \quad (8\text{-}10)$$

精调时,仪器安置于线路中线,高于轨面高度控制在 1.2 m,竖直角可控制在 3.5°~10°,则天顶距可控制在 80°~6.5°。在这种情况下,全站仪的水平角、竖直角测角精度相当,假定测角精度为 $m_v = m_\beta = m$,将式(8-2)、(8-3)、(8-4)代入式(8-10)中可得

$$\begin{cases} m_p^2 = \sin^2 v\, m_s^2 + \left(\dfrac{s}{\rho}\right)^2 m^2 \\ m_H^2 = \cos^2 v\, m_s^2 + \left(\dfrac{\sin v\, s}{\rho}\right)^2 m^2 \end{cases} \quad (8\text{-}11)$$

设站方向大致与线路平行,与线路的夹角可控制在 10° 以内。精调时只用全站仪的一个盘位,用到的只是测量仪器的分辨率。用于轨道板精调的全站仪标称精度不应低于(1″、1 mm+2×10⁻⁶·D),在 30 m 范围内测距分辨率不大于 ±0.2 mm,测角分辨率不会大于 ±2″。由(8-11)式可得

$$\begin{cases} m_L^2 \leqslant \sin^2 10 \sin^2 90 \times 0.2^2 + \left(\dfrac{s}{206\,265''}\right)^2 \times 2^2 = 0.5 \\ m_H^2 \leqslant \cos^2 80 \times 0.2^2 + \left(\dfrac{s}{206\,265''}\right)^2 \times 2^2 = 0.5 \end{cases} \quad (8\text{-}12)$$

可以求得 $s = 30.73$ m。CRTSⅢ型板长度为 5.6 m、5.35 m、4.856 m、4.925 m,故设站一次可调节 4~5 块板。

8.3.4 精调标架

标架系统在轨道板精调过程中主要起着模拟钢轨实现空间位置过渡作用，把 CRTS Ⅲ 型轨道板不能够用测量仪器进行测量的点通过标架上棱镜过渡，其上安放的棱镜中心即为钢轨顶中心点，使之能够使用测量仪器测量，钢轨顶示意图见图 8-2。

测量标架系统是多种传感器的集成，包括温度传感器、倾斜传感器、数据显示器，采用单片机作为数据采处理系统，内置数据采集处理模块、蓝牙通信模块、数传电台，实现了多传感器的信息集成和协调控制。同时基于上载到 PDA 的 CRTS Ⅲ 型无砟轨道板精调程序，标架系统同时实现与测量机器人系统、测量控制终端（PDA）之间的无线通信。

标架的稳定性直接决定 CRTS Ⅱ 型轨道板的精调精度，因此标架应当满足稳定性好、受外界干扰变形量小的原则，同时为了适应野外测量的要求，标架同时应当满足重量轻、便于携带的要求。标架设计应满足下述要求：

（1）保证四支撑圆柱下缘到两棱镜中心连线高度为 210 mm。

（2）两微型棱镜安装距离，满足两微型棱镜中心相距 1 505.1 mm 要求。

（3）调节触头伸出长度，保证两棱镜中心对称于轨道中心点。

（4）所用材料要求温度变形小（线性热膨胀系数小）、刚性好、硬度高且耐磨性强，加工精度高。

标架框架结构用镁铝合金制作；主要承重面与接触面使用硬度强、耐磨的不锈钢制作；标架主要由横梁、下支架、侧支架和棱镜架组成；标架两端分别放 LCD 液晶显示屏各一台，横梁中部放置倾斜传感器一台、温度传感器及电池组件；所有数据传输线由横梁内部经过。见图 8-5。

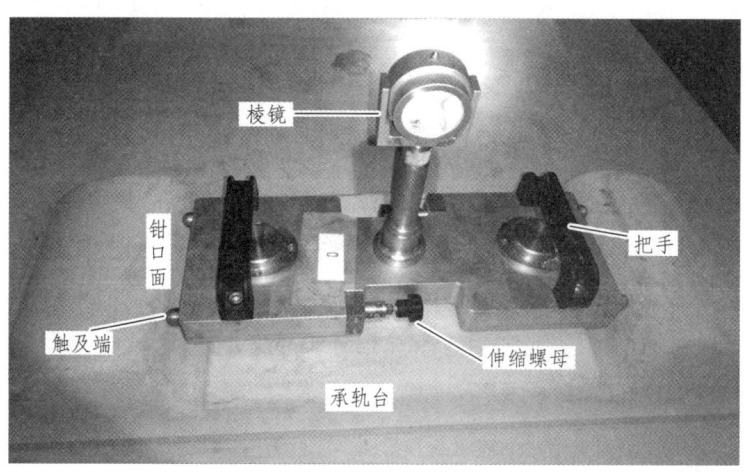

图 8-5 CRTS Ⅲ 型轨道板精调标架

调节支架系统由调节支架和调节组件组成，由紧固调节装置单面与承轨台侧面钳口线相触，主要接触装置为不锈钢制作的卡尺。调节支架的材料为铝合金材料，调节组件主要材料为不锈钢。调节组件有调节触头伸出，长度保证两棱镜中心对称于轨道中心点。

棱镜组件系统由精密棱镜、棱镜坐、棱镜支架和棱镜外壳组成。精密棱镜为直径 25.4 mm

的标准棱镜。其他部件使用材料为铝合金材料（ZL101），经黑色阳极化处理。棱镜组件应满足以下要求：

（1）三轴正交，两轴旋转棱镜中心不变。微型棱镜绕横轴、竖轴任意旋转时，微型棱镜中心的空间位置严格保持对中精度≤0.1 mm，此工艺应由光学和机械加工配合和装配工艺实现。

（2）微型棱镜的加常数可以利用检测基线方便地获得。

（3）微型棱镜中心到基座的下表面的高度应精确量取到±0.1 mm，由机械加工保证。

8.3.5 精调软件实现

掌上电脑即个人数字助理(PDA)，是近年来发展迅速的移动式便携计算机，具有处理器、存储器，带键盘或不带键盘、手写输入，可以通过有线或无线方式介入；它体积小、耗电少、功能全、携带方便，适合 CRTSⅢ轨道板精调野外作业使用。PDA 内置的 Microsoft WindowsCE 操作系统，是一个为多种嵌入式系统和产品设计的紧凑、高效、可升级的 32 位操作系统，利于用户在熟悉的 Windows 环境下工作。本系统的精调软件采用小巧的 PDA 作为在线控制测量机器人自动化观测和数据采集处理系统的载体，为了满足软件的操作方便性、通用性，移动数据采集模块选用在 WindowsCE 操作系统环境下开发，开发语言为 VS.NET2008 之 VisualC#。VisualStudio.NET 具有以下优点：统一的集成开发环境；面向对象技术；丰富的数据类型；改进了的窗体引擎；结构化的错误处理；方便的 Web 开发；新一代的数据访问；多线程的直接支持。.NET Compact Framework 提供了多种语言可供选择（支持 Microsoft Visual Basic、Microsoft Visual C# 和 Microsoft Visual C++），并且消除了语言互操作性所面临的一些常问题。

CRTSⅢ型轨道板精调系统模块主要包括项目管理、系统配置、精调作业、系统检校、辅助工具五个部分，其具体功能框架见图 8-6。

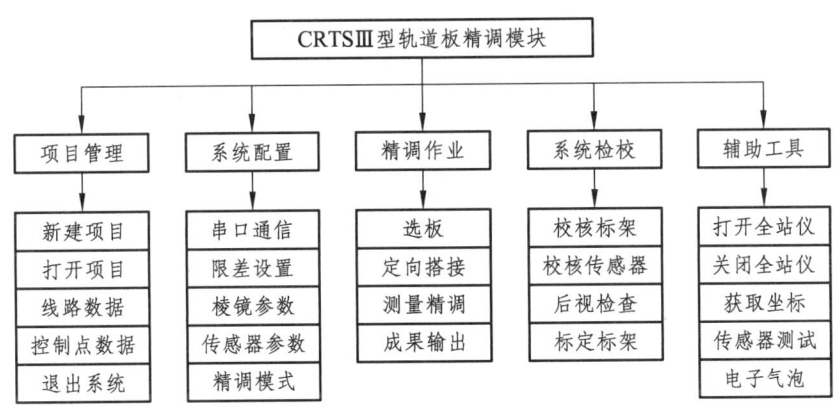

图 8-6　CRTSⅢ型轨道板精调模块功能图

8.3.5.1 项目管理

项目管理菜单下主要包括创建项目、打开项目、删除项目等三个部分。

对轨道板精调是以一个项目为单位进行管理，每个项目对应一个精调区间。

新建项目在程序启动目录下建立工程名为 NewProject 的文件夹，所有对当前工程的操作的数据都保存在该文件夹下，项目文件夹下包含次级三个文件，分别为 LineData、ControlPoints、Result 文件夹，分别存放线路基础数据、CPⅢ控制点数据文件、精调结果文件及日志文件。

打开项目是打开在程序启动目录下已经建立好的项目。

建立线路数据库是将需要精调的线路设计平曲线、竖曲线数据导入到该项目路径下的 LineData 文件夹中。

控制点数据是将精调区段所需要的 CPⅢ 控制点文件导入该项目路径下的 ControlPoints 文件夹中。

退出系统是关闭正打开的项目，保存设置，退出精调系统。

8.3.5.2 系统配置

系统配置主要包括串口通信参数、限差设置、棱镜参数、传感器参数、精调模式五方面的配置功能。

串口通信参数具有设置打开关闭串口，设置全站仪、数传电台、PDA 之间的通信连接参数。

限差设置是为了严格控制精调作业质量而设置的各项指标，包括定向限差、精调限差、搭接限差。

棱镜参数设置标架系统 5 个棱镜各自的棱镜常数、棱镜横向偏差、竖向偏差。

传感器参数设置是控制显示器、倾角传感器、温度传感器的打开与关闭，并设置传感器的校正值。

精调模式设置精调方向、钢轨顶面至承轨台之间的距离、搭接定向方式、测量模式。

8.3.5.3 精调作业

精调作业包括选板、定向、精调测量、成果输出四个部分。

选板：选取本次即将精调的板号，计算支点数据文件，获取轨道板基本信息；同时读取上一块板精调成果文件 FFE，读取用于搭接的支点坐标；读取温度传感器，获取当前环境温度，用于各项改正。

定向：全站仪定向，全站仪定向是确定仪器的初始方位角，是确定精调的起算点，有定向结束后全站仪才能自动找到待调轨道板上的各个棱镜完成自动测量。定向方式包括自由设站单独定向、上一站最后一块板 1# 和 4# 棱镜搭接定向。

精调测量：按照特定流程对各支点位置进行调节，具体包括测 1 斜 4、测 4 斜 1、测 2 斜 3、测 3 斜 2、单点测量、完整测量、快速完测。

成果输出：进行限差检测，符合要求则保存轨道支点坐标，生成精调成果文件 FFE；同时生成精调日志文件 Log，记录调板时状态信息，包括工程概况、作业环境、定向偏差记录、精调状态记录、支点最终偏差。

8.3.5.4 系统检校

精调作业包括校核标架、校正传感器、后视检查、标架标定 4 个部分。

校核标架：每次作业前利用标准标架对其余 4 个标架进行校核，获取 4 个棱镜的横向偏差、竖向偏差。

校正传感器：利用测量同一标架上的左右棱镜计算出的倾斜角来校正倾角传感器，获取其改正值。

标定标架：利用制板厂的标准检定台及特定标定方法，标定标准标架，调节棱镜和左触端位置，使其符合设计尺寸要求，并获取棱镜横向和竖向偏差。

后视检查：在精调测量过程中，随时自动瞄准后视棱镜，进行设站检查，可发现各种引起定向偏差的现象。

8.3.5.5 辅助工具

辅助工具是为方便用户操作而设置的常用功能菜单，包括打开全站仪、关闭全站仪、获取目标坐标、传感器测试、电子气泡。

打开/关闭全站仪，实现遥控关闭打开全站仪；获取目标坐标，可在完成定向后，测量获取特定目标的坐标；传感器测试，检测传感器通信及数据采集是否正常；电子气泡，实现遥控查看仪器整平状态。

8.4 板式无砟轨道精调数据处理

在 CRTS Ⅲ 型板式无砟轨道结构施工布板计算模型研究中，所有的理论数据都是以给定的断面为基础进行计算的，如何正确地定义断面是计算的基础。根据 CRTS Ⅲ 型板式无砟轨道结构特点，先定义基准点，再根据基准点定义断面，直观地表达断面点的相互关系。

某线路 CRTS Ⅲ 型轨道的横断面结构如图 8-7 所示，从图中可以看出，在断面方向主要存在三个不同倾斜度，钢轨顶面连线的倾斜度 g_1 由线路设计数据确定，即超高确定；板顶面的倾斜度 g_2 由 g_1 确定，左线与右线倾斜度不同，两者相差一个常数 k；在支点的细部图中，可以看出承轨槽顶面倾斜度 g_3 与 g_1 相差一个常数为 0.025。

规定：沿线路前进方向，断面方向的倾斜度为正表示顺时针倾斜，为负表示逆时针倾斜。沿线路前进方向，左线的板顶面倾斜为逆时针，倾斜度为正，右线的倾斜为顺时针，倾斜度负；对于承轨槽，不分左右线，而分左右钢轨，左钢轨承轨槽呈顺时针倾斜，倾斜度为+0.025，右钢轨承轨槽呈逆时针倾斜，倾斜度为 – 0.025。

根据断面中主要存在的三个不同的倾斜度定义钢轨顶面基准面、板顶面基准面以及承轨台基准面。与此对应 3 个基准点，如图 8-7 中的 P_1、P_2、M，在板横接缝处，P_1 点就是板的控制点。

板坐标计算以支点 M 为基准点，左轨 M_1，右轨为 M_2。图 8-8 为承轨槽示意图。

图 8-9 为断面点的分布示意图，黑色箭头表示 dy 与 dz 的方向，线路里程前进方向为垂直纸面向里。

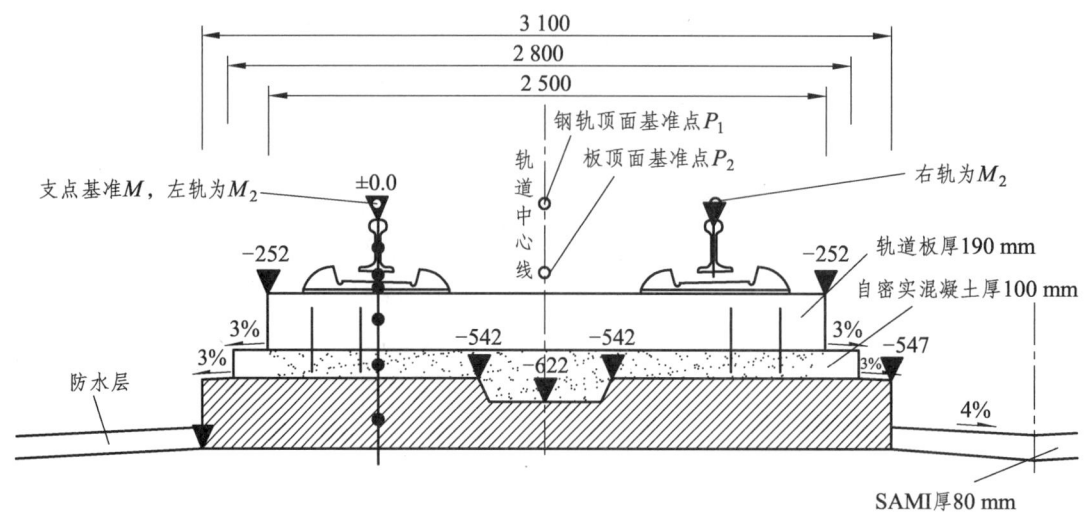

图 8-7 轨道板的横断面结构示意图（单位：mm）

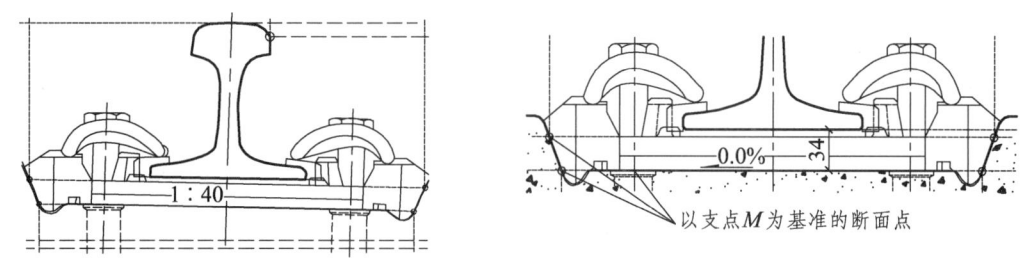

图 8-8 以 M 点为基准点的断面点示意图（单位：mm）

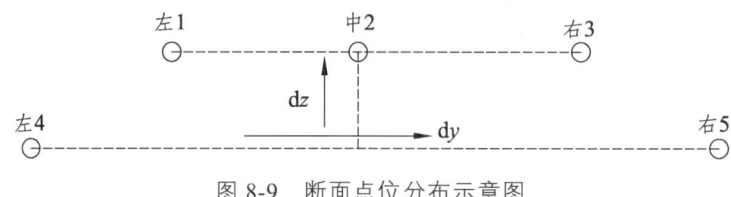

图 8-9 断面点位分布示意图

在一个断面中，最多定义 5 个断面点（左 1、中 2、右 3、左 4、右 5），如图 8-9 所示，或者定义三个点（左 1、中 2、右 3）。每一断面点的 dy 和 dz 值是在断面上相对于基准点的差值，其中：dy 沿着基准点的断面方向定义；dz 则是在断面内，垂直基准点的断面方向定义。

对于每个断面均有以下输入供选择：

（1）左 4：左 4 相对于点 P_1 或 P_2 或 M 的坐标差值 dy 和 dz（单位：m）。该点位于中线的左侧，视线方向为里程方向。

（2）左 1：左 1 相对于点 P_1 或 P_2 或 M 的坐标差值 dy 和 dz（单位：m）。该点位于中线的左侧，视线方向为里程方向。

（3）中 2：中 2 相对于点 P_1 或 P_2 或 M 的坐标差值 dy 和 dz（单位：m）。其中 dy = 0.000（单位：m）。该点位于中线上，视线方向为里程方向。

（4）右 3：右 3 相对于点 P_1 或 P_2 或 M 的坐标差值 dy 和 dz（单位：米）。该点位于中线的右侧，视线方向为里程方向。

（5）右5：右5相对于点 P_1 或 P_2 或 M 的坐标差值 dy 和 dz（单位：m）。该点位于中线的右侧，视线方向为里程方向。

基准点 P_1、P_2、M 对应的倾斜关系：

P_1 对应钢轨基准断面的倾斜度 g_1、倾斜角 j_1；P_2 对应板顶面倾斜度 g_2、倾斜角 j_2；M 对应承轨台面倾斜度 g_3、倾斜角 j_3。g_1 可根据超高计算得出。g_2、g_3 与 g_1 的关系为：

$$g_3 = g_1 \pm 0.025 （左承轨台为加，右承轨台为减）（左右线等同）$$

$$g_2 = g_1 + k （右线为加，左线为减，k 为板顶基准面相对钢轨基准面的倾斜度）$$

以上倾斜度值正负含义：沿线路前行方向顺时针旋转为正，逆时针旋转为负。

按照 CRTS Ⅲ 型的轨道结构及施工控制要求定义轨道板精调断面，根据钢轨轴距为 1 505.1 mm，定义钢轨中心点的断面。断面的左1、右1点分别对应 M_1、M_2 基准点。该断面是精调数据计算、轨道板精调及自密实混凝土灌注后复测评估计算所得的断面，见表8-1。

表 8-1 断面1点分布（P_1基准）

坐标差值	左 1	中 2	右 3
dy	-0.752 55	0.000 000	0.752 55
dz	0.000 000	0.000 000	0.000 000

在设计阶段，设计院通过设计布板软件进行线路区间内的轨道板布置计算，确定了段落内轨道板的类型及数量配置，提供给板厂用于轨道板预制。待线下结构施工完毕，线上无砟轨道施工时，施工单位还需要重新进行轨道板布置。原因是设计阶段所确定的路基、桥梁、隧道等结构分段表里程与实际施工存在差异，主要体现在梁跨长度、梁缝值与理论设计值有偏差。CRTS Ⅲ 型轨道板在路桥隧均采用单元分块式结构，底座也是按照单元分块施工，布板结果数据是板下结果放样的依据。轨道板下底座也是按照单元分块施工的，座板放样数据、轨道板粗铺边线及轨道板精调数据要一一对应，两者相互紧密关联为一体。严禁底座放样采用一套数据，调板数据采用另外一套数据，否则后果非常严重（轨道板覆盖底座板缝、轨道板粗铺不到位）。

所以施工布板的数据是底座放样数据计算的基础，这与 CRTS Ⅱ 型底座连续施工计算模式不一样。所以在线上无砟轨道施工前，需要对线下结构分段有效布板长度进行实地量测，并与设计理论值进行比较。动态布板工作主要在桥梁地段，梁端里程、梁跨长度及梁缝值与设计值差异较小，原有梁跨布板数量不变，仅调整板缝及梁端悬出量。若实际有效布板区间与设计值差异较大，则应将现场实际量测结构有效布板区间反馈给设计院，重新设计该段落的布板方案。施工布板计算流程如图8-10所示。

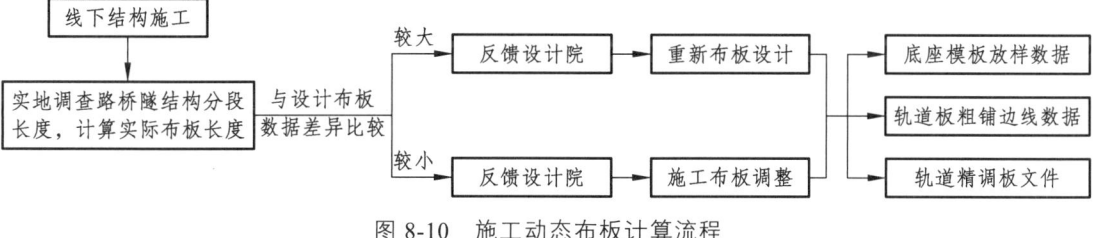

图 8-10 施工动态布板计算流程

为方便现场实际操作，一般在梁体架设完毕、底座板施工前逐一采集梁跨梁端坐标，根据实测坐标反算每块梁的实际布板区间，对理论布板数据进行调整，真正意义上最终确定轨道板的布设位置。同理，隧道、路基实际布板区间起点里程都要进行实测。基于动态布板数据，一次计算底座模板放样数据、轨道板粗铺边线数据及轨道板精调数据（图8-11）。

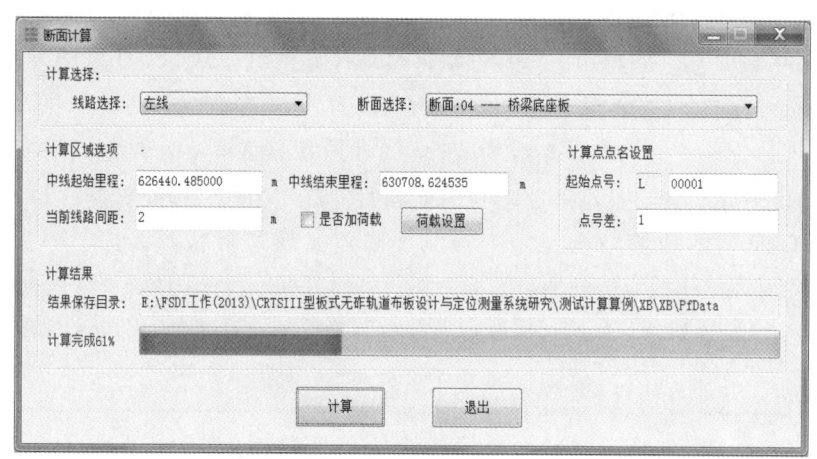

图 8-11　断面计算界面

中铁一院采用上述模型研制的"CRTSⅢ型板式无砟轨道布板设计与定位测量系统"施工布板模块具有横断面模型的建立与参数计算功能，可用于CRTSⅢ型板式无砟轨道系统建造时自动计算各类结构层放样数据，包括支撑层、底座板钢模板及轨道板边线放样及精调理论数据计算，还可以进行轨道板灌注后复测评估，实现了CRTSⅢ轨道板施工布板计算的智能化。

8.5　板式无砟轨道精调作业

8.5.1　内业数据准备

（1）利用布板软件，对设计院给出的布板数据进行动态调整，计算出区段内轨道板最终铺设位置。对于给定铺设位置的轨道板，计算出轨道板精调文件，并复制到精调软件对应的文件路径下。精调文件内容即为精调作业时棱镜的设计坐标。

（2）精调区段内通过评估的CPⅢ控制点成果。

8.5.2　设备检校与标定

（1）全站仪、棱镜、气压温度计检校。

（2）标准标架标定。

标架是模拟钢轨的测量装置，可实现空间位置过渡作用，设计加工的精调标架几何尺寸必须严格保证钢轨在实际轨道结构中空间几何关系一致，标架的标定工作就是检测标架几何尺寸与理论设计值的差值。标准标架的标定工作主要是测量标准框上的"棱镜间距"和棱镜高度这两个重要的指标（图 8-12）。

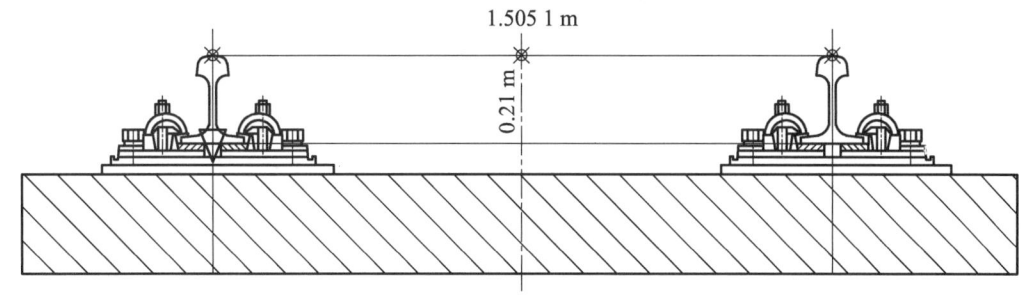

图 8-12　标架模拟轨道系统

"棱镜间距"指标准标架分别"正确放置"在一对承轨台断面上左右外钳口时，棱镜中心 2 次空间位置在轨道板横轴线方向上的间距。棱镜高度指标准标架"正确放置"时，上方棱镜中心到承轨台顶面的垂直距离。"棱镜间距"与理论值的差值要校正到小于 0.1 mm，棱镜高度的标定值也要精确到 0.1 mm。标准标架的标定工作必须在室内专门设计的精密标定台上完成。

（3）测量标架检校。

由于标架受运输、气象等影响，在每天工作前需要对标架进行校验。操作步骤：先在距离全站仪一块轨道板远处的承轨台上，将标准标架安置在左侧螺栓孔上（全站仪左侧），对标架上固定好的棱镜进行测量，然后将标准标架水平反转 180° 再放入右侧螺栓孔（全站仪右侧），对棱镜进行测量。标准标架测量完毕后，在同一对承轨台上依次放上其他三副标架，仪器将按照先左棱镜后右棱镜的顺序自动进行测量并将与标准标架的偏差量计入精调软件中便于后续改正，达到检校的目的。图 8-13 为标架检校软件界面，通过逐一对标架进行检校，计算出一套标架 7 个棱镜的横向偏差及竖向偏差，并保存到本次精调配置文件中。

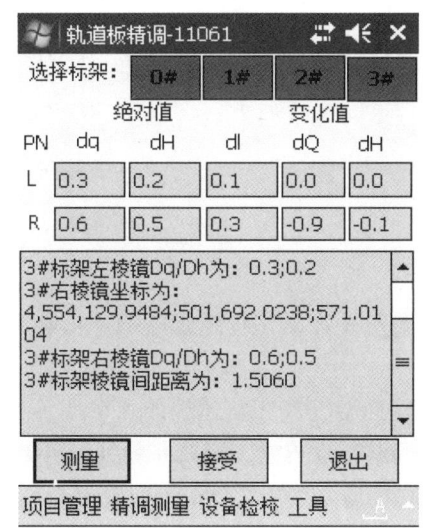 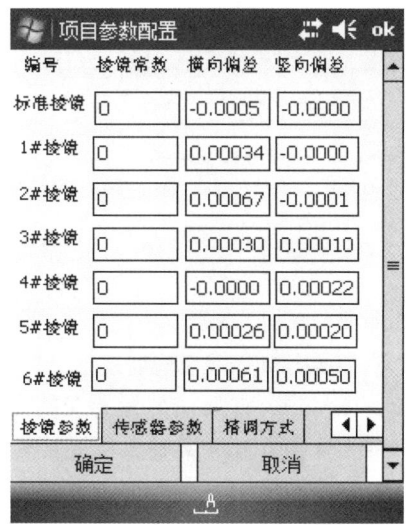

图 8-13　标架检校软件界面

8.5.3 全站仪设站

原理：以线路两侧的CPⅢ轨道控制网作为测量的基准参考点，采用自由设站边角交会的方法确定全站仪的设站坐标和方位。

全站仪设站原则：

（1）测站宜设在线路中线附近、两对CPⅢ控制点之间。

（2）每一测站观测的CPⅢ点数为3～4对。

（3）设站点的三维坐标分量偏差不应大于0.7 mm。

（4）测量气象条件应避免在气温变化剧烈、阳光直射、大风或能见度低下等恶劣气候条件下进行，宜选择在阴天无风或日落2 h后、日出前等气象条件稳定的时段进行。

（5）测距应进行气象改正。

（6）轨道板精确定位的测量方向为单向后退测量，一个测站内的全站仪与轨道板之间的测量距离宜为5～30 m（现场多采用架五调四和架六调五作业模式）。

（7）利用线路两侧的CPⅢ点进行自由设站后方交会，精确设定全站仪的坐标和方位。后方交会软件使用仪器自带的后方交会机载程序，全站仪后方交会完成，请将全站仪设置为在线通信状态，便于手簿端获取测站数据。

（8）全站仪定向是确定仪器的初始方位角，是确定精调的起算点，有定向结束后全站仪才能自动找到待调轨道板上的各个棱镜完成自动测量。

全站仪自由设站精调示意见图8-14。

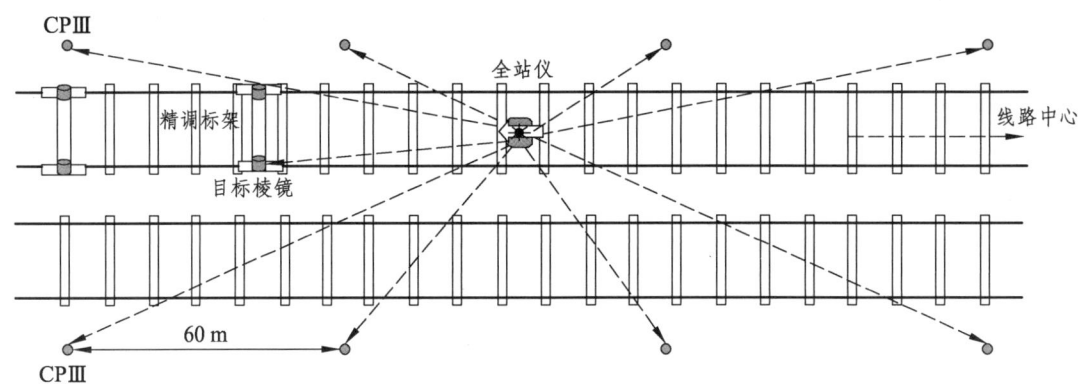

图8-14　全站仪自由设站精调示意图

8.5.4 作业模式

（1）按照调板的作业模式，一测站内调板都是从距离全站仪最远端的那块轨道板开始，由远及近依次调板，如图8-15所示。

（2）精调测量中，严格按照标架安放方法，将标架安放在轨道板的4个调整点位处，需要搭接时，将5号和6号标架安放在搭接轨道板的调整点位处，安放布局如图8-16所示，最后调整棱镜对准全自动全站仪。当上述准备工作完成后，就可以开始进行轨道板精调测量了。精调作业现场见图8-17。

图 8-15　精调方向

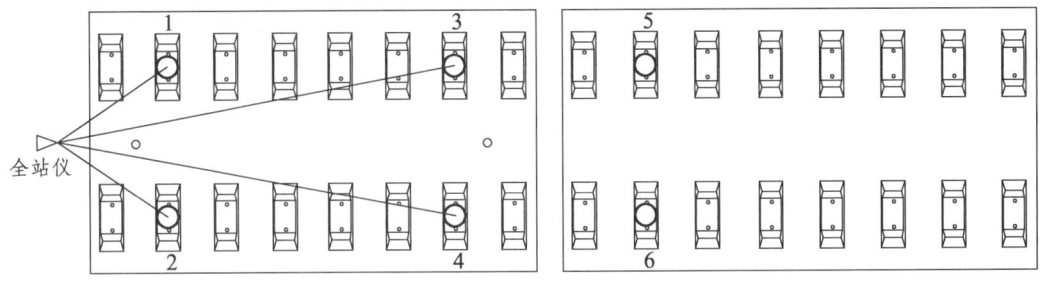

图 8-16　精调标架安置

图 8-17　精调作业现场

8.5.5　精调测量

CRTS Ⅲ型轨道板精调系统业务流程见图 8-18。

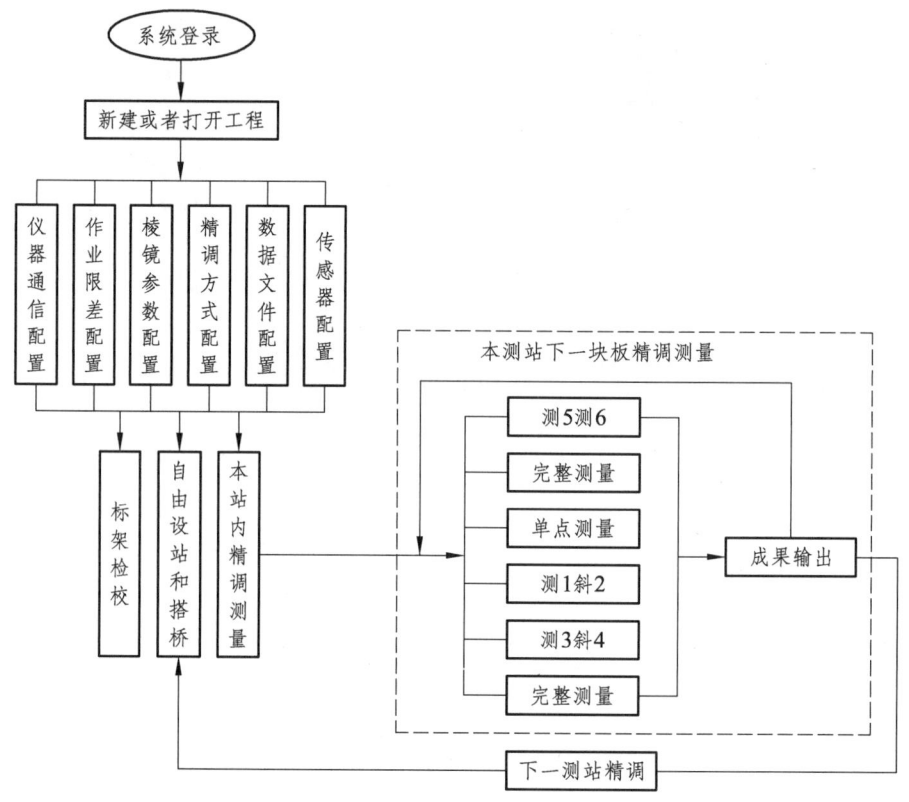

图 8-18 CRTSⅢ型轨道板精调系统业务流程图

精调测量作业具体流程如下：

（1）安置标架，1#标架安置在轨道板靠近全站仪端部的第二对承轨台上，以全站仪左侧方向为基准，标架触端贴在近左侧承轨台外钳口斜面上。2#标架放置在轨道板另外一端第二对承轨台上。全站仪安置在精调前进方向上，距待精调轨道板四块轨道板的末端。全站仪测量方向与精调前进方向相反。

（2）全站仪定向完成后，瞄准轨道板上的1#棱镜，开始测量1#棱镜的坐标。测量好1#棱镜后，依据一块板上4个棱镜间的相对位置关系可操控全站仪自动依次瞄准2#~4#棱镜完成坐标测量，并自动计算出调整量数据，如图8-19所示。

（3）可选择依次单击测1测2、测3测4、完整测量方式进行测量，计算出偏差指挥工人进行调整。

（4）完整测量后，若各项限差符合精调要求，则保存精调成果，进行下一块板测量；若存在超限，可采取单点测量进行重新调整，直至合格后保存成果。

（5）重复上述步骤进行下一块板测量，区别在于不用人工瞄准第一个棱镜。一个测站可测量4~5块轨道板，同一测

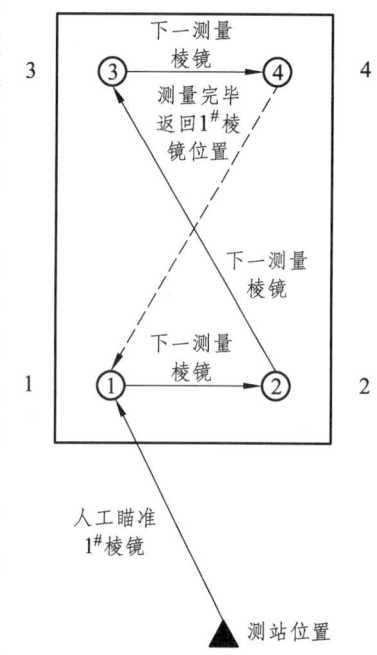

图 8-19 标架测量示意图

站内不用进行搭接。

（6）本站测量完毕，标架放在最后一块精调好的轨道板上。搬站，重新安置仪器，进行自由设站。

（7）换站搭接，重新测量放置在上一站最后一块精调好的精调标架两个棱镜，计算出偏差数据。偏差数据满足换站搭接要求，则进行换站搭接，将偏差数据分配到本站待精调的轨道板上；若偏差数据超限，应分析原因，无法解决则重调上一块板。

（8）换站搭接完毕，可重复（1）~（4）进行精调。精调软件界面见图8-20。

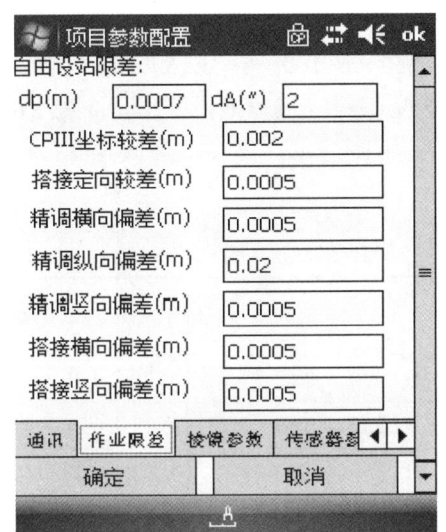 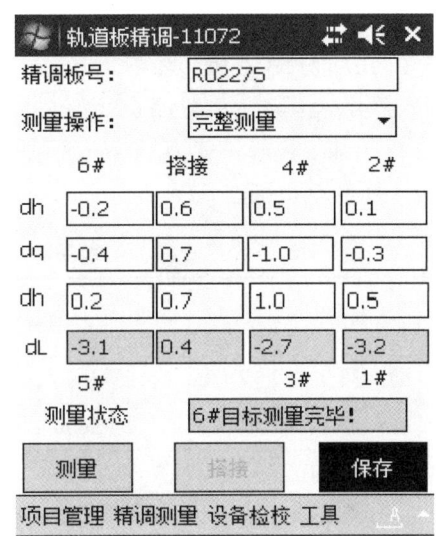

图 8-20　精调软件界面

8.6　CRTSⅢ板式无砟轨道精调工程实践

中铁一院在 CRTSⅢ型板式无砟轨道技术研究项目中取得了多项重大科技成果，研究成果可直接用于高速铁路 CRTSⅢ型板的布板设计、制板和轨道板的施工定位安装及维护，是 CRTSⅢ型无砟轨道建设的重要技术组成部分。研究成果在西宝客专、郑徐客专及京沈客专中得到了广泛应用。

"CRTSⅢ型板式无砟轨道布板设计与定位测量系统"软件主要应用于CRTSⅢ板式无砟轨道设计、制造及施工安装全过程中涉及的轨道板分布计算、制板模具调整、轨道板坐标计算、施工断面计算及轨道板精调定位等理论数据计算，实现 CRTSⅢ型板设计、制造与施工的数据组织管理的一体化。

"CRTSⅢ型无砟轨道板精调系统"软件及 CRTSⅢ型无砟轨道定位测量装置应用于CRTSⅢ型无砟轨道板的精调定位、灌浆后复测及相应的数据处理。

以西宝客专 CRTSⅢ型板式无砟轨道试验段应用为例，该试验段位于 DK628+434.9050~DK629+446.8850 段。试验段隧道长为 221.095 m，桥梁长 360 m（全部为 32 m 简支梁），路基长 430.885 m，使用 CRTSⅢ型无砟轨道布板设计与定位测量系统进行了轨道板布板设计、施工断面计算、轨道板精调数据计算及自密实混凝土灌注后的复测评估计算。该系统计算模型正确，布板结果与建设单位提供的设计成果完全符合，计算的线路主点数据、布板数据、精调理论数据与参考成果符合较好，181 块轨道板精调理论数据三维坐标与参考软件成果差值最大小于 0.1 mm。

8.6.1 轨道板布置计算对比

试验段梁型全部为 32 m 简支梁，长度为 32.6 m，软件确定的每跨梁配板方案为：6 块长度为 5 350 mm 的 P5350 板，板缝 100 mm，总计 5 350×6+100×5 = 32 600 mm。梁端与板端对齐，没有悬出，11 跨梁共布置 66 块 P5350 型轨道板。路基、隧道地段采用长度为 5 600 mm 的 P5600 板，基本板缝长度为 70 mm，结合板缝调整完成布设。表 8-2 为试验段布板结果，总计布设 181 块轨道板。

表 8-2 试验段布板结果

编号	里程	板长（m）	类型	板类型	前板缝（m）	后板缝（m）	间距	间距个数	端头（m）	端头（m）	结构类型
L00001	628434.9050	5.6350	N	P5600	0.0000	0.0350	0.63	8	0.28	0.28	隧道
L00002	628440.5400	5.6700	N	P5600	0.0350	0.0350	0.63	8	0.28	0.28	隧道
L00003	628446.2100	5.6700	N	P5600	0.0350	0.0350	0.63	8	0.28	0.28	隧道
L00004	628451.8800	5.6705	N	P5600	0.0350	0.0355	0.63	8	0.28	0.28	隧道
L00005	628457.5505	5.6710	N	P5600	0.0355	0.0355	0.63	8	0.28	0.28	隧道
L00006	628463.2215	5.6710	N	P5600	0.0355	0.0355	0.63	8	0.28	0.28	隧道
L00007	628468.8925	5.6710	N	P5600	0.0355	0.0355	0.63	8	0.28	0.28	隧道
L00008	628474.5635	5.6710	N	P5600	0.0355	0.0355	0.63	8	0.28	0.28	隧道
L00009	628480.2345	5.6710	N	P5600	0.0355	0.0355	0.63	8	0.28	0.28	隧道
L00010	628485.9055	5.6710	N	P5600	0.0355	0.0355	0.63	8	0.28	0.28	隧道
L00011	628491.5765	5.6710	N	P5600	0.0355	0.0355	0.63	8	0.28	0.28	隧道
L00012	628497.2475	5.6710	N	P5600	0.0355	0.0355	0.63	8	0.28	0.28	隧道
L00013	628502.9185	5.6710	N	P5600	0.0355	0.0355	0.63	8	0.28	0.28	隧道
L00014	628508.5895	5.6710	N	P5600	0.0355	0.0355	0.63	8	0.28	0.28	隧道
L00015	628514.2605	5.6710	N	P5600	0.0355	0.0355	0.63	8	0.28	0.28	隧道
L00016	628519.9315	5.6710	N	P5600	0.0355	0.0355	0.63	8	0.28	0.28	隧道
L00017	628525.6025	5.6710	N	P5600	0.0355	0.0355	0.63	8	0.28	0.28	隧道
L00018	628531.2735	5.6710	N	P5600	0.0355	0.0355	0.63	8	0.28	0.28	隧道
L00019	628536.9445	5.6710	N	P5600	0.0355	0.0355	0.63	8	0.28	0.28	隧道
L00020	628542.6155	5.6710	N	P5600	0.0355	0.0355	0.63	8	0.28	0.28	隧道

续表

编号	里程	板长（m）	类型	板类型	前板缝（m）	后板缝（m）	间距	间距个数	端头（m）	端头（m）	结构类型
L00021	628548.2865	5.6710	N	P5600	0.0355	0.0355	0.63	8	0.28	0.28	隧道
L00022	628553.9575	5.6710	N	P5600	0.0355	0.0355	0.63	8	0.28	0.28	隧道
L00023	628559.6285	5.6710	N	P5600	0.0355	0.0355	0.63	8	0.28	0.28	隧道
L00024	628565.2995	5.6710	N	P5600	0.0355	0.0355	0.63	8	0.28	0.28	隧道
L00025	628570.9705	5.6710	N	P5600	0.0355	0.0355	0.63	8	0.28	0.28	隧道
L00026	628576.6415	5.6710	N	P5600	0.0355	0.0355	0.63	8	0.28	0.28	隧道
L00027	628582.3125	5.6710	N	P5600	0.0355	0.0355	0.63	8	0.28	0.28	隧道
L00028	628587.9835	5.6710	N	P5600	0.0355	0.0355	0.63	8	0.28	0.28	隧道
L00029	628593.6545	5.6710	N	P5600	0.0355	0.0355	0.63	8	0.28	0.28	隧道
L00030	628599.3255	5.6710	N	P5600	0.0355	0.0355	0.63	8	0.28	0.28	隧道
L00031	628604.9965	5.6710	N	P5600	0.0355	0.0355	0.63	8	0.28	0.28	隧道
L00032	628610.6675	5.6710	N	P5600	0.0355	0.0355	0.63	8	0.28	0.28	隧道
L00033	628616.3385	5.6710	N	P5600	0.0355	0.0355	0.63	8	0.28	0.28	隧道
L00034	628622.0095	5.6710	N	P5600	0.0355	0.0355	0.63	8	0.28	0.28	隧道
L00035	628627.6805	5.6710	N	P5600	0.0355	0.0355	0.63	8	0.28	0.28	隧道
L00036	628633.3515	5.6710	N	P5600	0.0355	0.0355	0.63	8	0.28	0.28	隧道
L00037	628639.0225	5.6710	N	P5600	0.0355	0.0355	0.63	8	0.28	0.28	隧道
L00038	628644.6935	5.6710	N	P5600	0.0355	0.0355	0.63	8	0.28	0.28	隧道
L00039	628650.3645	5.6355	N	P5600	0.0355	0.0000	0.63	8	0.28	0.28	隧道
L00040	628656.1000	5.4000	N	P5350	0.0000	0.0500	0.69	7	0.27	0.27	简支梁
L00041	628661.5000	5.4500	N	P5350	0.0500	0.0500	0.69	7	0.27	0.27	简支梁
L00042	628666.9500	5.4500	N	P5350	0.0500	0.0500	0.69	7	0.27	0.27	简支梁
L00043	628672.4000	5.4500	N	P5350	0.0500	0.0500	0.69	7	0.27	0.27	简支梁
L00044	628677.8500	5.4500	N	P5350	0.0500	0.0500	0.69	7	0.27	0.27	简支梁
L00045	628683.3000	5.4000	N	P5350	0.0500	0.0000	0.69	7	0.27	0.27	简支梁
L00046	628688.8200	5.4000	N	P5350	0.0000	0.0500	0.69	7	0.27	0.27	简支梁
L00047	628694.2200	5.4500	N	P5350	0.0500	0.0500	0.69	7	0.27	0.27	简支梁
L00048	628699.6700	5.4500	N	P5350	0.0500	0.0500	0.69	7	0.27	0.27	简支梁
L00049	628705.1200	5.4500	N	P5350	0.0500	0.0500	0.69	7	0.27	0.27	简支梁
L00050	628710.5700	5.4500	N	P5350	0.0500	0.0500	0.69	7	0.27	0.27	简支梁
L00051	628716.0200	5.4000	N	P5350	0.0500	0.0000	0.69	7	0.27	0.27	简支梁
L00052	628721.5400	5.4000	N	P5350	0.0000	0.0500	0.69	7	0.27	0.27	简支梁

续表

编号	里程	板长（m）	类型	板类型	前板缝（m）	后板缝（m）	间距	间距个数	端头（m）	端头（m）	结构类型
L00053	628726.9400	5.4500	N	P5350	0.0500	0.0500	0.69	7	0.27	0.27	简支梁
L00054	628732.3900	5.4500	N	P5350	0.0500	0.0500	0.69	7	0.27	0.27	简支梁
L00055	628737.8400	5.4500	N	P5350	0.0500	0.0500	0.69	7	0.27	0.27	简支梁
L00056	628743.2900	5.4500	N	P5350	0.0500	0.0500	0.69	7	0.27	0.27	简支梁
L00057	628748.7400	5.4000	N	P5350	0.0500	0.0000	0.69	7	0.27	0.27	简支梁
L00058	628754.2600	5.4000	N	P5350	0.0000	0.0500	0.69	7	0.27	0.27	简支梁
L00059	628759.6600	5.4500	N	P5350	0.0500	0.0500	0.69	7	0.27	0.27	简支梁
L00060	628765.1100	5.4500	N	P5350	0.0500	0.0500	0.69	7	0.27	0.27	简支梁
L00061	628770.5600	5.4500	N	P5350	0.0500	0.0500	0.69	7	0.27	0.27	简支梁
L00062	628776.0100	5.4500	N	P5350	0.0500	0.0500	0.69	7	0.27	0.27	简支梁
L00063	628781.4600	5.4000	N	P5350	0.0500	0.0000	0.69	7	0.27	0.27	简支梁
L00064	628786.9800	5.4000	N	P5350	0.0000	0.0500	0.69	7	0.27	0.27	简支梁
L00065	628792.3800	5.4500	N	P5350	0.0500	0.0500	0.69	7	0.27	0.27	简支梁
L00066	628797.8300	5.4500	N	P5350	0.0500	0.0500	0.69	7	0.27	0.27	简支梁
L00067	628803.2800	5.4500	N	P5350	0.0500	0.0500	0.69	7	0.27	0.27	简支梁
L00068	628808.7300	5.4500	N	P5350	0.0500	0.0500	0.69	7	0.27	0.27	简支梁
L00069	628814.1800	5.4000	N	P5350	0.0500	0.0000	0.69	7	0.27	0.27	简支梁
L00070	628819.7000	5.4000	N	P5350	0.0000	0.0500	0.69	7	0.27	0.27	简支梁
L00071	628825.1000	5.4500	N	P5350	0.0500	0.0500	0.69	7	0.27	0.27	简支梁
L00072	628830.5500	5.4500	N	P5350	0.0500	0.0500	0.69	7	0.27	0.27	简支梁
L00073	628836.0000	5.4500	N	P5350	0.0500	0.0500	0.69	7	0.27	0.27	简支梁
L00074	628841.4500	5.4500	N	P5350	0.0500	0.0500	0.69	7	0.27	0.27	简支梁
L00075	628846.9000	5.4000	N	P5350	0.0500	0.0000	0.69	7	0.27	0.27	简支梁
L00076	628852.4200	5.4000	N	P5350	0.0000	0.0500	0.69	7	0.27	0.27	简支梁
L00077	628857.8200	5.4500	N	P5350	0.0500	0.0500	0.69	7	0.27	0.27	简支梁
L00078	628863.2700	5.4500	N	P5350	0.0500	0.0500	0.69	7	0.27	0.27	简支梁
L00079	628868.7200	5.4500	N	P5350	0.0500	0.0500	0.69	7	0.27	0.27	简支梁
L00080	628874.1700	5.4500	N	P5350	0.0500	0.0500	0.69	7	0.27	0.27	简支梁
L00081	628879.6200	5.4000	N	P5350	0.0500	0.0000	0.69	7	0.27	0.27	简支梁
L00082	628885.1400	5.4000	N	P5350	0.0000	0.0500	0.69	7	0.27	0.27	简支梁
L00083	628890.5400	5.4500	N	P5350	0.0500	0.0500	0.69	7	0.27	0.27	简支梁
L00084	628895.9900	5.4500	N	P5350	0.0500	0.0500	0.69	7	0.27	0.27	简支梁

续表

编号	里程	板长（m）	类型	板类型	前板缝（m）	后板缝（m）	间距	间距个数	端头（m）	端头（m）	结构类型
L00085	628901.4400	5.4500	N	P5350	0.0500	0.0500	0.69	7	0.27	0.27	简支梁
L00086	628906.8900	5.4500	N	P5350	0.0500	0.0500	0.69	7	0.27	0.27	简支梁
L00087	628912.3400	5.4000	N	P5350	0.0500	0.0000	0.69	7	0.27	0.27	简支梁
L00088	628917.8600	5.4000	N	P5350	0.0000	0.0500	0.69	7	0.27	0.27	简支梁
L00089	628923.2600	5.4500	N	P5350	0.0500	0.0500	0.69	7	0.27	0.27	简支梁
L00090	628928.7100	5.4500	N	P5350	0.0500	0.0500	0.69	7	0.27	0.27	简支梁
L00091	628934.1600	5.4500	N	P5350	0.0500	0.0500	0.69	7	0.27	0.27	简支梁
L00092	628939.6100	5.4500	N	P5350	0.0500	0.0500	0.69	7	0.27	0.27	简支梁
L00093	628945.0600	5.4000	N	P5350	0.0500	0.0000	0.69	7	0.27	0.27	简支梁
L00094	628950.5800	5.4000	N	P5350	0.0000	0.0500	0.69	7	0.27	0.27	简支梁
L00095	628955.9800	5.4500	N	P5350	0.0500	0.0500	0.69	7	0.27	0.27	简支梁
L00096	628961.4300	5.4500	N	P5350	0.0500	0.0500	0.69	7	0.27	0.27	简支梁
L00097	628966.8800	5.4500	N	P5350	0.0500	0.0500	0.69	7	0.27	0.27	简支梁
L00098	628972.3300	5.4500	N	P5350	0.0500	0.0500	0.69	7	0.27	0.27	简支梁
L00099	628977.7800	5.4000	N	P5350	0.0500	0.0000	0.69	7	0.27	0.27	简支梁
L00100	628983.3000	5.4000	N	P5350	0.0000	0.0500	0.69	7	0.27	0.27	简支梁
L00101	628988.7000	5.4500	N	P5350	0.0500	0.0500	0.69	7	0.27	0.27	简支梁
L00102	628994.1500	5.4500	N	P5350	0.0500	0.0500	0.69	7	0.27	0.27	简支梁
L00103	628999.6000	5.4500	N	P5350	0.0500	0.0500	0.69	7	0.27	0.27	简支梁
L00104	629005.0500	5.4500	N	P5350	0.0500	0.0500	0.69	7	0.27	0.27	简支梁
L00105	629010.5000	5.4000	N	P5350	0.0500	0.0000	0.69	7	0.27	0.27	简支梁
L00106	629016.0000	5.6350	N	P5600	0.0000	0.0350	0.63	8	0.28	0.28	路基
L00107	629021.6350	5.6700	N	P5600	0.0350	0.0350	0.63	8	0.28	0.28	路基
L00108	629027.3050	5.6700	N	P5600	0.0350	0.0350	0.63	8	0.28	0.28	路基
L00109	629032.9750	5.6700	N	P5600	0.0350	0.0350	0.63	8	0.28	0.28	路基
L00110	629038.6450	5.6700	N	P5600	0.0350	0.0350	0.63	8	0.28	0.28	路基
L00111	629044.3150	5.6700	N	P5600	0.0350	0.0350	0.63	8	0.28	0.28	路基
L00112	629049.9850	5.6700	N	P5600	0.0350	0.0350	0.63	8	0.28	0.28	路基
L00113	629055.6550	5.6700	N	P5600	0.0350	0.0350	0.63	8	0.28	0.28	路基
L00114	629061.3250	5.6700	N	P5600	0.0350	0.0350	0.63	8	0.28	0.28	路基
L00115	629066.9950	5.6700	N	P5600	0.0350	0.0350	0.63	8	0.28	0.28	路基
L00116	629072.6650	5.6700	N	P5600	0.0350	0.0350	0.63	8	0.28	0.28	路基

续表

编号	里程	板长（m）	类型	板类型	前板缝（m）	后板缝（m）	间距	间距个数	端头（m）	端头（m）	结构类型
L00117	629078.3350	5.6700	N	P5600	0.0350	0.0350	0.63	8	0.28	0.28	路基
L00118	629084.0050	5.6700	N	P5600	0.0350	0.0350	0.63	8	0.28	0.28	路基
L00119	629089.6750	5.6700	N	P5600	0.0350	0.0350	0.63	8	0.28	0.28	路基
L00120	629095.3450	5.6700	N	P5600	0.0350	0.0350	0.63	8	0.28	0.28	路基
L00121	629101.0150	5.6700	N	P5600	0.0350	0.0350	0.63	8	0.28	0.28	路基
L00122	629106.6850	5.6700	N	P5600	0.0350	0.0350	0.63	8	0.28	0.28	路基
L00123	629112.3550	5.6700	N	P5600	0.0350	0.0350	0.63	8	0.28	0.28	路基
L00124	629118.0250	5.6700	N	P5600	0.0350	0.0350	0.63	8	0.28	0.28	路基
L00125	629123.6950	5.6700	N	P5600	0.0350	0.0350	0.63	8	0.28	0.28	路基
L00126	629129.3650	5.6700	N	P5600	0.0350	0.0350	0.63	8	0.28	0.28	路基
L00127	629135.0350	5.6700	N	P5600	0.0350	0.0350	0.63	8	0.28	0.28	路基
L00128	629140.7050	5.6700	N	P5600	0.0350	0.0350	0.63	8	0.28	0.28	路基
L00129	629146.3750	5.6700	N	P5600	0.0350	0.0350	0.63	8	0.28	0.28	路基
L00130	629152.0450	5.6700	N	P5600	0.0350	0.0350	0.63	8	0.28	0.28	路基
L00131	629157.7150	5.6700	N	P5600	0.0350	0.0350	0.63	8	0.28	0.28	路基
L00132	629163.3850	5.6700	N	P5600	0.0350	0.0350	0.63	8	0.28	0.28	路基
L00133	629169.0550	5.6700	N	P5600	0.0350	0.0350	0.63	8	0.28	0.28	路基
L00134	629174.7250	5.6700	N	P5600	0.0350	0.0350	0.63	8	0.28	0.28	路基
L00135	629180.3950	5.6700	N	P5600	0.0350	0.0350	0.63	8	0.28	0.28	路基
L00136	629186.0650	5.6700	N	P5600	0.0350	0.0350	0.63	8	0.28	0.28	路基
L00137	629191.7350	5.6700	N	P5600	0.0350	0.0350	0.63	8	0.28	0.28	路基
L00138	629197.4050	5.6700	N	P5600	0.0350	0.0350	0.63	8	0.28	0.28	路基
L00139	629203.0750	5.6700	N	P5600	0.0350	0.0350	0.63	8	0.28	0.28	路基
L00140	629208.7450	5.6700	N	P5600	0.0350	0.0350	0.63	8	0.28	0.28	路基
L00141	629214.4150	5.6700	N	P5600	0.0350	0.0350	0.63	8	0.28	0.28	路基
L00142	629220.0850	5.6700	N	P5600	0.0350	0.0350	0.63	8	0.28	0.28	路基
L00143	629225.7550	5.6700	N	P5600	0.0350	0.0350	0.63	8	0.28	0.28	路基
L00144	629231.4250	5.6700	N	P5600	0.0350	0.0350	0.63	8	0.28	0.28	路基
L00145	629237.0950	5.6700	N	P5600	0.0350	0.0350	0.63	8	0.28	0.28	路基
L00146	629242.7650	5.6705	N	P5600	0.0350	0.0355	0.63	8	0.28	0.28	路基
L00147	629248.4355	5.6710	N	P5600	0.0355	0.0355	0.63	8	0.28	0.28	路基
L00148	629254.1065	5.6710	N	P5600	0.0355	0.0355	0.63	8	0.28	0.28	路基

续表

编号	里程	板长（m）	类型	板类型	前板缝（m）	后板缝（m）	间距	间距个数	端头（m）	端头（m）	结构类型
L00149	629259.7775	5.6710	N	P5600	0.0355	0.0355	0.63	8	0.28	0.28	路基
L00150	629265.4485	5.6710	N	P5600	0.0355	0.0355	0.63	8	0.28	0.28	路基
L00151	629271.1195	5.6710	N	P5600	0.0355	0.0355	0.63	8	0.28	0.28	路基
L00152	629276.7905	5.6710	N	P5600	0.0355	0.0355	0.63	8	0.28	0.28	路基
L00153	629282.4615	5.6710	N	P5600	0.0355	0.0355	0.63	8	0.28	0.28	路基
L00154	629288.1325	5.6710	N	P5600	0.0355	0.0355	0.63	8	0.28	0.28	路基
L00155	629293.8035	5.6710	N	P5600	0.0355	0.0355	0.63	8	0.28	0.28	路基
L00156	629299.4745	5.6710	N	P5600	0.0355	0.0355	0.63	8	0.28	0.28	路基
L00157	629305.1455	5.6710	N	P5600	0.0355	0.0355	0.63	8	0.28	0.28	路基
L00158	629310.8165	5.6710	N	P5600	0.0355	0.0355	0.63	8	0.28	0.28	路基
L00159	629316.4875	5.6710	N	P5600	0.0355	0.0355	0.63	8	0.28	0.28	路基
L00160	629322.1585	5.6710	N	P5600	0.0355	0.0355	0.63	8	0.28	0.28	路基
L00161	629327.8295	5.6710	N	P5600	0.0355	0.0355	0.63	8	0.28	0.28	路基
L00162	629333.5005	5.6710	N	P5600	0.0355	0.0355	0.63	8	0.28	0.28	路基
L00163	629339.1715	5.6710	N	P5600	0.0355	0.0355	0.63	8	0.28	0.28	路基
L00164	629344.8425	5.6710	N	P5600	0.0355	0.0355	0.63	8	0.28	0.28	路基
L00165	629350.5135	5.6710	N	P5600	0.0355	0.0355	0.63	8	0.28	0.28	路基
L00166	629356.1845	5.6710	N	P5600	0.0355	0.0355	0.63	8	0.28	0.28	路基
L00167	629361.8555	5.6710	N	P5600	0.0355	0.0355	0.63	8	0.28	0.28	路基
L00168	629367.5265	5.6710	N	P5600	0.0355	0.0355	0.63	8	0.28	0.28	路基
L00169	629373.1975	5.6710	N	P5600	0.0355	0.0355	0.63	8	0.28	0.28	路基
L00170	629378.8685	5.6710	N	P5600	0.0355	0.0355	0.63	8	0.28	0.28	路基
L00171	629384.5395	5.6710	N	P5600	0.0355	0.0355	0.63	8	0.28	0.28	路基
L00172	629390.2105	5.6710	N	P5600	0.0355	0.0355	0.63	8	0.28	0.28	路基
L00173	629395.8815	5.6710	N	P5600	0.0355	0.0355	0.63	8	0.28	0.28	路基
L00174	629401.5525	5.6710	N	P5600	0.0355	0.0355	0.63	8	0.28	0.28	路基
L00175	629407.2235	5.6710	N	P5600	0.0355	0.0355	0.63	8	0.28	0.28	路基
L00176	629412.8945	5.6710	N	P5600	0.0355	0.0355	0.63	8	0.28	0.28	路基
L00177	629418.5655	5.6710	N	P5600	0.0355	0.0355	0.63	8	0.28	0.28	路基
L00178	629424.2365	5.6710	N	P5600	0.0355	0.0355	0.63	8	0.28	0.28	路基
L00179	629429.9075	5.6710	N	P5600	0.0355	0.0355	0.63	8	0.28	0.28	路基
L00180	629435.5785	5.6710	N	P5600	0.0355	0.0355	0.63	8	0.28	0.28	路基
L00181	629441.2495	5.6355	N	P5600	0.0355	0.0000	0.63	8	0.28	0.28	路基

CRTSⅢ型无砟轨道布板设计与定位测量系统布板结果与施工单位中交二航局提供的布板成果一致，均布设 115 块 P5600 板，66 块 P5350 板，板缝长度及板控制点里程最大差异小于 1 mm。图 8-21 为布板计算模块界面。

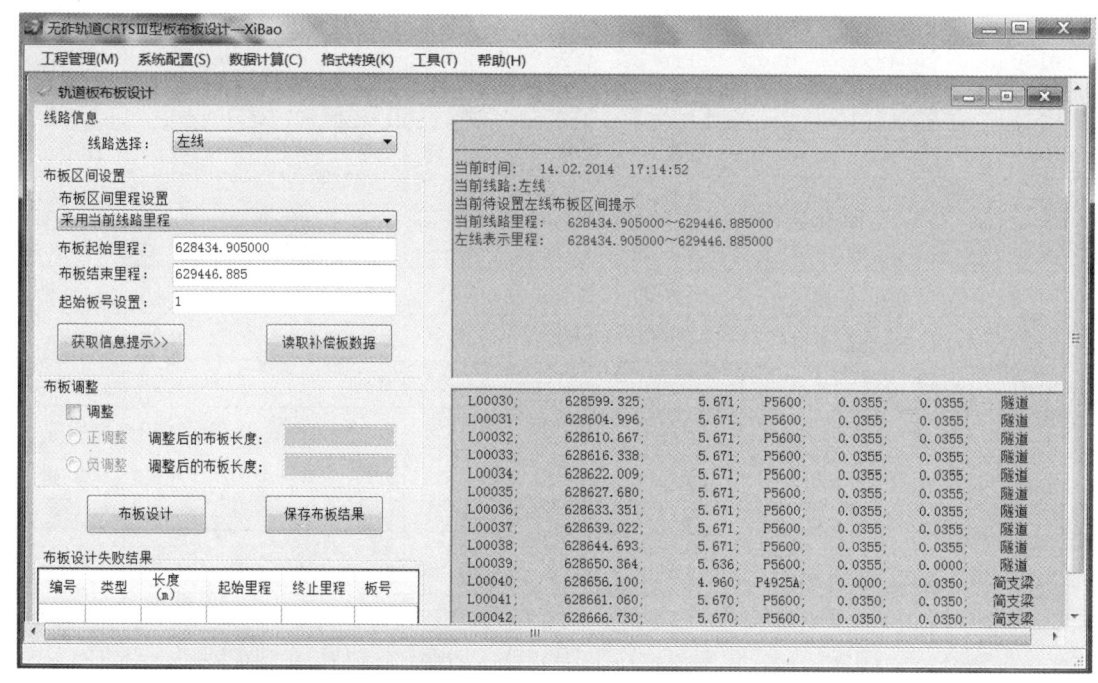

图 8-21 布板设计计算界面

8.6.2 断面计算数据对比

定义精调断面模型，精调数据以圆曲线超高 125 mm、钢轨高度 176 mm、扣件高度 34 mm、轨道板横向一对承轨台顶对应轨底中心线间距离为 1 515.6 mm 进行计算。每个承轨台断面均计算左右支点、线路中线点三个点三维坐标，对于 P5600 板型每块板计算 27 个点，对于 P4925 型板型每块板计算 24 个点。布板软件最终提供轨道板支点数据及棱镜配位文件。表 8-3 为本系统与施工单位提供的理论坐标计算较差，由于 181 块数据量过大，本报告仅列举 1 块 P5600 轨道板精调数据对比结果。

表 8-3 精调理论数据比较

轨座号	本系统计算数据			参考理论数据			较差（mm）		
	E 坐标	N 坐标	高程	E 坐标	N 坐标	高程	dy	dx	dh
1	482358.6529	3801309.8735	589.3280	482358.6529	3801309.8735	589.327993	0.00	−0.02	0.00
2	482358.6558	3801310.6234	589.3907	482358.6558	3801310.6234	589.390705	0.00	−0.02	0.00
3	482358.6588	3801311.3733	589.4534	482358.6588	3801311.3733	589.453417	0.00	−0.02	0.00
4	482358.0229	3801309.8759	589.3261	482358.0229	3801309.8759	589.326103	−0.02	−0.02	0.00
5	482358.0258	3801310.6259	589.3888	482358.0258	3801310.6259	589.388815	0.00	−0.02	0.00

续表

轨座号	本系统计算数据			参考理论数据			较差（mm）		
	E 坐标	N 坐标	高程	E 坐标	N 坐标	高程	dy	dx	dh
6	482358.0287	3801311.3758	589.4515	482358.0287	3801311.3758	589.451527	−0.02	−0.02	0.00
7	482357.3930	3801309.8783	589.3242	482357.3930	3801309.8784	589.324213	−0.01	−0.02	0.00
8	482357.3958	3801310.6283	589.3869	482357.3958	3801310.6283	589.386925	−0.01	−0.02	0.00
9	482357.3987	3801311.3782	589.4496	482357.3987	3801311.3782	589.449637	−0.01	−0.02	0.00
10	482356.7630	3801309.8807	589.3223	482356.7630	3801309.8807	589.322323	0.00	−0.02	0.00
11	482356.7658	3801310.6306	589.3850	482356.7658	3801310.6306	589.385035	−0.03	−0.02	0.00
12	482356.7686	3801311.3805	589.4477	482356.7686	3801311.3806	589.447747	−0.02	−0.02	0.00
13	482356.1331	3801309.8830	589.3204	482356.1331	3801309.8830	589.320433	0.00	−0.02	0.00
14	482356.1358	3801310.6329	589.3831	482356.1359	3801310.6329	589.383145	−0.03	−0.02	0.00
15	482356.1385	3801311.3829	589.4459	482356.1386	3801311.3829	589.445857	−0.02	−0.02	0.00
16	482355.5032	3801309.8853	589.3185	482355.5032	3801309.8853	589.318543	−0.02	−0.02	0.00
17	482355.5058	3801310.6352	589.3813	482355.5059	3801310.6352	589.381255	−0.03	−0.02	0.00
18	482355.5085	3801311.3851	589.4440	482355.5085	3801311.3851	589.443967	−0.01	−0.02	0.00
19	482354.8732	3801309.8875	589.3167	482354.8732	3801309.8875	589.316653	−0.01	−0.02	0.00
20	482354.8758	3801310.6374	589.3794	482354.8759	3801310.6374	589.379365	−0.03	−0.02	0.00
21	482354.8784	3801311.3873	589.4421	482354.8784	3801311.3873	589.442077	−0.02	−0.02	0.00
22	482354.2433	3801309.8896	589.3148	482354.2433	3801309.8896	589.314763	−0.03	−0.02	0.00
23	482354.2458	3801310.6396	589.3775	482354.2459	3801310.6396	589.377475	−0.02	−0.02	0.00
24	482354.2484	3801311.3895	589.4402	482354.2484	3801311.3895	589.440187	0.00	−0.02	0.00
25	482353.6134	3801309.8917	589.3129	482353.6134	3801309.8918	589.312873	−0.01	−0.02	0.00
26	482353.6158	3801310.6417	589.3756	482353.6159	3801310.6417	589.375585	−0.03	−0.02	0.00
27	482353.6183	3801311.3916	589.4383	482353.6183	3801311.3916	589.438297	−0.02	−0.02	0.00

布板软件计算的精调理论数据与提供的精调理论数据符合较好，对181块轨道板精调数据进行检核计算，对比分析统计得出三维坐标差值最大小于0.1 mm，可忽略不计。经过布板软件计算对比分析，线路路主点数据、布板数据、精调理论数据与所提供的成果对比分析结果符合一致，线路计算模型正确。

8.6.3 整体坐标板文件对比

选取西宝客专CRTSⅢ型试验段及兰新客专嘉峪关CRTSⅢ型试验段，利用布板软件进行了一系列数据测试计算，并与参考软件进行对比分析。数据1为西宝客专CRTSⅢ型试验段实际数据，该线路长1.5 km，该段包含直线、缓和曲线数据，线下结构依次为隧道、桥梁、路基；数据 2 为兰新第二双线嘉峪关 CRTSⅢ型试验段实际数据，该线路长 0.5 km。

作为布板程序中最重要的整体坐标板文件据计算，其比较的结果最为重要。数据 1 和数据 2 分别用本程序和参考布板软件计算整体坐标板数据，对每一数据点的坐标进行对比，统计结果如下：

数据 1 与参考软件计算结果的对比见表 8-4、表 8-5。

表 8-4　左线坐标数据文件对比

项　目	ΔY（mm）	ΔX（mm）	ΔH（mm）
最大值	0.001	0.001	0.001
最小值	−0.002	−0.001	−0.001

表 8-5　右线坐标数据文件对比

项　目	ΔY（mm）	ΔX（mm）	ΔH（mm）
最大值	0.001	0.000	0.001
最小值	−0.001	−0.002	−0.001

数据 2 与参考软件计算结果的对比见表 8-6、表 8-7。

表 8-6　左线坐标数据文件对比

项　目	ΔY（mm）	ΔX（mm）	ΔH（mm）
最大值	0.002	0.002	0.001
最小值	−0.001	−0.001	−0.001

表 8-7　右线坐标数据文件对比

项　目	ΔY（mm）	ΔX（mm）	ΔH（mm）
最大值	0.002	0.002	0.001
最小值	−0.002	−0.001	−0.001

8.6.4　局部坐标板文件对比

对数据 1 和数据 2 分别用本程序和参考软件计算其轨道板局部坐标数据，对每一块板的局部坐标数据点的坐标进行对比，统计结果如下：

数据 1 与参考软件计算结果的对比见表 8-8、表 8-9。

表 8-8　左线局部坐标数据文件对比

项　目	ΔY（mm）	ΔX（mm）	ΔH（mm）
最大值	0.001	0.002	0.002
最小值	−0.001	−0.002	−0.001

表 8-9　右线坐标数据文件对比

项　目	ΔY（mm）	ΔX（mm）	ΔH（mm）
最大值	0.001	0.002	0.002
最小值	-0.001	-0.002	-0.001

数据 2 与参考软件计算结果的对比见表 8-10、表 8-11。

表 8-10　左线坐标数据文件对比

项　目	ΔY（mm）	ΔX（mm）	ΔH（mm）
最大值	0.002	0.002	0.002
最小值	-0.002	-0.002	-0.002

表 8-11　右线坐标数据文件对比

项　目	ΔY（mm）	ΔX（mm）	ΔH（mm）
最大值	0.002	0.002	0.002
最小值	-0.002	-0.002	-0.002

8.6.5　数据对比分析说明

轨道板制板模具调整精度为 0.5 mm，从表 8-4 至表 8-11 对数据 1、数据 2 的左右线国家坐标与局部坐标对比统计结果可以看出，每一坐标分量偏差的最大值皆不超过 0.005 mm，完全达到了精度要求。

8.6.6　路基支承层断面坐标对比

以设计的路基表面支撑层及桥梁底座放样数据为例对比说明。数据 1 的混凝土支承层顶面断面点的坐标对比统计结果如表 8-12、表 8-13 所列。

表 8-12　支承层顶面断面左线对比

项　目	ΔY（mm）	ΔX（mm）	ΔH（mm）
最大值	0.001	0.001	0.000
最小值	-0.001	-0.001	0.000

表 8-13　支承层顶面断面右线对比

项　目	ΔY（mm）	ΔX（mm）	ΔH（mm）
最大值	0.001	0.001	0.001
最小值	-0.001	-0.001	-0.001

数据 2 的混凝土支承层顶面断面点的坐标对比统计结果如表 8-14、表 8-15。

表 8-14　混凝土支承层顶面断面左线对比

项　目	ΔY（mm）	ΔX（mm）	ΔH（mm）
最大值	0.002	0.003	0.000
最小值	－0.002	－0.002	0.000

表 8-15　混凝土支承层顶面断面右线对比

项　目	ΔY（mm）	ΔX（mm）	ΔH（mm）
最大值	0.003	0.003	0.001
最小值	－0.003	－0.002	－0.001

8.6.7　桥梁底座板

数据 1 的桥梁底座板对比统计结果如表 8-16、表 8-17。

表 8-16　桥梁底座板的左线坐标数据文件对比

项　目	ΔY（mm）	ΔX（mm）	ΔH（mm）
最大值	0.001	0.001	0.000
最小值	－0.001	－0.001	0.000

表 8-17　桥梁底座板的右线坐标数据文件对比

项　目	ΔY（mm）	ΔX（mm）	ΔH（mm）
最大值	0.001	0.001	0.001
最小值	－0.001	－0.001	－0.001

数据 2 的桥梁底座板对比统计结果如表 8-18、表 8-19。

表 8-18　桥梁底座板的左线坐标数据文件对比

项　目	ΔY（mm）	ΔX（mm）	ΔH（mm）
最大值	0.002	0.002	0.000
最小值	－0.002	－0.001	0.000

表 8-19　桥梁底座板的右线坐标数据文件对比

项　目	ΔY（mm）	ΔX（mm）	ΔH（mm）
最大值	0.002	0.002	0.001
最小值	－0.002	－0.002	－0.001

表 8-12 到表 8-19 对隧道与路基支承层断面、桥梁底座板断面在不加荷载的情况下进行了断面计算，并与参考软件计算结果进行了对比。从统计结果中可以看出，在左右线的所有断面计算的坐标分量偏差绝对值皆小于 0.01 mm，远远高于放样的精度。

8.6.8 轨道板精调系统的应用

轨道板精调系统由智能全站仪系统、高精度特制标架、专业精调软件、无线通信模块组成，精调系统的测试包括硬件集成、标定及精调软件算法、功能测试。轨道板精调系统测试是首先在室内完成精调标架的装配及标定，然后模拟完成精调系统通信链路、传感器集成、软件算法流程的测试。在确认系统集成状况良好、软件操作无异常的情况下，在某客专CRTSⅢ型板式无砟轨道试验段施工现场进行了精调作业应用测试，测试内容包括测量标架系统硬件设计加工精度、数据采集显示系统集成效果、精调计算模型及软件正确性，通过标架标定、标架检校、精调作业实现上述测试内容。

试验段长线路包含直线、缓和曲线、圆曲线，坡度为4.5‰，最大超高为70 mm。采用本系统研制的精调标架进行同步数据采集和处理，数据采集时标架位置严格按照精调作业要求，分别在左右线沿着大里程方向及小里程方向进行采集。利用施工布板软件进行事后分析，两套成果计算的轨道板线路横向、纵向、竖向偏差部分对比结果见表8-20。

表8-20 轨道板精调系统测试数据对比

点名	轨道里程	设计 Y	设计 X	设计 H	横向较差（mm）	纵向较差（mm）	竖向较差（mm）
19330091	846018.447	511868.2019	3808650.4794	378.7993	0.03	0.01	−0.02
19330092	846018.442	511868.4396	3808651.9656	378.7984	0.02	0.00	−0.07
19330093	846022.319	511864.3760	3808651.0773	378.7852	−0.01	0.01	−0.01
19330094	846022.329	511864.5988	3808652.5658	378.7848	−0.03	−0.01	−0.07
19330191	846018.447	511868.2018	3808650.4794	378.7993	0.02	0.00	−0.02
19330192	846018.450	511868.4316	3808651.9668	378.7983	−0.03	0.00	−0.05
19330193	846022.319	511864.3759	3808651.0773	378.7852	−0.02	0.00	−0.01
19330194	846022.329	511864.5987	3808652.5659	378.7848	−0.06	0.00	−0.07
19330101	846011.718	511874.8506	3808649.4403	378.8238	−0.09	0.00	−0.04
19330102	846011.718	511875.0831	3808650.9274	378.8219	−0.01	−0.01	−0.01
19330103	846015.918	511870.7010	3808650.0888	378.8085	−0.03	0.00	−0.03
19330104	846015.916	511870.9353	3808651.5756	378.8072	0.06	−0.01	−0.01
19330111	846011.717	511874.8508	3808649.4403	378.8238	0.05	0.00	0.06
19330112	846011.717	511875.0834	3808650.9273	378.8219	−0.05	−0.01	0.09
19330113	846015.917	511870.7011	3808650.0888	378.8085	−0.01	0.01	0.07
19330114	846015.915	511870.9355	3808651.5755	378.8072	−0.10	−0.02	−0.01
19330121	846011.718	511874.8507	3808649.4403	378.8238	−0.03	0.01	−0.04
19330122	846011.717	511875.0833	3808650.9273	378.8219	−0.04	−0.01	−0.01
19330123	846015.918	511870.7008	3808650.0888	378.8085	−0.01	−0.01	−0.03
19330124	846015.915	511870.9355	3808651.5755	378.8072	0.02	0.01	−0.01

续表

点名	轨道里程	设计 Y	设计 X	设计 H	横向较差 （mm）	纵向较差 （mm）	竖向较差 （mm）
19328011	846004.979	511881.5081	3808648.4001	378.8484	0.00	-0.01	0.02
19328012	846004.980	511881.7400	3808649.8872	378.8455	0.03	0.01	0.01
19328013	846009.157	511877.3804	3808649.0450	378.8332	-0.10	0.02	0.04
19328014	846009.170	511877.5996	3808650.5341	378.8308	-0.03	-0.01	-0.02
19328111	846004.979	511881.5081	3808648.4001	378.8484	-0.06	0.00	0.02
19328112	846004.980	511881.7398	3808649.8872	378.8455	-0.07	-0.01	0.01
19328113	846009.157	511877.3804	3808649.0450	378.8332	0.03	0.01	0.04
19328114	846009.171	511877.5990	3808650.5342	378.8308	0.01	0.01	-0.02
19328021	845998.491	511887.9191	3808647.3985	378.8720	0.01	0.00	0.08
19328022	845998.493	511888.1492	3808648.8860	378.8682	0.07	0.00	0.01
19328023	846002.386	511884.0707	3808647.9997	378.8578	0.01	0.00	-0.03
19328024	846002.397	511884.2921	3808649.4885	378.8545	0.00	0.01	-0.03
19328021	845998.490	511887.9192	3808647.3985	378.8720	0.09	0.00	-0.02
19328022	845998.493	511888.1490	3808648.8860	378.8682	0.00	0.00	0.01
19328023	846002.386	511884.0709	3808647.9997	378.8578	0.00	0.00	-0.03
19328024	846002.397	511884.2920	3808649.4885	378.8545	-0.05	0.00	-0.03
19328031	845992.015	511894.3175	3808646.3992	378.8956	0.05	0.01	-0.02
19328032	845992.004	511894.5599	3808647.8847	378.8909	0.00	0.02	0.00
19328033	845995.884	511890.4948	3808646.9962	378.8815	-0.02	0.00	-0.02
19328034	845995.895	511890.7158	3808648.4851	378.8773	-0.02	0.00	0.02
19328041	845985.518	511900.7366	3808645.3970	378.9193	0.00	0.01	0.01
19328042	845985.515	511900.9717	3808646.8836	378.9136	0.00	0.01	-0.01
19328043	845989.412	511896.8886	3808645.9977	378.9051	-0.02	-0.01	0.00
19328044	845989.401	511897.1319	3808647.4831	378.9000	0.03	0.01	0.09
19328141	846009.827	511876.7188	3808649.1484	378.8307	-0.02	0.01	-0.02
19328142	846009.824	511876.9537	3808650.6351	378.8285	-0.06	0.00	-0.03
19328143	846013.721	511872.8711	3808649.7497	378.8165	0.02	0.01	0.06
19328144	846013.716	511873.1085	3808651.2359	378.8149	0.04	0.01	-0.01
19328051	845978.977	511907.1988	3808644.3884	378.9431	0.00	0.00	-0.01
19328052	845978.999	511907.4100	3808645.8788	378.9364	0.00	0.00	-0.02
19328053	845982.909	511903.3141	3808644.9947	378.9288	0.03	0.01	-0.09
19328054	845982.911	511903.5443	3808646.4821	378.9227	-0.06	0.01	0.08

续表

点名	轨道里程	设计 Y	设计 X	设计 H	横向较差（mm）	纵向较差（mm）	竖向较差（mm）
19328061	845972.258	511913.8376	3808643.3528	378.9676	0.04	0.01	0.01
19328062	845972.256	511914.0718	3808644.8395	378.9600	0.08	0.01	−0.02
19328063	845976.445	511909.7011	3808643.9980	378.9523	−0.04	0.00	0.06
19328064	845976.460	511909.9182	3808645.4874	378.9453	−0.02	0.00	0.00
19328161	845972.259	511913.8366	3808643.3529	378.9676	−0.03	−0.01	0.01
19328162	845972.266	511914.0619	3808644.8411	378.9600	−0.07	0.00	0.02
19328163	845976.445	511909.7011	3808643.9980	378.9523	−0.05	0.01	0.06
19328164	845976.460	511909.9180	3808645.4875	378.9453	0.02	0.01	0.00
19328071	845965.764	511920.2549	3808642.3522	378.9913	0.02	0.01	−0.06
19328072	845965.773	511920.4774	3808643.8408	378.9827	−0.02	−0.01	−0.01
19328073	845969.685	511916.3803	3808642.9562	378.9770	0.06	−0.01	0.03
19328074	845969.683	511916.6138	3808644.4431	378.9690	0.03	0.00	−0.02
19328061	845959.255	511926.6859	3808641.3501	379.0150	−0.04	0.01	0.03
19328062	845959.269	511926.9041	3808642.8393	379.0055	0.02	−0.01	0.03
19328063	845963.159	511922.8286	3808641.9511	379.0007	−0.02	0.00	−0.05
19328064	845963.174	511923.0454	3808643.4405	378.9918	0.01	−0.02	0.00
19328171	845959.255	511926.6860	3808641.3500	379.0150	−0.03	0.01	−0.07
19328172	845959.269	511926.9042	3808642.8393	379.0055	−0.06	0.00	0.03
19328173	845963.159	511922.8289	3808641.9510	379.0007	−0.09	0.01	0.05
19328174	845963.174	511923.0453	3808643.4405	378.9918	−0.02	0.00	0.00
19328091	845952.783	511933.0812	3808640.3541	379.0386	−0.02	−0.01	−0.05
19328092	845952.788	511933.3080	3808641.8420	379.0282	0.02	−0.01	0.04
19328093	845956.676	511929.2339	3808640.9532	379.0244	0.04	0.00	0.04
19328094	845956.681	511929.4611	3808642.4410	379.0145	0.01	0.00	0.07
19328101	845946.001	511939.7828	3808639.3112	379.0633	0.00	0.00	0.04
19328102	845946.268	511939.7501	3808640.8395	379.0510	0.06	0.01	0.02
19328103	845950.180	511935.6534	3808639.9537	379.0480	0.04	0.01	−0.03
19328104	845950.178	511935.8868	3808641.4406	379.0373	0.02	0.01	0.01
19326011	845939.533	511946.1741	3808638.3174	379.0868	0.01	0.01	−0.03
19326012	845939.548	511946.3902	3808639.8069	379.0745	−0.04	0.00	0.10
19326013	845943.728	511942.0287	3808638.9619	379.0715	−0.02	0.02	−0.04
19326014	845943.730	511942.2581	3808640.4494	379.0599	−0.06	0.00	0.04

续表

点名	轨道里程	设计 Y	设计 X	设计 H	横向较差（mm）	纵向较差（mm）	竖向较差（mm）
19326021	845933.050	511952.5801	3808637.3221	379.1104	−0.03	0.00	−0.05
19326022	845933.061	511952.8003	3808638.8110	379.0972	−0.08	−0.01	0.00
19326023	845936.946	511948.7298	3808637.9202	379.0963	0.04	0.00	−0.05
19326024	845936.940	511948.9666	3808639.4065	379.0836	−0.03	0.00	0.08
19326011	845898.373	511987.0791	3808633.5018	379.2186	0.01	0.00	0.08
19326012	845898.375	511986.8469	3808632.0148	379.2368	−0.01	0.01	−0.09
19326013	845894.479	511990.9274	3808632.9077	379.2322	−0.02	0.00	0.05
19326014	845894.491	511990.6859	3808631.4222	379.2509	0.05	−0.01	−0.04
19326181	845898.373	511987.0792	3808633.5017	379.2186	−0.05	0.00	0.08
19326182	845898.375	511986.8470	3808632.0148	379.2368	−0.07	0.00	−0.09
19326183	845894.479	511990.9272	3808632.9078	379.2322	0.00	0.01	0.05
19326184	845894.491	511990.6860	3808631.4222	379.2509	0.00	0.00	−0.04
19326071	845904.852	511980.6761	3808634.4911	379.1959	0.06	0.00	0.06
19326072	845904.859	511980.4388	3808633.0049	379.2132	−0.04	0.00	−0.06
19326073	845900.959	511984.5232	3808633.8965	379.2096	0.05	−0.01	0.04
19326074	845900.962	511984.2899	3808632.4097	379.2274	0.05	0.01	−0.06
19326061	845911.632	511973.9760	3808635.5276	379.1722	0.01	0.00	0.09
19326062	845911.633	511973.7442	3808634.0405	379.1885	−0.02	−0.01	−0.08
19326063	845907.403	511978.1548	3808634.8810	379.1870	0.09	0.00	0.09
19326064	845907.408	511977.9202	3808633.3944	379.2039	−0.01	−0.01	0.03
19326051	845918.077	511967.6067	3808636.5140	379.1496	0.08	0.00	0.05
19326052	845918.074	511967.3791	3808635.0263	379.1650	−0.05	0.01	−0.01
19326053	845914.214	511971.4245	3808635.9226	379.1632	0.08	−0.01	0.03
19326054	845914.229	511971.1788	3808634.4377	379.1790	−0.01	0.00	−0.02
19326041	845924.570	511961.1902	3808637.5088	379.1269	0.08	−0.01	−0.02
19326042	845924.578	511960.9514	3808636.0228	379.1413	−0.03	0.00	−0.01
19326043	845920.694	511965.0205	3808636.9149	379.1405	0.02	0.00	0.01
19326044	845920.702	511964.7825	3808635.4288	379.1554	0.00	0.00	−0.04
18326081	845901.847	511986.2838	3808628.5653	379.2185	0.03	0.00	0.00
18326082	845901.835	511986.0662	3808627.0760	379.2367	−0.03	0.00	−0.02
18326083	845897.944	511990.1412	3808627.9698	379.2322	−0.02	0.00	0.04
18326084	845897.958	511989.8979	3808626.4846	379.2508	0.04	0.01	0.05

续表

点名	轨道里程	设计 Y	设计 X	设计 H	横向较差（mm）	纵向较差（mm）	竖向较差（mm）
18326181	845901.847	511986.2841	3808628.5652	379.2185	−0.04	0.00	0.10
18326182	845901.835	511986.0663	3808627.0760	379.2367	−0.02	0.01	−0.02
18326183	845897.944	511990.1414	3808627.9698	379.2322	0.00	0.01	0.04
18326184	845897.958	511989.8977	3808626.4846	379.2508	−0.10	0.01	−0.04
18326071	845908.338	511979.8696	3808629.5564	379.1958	0.05	0.00	0.01
18326072	845908.342	511979.6358	3808628.0696	379.2130	0.06	0.01	−0.02
18326073	845904.432	511983.7297	3808628.9598	379.2095	−0.01	−0.01	0.04
18326074	845904.439	511983.4927	3808627.4735	379.2272	−0.03	0.01	−0.03
18326061	845915.086	511973.2010	3808630.5880	379.1722	−0.01	0.00	0.03
18326062	845915.121	511972.9362	3808629.1061	379.1883	0.00	0.00	−0.02
18326063	845910.900	511977.3373	3808629.9480	379.1868	−0.04	0.01	−0.02
18326064	845910.899	511977.1088	3808628.4604	379.2037	−0.01	0.01	−0.10
18326051	845921.540	511966.8227	3808631.5758	379.1496	−0.04	0.00	0.02
18326052	845921.567	511966.5657	3808630.0927	379.1648	0.07	0.00	−0.03
18326053	845917.655	511970.6621	3808630.9811	379.1632	0.02	−0.02	0.02
18326054	845917.661	511970.4262	3808629.4946	379.1791	−0.04	−0.01	0.03
18326041	845928.058	511960.3821	3808632.5743	379.1268	0.04	−0.01	0.03
18326042	845928.042	511960.1676	3808631.0846	379.1412	−0.01	−0.01	−0.05
18326043	845924.156	511964.2383	3808631.9764	379.1404	0.00	−0.01	0.07
18326044	845924.146	511964.0178	3808630.4876	379.1554	−0.02	0.00	−0.04
18327101	845949.705	511938.7610	3808634.4100	379.0623	0.01	0.00	−0.03
18327102	845949.711	511938.9858	3808635.8982	379.0510	−0.04	−0.01	0.01
18327103	845953.629	511934.8829	3808635.0135	379.0480	0.04	0.00	−0.03
18327104	845953.640	511935.1039	3808636.5022	379.0372	0.03	0.00	0.06
18325011	845942.998	511945.3878	3808633.3796	379.0868	0.00	0.01	0.04
18325012	845942.999	511945.6183	3808634.8669	379.0745	0.02	−0.01	0.02
18325013	845947.219	511941.2169	3808634.0280	379.0714	0.01	0.00	0.02
18325014	845947.191	511941.4757	3808635.5109	379.0598	−0.04	−0.01	−0.01
18325111	845942.999	511945.3872	3808633.3797	379.0868	0.03	0.01	−0.06
18325112	845942.999	511945.6181	3808634.8669	379.0745	−0.07	−0.01	0.02
18325113	845947.220	511941.2164	3808634.0281	379.0714	−0.02	0.01	0.02
18325114	845947.192	511941.4756	3808635.5110	379.0598	−0.01	0.02	−0.01

从表 8-20 可以看出，精调软件计算结果与施工布板软件计算线路偏差结果一致，横向、纵向及竖向偏差较差最大差值为 0.1 mm、0.02 mm、0.1 mm，平均值为 0.04 mm、0.01 mm、0.04 mm。数据对比表明标架系统结构合理，软件计算模型正确，能满足轨道板定位需求。基于线路设计参数及轨道断面模型的全站仪边角交会自由设站的 CRTS Ⅲ 轨道板精调系统，硬件设计合理、加工精密，精调软件流程合理高效，精调结果精确稳定，完全满足《CRTS Ⅲ 型板式无砟轨道工程施工质量验收指导意见（试行）》（工管线路函〔2012〕159 号）中对轨道板精调的精度要求。

第9章　长钢轨精密测量与精调技术

9.1　轨道平顺性简介

铁路轨道准确的几何尺寸是保证列车安全运行的基本条件。理论研究和高速铁路的实践分析表明，只有在高平顺的轨道上才能实现高速行车，高速铁路轨道有别于一般铁路的主要特点就是具有高平顺性。

轨道平顺性是指轨道的几何形状、尺寸、空间位置等参数与正确尺寸之间的符合程度。凡是直线轨道不平、不直，对轨道中心线位置、高度及宽度正确尺寸的偏差，曲线轨道不圆顺，对曲线中心线位置、轨距、超高及顺坡变化正确尺寸的偏差，通称为轨道不平顺。

9.2　钢轨与扣件系统

钢轨是铁路轨道的重要部件之一，承担着引导车轮、传递荷载的功能。对高速铁路无砟轨道而言，钢轨轮轨踏面和内侧工作边的平顺性要求要比普通铁路高得多。为保证列车运行平稳，线路下部基础、轨道上部结构以及轨道各部件，都要为钢轨的正常工作提供良好条件。而钢轨本身，其内在质量、材质性能、断面公差、平直程度等都是十分重要的特性。钢轨在技术条件上要能保证足够的强度、韧性、耐磨性、稳定性和平顺性，在经济上要保证合理的大修周期，减少养护维修工作量。

扣件系统是轨道不可或缺的组成部分，在保证轨道稳定性、可靠性方面起着重要作用。高速铁路无砟轨道扣件除了起到传递荷载保持轨距的作用，还应具有许多特殊的功能。

9.2.1　钢　轨

高速铁路具有曲线半径大、列车运行速度高等特点，在满足钢轨铺设跨区间无缝线路一般要求的基础上还在钢轨纯净度、钢轨的内在和表面质量、几何尺寸精度和外观质量方面有严格的要求。

对钢轨的一般要求包括：较强的强度和抗磨耗性能，达到较高的承载能力和使用寿命；较高的抗疲劳伤损的安全可靠性，防止轨道内侧剥离及可能由此引发的钢轨横向断裂；较强的抗不均匀磨耗性能和钢轨全长范围内硬度的均匀性，避免引起波纹、波浪等不均匀磨耗；良好的焊接性能，以便铺设跨区间无缝线路；化学成分便于进行热处理，以提高钢轨的强韧性；严格的尺寸公差及钢轨工作边平顺性，减少轨道周期性不平顺。

高速铁路对钢轨的特殊要求还包括：保证材质高纯净，提高钢轨可靠性；保证轧制高精度，提高钢轨质量；钢轨在具有足够强度和刚度的同时，硬度应与车辆和运营条件相匹配。

9.2.1.1 高速铁路钢轨主要参数

（1）钢轨的断面尺寸和定尺长度。

随着铁路的发展，列车运行速度和轴重不断增加，钢轨断面形状不断得到改进，尺寸也随之不断增大。世界多数国家钢轨的定尺长度为 12.5～36 m。铁路铺设无缝线路要求对钢轨进行焊接，希望钢轨端部平直度高，内部质量好。而在标准长度（12.5～25 m）钢轨的生产中，往往在钢轨端部存在矫直和探伤盲区。为适应铁路的发展要求，国外许多钢厂纷纷进行钢轨长尺化生产的技术改造。钢轨长尺生产不仅有利于提高生产效率和成材率，更重要的是由于采用长尺矫直后钢轨两端可以锯掉 0.8～1.5 m，这样也就锯掉了钢轨端部存在的矫直和探伤盲区。另外，长定尺钢轨可以减少钢轨焊接接头，提高钢轨使用的安全性及平顺性。

目前，我国为了高速铁路的行车需要，钢轨定尺长采用 100 m、60 kg/m 钢轨。60 kg/m 钢轨的断面形状如图 9-1 所示，端面几何参数如表 9-1 所示，质量和金属分配如表 9-2 所示。

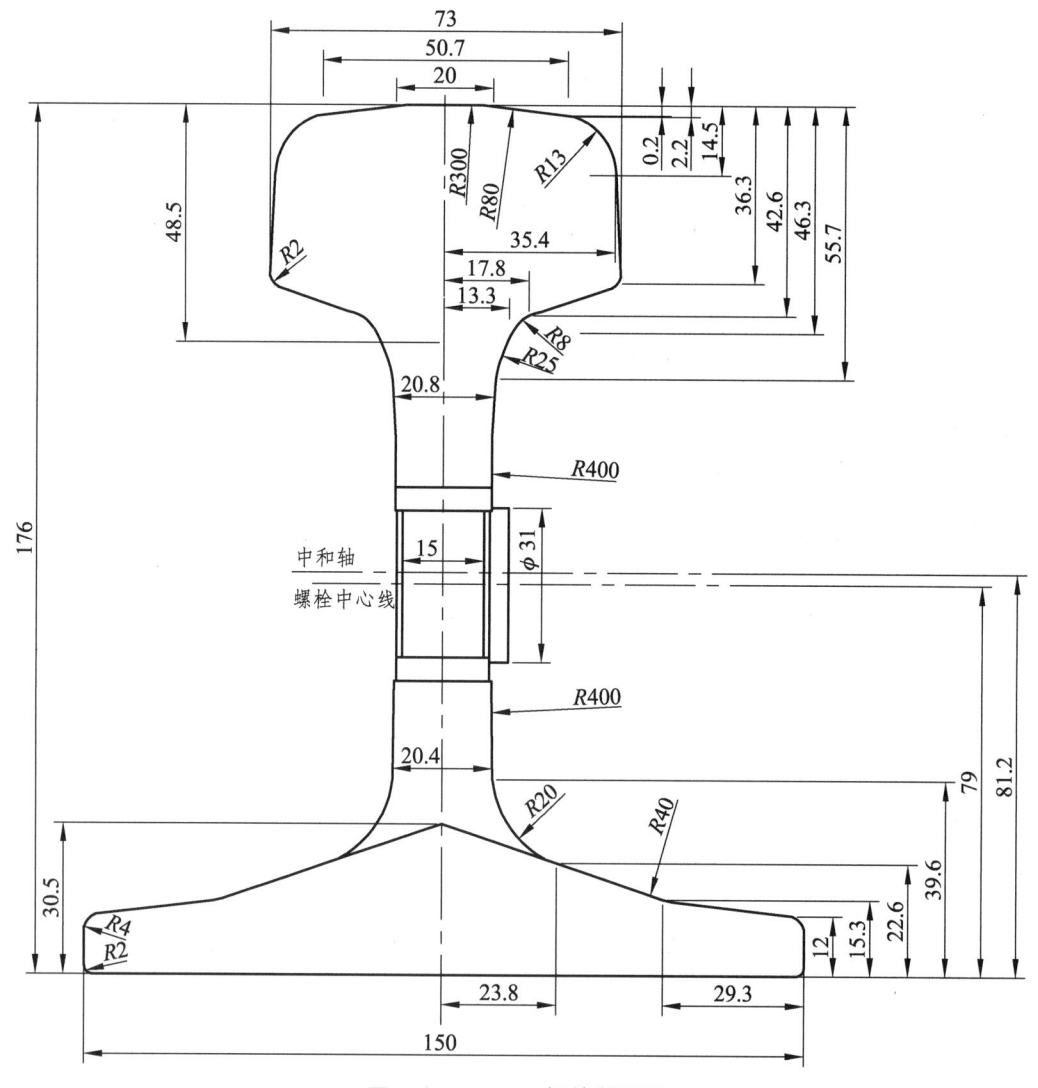

图 9-1　60 kg/m 钢轨断面图

表 9-1 钢轨几何参数表

钢轨断面类型（kg/m）	横断面积（cm²）	重心距轨底距离（cm）	重心距轨头距离（cm）	对水平轴线的惯性力矩（cm⁴）	对垂直轴线的惯性力矩（m⁴）	下部断面系数（cm³）	上部断面系数（cm³）	底侧边断面系数（cm³）
60	77.45	8.12	9.48	3 217	524	396.0	339.4	69.9

表 9-2 钢轨的理论质量及金属分配表

钢轨断面类型（kg/m）		60
理论质量（kg）	每米质量	60.643
钢轨的金属分配（各部分占总面积的百分比）	轨头	37.43
	轨腰	25.29
	轨线	37.24

（2）钢轨的强度。

高速铁路要求钢轨安全使用性能好，几何尺寸精度高、平直度好。为此，国外高速铁路较为发达的国家均采用强度为 800～880 MPa 的碳素热轧钢轨，并采用炉外精炼、真空脱气、大方坯连铸等先进技术进行轨钢的冶炼，以保证轨钢的纯净性；采用万能法轧制技术轧制钢轨，使之具有高的几何尺寸精度和平顺性。

我国新建的高速铁路均采用强度等级为 800 MPa 级 U71Mn（k）钢轨。

（3）钢轨的化学成分。

质量优良的钢轨应该具有足够的强度、良好的耐磨性、高的抗剥离能力和抗疲劳能力，以及良好的焊接性。钢轨的这些性能，除断面尺寸设计必须合理外，主要通过调整钢材的纯净度及冶炼质量来实现。因此，钢轨化学成分是表征钢轨质量的第一特征。

我国高速铁路钢轨化学成分及夹杂物的要求应符合表 9-3 及表 9-4 的规定。

表 9-3 化学成分（%）

钢牌号	C	Si	Mn	P	S	V	Al
U71Mn（k）	0.65～0.75	0.10～050	0.80～1.30	≤0.025	0.008～0.025	≤0.03	≤0.004
U75V	0.70～0.80	0.50～0.70	0.75～1.05	≤0.025	0.008～0.025	0.04～0.08	≤0.004

注：表中所列成分范围与其他标准规定的相同钢号的成分范围稍有不同。

表 9-4 轨钢非金属夹杂物要求（级）

标准	A 类（硫化物）	B 类（氧化铝）	C 类（硅酸盐）	D 类（球状氧化物）
250 km/h 技术条件	≤2.5	≤1.5	≤1.5	≤1.5
350 km/h 技术条件	≤2.0	≤1.0	≤1.0	≤1.0

9.2.1.2 钢轨主要技术标准

（1）现行钢轨系列技术条件。

为了满足铁路建设需要，我国铁路借鉴国外先进标准，结合我国的实际，原铁道部科技司组织中国铁道科学研究院等单位，先后主持起草了多个钢轨技术条件，涵盖了普通钢轨及道岔用轨。其中，高速铁路钢轨主要有以下技术条件：

①《250 km/h 客运专线 60 kg/m 钢轨暂行技术条件》（铁科技函〔2005〕298 号）：适用于新建 250 km/h 客运专线。

②《350 km/h 客运专线 60 kg/m 钢轨暂行技术条件》（铁科技〔2004〕120 号）：适用于新建 350 km/h 客运专线。

③《250 km/h 和 350 km/h 客运专线钢轨检验及验收暂行标准》（铁建设函〔2005〕402 号）：用于用户的钢轨检验及验收。

④《客运专线 60AT 钢轨暂行技术条件》（科技〔2005〕101 号）：用于客运专线道岔用 AT 钢轨。

⑤ 铁道部文件：《关于印发〈350 km/h 客运专线 60 kg/m 钢轨暂行技术条件〉等三个技术条件局部修订条文的通知》（铁科技〔2007〕164 号），该文件主要修订了硫的含量以及成品轨氢的含量。

以上技术条件规定了钢轨的断面、型式尺寸及允许偏差、技术要求、试验方法、检验规则、标志及质量证明书和质量保证等内容，同时规定了技术条件的适用范围。

（2）钢轨应满足的技术指标。

① 尺寸允许偏差。

钢轨的几何尺寸偏差要求见表 9-5。从表中可以看出，客运专线钢轨暂行技术条件比普速铁路钢轨在部分尺寸偏差上提出了更高的要求，尤其对轨冠尺寸以及轨底凹陷的要求不同。

表 9-5 尺寸允许偏差对比（mm）

项　目	250 km/h 技术条件	350 km/h 技术条件
钢轨高度	±0.6	±0.6
轨头宽度	±0.5	±0.5
轨头顶部断面	±0.6	+0.6，-0.3
轨底宽度	±1.0	±1.0
轨腰厚度	+1.0，-0.5	+1.0，-0.5
轨底边缘厚度	+0.75，-0.5	+0.75，-0.5
接头夹板安装面斜度	+1.0，-0.5	±0.35
接头夹板安装面高度	+0.6，-0.5	+0.6，-0.5
轨低凹陷 a	≤0.3	≤0.3
端面斜度	≤0.6	≤0.6
断面不对称	±1.2	±1.2
长度	±6.0	±30
	双方协商	100 m±30
螺栓孔直径	±0.7	±0.7
螺栓孔位置	±0.7	±0.7

注：标 a 者为对铁标轨［《43 kg/m～75 kg/m 钢轨订货技术条件》（TB/T 2344—2012）］规定轨底可以凸或凹，但对客运专线钢轨不得凸。

② 平直度。

不同速度等级铁路钢轨技术条件规定的平直度要求如表 9-6 所示。

表 9-6　钢轨平直度要求

部　位	项　目	允许偏差（mm）	
		250 km/h 客运专线	350 km/h 客运专线
轨端	垂直（向上）	≤0.5/1.5 m	≤0.3/1 m；≤0.4/2 m
	垂直（向下）	≤0.2/1.5 m	≤0.2/2 m
	水平（左右）	≤0.7/1.5 m	≤0.6/2 m
轨端与轨身重叠区	垂直	距轨端 1~2.5 m≤0.4/1.5 m	距轨端 1~3 m≤0.3/2 m
	水平	距轨端 1~2.5 m≤0.6/1.5 m	距轨端 1~3 m≤0.6/2 m
轨身	部位	除轨端各 1.5 m 的其他部分	除轨端各 2 m 的其他部分
	垂直	≤0.4/3 m，≤0.3/1 m	≤0.3/3 m，≤0.2/1 m
	水平	≤0.6/1.5 m	≤0.45/1.5 m
全长	扭曲	全长≤2.5 mm	全长≤2.5 mm
		轨端 1 m 内≤0.45 mm	轨端 1 m 内≤0.45 mm
	上、下弯曲	≤10 mm	≤10 mm
	侧弯曲	弯曲半径 $R>1\,500$ m	弯曲半径 $R>1\,500$ m

③ 非金属夹杂物。

按《钢中非金属夹杂物含量的测定标准评级图显微检验法》（GB/T 10561—2005）中方法 A 和 ASTM 评级图评定，A（硫化物）类夹杂物不应超过 2 级，B（氧化物）、C（硅酸盐）、D（球状氧化物）类夹杂物均不应超过 1 级。

④ 落锤。

钢轨应进行落锤试验，试样经打击一次后不应有断裂现象。应在质量证明书内给出挠度值，以提供参考。

⑤ 断裂韧性。

在温度 −20 ℃ 下测得断裂韧性 K_{IC} 的最小值及平均值应符合表 9-7 的规定。

表 9-7　断裂韧性 K_{IC}

K_{IC} 单个最小值（MPa·m$^{1/2}$）	K_{IC} 最小平均值（MPa·m$^{1/2}$）
26	29

⑥ 疲劳裂纹扩展速率。

疲劳裂纹扩展速率 da/dN 应符合表 9-8 的规定。

表 9-8　疲劳裂纹扩展速率 da/dN

$\Delta K = 10$ MPa·m$^{1/2}$	$da/dN \leq 17$ m/Gc
$\Delta K = 13.5$ MPa·m$^{1/2}$	$da/dN \leq 55$ m/Gc

⑦ 疲劳。

总应变幅为 1 350 με 时，每个试样的疲劳寿命（即试样完全断裂时的循环次数）应大于 5×10^6 次。

9.2.2 扣件系统

9.2.2.1 无砟轨道扣件系统的技术要求

高速铁路列车运行速度高、行车密度大，是无砟轨道中提供弹性的主要部件，比一般线路有更高的技术要求。

（1）保持轨距能力。

钢轨扣件应保持由钢轨和混凝土轨枕（或混凝土轨道板）组成的轨道框架几何特征稳定，既保持轨距和防护轨距变化，同时增强轨道框架的弯曲和扭转刚度。

（2）防爬阻力。

钢轨扣件应防止钢轨相对于轨枕的纵向位移，即防止钢轨爬行，这就需要扣压件有足够和稳定的扣压力。

桥上无砟轨道结构的设计必须要考虑无缝线路由于温度变化或列车荷载等作用梁轨间发生相对位移而产生的相互作用力。梁轨间相互作用力的大小与线路纵向阻力值密切相关。线路纵向阻力如果太大，将会相应增加线路传递到桥梁墩台的纵向力和钢轨本身的应力；如果太小，可能导致钢轨爬行或冬季发生断轨时断缝过大而影响行车安全。对于无砟桥，由于扣件直接将长钢轨与桥面轨道结构连接，线路的纵向阻力按扣件阻力取值。为减少无砟轨道桥梁与焊接长钢轨之间的相互作用力，比较有效的方法是减少扣件的纵向阻力。而扣件纵向阻力的大小与扣压件的扣压力、轨底与轨下垫层的摩擦系数密切相关。同时为保证扣件受力均匀，桥上扣件的布置不应该采用松紧相间的形式，而应根据桥上无缝线路设计要求的线路纵向阻力，调整扣件的扣压力值，以保证在全桥一定范围内扣件螺栓扭矩松紧程度一致。

另外对于 CRTS I 型板式无砟轨道，扣件系统防爬阻力还应满足板式无砟轨道凸形挡台的受力要求。

（3）零部件和维修工作量。

高速铁路轨道维修只能在很短的封锁点内进行，因而要求钢轨扣件零部件少和养护维修工作量小。这就要求扣件各部件有足够的强度，在期望的使用寿命周期内扣件各部件不产生疲劳伤损和显著的残余形变；同时要求扣件有更好的性能，当扣压件和轨下弹性垫层产生磨耗和残余变形时，扣件阻力减小不大，扣件螺栓无须经常进行复拧。

（4）平顺性。

钢轨扣件应保证钢轨具有良好的平顺性。良好的平顺性可以降低由于轨道不平顺引起的激振，减小列车通过时的振动，从而提高乘客舒适度。

（5）减振性能。

与有砟轨道相比，无砟轨道结构中取消了提供线路弹性的道砟层，这样就要求无砟轨道的扣件具有比有砟轨道更好的弹性，以最大限度地降低轨道的振动，减缓轮轨间的冲击。对于无砟轨道来说，要求扣件各节点刚度一致，以减少动力不平顺。

（6）绝缘性能。

为保证行车绝对安全，要求钢轨扣件有良好的绝缘性能，以保证轨道电路的正常工作，满足信号系统要求。

（7）钢轨高低与左右位置调整能力。

无砟轨道结构中的扣件直接将钢轨与混凝土道床连接在一起，与传统的有砟轨道相比，可大大减少线路的养护维修工作量，但由于轨道结构中取消了道砟层，受施工误差和混凝土基础变化等因素的影响，钢轨高低和轨向的变化不能像有砟轨道那样进行起道和拨道作业，只能通过扣件进行调整。因此，无砟轨道结构要求所用扣件具有一定的高度和轨距调整能力。

对于桥上无砟轨道来说，受梁体收缩徐变上拱、墩台沉降等因素的影响，钢轨高低的变化更大，因此要求所用扣件具有更大的钢轨高低调整能力。

9.2.2.2 无砟轨道扣件系统的类型

目前，我国高速铁路无砟轨道主要采用 WJ-7 和 WJ-8 型扣件。

（1）WJ-7 型扣件。

① 结构组成。

WJ-7 型扣件是在总结秦沈客运专线铺设 WJ-2 型扣件的成功实践基础上进行优化设计的，适应无砟轨道的铺设要求。其结构如图 9-2 所示，主要由弹条、绝缘块、铁垫板、T 形螺栓、螺母、平垫圈、轨下垫板、绝缘缓冲垫板、锚固螺栓、重型弹簧垫圈、平垫块以及预埋于混凝土枕或轨道板内的绝缘套管等部件组成。

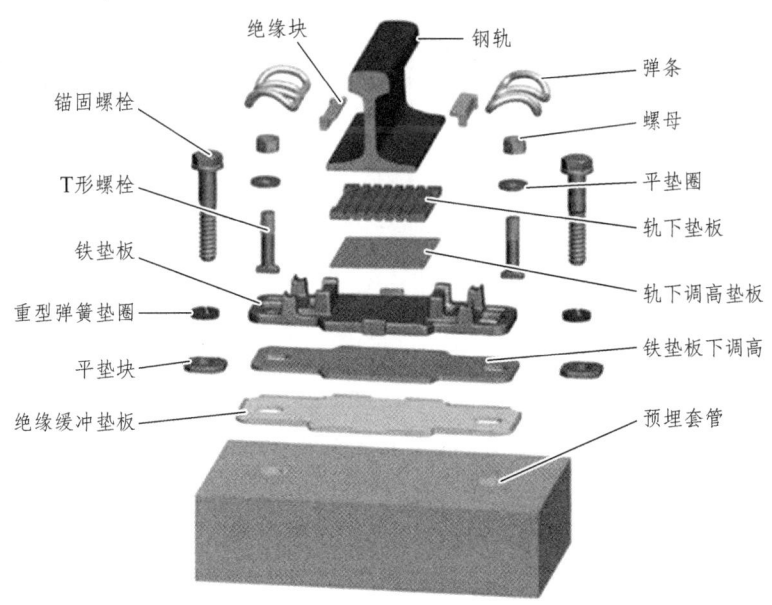

图 9-2　WJ-7 型扣件结构组成

② 主要结构特征。

a. 扣件适用于铺设 60 kg/m 钢轨的无砟轨道，并满足铺设无缝线路的要求。

b. 扣件结构为带铁垫板的弹性分开式扣件。

c. 混凝土轨枕或轨道板承轨槽不设混凝土挡肩。
d. 铁垫板上设置 1∶40 轨底坡，混凝土轨枕或轨道板承轨面为平坡。
e. 铁垫板上设有 T 形螺栓插入座和钢轨挡肩，通过拧紧 T 形螺栓螺母紧固弹条。
f. 铁垫板上钢轨挡肩与钢轨间设有绝缘块，可有效地提高扣件系统的绝缘性能。
g. 铁垫板与钢轨轨底间设减振垫层，实现系统的弹性。
h. 钢轨左右位置调整通过移动带有长圆孔的铁垫板来实现，为连续无级调整。
i. 钢轨高低位置调整量大，满足无砟轨道的使用要求，在轨下垫板下垫入充填垫板可实现高低的无级调整。

③ 主要技术标准。

扣件系统要求按《WJ-7 型扣件暂行技术条件》（科技基〔2007〕207 号）执行，零部件技术要求按《WJ-7 型扣件零部件制造验收技术条件》执行。

主要技术标准：

a. 适应钢轨类型

扣件系统按铺设 60 kg/m 钢轨设计。

b. 轨底坡

铁垫板上设置 1∶40 轨底坡。

c. 钢轨纵向阻力

一般地段，每组扣件钢轨纵向阻力应大于 9 kN；小阻力地段，每组扣件钢轨纵向阻力为 4 kN。

d. 节点静刚度

采用 A 型轨下垫板时，扣件节点静刚度为 50 kN/mm±15 kN/mm；采用 B 型轨下垫板时，扣件节点静刚度为 35 kN/mm±10 kN/mm。

e. 绝缘电阻

两轨间绝缘电阻大于 3 Ω·km，并满足轨道电路对其绝缘电阻的要求。

f. 钢轨左右位置调整

单股钢轨左右位置调整量：−6～+6 mm。

轨距调整量：−12～+12 mm。

g. 钢轨高低位置调整：30 mm。

（2）WJ-8 型扣件。

① 结构组成。

WJ-8 型扣件是为了适应有挡肩无砟轨道，满足高速铁路扣件系统的技术要求而研发的一种无砟轨道扣件系统，结构如图 9-3 所示。扣件系统由螺旋道钉、平垫圈、弹条、绝缘块、轨距挡板、轨下垫板、铁垫板、铁垫板下弹性垫板和定位于混凝土轨枕或轨道板的预埋套管组成。采用调高垫板（分轨下调高垫板和铁垫板下调高垫板）实现钢轨高低调整。

② 主要结构特征。

a. 扣件系统为带铁垫板的弹性不分开式扣件，混凝土轨枕或轨道板承轨槽设混凝土挡肩。

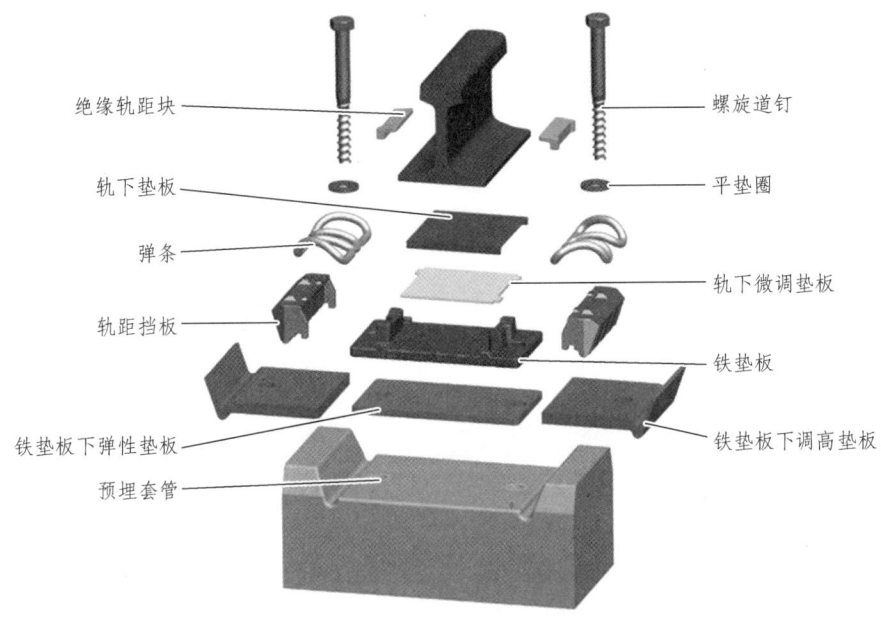

图 9-3　WJ-8 型扣件结构组成

b. 铁垫板上设挡肩，挡肩与钢轨之间设置工程塑料制成的绝缘块，不仅可以缓冲钢轨板的冲击，而且可大幅度提高扣件系统的绝缘性能。

c. 铁垫板与混凝土挡肩间设置工程塑料制成的轨距挡板，用以保持和调整轨距，同时起绝缘作用。

d. 扣件组装紧固螺旋道钉时，以弹条中肢前段接触轨底为准，避免了在钢轨与铁垫板间垫入调高垫板时弹条扣压力不足或弹条应力过大。

e. 对配套设计的弹条结构作了优化，弹条弹程增大，提高了疲劳强度。

f. 铁垫板下设弹性垫层，扣件系统具有良好的弹性。

③ 主要技术标准。

扣件系统要求按《WJ-8 型扣件暂行技术条件》（科技基〔2007〕207 号）执行，零部件技术要求按《WJ-8 型扣件零部件制造验收技术条件》执行，扣件铺设养护维修按《WJ-8 型扣件铺设和养护维修说明》执行。

主要技术标准：

a. 适应钢轨类型

扣件系统按铺设 60 kg/m 钢轨设计。

b. 轨底坡

铁垫板上设置 1∶40 轨底坡。

c. 钢轨纵向阻力

一般地段，每组扣件钢轨纵向阻力应大于 9 kN；小阻力地段，每组扣件钢轨纵向阻力为 4 kN。

d. 节点静刚度

采用 A 型轨下垫板时，扣件节点静刚度为 50 kN/mm±15 kN/mm；采用 B 型轨下垫板时，扣件节点静刚度为 30 N/mm±10 kN/mm。

e. 绝缘电阻

两轨间绝缘电阻大于 3 Ω·km，并满足轨道电路对其绝缘电阻的要求。

f. 钢轨左右位置调整

单股钢轨左右位置调整量：−5~+5 mm。

轨距调整量：−10~+10 mm。

g. 钢轨高低位置调整：30 mm。

9.3 钢轨精密测量与精调的基本原理

铁路轨道准确的几何形位是保证列车安全运行的基本条件，高速铁路无砟轨道的理论研究和实践分析表明，只有在高平顺性的轨道上才能实现高速行车，而轨道平顺性检测是确保轨道高平顺性的最后一环，具有十分重要的作用。

轨道平顺性检测的主要内容包括轨距、水平（超高）、轨向、高低、扭曲、中线偏差及高程偏差等，各项检测的基本原理如下所述。

9.3.1 轨距测量

轨距是指两股钢轨头部内侧轨顶面下 16 mm 处两作用边之间的最小距离，如图 9-4 所示。轨距不合格将使车辆运行时产生剧烈的振动，我国标准轨距的标称值为 1 435 mm。

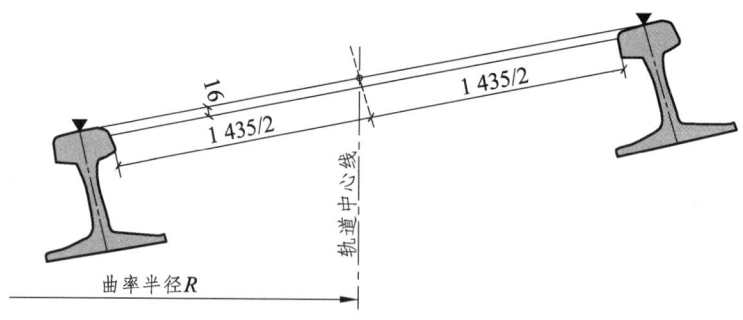

图 9-4 轨距测量示意图

9.3.2 水平（超高）测量

水平是指同一轨道横断面上左右钢轨顶面在水平面上的高度差，曲线上称为超高，如图 9-5 所示。

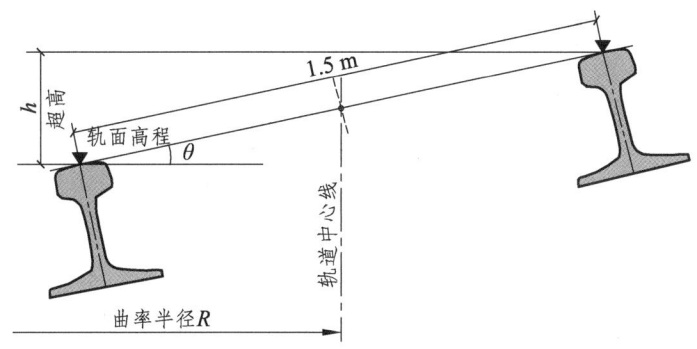

图 9-5 水平（超高）测量示意图

9.3.3 轨向测量

轨向是指轨道方向，是衡量轨道中线在平面上平顺性的指标。根据《高速铁路测量规范》（TB 10601—2009）的规定，轨向平顺性采用 10 m 弦和 30 m、300 m 基线的中、长波检验标准检测。

9.3.3.1 10 m 弦检测（中国标准）

实测中线平面坐标得到后，在 10 m 弦长的条件下，可计算出轨道点的实测正矢，再根据线路设计文件计算相应点的设计正矢值，设计正矢与实测正矢的偏差即为 10 m 弦的轨向值，如图 9-6 所示。

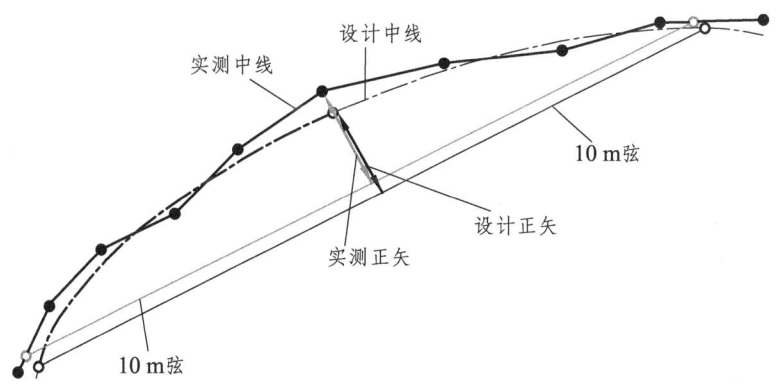

图 9-6 10 m 弦长轨向检测示意图

9.3.3.2 中波（30 m 基线）检测

轨向的中波检测，是指在 30 m 基线条件下，根据实测坐标计算相隔 5 m 的轨道点与其对应点的实测正矢之差，两轨道点的设计正矢之差与实测正矢之差的差值即为该轨道点的轨向值。

假定钢轨支承点的间距，或者说轨枕间距为 0.625 m，采用 30 m 弦线，按间距 5 m 设置一对检测点，则每 9 个支承点间的间距正好是两检测点的间距 5 m。如图 9-7 所示，图中的点是钢轨支承点的编号，以 G_1 到 G_{49} 表示。从支承点 G_1 到 G_{49} 的距离为 30 m，建立弦线 M，

分别计算出检测点 G_1、G_9、G_{17}、G_{25}、G_{33}、G_{49} 的正矢值 d_1、d_9、d_{17}、d_{25}、d_{33}、d_{41}、d_{49}，则每相邻两检测点（以 G_9、G_{17} 为例）的轨向按下式计算：

$$\Delta d = |(d_{9\text{设计}} - d_{17\text{设计}}) - (d_{9\text{实测}} - d_{17\text{实测}})| \leqslant 2\ \text{mm} \quad (9\text{-}1)$$

式中：$d_{9\text{设计}}$、$d_{17\text{设计}}$ 为检测点与对应点的设计正矢；$d_{9\text{实测}}$、$d_{17\text{实测}}$ 为检测点与对应点的实测正矢。

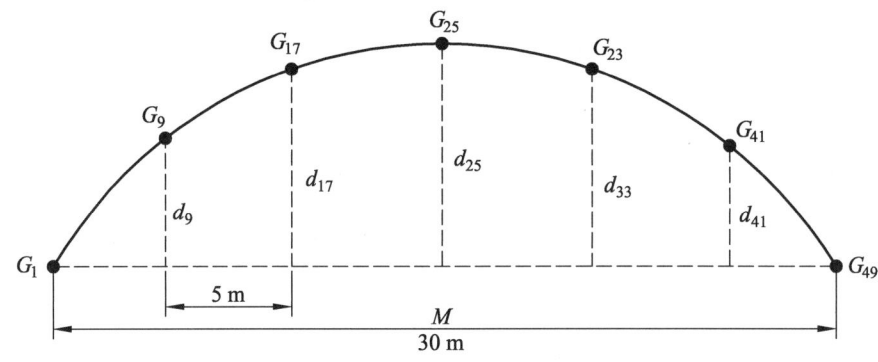

图 9-7 30 m 弦轨向检测示意图

由于 G_1、G_{49} 的正矢为零，故可检测 G_2（对应检测点为 G_{10}）到 G_{40}（对应检测点为 G_{48}）的轨向。新的弦线则从已检测的最后一个点 G_{40} 开始。

9.3.3.3 长波（300 m 基线）检测

轨向的长波检测，是指在 300 m 基线条件下，根据实测坐标计算相隔 150 m 的轨道点与其对应点的实测正矢之差，两轨道点的设计正矢之差与实测正矢之差的差值为该轨道点的轨向值。

假定钢轨支承点的间距，或者说轨枕间距为 0.625 m，采用 300 m 弦线，按间距 150 m 设置一对检测点，则每 241 个支承点间的间距正好是两检测点的间距 150 m。如图 9-8 所示，从支撑点 G_1 到 G_{481} 的距离为 300 m，建立长弦，则每相邻两检测点（以 G_9、G_{249} 为例）的轨向按下式计算：

$$\Delta d = |(d_{9\text{设计}} - d_{249\text{设计}}) - (d_{9\text{实测}} - d_{249\text{实测}})| \leqslant 10\ \text{mm} \quad (9\text{-}2)$$

式中：$d_{9\text{设计}}$、$d_{249\text{设计}}$ 为检测点与对应点的设计正矢；$d_{9\text{实测}}$、$d_{249\text{实测}}$ 为检测点与对应点的实测正矢。

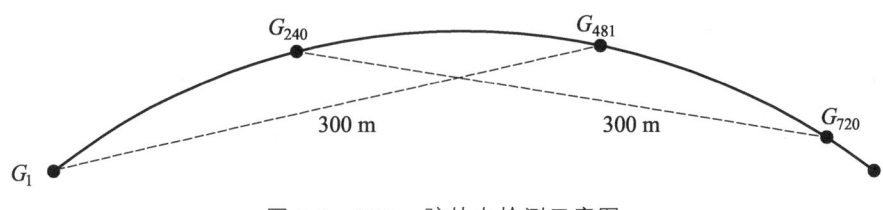

图 9-8 300 m 弦轨向检测示意图

由于 G_1、G_{481} 的正矢为零,故可检测 G_2(对应检测点为 G_{242})到 G_{240}(对应检测点为 G_{480})的轨向。新的弦线则从已检测的最后一个点 G_{240} 开始。

9.3.4 高低测量

高低是指同一股钢轨顶面的前后高低变化,表示钢轨顶面在竖向的平顺性指标。高低平顺性检测同轨向的测量原理相同,也分为 10 m 弦和 30 m、300 m 基线的中、长波检验。

9.3.4.1　10 m 弦检测(中国标准)

如图 9-9 所示,在给定 10 m 弦长的情况下,相邻两检测点的实测高差与设计高差的偏差即为 10 m 弦的高低值。

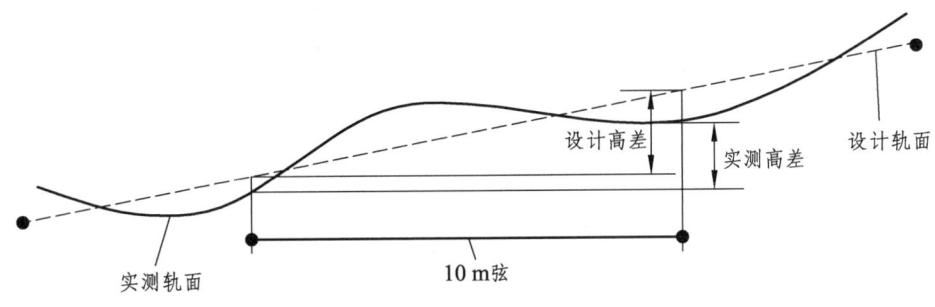

图 9-9　10 m 弦长高低检测示意图

9.3.4.2　中波(30 m 基线)检测

根据实测线路中线的三维坐标,计算各轨道点相应里程。如图 9-10 所示,以里程为 Y 轴,高程为 X 轴,里程、高程均为 0 的点 O 作为原点建立坐标系。根据轨向 30 m 基线检测的原理可知,如检测点为 G_9,与之对应的检测点为 G_{17},则每相邻两检测点的高低按下式计算:

$$\Delta d = |(d_{9\text{设计}} - d_{17\text{设计}}) - (d_{9\text{实测}} - d_{17\text{实测}})| \leqslant 2 \text{ mm} \tag{9-3}$$

式中:$d_{9\text{设计}}$、$d_{17\text{设计}}$ 为检测点与对应点的设计正矢;$d_{9\text{实测}}$、$d_{17\text{实测}}$ 为检测点与对应点的实测正矢。

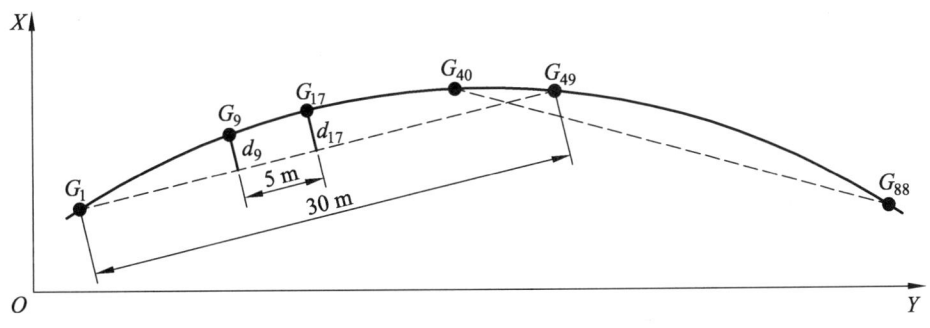

图 9-10　30 m 弦高低检测示意图

由于 G_1、G_{49} 的正矢为零,故可检测 G_2(对应检测点为 G_{10})到 G_{40}(对应检测点为 G_{48})的高低。新的弦线则从已检测的最后一个点 G_{40} 开始。

9.3.4.3 长波（300 m 基线）检测

如图 9-11 所示，与高低 30 m 基线检测类似，高低 300 m 基线检测仍以里程为 Y 轴，高程为 X 轴，里程、高程均为 0 的点 O 作为原点建立坐标系。根据轨向 300 m 基线检测的原理可知，如检测点为 G_9，与之对应的检测点为 G_{249}，则每相邻两检测点的高低按下式计算：

$$\Delta d = |(d_{9设计} - d_{249设计}) - (d_{9实测} - d_{249实测})| \leqslant 10 \text{ mm} \tag{9-4}$$

式中：$d_{9设计}$、$d_{249设计}$ 为检测点与对应点的设计正矢；$d_{9实测}$、$d_{249实测}$ 为检测点与对应点的实测正矢。

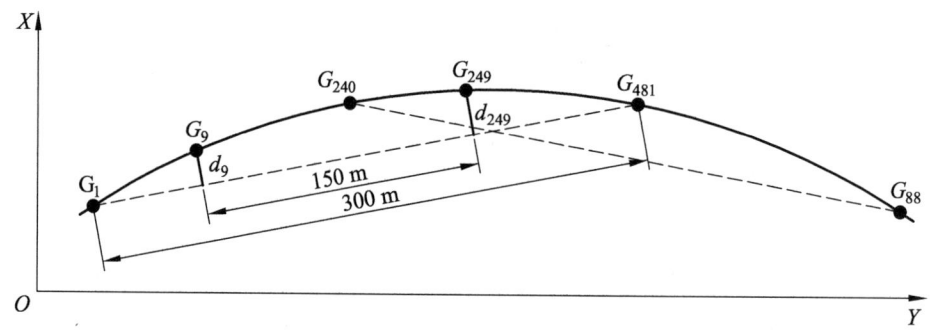

图 9-11 300 m 弦高低检测示意图

由于 G_1、G_{481} 的正矢为零，故可检测 G_2（对应检测点为 G_{242}）到 G_{240}（对应检测点为 G_{480}）的轨向。新的弦线则从已检测的最后一个点 G_{240} 开始。

9.3.5 扭曲测量

轨道平面扭曲（三角坑），即左右两轨顶面相对于轨道平面的扭曲，用相隔一定距离的两个横截面水平幅值的代数差度量。国际铁路联盟 UICB55 专门委员会将所谓"一定距离"定义为"作用距离"，指轴距、心盘距，其实质是轨道水平（超高）值的代数差，它反映了钢轨顶面的平面特征。

如图 9-12 所示，假定左钢轨为线路的基准轨，选取基长为 6.25 m，即 11 个轨道支承点之间的距离，H_{L1}、H_{R1} 分别为第一个支承点的左右轨高程；H_{L11}、H_{R11} 分别为第 11 个支承点的左右轨高程，则该处的扭曲值为：

$$\Delta N = |(H_{R1} - H_{L1}) - (H_{R11} - H_{L11})| \tag{9-5}$$

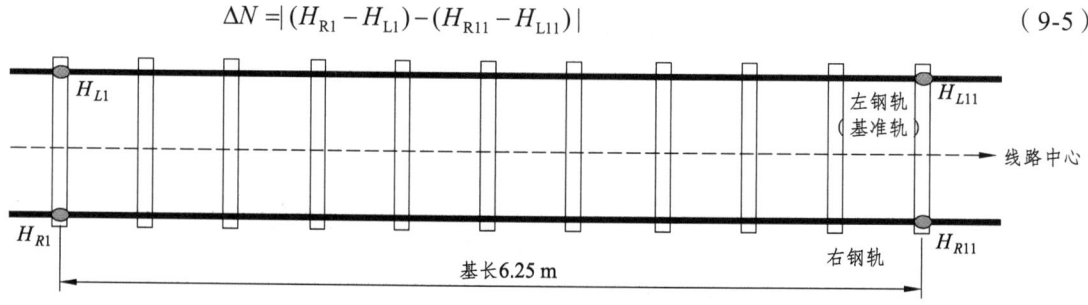

图 9-12 扭曲检测示意图

9.3.6 中线偏差

轨道实测中线与设计中线的偏差检测,是对线路轨道工程质量状况的最基本评价。通过检测轨道实测中线与线路设计中线之间的差值,可以全面直观地反映轨道工程质量。

轨道中线偏差检测时,高精度全站仪进行自由设站后,实时观测轨检小车上的棱镜,测出其中心位置坐标,再结合轨检小车事先严格标定的几何参数、定向参数、实测轨距、设计资料等信息,即可换算出对应里程处的中线位置,进而与该里程处的设计中线进行比较,得到实测的线路绝对位置与理论设计之间的差值,根据技术指标对轨道的绝对位置精度进行评价,如图 9-12 所示。

9.3.7 高程偏差

轨道高程偏差检测也是对线路轨道工程质量状况的最基本评价,通过检测轨道实测高程与线路设计高程之间的差值,可以全面直观地反映轨道工程质量。

与轨道中线偏差检测类似,轨道高程偏差检测时,也需利用高精度全站仪进行自由设站,实时测出轨检小车上棱镜的中心坐标,并结合轨检小车的几何参数、定向参数、实测轨距、实测超高、设计资料等信息,换算出对应里程处的高程,进而与该里程处的设计高程进行比较,得到实测的线路高程与理论设计之间的差值,根据技术指标对轨道铺设的高程精度进行评价,如图 9-13 所示。

图 9-13 中线及高程偏差检测示意图

9.4 钢轨精调测量系统

9.4.1 工作原理

基于线路沿线已布设的高精度 CPⅢ 控制网,采用全站仪自由设站的方式对前后 4 对 CPⅢ

控制点进行观测，获取全站仪自由设站的三维坐标。自由设站精度达到要求后，全站仪跟踪测量安装于测量仪上的棱镜，实时获取轨道的坐标、中线、里程等外部几何参数；同时，通过测量仪内置的高精度位移和倾角传感器，对轨道内部几何参数进行精密测量。所有数据通过无线通信方式，传输到数据控制终端，利用其已安装的"轨道精调作业测量系统"解算轨道的平顺性全几何参数，实现实时显示与存储。

外业测量完成后，存储于数据控制终端上的采集数据可直接导入"轨道几何状态数据处理系统"进行数据后处理计算，输出轨道的各项平顺性指标（如水平、超高、高低、轨向、扭曲等）和各类平顺性报表，对轨道的平顺性进行评价。最后，在"无砟轨道平顺性精调系统"提供的轨道精调模拟调整平台上，通过设置轨道平顺性调整指标限差，对轨道进行自动化模拟调整，依据调整的结果输出扣件配置方案。

9.4.2 常见轨道精调测量系统介绍

9.4.2.1 GRP 1000 轨道测量系统

GRP 1000 轨道测量系统是由瑞士安博格（AMBERG）公司生产，主要由 TGS FX 手推轨检小车、GBC 100 棱镜、GRP Win 测量和分析软件包组成的轨道测量系统，如图 9-14 所示。

GRP 1000 轨道测量系统主要用于轨道几何形状测量，通过内置于轨检小车内的高精度传感器装置，可以测量轨道静态几何状态参数；同时，基于线路沿线的 CPⅢ 控制网，利用配套的 Leica 全站仪及 GBC 100 棱镜可确定轨检小车的位置，以提供轨道上每一个测量点的三维绝对坐标。

图 9-14 安博格 GRP 1000 轨道测量系统

9.4.2.2 GEDO CE 轨道测量系统

GEDO CE 轨道测量系统是德国 Sinning 公司研发的测量设备，主要是通过内置的高精度传感器及外置高精度全站仪测量来获取轨道几何数据，具有自动跟踪、无线传输、自动检校、参数计算、性能稳定和操作方便等特点。

GEDO CE 轨道测量系统主要由 GEDO CE 轨检小车、Trimble S6/S8 全站仪（内置电台）和 TSC2 控制器组成，如图 9-15 所示。使用时，将轨检小车安置于轨道上，全站仪架设在已知点上（GRP 基准点）或者通过 CPⅢ点自由设站，通过实时测量轨检小车上棱镜的三维绝对坐标，并结合轨距和超高传感器的测量数据，利用机载软件 GEDO CE，实时获取轨道线形的状态参数。

图 9-15　GEDO　CE 轨道测量系统

9.4.2.3　SGJ-T-TYY-1 型轨道测量系统

SGJ-T-TYY-1 型轨道测量系统是由中铁第一勘察设计院集团有限公司自主研制，已通过国家铁路局技术认证的一套测量系统。SGJ-T-TYY-1 型轨道测量系统集轨道几何状态测量仪、激光测距、电子传感器、无线通信、专用便携式计算机等先进检测和数据处理设备于一体，可应用于轨枕定位、长轨精调、竣工验收和运营维护等阶段，如图 9-16 所示。

图 9-16　SGJ-T-TYY-1 型轨道测量系统

（1）技术指标（表 9-9）

表 9-9 SGJ-T-TYY-1 型轨道测量系统技术指标

项目	指标	项目	指标
轨距测量	NOVO 接触式位移传感器	水平（超高）测量	DA-A-15 双轴倾角传感器
范　围	1 410～1 470 mm	范　围	0～200 mm
精　度	±0.15 mm	精　度	±0.30 mm
电　源	12 V	工作时间	10 h
通信距离	200 m	信道数量	4 个
工作温度	－10～+40 ℃	工作湿度	≤93% RH
里　程	全站仪测量方式	重　量	36.5 kg
支持设备	Leica TS 或 Leica TCA 系列全站仪	三防性能	IP67 级
测量效率	3～8 s/点（坐标、轨距、超高）	作业效率	200 m/h（单线一台全站仪）

（2）系统优点。

① 系统集成化程度高。

② 操作简单，界面人性化。

③ 数据实时显示、数据采集速度快。

④ 无线数据传输，控制终端（Getac PS236）可同时操控轨道几何状态测量仪和全站仪。

⑤ 内外业数据采集与处理无缝链接。

⑥ 自动测量线路坐标、高程、轨距、水平（超高）等轨道几何状态参数。

⑦ 自动分析计算线路中线坐标、左右轨坐标、左右轨面高程、轨向、高低和扭曲等轨道几何状态参数。

⑧ 自动进行轨道平顺性评价分析和评定结果统计。

⑨ 根据轨道调整量，自动输出扣件配置方案。

9.4.2.4　SGJ-T-RB-1 型轨道测量系统

SGJ-T-RB-1 型是成都四方瑞邦测控有限公司研发的一套轨道测量系统，是一套集成了轨道内部几何状态和轨道外部几何状态测量的一体化测量系统，可以以手动推行静态模式对轨道进行绝对测量，如图 9-17 所示。

SGJ-T-RB-1 型轨道测量系统的仪器测量数据通过蓝牙无线传输到军用笔记本上，利用预先安装的配套软件实时处理，将各项参数及时显示出来，再通过专用的分析软件计算出调整量，从而指导长轨铺设和长轨精调。

图 9-17 SGJ-T-RB-1 型轨道测量系统

此外,还有江西日月明测控工程技术有限公司、中铁工程设计咨询集团有限公司、中国中铁二院工程集团有限责任公司等研制的轨道测量系统,也已应用于高速铁路的轨道测量和运营维护。

9.5 钢轨精调作业

轨道精调是以 CPⅢ 轨道控制网为基准,在全站仪辅助测量下,利用轨道几何状态测量仪逐一采集每个精调区段内轨道的空间状态,待数据采集完成后,使用专用软件对轨道平顺性进行分析,计算每个扣件处的调整量,以此制订调整方案,为轨道调整提供作业依据。

9.5.1 钢轨精调测量作业

9.5.1.1 前期准备

(1)轨道控制网复测。

CPⅢ 轨道控制网是轨道几何状态测量的基准,为了保证轨道精调测量的准确性,在精调测量之前需对 CPⅢ 控制网进行复测。逐一检查 CPⅢ 标志是否可用,修补被破坏或者松动的 CPⅢ 标志,并及时补测更新其成果,在确保 CPⅢ 桩点完好及其成果正确之后,方可作为钢轨精调测量的基准。对于存在连续梁区段,因为梁体存在徐变,CPⅢ 点位的稳定性受环境影响较大,因此在精调测量之前,需要反复检校连续梁上的 CPⅢ 成果,务必在精调测量之前更新其成果,同时尽量缩短 CPⅢ 复测与精调之间的时间间隔。同时,核对设计文件,对铁路线路、桥隧线形等线位资料认真检验校核,重点对平曲线要素桩、竖曲线要素、曲线超高以及变坡点桩号和坐标加以校核。

(2)轨枕编号。

精调测量位置与工务调整位置必须一一对应,为防止"错位"现象的发生,需对轨枕进行编号,确保每根轨枕都有唯一的编号。编号方法有两种:一种是利用CPⅢ点名和轨道板号为标识进行编号;另一种是仅使用CPⅢ点名为标识进行编号。经过工程实践验证,后者适用性更强,在此仅对第二种编号方法进行说明:使用10位字符标记轨枕位置,前七位为CPⅢ编号(不足七位用零补足),后三位为轨枕流水号(不足三位用零补足),相邻CPⅢ之间的轨枕号,从小里程向大里程编号。如图9-18所示,CPⅢ1980301与1980303之间存在98根轨枕,以上述方法编号,则该处相邻两个CPⅢ之间的轨枕编号为:1980301001、1980301002、…、1980301098。

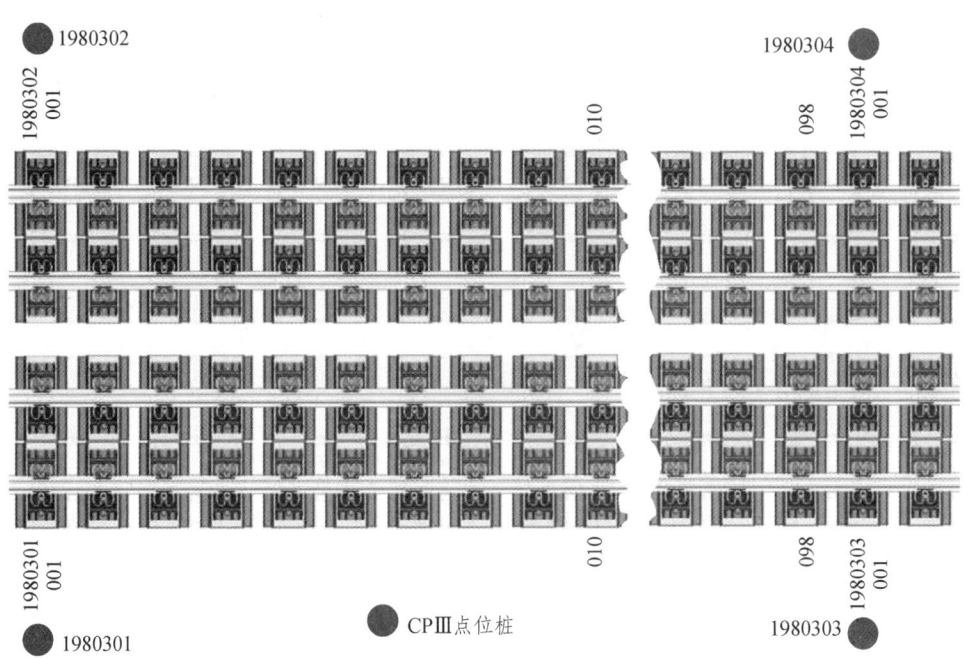

图9-18 相邻CPⅢ之间的轨枕编号示意图

由于轨枕数量庞大,如果每根轨枕都喷写编号,不仅工作量繁重,而且意义不大,因此仅在起、讫轨枕以及整十倍的轨枕旁喷写轨枕编号。为了轨枕编号的统一性和美观性,通常采用白底红字样式将轨枕编号统一喷写在轨枕外侧的轨道板上,与对应的轨枕并排。

(3)轨道状态清查。

轨道状态确认是保证轨道测量真实性的基础,因此在精调测量之前需要对轨道状态进行清查、记录,及时整改清查过程中发现的问题,确保精调测量采集的数据能够真实地反映轨道几何状态,具体清查内容如表9-10所示。

表 9-10　轨道状态清查内容及要求

检查部位	检查内容及要求
钢轨	应无污染、无低塌、无掉块、无硬弯等缺陷
扣件系统	扣件应安装正确，无缺少、无损坏、无污染、扭力矩达到设计标准（±10%），弹条中部前段下颌与轨距挡块凸台间隙≤0.5 mm；钢轨底部外侧边缘与轨距挡块间隙≤0.3 mm；轨枕挡肩与轨距挡块间隙≤0.3 mm
垫板	垫板安装到位，无缺少、无损坏、无偏斜、无污染、无空吊
钢轨焊缝	钢轨焊缝应该满足规定的平整性，顶面 0～+0.2 mm，工作边 0～−0.2 mm，圆弧面 0～−0.2 mm

9.5.1.2　数据采集

轨道几何状态是无砟轨道调整的依据，其测量精度与可靠性直接关系到调整量的大小和调整后能否满足无砟轨道平顺性的要求。轨道几何状态测量通常采用轨道几何状态测量仪及其配套的高精度全站仪进行，如图 9-19 所示。

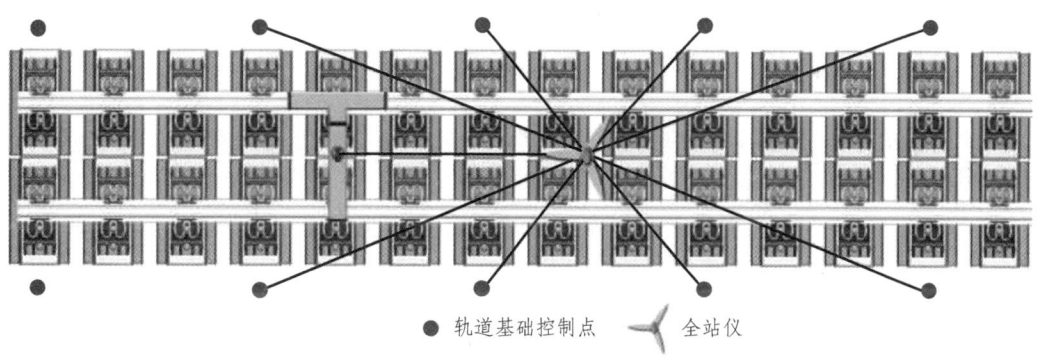

图 9-19　全站仪设站示意图

将全站仪整平安置于线路上，使其与轨道几何状态测量仪目标棱镜的连线尽可能平行于线路走向，测站位置与离其最近的 CPⅢ点之间的距离不应小于 15 m，全站仪设站观测 CPⅢ控制点不应少于 4 对，自由设站精度不符合要求时可调用前进方向某一对 CPⅢ控制点进行重新计算，仪器设置位置以线路中线附近为最佳。自由设站点精度符合：X、Y、H 均≤0.7 mm，定向精度≤2″；连续桥、特殊孔跨桥自由设站点精度可放宽至 1.0 mm。

自由设站精度符合规范要求后，全站仪利用自动照准功能观测安装在轨道几何状态测量仪上的高精度光学棱镜，从而通过观测角度、边长，实时计算出棱镜中心的三维坐标，再通过轨道几何状态测量仪对线路轨道内外部几何状态进行精密测量，并结合严密的数据模型，即可得出轨道的几何状态。

精调测量前，轨道几何状态测量仪必须经过严格标定，各项传感器的精度指标均应符合相关技术规范要求后，才能上道作业，且每一测站的有效观测范围为 10～70 m，相邻测站间重叠观测 CPⅢ 点不应少于 2 对，搭接长度不少于 10 根轨枕，且搭接区段平面位置、高程不符值不应超过 2 mm。

9.5.1.3 模拟调整

轨道模拟调整应以相对精度及平顺性为主，横向调整量应考虑 0.5 mm 左右余量（即轨距偏差宜按照 -1 mm～0.5 mm 进行控制），调整的整体思路为分析波形图，采用"削峰填谷"的方式消除超限处，优化波形图实现"直线顺直，曲线圆顺，过渡顺畅"，如图 9-20 所示。

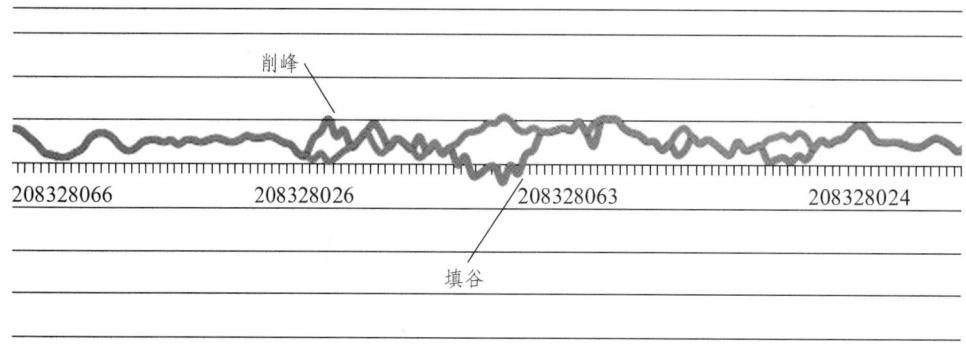

图 9-20　削峰填谷示意图

调整过程应严格控制周期性不平顺，特别是注重轨向、高低及水平 10～20 m 周期性不平顺的控制，模拟调整的步骤为：

（1）明确基准轨。平面和轨向以外轨为基准，高程和高低以内轨为基准。

（2）先整体，后局部。特别是在长波不佳的区段，可首先基于平面和高程偏差整体曲线图，大致标出期望的线路走向或起伏状态，先分析整体调整方案，再细化局部调整方案。

（3）先轨向，后轨距。轨向的优化通过调整外轨的平面位置来实现，内轨的平面位置利用轨距及轨距变化率来控制；单独轨距超限只横向调整内轨即可。

（4）先高低，后水平。高低的优化通过调整内轨的高程来实现，外轨的高程利用超高和超高变化率（扭曲）来控制；单独水平超限只竖向调整外轨即可。

（5）曲线调整。缓和曲线零缺陷调整，静态几何尺寸（特别是方向、水平、超高）务必严格控制，实现平顺过渡。与缓和曲线衔接的直线段轨道精度务必达标，尽可能使与曲线上股（高股）同侧的钢轨比另股钢轨略高 1～2 mm，切忌在缓和曲线头出现反超高和反弯；圆曲线方向、超高应严格控制，曲线全长范围内钢轨外口扣件与轨底外侧必须密贴（特别是曲上股），扣件扭力矩必须达到设计要求。

经过模拟调整后，轨向的 30 m 短波 2 mm 合格率应达到 100%，1 mm 合格率应不低于 96%；轨向的 300 m 长波 10 mm 合格率应达到 100%；平面轨向线形平顺，无突变，无周期性小幅振荡。轨距±1 mm 合格率不应低于 96%，相邻轨枕间的轨距变化率控制在 0.3～

0.5 mm。水平±1 mm 合格率不应低于 96%，相邻轨枕间的水平变化率不应超过 0.6 mm，间隔轨枕间的水平变化率不应大于 1 mm。

9.5.2 轨道工务调整技术

轨道工务调整的宗旨是参考模拟调整方案对轨道进行调整，使其达到平顺状态。首先根据验收方对轨道平顺性的要求，确定与验收标准相适应的精调限差标准；其次以轨道模拟调整方案为指导，结合弦线、道尺等工具来确定实际调整量。轨道工务调整的方法遵循"先基准轨，后非基准轨，先轨向后高低"的思想。通常一个作业班组需配备 18～22 人，他们的具体分工如表 9-11 所示。

表 9-11 轨道工务调整作业人员分工表

序号	工种	人数	职责
1	技术负责人	1人	负责、协调本作业班组的所有事务
2	技术员	2人	（1）负责检核标记在轨道面上的模拟调整信息； （2）分别负责基准轨和非基准轨调整作业的监督及调整后的效果检核； （3）登记记录基准轨和非基准轨的现场实际调整量
3	电动扳手操作员	3人	操作电动扭力扳手，根据要求，松开、拧紧扣件螺母
4	调整量标记员	1人	负责在轨道面上标记轨道模拟调整信息
5	部件管理员	2人	负责根据轨道面上标记的模拟调整信息，将相应规格的调整部件摆在轨道两侧，同时检查调整部件是否符合调整要求
6	道尺操作员	3人	（1）在扣件更换前，使用道尺检核模拟调整信息是否恰当； （2）在扣件更换后，检核是否调整到位； （3）在平面基准轨平顺之后，使用道尺确定平面非基准轨的调整量； （4）最终检核确认调整是否到位
7	起道机操作员	2人	使用钢轨起道器等设备，按要求将钢轨顶起，以便更换轨下垫片
8	调整部件更换员	2人	按照钢轨两侧扣件摆放的调整部件更换相应轨枕的扣件部件
9	扣件安装检核员	2人	使用塞尺检查扣件安装是否符合规范要求
10	弦绳操作员	1人	使用弦绳对调整区段的钢轨轨向进行检核
11	安全防护员	2人	分别在作业区段两端负责安全防护工作

9.5.2.1 方案复核

首先，根据线路设计确定平面、高低基准轨，然后按照轨道模拟调整方案的顺序将模拟调整信息标记在相应轨枕的钢轨面上。

如图 9-21 所示，箭头标记区域为调整区域。平面基准轨的调整量标记在平面基准轨内侧的轨枕上，平面非基准轨的调整量使用零级道尺现场测量确定，模拟调整方案中给出的平面非基准轨调整量仅作参考使用。高低基准轨和非基准轨的调整量均参照模拟调整方案进行调整，将调整量标记在钢轨顶面。模拟调整信息标记完成后，技术员需要逐一检查标记信息及其对应的轨枕与模拟调整信息是否一致，以防止模拟调整信息标记错误。

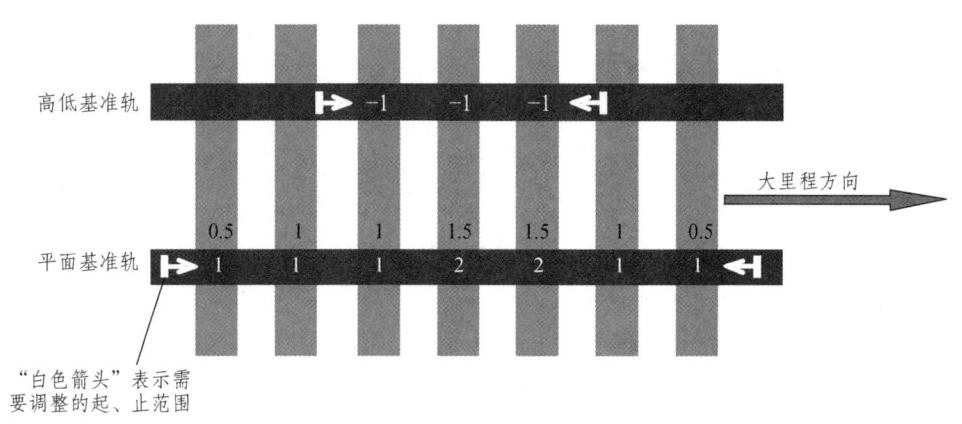

图 9-21 轨道调整模拟示意图

其次，使用 30 m 弦绳对轨向模拟调整量（即平面基准轨的模拟调整量）进行复核，将每根轨枕的正矢量标记钢轨面上，检核内业给出的模拟调整量是否准确，如图 9-22 所示。如果存在不符的现象，则依据现场弦绳实测数据对平面基准轨进行调整。同时，还需注意使用 30 m 弦绳时，每次搭接长度不得小于 5 m。

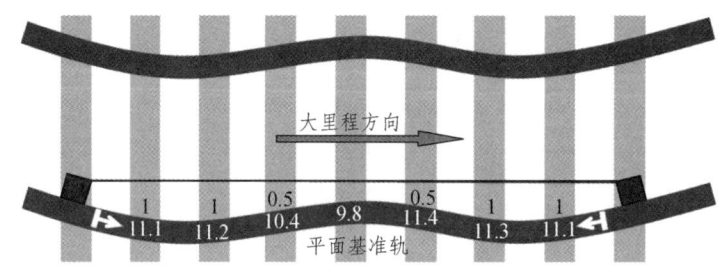

图 9-22 弦绳调整示意图

9.5.2.2 扣件摆放

按照钢轨及轨枕台上标记的调整量，结合该轨枕已安装扣件调整部件的型号，将需要更换的扣件型号分别摆放在钢轨的两侧，再指派专人进行复核，确保摆放的扣件满足调整量的需求。

9.5.2.3 工务调整

现场调整按照"先轨向后轨距,先高低后水平"的顺序进行调整。轨向、轨距调整通过更换轨距挡块来实现,高低、水平调整通过更改调高垫板来实现。首先松开基准轨一定数量的钢轨扣件,为防止"胀轨"现象的发生,一定要在轨温合适的范围内,一次性至多松开需要调整的轨枕及其前后的 5~10 根轨枕。通过更换相应规格的轨距挡块、调高垫板,调整基准轨的轨向、高低。若在更换的过程中发现扣件安装面有杂物,需使用钢刷清理干净后再更换安装。在扣件更换完成后,使用电动扭力扳手将钢轨锁紧,并利用塞尺检查扣件各个接触面是否达到密贴标准。其次,使用道尺检核每轨枕调整后的轨距、超高,并与调整前相应位置的轨距、超高值进行对比,以此检核基准轨是否调整到位,若个别轨枕处基准轨的轨距或高低未达到精调方案编制的预期效果,可以根据现场实测的轨距、超高对基准股进行修正,确保基准股调整达到预期效果。在基准轨未达到预期效果时,不可松动非基准股。轨道几何状态测量及测站搭接过程中的误差在轨道调整过程中暂不考虑,以非基准股为"参考基准"检测基准股的轨向、高低调整效果。一旦基准股调整过程中非基准股发生变动,就无法判定基准股的调整是否到位,因此不可同时调整两股钢轨。两股钢轨在调整过程中应始终互为"参考基准",以非基准股为"参考基准"调整基准股的轨向、高低,待基准股调整达到预期效果后,再以基准股为"参考基准"调整非基准股的轨距、水平及三角坑等,使用道尺检核最终的调整效果,对调整未达标地方进行修正处理,直至调整效果达到预期要求为止。

有条件的情况下,可以使用相对小车对轨道调整效果进行检核,通过修正非基准股解决局部调整效果不佳的问题,切忌通过修正基准股处理局部调整不佳的问题。当必须通过基准股调整才能解决轨道局部不平顺的问题时,则需要使用绝对小车重新测量该区段的轨道几何状态,重新编制轨道精调方案,再依照前叙步骤对该区段轨道进行重新调整。因为现场扣件部件不再是"标准规格",现场实际调整量应该是非标扣件规程量与模拟调整量的叠加。

9.6 钢轨精调数据处理

9.6.1 轨道几何状态测量数据预处理

在外业测量中每一测站有效测距通常仅为 60~80 m,测站间重复搭接 10~15 根轨枕,因此需要借助相关软件对观测数据进行预处理,将众多重复搭接测站数据通过数学方法进行搭接处理,以获取钢轨实际状态与设计状态之间的偏差量,以此作为钢轨模拟调整的依据。以中铁一院研制的 SGJ-T-TYY-1 型轨道几何状态测量系统为例,轨道几何状态测量数据的预处理流程如图 9-23 所示。

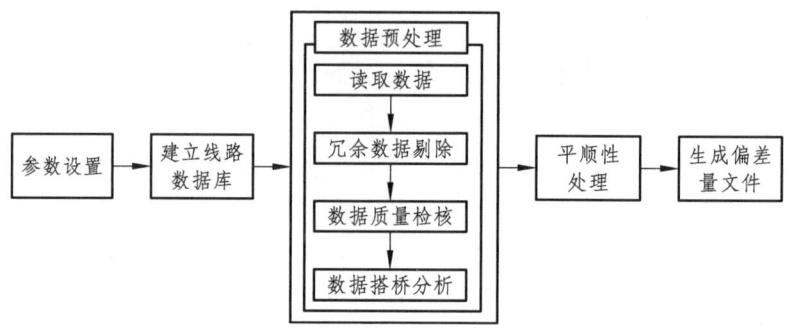

图 9-23 轨道几何状态测量数据预处理流程

9.6.1.1 建立线形数据库

通常线形数据库文件包括了起点、交点、终点、坡度、里程、超高、曲线半径等信息，线形数据库通常分为线路平曲线数据库和线路竖曲线数据库两部分；

以中铁一院研制的 SGJ-T-TYY-1 型轨道几何状态测量系统为例，线路平曲数据库的基本格式为：

（1）线路曲线数据库包括了起点、交点及终点信息，具体格式如下：

起点（QD）：北坐标，东坐标，里程；

交点（JD）：北坐标，东坐标，左缓和半径，右缓和半径，超高；

终点（ZD）：北坐标，东坐标。

（2）线路竖曲线数据库包含测量范围的所有变坡点里程、变坡点标高、竖曲线半径，格式如下：

变坡点里程，变坡点标高，竖曲线半径；

变坡点里程，变坡点标高，竖曲线半径。

测量范围外的直线段上的任意点均可选为起（终）点，一般选择缓直点或直缓点作为起点。线形数据库中所有参数的单位都需统一，与坐标相关的参数需在同一投影坐标系，变坡点标高为坡度交点在线路上的投影高程。另外，断链只影响竖曲线数据库的制作，若线路范围内存在断链，则需要对断链之后的变坡点里程进行断链处理。

9.6.1.2 数据预处理

数据预处理即为通过相关软件对外业观测质量进行分析，剔除错误或冗余数据信息，确保每根轨枕采样点上仅保留唯一一组合格观测数据；其次通过数学方法将各段存在重复搭接关系的测站数据拼接起来；然后通过 30 m、300 m 弦的基本定义以及钢轨设计状态计算出钢轨的平顺性偏差及位置偏差；如图 9-24 所示，最终以每根轨枕处钢轨垂向、横向几何位置偏差的形式体现。

第 9 章　长钢轨精密测量与精调技术

序号	承轨台号	测点里程	外业检测数据（测量时间：yyyy-mm-dd）							轨道平顺状态分析								<输出调整量> 平面基准：高程基准：			
			中心偏差(mm)		超高(mm)			轨距(mm)			30 m 短波		300 m 长波		基准轨		左轨		右轨	
			平面	高程	设计	实测	差值	设计	实测	差值	轨向	高低	轨向	高低	轨距变化率	扭曲	平面	高程	平面	高程
1	200316001	DK200+518.324	4.1	-2.7	-70.0	-69.5	-0.5	1435.0	1434.9	0.1	—	—	—	—	0.8	0.4	0.0	-1.0	0.0	-1.0
2	200316002	DK200+518.966	4.4	-2.5	-70.0	-69.9	-0.1	1435.0	1434.1	0.9	0.1	-0.6	1.5	-3.2	0.5	0.3	1.0	-1.0	1.0	-1.0
3	200316003	DK200+519.633	4.2	-2.4	-70.0	-70.2	0.2	1435.0	1433.7	1.3	0.1	-0.5	1.2	-2.9	-0.1	0.5	1.0	-1.0	1.0	-1.0
4	200316004	DK200+520.293	3.9	-1.8	-70.0	-70.7	0.7	1435.0	1433.8	1.2	-0.4	0.1	0.2	-2.1	-0.1	0.2	1.0	0.0	1.0	0.0
5	200316005	DK200+520.916	3.8	-1.8	-70.0	-70.9	0.9	1435.0	1433.9	1.1	-0.7	0.0	0.2	-2.3	-0.2	0.0	1.0	0.0	1.0	0.0
6	200316006	DK200+521.568	4.1	-1.8	-70.0	-71.0	1.0	1435.0	1434.0	1.0	-0.5	0.2	0.3	-2.2	-0.1	-0.2	1.0	0.0	1.0	0.0
7	200316007	DK200+522.224	3.9	-1.7	-70.0	-70.8	0.8	1435.0	1433.9	1.1	-1.0	-1.0	0.3	-2.4	-0.2	-0.2	1.0	0.0	1.0	0.0
8	200316008	DK200+522.899	3.9	-2.1	-70.0	-70.6	0.6	1435.0	1434.4	0.6	-1.5	-1.1	0.2	-3.0	-0.2	0.1	1.0	0.0	1.0	0.0
9	200316009	DK200+523.542	4.0	-1.8	-70.0	-70.7	0.7	1435.0	1434.3	0.7	-2.0	-0.3	0.6	-2.3	0.1	0.2	1.0	0.0	1.0	0.0
10	200316010	DK200+524.168	4.2	-1.7	-70.0	-70.9	0.9	1435.0	1434.2	0.8	-1.9	-0.7	-0.3	-2.5	0.0	0.1	1.0	0.0	1.0	0.0
11	200316011	DK200+524.821	4.0	-1.6	-70.0	-70.9	0.9	1435.0	1434.2	0.8	-2.6	-0.8	0.3	-2.3	0.0	-0.1	1.0	0.0	1.0	0.0
12	200316012	DK200+525.497	4.2	-1.6	-70.0	-71.0	1.0	1435.0	1434.2	0.8	-2.2	-1.0	0.4	-2.2	0.0	-0.4	1.0	0.0	1.0	0.0
13	200316013	DK200+526.157	4.4	-1.6	-70.0	-70.9	0.9	1435.0	1434.1	0.9	-1.8	-1.0	0.2	-1.8	-0.2	0.0	1.0	0.0	1.0	0.0
14	200316014	DK200+526.813	4.4	-1.7	-70.0	-70.5	0.5	1435.0	1434.4	0.9	-1.0	-1.0	0.9	-1.0	-0.6	0.5	1.0	0.0	1.0	0.0
15	200316015	DK200+527.446	4.7	-1.5	-70.0	-71.0	1.0	1435.0	1434.9	0.7	-0.1	-0.3	2.0	0.2	-0.1	0.2	1.0	0.0	1.0	0.0
16	200316016	DK200+528.103	5.3	-0.8	-70.0	-71.3	1.3	1435.0	1435.0	0.1	0.6	-0.3	2.0	0.3	-0.1	-0.4	2.0	0.0	1.0	0.0
17	200316017	DK200+528.738	5.8	-0.6	-70.0	-70.8	0.9	1435.0	1435.1	0.0	1.4	-0.5	2.8	0.6	-0.1	0.1	2.0	0.0	2.0	0.0
18	200316018	DK200+529.393	5.9	-1.2	-70.0	-70.8	0.9	1435.0	1435.1	-0.1	2.0	0.2	3.1	0.5	-0.1	-0.2	2.0	0.0	2.0	0.0
19	200316019	DK200+530.029	6.4	-0.7	-69.9	-70.9	1.0	1435.0	1435.2	-0.2	2.8	0.2	2.9	1.0	-0.1	-0.2	2.0	0.0	2.0	0.0
20	200316020	DK200+530.656	6.2	-0.6	-69.8	-70.8	0.9	1435.0	1435.3	-0.3	2.6	0.2	2.9	1.0	0.2	-0.2	2.0	0.0	2.0	0.0
21	200316021	DK200+531.320	6.0	-0.4	-69.8	-70.6	0.8	1435.0	1435.1	-0.1	1.9	0.6	2.4	0.8	0.3	-0.2	2.0	0.0	2.0	0.0

图 9-24　钢轨几何状态偏差量分析表示意图

9.6.2 钢轨平顺性模拟精调

在预处理过程中，利用轨道几何状态设计值可以计算出中线位置偏差量、水平（或超高）偏差量、轨距偏差量，根据30 m、300 m弦、扭曲及偏差变化率的定义计算出轨向、高低、扭曲及轨距、超高变化率等偏差量（表9-12）。再通过钢轨平顺性模拟精调软件计算分析出每根轨枕处钢轨扣件的调整量，然后根据轨道精调技术方案的相关精度指标要求利用软件对钢轨进行模拟调整，调整计算的基本原则是"先轨向，后轨距；先高低，后水平"，使衡量钢轨几何状态及平顺性的各项指标均满足技术要求，最后利用输出模拟调整量作为钢轨工务调整的指导方案。

表 9-12 高速铁路轨道平顺允许偏差

项目	无砟轨道		无砟轨道	
	允许偏差	检测方法	允许偏差	检测方法
轨距	±1 mm	相对于1435 mm	±1 mm	相对于1 435 mm
	1/1 500	变化率	1/1 500	变化率
轨向	2 mm	弦长 10 m	2 mm	弦长 10 m
	2 mm/8a	基线长 48a	2 mm/5 m	基线长 30 m
	10 mm/240a	基线长 480a	10 mm/150 m	基线长 300 m
高低	2 mm	弦长 10 m	2 mm	弦长 10 m
	2 mm/8a	基线长 48a	2 mm/5 m	基线长 30 m
	10 mm/240a	基线长 480a	10 mm/150 m	基线长 300 m
水平	2 mm	—	2 mm	—
扭曲（基长 3 m）	2 mm	—	2 mm	—
与设计高程偏差	10 mm	—	10 mm	—
与设计中线偏差	10 mm	—	10 mm	—

在轨向、高低调整时，应先确定输入参数确定的导向轨是否正确，确定一股钢轨作为基准股，对基准股钢轨轨向（或高低）进行精确调整。通常定义曲线段的高股为平面基准股，低股为高程基准股；直线段平面、高程基准轨的定义参照大里程方向曲线。轨向（或高低）调整的合格标准为：短波2 mm合格率100%，1 mm合格率不低于96%；长波10 mm合格率100%；30~70 m弦正矢不超过3 mm，70~150 m弦正矢不超过4 mm，线形平顺，无突变，无周期性小幅振荡。

完成基准股轨向调整后,通过调整非基准轨精确控制轨距、水平(或超高),使允许偏差量(±1 mm)合格率不低于96%;轨距变化率≤1.5‰,相邻轨枕水平(或超高)变化率≤0.65 mm,间隔5根轨枕的水平(或超高)变化率≤2.0 mm。非平面基准股同样满足平顺,无突变,无周期性小幅振荡。

钢轨轨面高程和平面的绝对位置宜在满足高低、轨向平顺性指标的前提下,轨面高程应满足 −6 ~ +4 mm,紧靠站台须满足 0 ~ +4 mm;平面位置可按 ±10 mm 控制,紧靠站台需满足 −10 ~ 0 mm。

9.7 钢轨精调工程实践

钢轨精调技术按工程实践可大致分为轨道几何状态测量、数据预处理及模拟调整、工务调整三个阶段,各工序及流程如图 9-25 所示。下面我们将以某新建无砟高速铁路长轨精调项目采用中铁一院研制的 SGJ-T-TYY-1 型轨道几何状态测量系统进行测量为例介绍钢轨精调技术的实际应用。

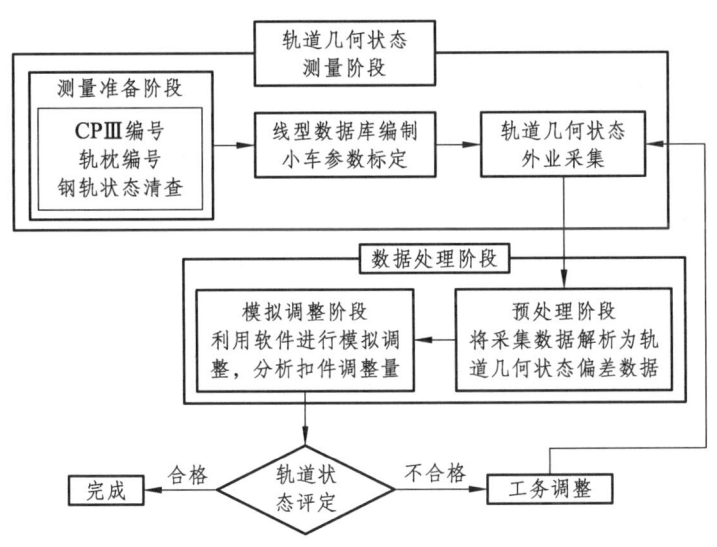

图 9-25 钢轨精调工程实践流程图

9.7.1 施工组织及准备

在新建无砟高速铁路轨道精调之前,承接单位需要根据划定的里程范围、环境、施工等情况并综合线路设计要求、工期及联调联试工程验收标准等信息编制适用于该线路的轨道精调技术及施工组织方案,其后将方案提交业主及其他管理部门进行审核。待审核通过后,承接单位首先应以书面形式向业主方申请该铁路的线形设计资料,并对设计资料进行审核,确保资料的准确性；其次委派专人根据施工组织方案组建轨道精调项目部，组织项目人员进行安全、技术、施工等培训交底，确保项目生产、质量管理人员及现场技术人员熟练掌握项目技术标准及施工流程。同时根据项目施工组织方案对仪器设备的需求，准备生产所需的仪器设备，检查仪器设备精度，标定轨检小车结构参数，确保仪器设备精度及质检要求满足生产需求。项目部进场后，应积极与业主单位及其他线路管理单位沟通协调，了解线路机车运行情况及轨道上作业的相关安全管理规定及流程。

9.7.2 项目实施及质量控制

在项目正式实施之前，可以在项目部管理范围内划定 1 km 左右的实验段，对技术方案的执行效果进行检核，同时通过实验段对生产、技术人员进行考核、培训，待实验段轨道精调达到理想效果后，结合实验段及现场实际情况统一、规范相关技术标准，再根据项目施工组织方案全面实施生产计划。

如图 9-25 所示，首先复测 CPⅢ轨道控制网、轨枕编号、钢轨状态检核，具体方法及内容详见 9.5.1.1 节；其次，根据线形设计资料编制线路平曲线数据库和线路竖曲线数据库；最后将线路数据库文件、小车结构标定文件、CPⅢ成果文件导入轨道几何状态测量系统，开始轨道几何状态数据采集工作。为了避免轨道精调工务调整区段的搭接，轨道精调的调整方案通常不少于 2 km，同时在工务调整之前需要对精调方案给出的调整量进行检核，确保万无一失。

轨道精调通常调整三遍：

第一遍调整为"粗调"，即通过第一遍测量、调整使轨道整体效果达到技术要求，尤其需要重点对基准股轨向（或高低）进行调整，确保基准股轨向（或高低）短波 2 mm 合格率 100%，长波 10 mm 合格率 100%，中线偏差合格率 100%，其他指标基本满足技术要求。

第二遍调整为"细调"，首先通过轨道几何状态测量检核"粗调"效果，其次提高调整精度标准，消除"粗调"过程中未调整到位的问题，着重精细调整扭曲、轨距、水平（超高）及其变化率，使轨道的平顺性进一步提升，基本达到验收标准。

第三遍调整为"补调"，通过轨道几何状态的检核测量，确认"细调"后轨道精调质量，对轨道局部调整不到位的地方进行修补。为了使工程质量与经济成本达到最优化，即在保证钢轨平顺性的同时，尽量减少钢轨扣件部件的更换率，在实际作业中钢轨的绝对位置只要在限差范围内，可以适当放宽调整精度，最大限度地提高钢轨的相对平顺性，从而既可以保证钢轨平顺性，也能减少扣件部件的更换率。

9.7.3 项目质量验收

通过上述调整使轨道位置及平顺性达到技术方案规定的标准，出具轨道几何状态测量检测报告后，还需配合相关部门进行轨道的联调联试工作，直至达到动态检测技术标准。

铁路工程联调联试是指采用高速检测列车等测试设备，在铁路开通运营前对沿线轨道、接触网、通信、信号等各项设备逐步进行测试,并依据测试结果对发现的缺陷进行调整,直至各个系统以及整个系统满足符合高速运行及动态验收要求的过程。其中,轨道的联调联试是检查轨道状态,查找轨道病害,评定线路动态质量的关键工序,其作用是通过检查了解和掌握线路局部不平顺(峰值管理)和线路区段整体不平顺(均值管理)的动态质量,对线路进一步地平顺调整进行指导,实现轨道科学管理。

9.7.3.1 验收方法

(1)峰值管理法。

峰值管理法是衡量轨道局部不平顺的方法,典型的是轨道Ⅰ、Ⅱ、Ⅲ、Ⅳ级超限的管理。峰值扣分法是从轨道的几何尺寸指标和舒适度指标的角度,以 1 km 为单位计算总扣分的方式来评定轨道的质量的评定方法。

峰值管理法的数据采集原理:车辆每行进 1 ft(约 254 mm,俗称 1 米 4 个点),计算机对各检测项目采集一次,当某项连续三次采集量都超过最低级病害界限值时,计算机统计为一处超限病害,并取病害最大采集量值为该处超限病害的幅值,最低级超限病害起终点为该处病害长度的起终点,如图 9-26 中 1、2、3 分别表示Ⅰ、Ⅱ、Ⅲ级病害界限值,A、B、C、D 分别表示 4 个采集点,由采集原理得知,此处计算机将统计为一处病害:B 点的幅值为该病害幅值,L 表示超限病害长度,该病害为Ⅲ级超限。

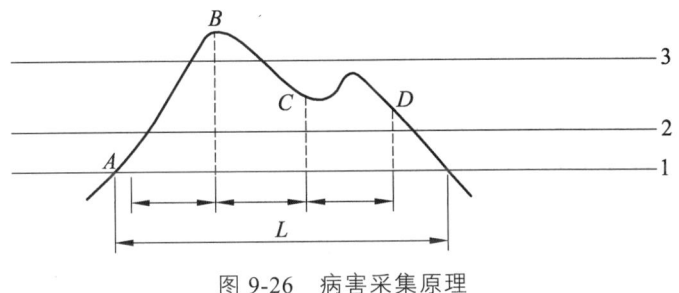

图 9-26 病害采集原理

(2)均值管理法。

均值管理法是衡量线路区段整体不平顺的方法。这种方法是测量并记录被测轨道区段中全部测点的幅值,所有幅值都作为轨道状态的一个元素参与运算,同时还选择若干单项几何参数的指数进行加权计算获得综合指数,即用统计特征值来评价轨道区段的质量状态。目前主要用的方法有:轨道不平顺质量指数(TQI)。

轨道不平顺质量指数,简称 TQI,是一种采用数学统计方法描述区段轨道整体质量状态的综合指标和评价方法。运用 TQI 评价和管理轨道状态,是对单一幅值扣分评判轨道质量方法的补充,提高轨道检测数据综合应用水平,为科学制订线路精调计划、保证轨道状态的均衡发展提供科学依据。

TQI 值是左高低、右高低、左轨向、右轨向、轨距、水平和三角坑等 7 项几何不平顺在 200 m 区段的标准差之和,该值的大小与轨道状态平顺性密切相关,表明 200 m 区段轨道状态离散的程度，即数值越大表明轨道的平顺程度越差、波动性也越大。各单项轨道不平顺的统计值同样也反映出该项轨道状态的平顺程度。

（3）峰值管理法与均值管理法两者之间的比较。

峰值管理法能够找出轨道的局部病害及病害的类型、发展程度和所在位置，用于指导现场作轨道优化调整非常实用，但是仅用超限点峰值的大小、超限的数量及扣分多少，还不能全面、科学、合理地评价轨道区段的平均质量状态 。

峰值管理法的缺点：① 轨道动态检查标准对检测结果的影响比较大；② 三、四级超限扣分占的权重比较大；③ 检测系统误差的影响较大；④ 不能反映超限长度的影响；⑤ 不能反映轨道不平顺变化率和周期性连续不平顺所产生的谐波的影响。

均值管理法的优点：① 能真实全面反映轨道质量状态，准确反映轨道平顺程度，用数据明确表示各个区段好坏；② 可作为各级工务部门对轨道状态进行宏观管理和质量控制的依据；③ TQI 数值与轨道质量状态对应关系明确，易于被现场人员掌握和利用。

9.7.3.2　验收指标

目前，轨道联调联试的验收指标还没有相应的规范作出明确要求，各条铁路的运营维护管理部门根据各条线路的设计标准、施工方式、轨道结构、运营时速等不同，各自制订相应的验收指标，如下所述。

某条高速铁路无砟轨道精测精调验收指标：消灭高速铁路验收标准Ⅰ级及以上偏差；区段质量评价参数为轨道不平顺质量指标 TQI≤2.0，全线 TQI 出现高速铁路验收标准Ⅰ级偏差个数不应大于 5%，同时每个单元 TQI 不应出现Ⅱ级；满足列车运行的稳定性和平稳性要求。

9.8　钢轨精调新技术设备介绍

9.8.1　钢轨精调新技术

根据我国高速铁路的建设现状和发展趋势来看，截至 2016 年年底，我国高速铁路运营里程已在 2.2 万千米以上，而且每年仍以几千千米的数量递增，由此所需的轨道检测也将大量增加。但传统轨道精调测量方法主要采用绝对测量小车，即轨道几何状态测量仪，其依赖于全站仪和 CPⅢ控制网实现对轨道三维坐标的定位测量，主要缺点是对环境适应性差，如遇下雨、风大、雾大、太阳光照射等都不能进行测量，同时作业效率极低，只能达到 600 ~ 800 m/d 的测量效率，不能令人满意。

当前，为了提高轨道精调的测量效率同时又满足测量的精度，相关单位提出了一种基于"绝对+相对"测量模式的钢轨精调新技术。"绝对"指的是采用绝对测量小车逐根轨枕测量轨道三维坐标和轨道内部几何状态。"相对"指的是采用相对测量小车在轨道上连续推行，以陀螺仪惯性法测量轨道平顺性参数和轨道内部几何状态参数，其测量效率为 2~4 km/h。"绝对 + 相对"测量模式可简要概括为：以坐标控制为主线，以相对不平顺检查为重点，根据精调测量的不同阶段，"相对测量"和"绝对测量"配合使用，达到提高测量效率的功效。

9.8.1.1 "绝对 + 相对"测量模式的主要特点

（1）绝对测量可以分段地将线路铺设实际位置调整至其理论位置处，解决线路横偏和垂偏，控制线路坐标。

（2）相对测量用于快速定位病害区间，解决线路平顺性测量的问题。

（3）相对测量与绝对测量的完美结合，可将作业效率提高至单独使用绝对测量的 3 倍以上。

（4）相对测量与动检车、轨检车相对应，直接与线路验收及运营维护相承接。

"绝对 + 相对"测量模式的具体步骤为：

（1）在长钢轨锁定完成之后，先采用"相对测量"测量轨道平顺性，根据相对测量小车的轨枕定位功能打印超限报表，确定轨下橡胶垫板缺失、钢板缺失、多余绝缘垫块等粗大病害。同时根据"相对测量"压缩报表，估算扣件系统不同规格垫板和轨距挡块更换件的用量，并根据估算结果备齐调整件。

（2）当解决完橡胶垫板缺失、钢板缺失、多余绝缘垫块后，采用"绝对测量"对轨道进行绝对位置的测量，根据轨道平顺性指标，模拟轨道调整，打印轨道调整方案。根据调整方案，进行轨道扣件更换和轨道整正。同时采用"相对测量"对轨道进行普查，跟踪轨道线路状态。

（3）到了轨道精调后期，线路基本平顺，采用"相对测量"对线路进行平顺性测量，定位不平顺区段（病害区）里程。在不平顺区段上采用"绝对测量"对轨道绝对位置进行测量，同时根据调整方案对轨道进行整正。

（4）当轨道精调完成，采用相对测量对轨道进行复测，保存线路测量数据，实现轨道的数字化管理。

9.8.1.2 国内钢轨精调领域的相对测量小车

（1）GJY-T-RB-1 型轨道检查仪。

GJY-T-RB-1 型轨道检查仪是成都四方瑞邦测控科技有限责任公司研制的一款 0 级轨道检测系统，如图 9-27 所示。该系统以高精度陀螺仪为核心测量单元，并辅以轨距、倾角、里程计、轨枕识别等多类高精度传感器对轨道几何状态进行动态精密测量。仪器在轨道上推行过程中即可测量出轨道的内部几何状态信息，提高了轨道精密测量的速度，通过对数据的专业处理与分析，可直接获取轨距、水平、轨向、高低、正矢、扭曲、轨距变化率等各项轨道参数以进行轨道质量评估，对存在变形的轨道，可给出对应轨枕位置的调整量，用于指导轨道调整。

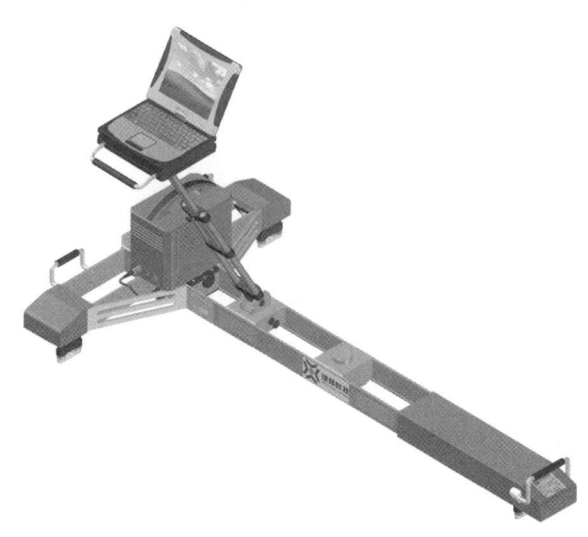

图 9-27　GJY-T-RB-1 型轨道检查仪

（2）GJY-T-EBJ-3 型轨道检查仪。

GJY-T-EBJ-3 型轨道检查仪是江西日月明测控科技股份有限公司生产的一款基于 350 km 时速的 0 级精度等级、高精度数字陀螺精密测角测量原理，能够检测轨道内部几何参数的轨道检测系统，如图 9-28 所示。该系统还增加了轨枕定位、长波测量、图上作业、道岔测量等功能模块，能够对轨道病害直接进行规划调整量处理。

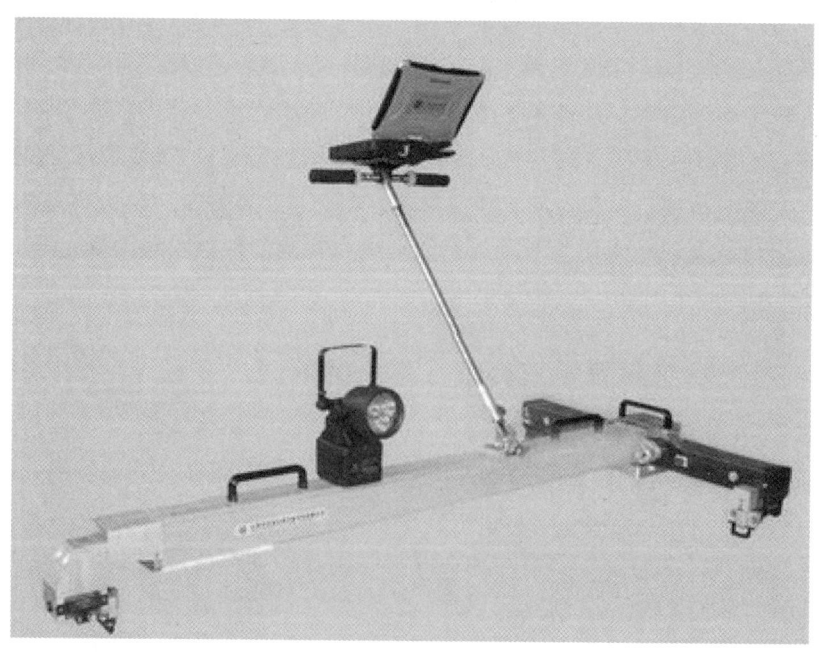

图 9-28　GJY-T-EBJ-3 型轨道检查仪

"绝对＋相对"测量模式的使用,抓住了无砟线路轨道精调是将线路精调到平顺状态的核心思想,充分利用了相对测量小车测量效率高、环境适应性强的优点,与绝对测量小车配合使用,提高了轨道精调整体的作业效率。同时"绝对测量"和"相对测量"结合使用,在很好地满足轨道精调高精度、高标准要求的同时,与传统测量模式相比使设备成本、人力成本也大大降低。

9.8.2 钢轨精调新设备

近年来,随着测绘科技的不断发展,越来越多的新测绘技术运用于工程测量领域,而轨道检测设备也随着 GPS 定位技术、激光扫描、惯性测量等新技术的引进,已从一步一停的静态测量模式,逐步向连续动态测量模式转变,使轨道测量与检测达到精度与效率的有效平衡。

GPS 又名全球卫星定位系统,其定位的基本原理是根据高速运动的卫星瞬间位置作为已知的起算数据,采用空间距离后方交会的方法,确定待测点的位置。轨道检测设备通过加装 GPS 接收机,利用 GPS 实时差分技术,在 GPS 信号持续锁定状态,可连续获取轨道检测设备的实时位置,再配合其他传感器,进而达到检测轨道状态的目的。

激光扫描是利用激光测距的原理,通过记录被测物体表面大量的密集的点的三维坐标、反射率和纹理等信息,可快速复建出被测目标的三维模型及线、面、体等各种图件数据。轨道检测设备通过集成激光扫描系统,可生成原始轨道图像数据,并送入计算机处理系统,再通过图像处理算法将原始图像信息转化为轨道轮廓坐标信息,进而提取轨道特征点、线、面来求解轨道几何参数,以此实现检测轨道状态的目的。

惯性测量是利用惯性元件来测量运载体本身的角度和速度变化,经过积分和运算得到速度和位置,从而达到对运载体导航定位的目的。惯性测量装置包括加速度计和陀螺仪,又称惯性测量单元。轨道检测设备通过集成惯性测量装置,3 个自由度陀螺仪用来测量运载车体的 3 个转动运动,3 个加速度计用来测量运载车体的 3 个平移运动的加速度。惯性测量属于推算式定位,即从一已知点的位置根据连续测得的运载车体航向角和速度推算出其下一点的位置,因而可连续测出运载车体的当前位置,并配合其他传感器,以实现检测轨道状态的目的,且在工作时不依赖外界信息,不易受到干扰。

目前,国内外基于上述一种或几种方式,建立的轨道快速检测设备主要有:

9.8.2.1 GRP VMS 轨道快速测量系统

GRP VMS 轨道快速测量系统由瑞士安博格(AMBERG)公司生产,由数据采集小车和卫星小车组成,如图 9-29 所示。数据采集小车除了集成里程、超高和轨距传感器外,还安装了控制点测量仪,可以测量轨道到控制点的横距和垂距。卫星发射小车上安装一台具有目标自动跟踪功能的全站仪,全站仪使用自动调平基座,不需手动调平,可节省大量时间。两个小车之间使用无线通信装置进行通信。

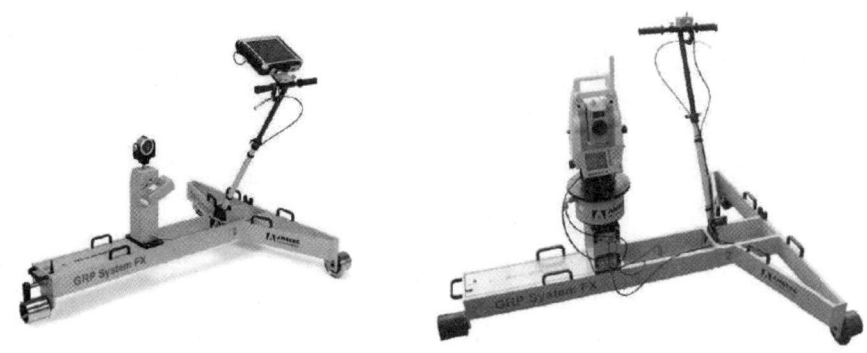

图 9-29 GRP VMS 轨道快速测量系统

9.8.2.2 GRP 1000 IMS 快速轨道测量系统

GRP 1000 IMS 快速轨道测量系统也是由瑞士安博格（AMBERG）公司生产的一款轨道检测系统，如图 9-30 所示。系统采用最先进的动态连续测量技术，并具备单点或多点绝对约束功能，相对测量与绝对测量相结合，既可代替轨道检查仪用于轨道几何状态日常巡检，又可用于指导轨道精调作业（扣件更换或大机捣固）。系统设计紧凑、简洁，上线便捷，劳动强度小，全站仪即停即测，无须整平，极大地提高了测量效率。测量结果可导入 DTIS 高速铁路检测信息管理系统，进行轨道模拟调整及检测数据管理。对于有砟轨道精调，测量结果还可导入大机 WinALC 控制系统，实现大机数字化作业。

9.8.2.3 SGJ-T-CEC-Ⅲ型轨道动态测量双车系统

SGJ-T-CEC-Ⅲ型轨道动态测量双车系统是由中铁工程设计咨询集团有限公司研发的一款轨道检测系统，如图 9-31 所示。该系统由数据采集小车及全站仪推车组成，全站仪推车可架设在轨道上，不仅为全站仪自由设站提供一个稳定的平台，而且在搬站时可推行前进，在双车系统工作时，由全站仪自动跟踪测量数据采集小车上安装的棱镜，数据采集小车集成了高精度陀螺仪系统、轨距传感器、里程传感器等测量器件，具备了轨道检测小车的检测功能，与全站仪之间通过无线通信进行数据交互。

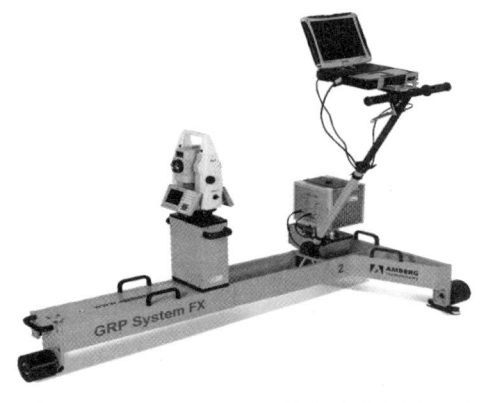

图 9-30 GRP 1000 IMS 快速轨道测量系统　　图 9-31 SGJ-T-CEC-Ⅲ型轨道动态测量双车系统

参考文献

[1] 李吉林. 高速铁路 CRTSⅢ型板式无砟轨道工程施工质量的管理与控制[D]. 成都：西南交通大学，2013.

[2] 孟翀. 铁路客运专线通过能力计算方法的研究[D]. 北京：北京交通大学，2006.

[3] 周长江. 高速铁路发展概况及展望[J]. 甘肃科技纵横，2005，34（3）：105-106.

[4] 王毅. 我国中长期铁路网规划解读[J]. 综合运输，2004（7）：12-14.

[5] 卢建康. 论我国高速铁路精密工程测量技术体系及特点[J]. 高速铁路技术，2010，1（1）：31-35.

[6] 苏全利. 论高速铁路测量网布设技术[J]. 铁道勘察，2010，36（6）：5-8.

[7] 周东卫. 高速铁路 CP0 框架控制网数据处理模式与方法研究[J]. 铁道标准设计，2015（3）：11-16.

[8] 王朝阳. 沿海 GNSS 观测网的数据处理分析与研究[D]. 山东科技大学，2014.

[9] 夏飞，罗文彬. GAMIT/GLOBK 软件中的坐标参考系及其相互转换[J]. 四川水泥，2017（9）.

[10] 匡团结，王兵海. GAMIT 软件在高速铁路高精度 GPS 网基线解算中的应用[J]. 铁道勘察，2008，34（6）：31-33.

[11] 任晓春，周东卫. 高速铁路 CP0 基线解算中天顶对流层参数估计研究[J]. 铁道标准设计，2014（11）：36-41.

[12] 孔祥仲，王妍，何凤良. 接收机对卫星控制网精度影响研究[J]. 测绘与空间地理信息，2013，36（12）：193-195.

[13] 陈永祥，段金梅，赵亚平. GAMIT 软件 GPS 测量数据处理流程及常见问题分析和处理[J]. 测绘技术装备，2012（1）：52-54.

[14] 钟智青，杨静，雷雨. 浅谈对 GPS 不合格基线处理的几种方法[J]. 江西测绘，2013（2）.

[15] 刘永启. 全球定位系统在 GIS 数据采集中的应用[D]. 武汉：武汉大学，2004.

[16] 谢世杰，胡明城. 国家基本测量中 GPS 测量规范[J]. 测绘译丛，1991（3）：1-6.

[17] 徐小左. 徕卡 LGO 解算天宝 GPS 数据的天线定义[J]. 铁道勘察，2015（2）：20-23.

[18] 曹传芬. 提高山区 GPS 定位精度的有效途径[J]. 勘察科学技术，2000（6）：15-16.

[19] 赵玉太，王燕，胡志刚. GPS 网的优化设计[J]. 山西科技，2004（5）：19-20.

[20] 潘和平，胡耀明. 数字黄冈 GPS 基础控制网建网经验谈[J]. 家电检修技术，2012（4）：46-47.

[21] 马军. 浅谈铁路隧道施工独立控制网测量技术[J/OL]. 城市建设理论研究，2015（10）：216-218. DOI：10.3969/j.issn.2095-2104.2015.10.0117.

[22] 刘江川. 大西客专精密工程测量控制网建立与复测技术[J]. 山西建筑，2015，41（3）：207-210.

[23] 胥鸣鹤. 高精度静态 GPS 数据处理分析[J]. 吉林地质，2014，33（4）：66-69.

[24] 徐景元. 导线测量计算方法及异常误差的探讨[J]. 铁道勘测与设计，2012（3）：19-22.

[25] 徐红，陈彬，徐阳亮. 区域 GPS 网数据处理[J]. 河北理工大学学报：自然科学版，2010，32（04）：88-91/137.

[26] 王鹏，潘正风. 高速铁路轨道平顺性与轨道控制网精度关系的探讨[J]. 测绘信息与工

程，2011，36（04）：34-36/51.

[27] 陈士清. 高速铁路无砟轨道 CPⅢ控制网测量技术[J]. 交通工程建设，2011（1）：38-43.
[28] 周东卫. 高速铁路轨道控制网精密测量数据处理[J]. 测绘科学，2013，38（1）：118-121.
[29] 徐俊洪. 高速铁路轨道控制网测量关键环节的质量控制[A]//第四届"测绘科学前沿技术论坛"论文精选[C]. 北京：测绘出版社，2012：3.
[30] 王新鹏. 无砟轨道 CPⅢ控制测量数据处理方法研究[D]. 合肥：合肥工业大学，2012.
[31] 耿文燕. 无砟轨道 CPⅢ控制网精算方法及数据处理研究[D]. 兰州：兰州交通大学，2014.
[32] 罗远刚. 三维平差技术在高铁轨道控制网测量中的应用研究[D]. 成都：西南交通大学，2014.
[33] 刘成龙，杨雪峰，卢建康，等. 高速铁路 CPⅢ三角高程网构网与平差计算方法[J]. 西南交通大学学报，2011，46（3）：434-439/450.
[34] 王慧鹏. 高速铁路 CPⅢ平面网控制测量浅析[J]. 才智，2011（26）：69-70.
[35] 赖炜. 高速铁路新型轨道基准网测量与数据处理方法的研究[D]. 成都：西南交通大学，2013.
[36] 杨友涛. 工程三维控制网平差方法研究[D]. 成都：西南交通大学，2008.
[37] 宋力杰，欧阳桂崇. 超大规模大地网分区平差快速解算方法[J]. 测绘学报，2003（3）：204-207.
[38] 石德斌，张彪，王元昌，等. 高速铁路 CPⅢ网区段搭接数据处理研究[J]. 铁道工程学报，2012，29（2）：37-40.
[39] 李猛. 浅谈长大隧道平面控制网（CPⅡ）测量[J]. 铁道勘测与设计，2011（1）：26-30.
[40] 王朋伟. 无砟轨道的施工工艺流程介绍（二）[J]. 建筑机械，2013（14）：54-60.
[41] 胡启斌. 路基上双块式无砟轨道简易工装施工技术[J]. 铁道建筑技术，2010（1）：33-38.
[42] 曹士. CRTSⅠ型双块式无砟轨道施工技术研究[D]. 成都：西南交通大学，2013.
[43] 许双安,任晓春,武瑞宏. CRTSⅡ型无砟轨道板精调系统设计与实现[J]. 高速铁路技术，2014，5（5）：66-69.
[44] 许双安. CRTSⅢ板式无砟轨道布板设计与定位测量系统设计与实现[J]. 铁道勘察，2017，43（1）：1-5.
[45] 赵敬敬. CRTSⅢ型板式无碴轨道板制造和铺设施工工艺研究[J]. 甘肃科技，2014，30（9）：99-101.
[46] 冯什. CRTSⅠ型板式无砟轨道原型疲劳试验研究[D]. 成都：西南交通大学，2014.
[47] 许双安. CRTSⅢ型板式无砟轨道施工布板计算模型研究[J]. 铁道标准设计，2015，59（07）：74-78.
[48] 李子睿. 扣件抗钢轨倾翻性能及钢轨倾翻角计算方法的研究[D]. 北京：中国铁道科学研究院，2010.
[49] 许佑顶. 高速铁路无砟轨道扣件设计要点[J]. 铁道工程学报，2010，27（4）：40-43.
[50] 胡庆丰. 安博格 GRP1000 轨检小车进行无碴轨道检测的作业方法[J]. 铁道勘察，2008（3）：17-20.
[51] 刘丽瑶. 近景摄影测量检测高速铁路轨道几何状态的精度研究[D]. 成都：西南交通大学，2012.
[52] 陆捷. 轨道不平顺质量指数解析[J]. 上海铁道科技，2013（2）：51-52.
[53] 赵军超. 浅谈高速铁路轨道精调[J]. 价值工程，2017，36（19）：151-153.
[54] 宋成新. 高速铁路轨道精调施工技术[J]. 中国高新技术企业，2012（12）：79-81.
[55] 马玉麟. 基于轨检车检测结果的提速线路养护维修研究[D]. 长沙：中南大学，2009.